우남이승만
論說文集
(1898) 1

우남이승만 論説文集 I

2022년 3월 5일 초판 1쇄 발행

저   자 | 이 승 만
편   집 | 박 기 봉
펴낸이 | 박 기 봉
펴낸곳 | 비봉출판사
출판등록 | 2007-43 (1980년 5월 23일)

주 소 | 서울 금천구 가산디지털2로 98. 2동 808호(가산동, IT캐슬)
전 화 | (02) 2082-7444
팩 스 | (02) 2082-7449
E-mail | bbongbooks@hanmail.net

ISBN | 978-89-376-0487-4 03300

값 20,000원

우남 이승만

이승만 지음
박기봉 편집

論說文集

(1898) **1**

비봉출판사

서문

1. 협성회회보의 발간

1875년 3월 26일에 태종의 맏아들 양녕대군의 후손으로 태어난 이승만은 만 6살이 되었을 때엔 이미 천자문(千字文)을 떼었고, 스스로 "風無手而撼樹, 月無足而行空"(풍무수이감수, 월무족이행공: 바람은 손이 없어도 나무를 흔들고, 달은 발이 없어도 공중을 간다)이란 시구를 지었다. 이후 그는 동몽선습(童蒙先習)을 익혔고, 일곱 살부터는 자치통감(資治通鑑)을 읽기 시작하여, 18세에는 사서삼경(四書三經)을 전부 통달했다.

그가 19세 되던 1894년에 청일전쟁이 발발했다. 당시에 그는 과거 응시를 위해 시전(詩傳)을 다시 읽고 있었는데, 그해에 시행된 갑오경장(甲午更張)으로 인해 과거제도가 없어졌다. 그의 서당 동문이자 친구였던 신긍우(申肯雨)는 감리교 선교사들이 세운 배재학당(培材學堂)에 입학해 있었는데, 그가 이승만에게 배재학당에 들어와 같이 공부하자고 하여 1895년 4월에 영어나 배운다는 생각으로 배재학당에 입학했다.

그해 10월 8일 일본인이 경복궁으로 침입하여 왕비를 살해하고 고종을 감금했는데, 일부 군인들이 경복궁에 갇힌 고종을 러시아 공사관으로 탈출시키려다 실패해 처형당했다. 이승만의 친구인 이충구가 그 일의 주동자의 한 사람이었다. 1896년 2월 11일 밤, 고종이 일본군의 감시망을 피해 러시아 공사관으로 피신하게 되어, 이승만은 3개월 만에 서울로 돌아와 학업을 마칠 수 있었다.

1896년 11월 서재필은 협성회를 조직하여 학생들에게 찬반 토론을 훈련시켰는데, 이승만은 이 협성회의 창립멤버였다.

1897년 7월 8일 배재학당을 졸업한 이승만은 이 협성회를 학교 밖으로 확장하려는 시도로 1897년 12월 상순 배재학당의 학생회인 협성회 제29회 공개토론회에서 회보 발간을 결정하고, 이듬해 1월 1일 학교 구내에서 창간하였다. 창간시 신문을 전담한 회보장(會報長)은 양흥묵(梁弘默), 주필에는 이승만이 취임하였다. 신문의 구성은 4면으로, 1면에는 논설을 싣고, 다음에는 국내의 소식(내보)과 외국의 소식(외보), 잡보와 협회의 소식, 그리고 짧은 광고를 실었다.

최종호가 되는 제14호까지 한 번도 빠짐없이 논설을 게재하였는데, 논설에서는 학문의 필요성, 자기직분에 충실할 것, 아동교육의 중요성, 매관매직과 탐관오리의 격퇴 등을 주장하였다. 1898년 3월 19일에 주간지를 일간으로 발간하기로 결정하고, 4월 9일부터는 우리나라 최초의 일간지인 『매일신문』의 발간으로 방향을 전환하였다.

협성회회보의 발간에는 처음부터 순 한글로 하였는데, 이는 당시의 문자 생활을 한자 중심으로 하던 것과는 반대되는 것이었다. 이는 당시의 이승만의 사회 인식이 반영된 것으로, 한자를 모르던 대중들을 위한다는 뜻이 반영된 것이다. 그러나 본서에서는 원래 한자말을 괄호 안에 되살렸는데, 한자말을 이해하는 것이 문장의 뜻을 명쾌하게 하는 데 도움이 된다고 생각했기 때문이다.

〈협성회회보〉 논설의 예:

그러한즉 혹 사무원 중에 그른 사람이 있는 것은 곧 집안어른이 그 사람이 그른 줄을 모르고 택용함이라. 임금이 백성을 위하여 과원(課員)을 선용하는 것도 또한 이와 같은지라. 만일 한 집안을 위하여 사무를 본다 하는 사람이 도리어 집안에 해로울 일만 한다든지, 혹 심한 자는 맡아 가지고 쓰는 전재(錢材)를 다 이웃사람이 쓸 수 있게 준다든지, 전장과 가재를 사상매매(私相賣買: 서로 사사로이 사고 팜) 한다든지, 혹 가만히 문권을 만들어 집안 식구를 남에게 노비로 팔려고 한다든지 할 지경이면, 그 집안에 있는 자식들이 그 사무원의 파측(破側)한 행위를 보고도, 집안이 망하게 되어도, 월시진척(越視秦瘠: 월나라가 멀리 떨어진 진나라 땅이 걸거나 메마름을 상관하지 아니한다는 뜻으로, 남의 환난에 전혀 개의하지 아니함을 이르는 말)으로 마무말도 아니하고 있는 것이 어찌 부모를 참 사랑하는 자식이라 하며, 집안을 위하는 권속이라 하리오.

불가불 여론에게 알게 하여 그 사무원의 죄를 징치(懲治)하고, 곧 사무소에서 척출(斥黜)하여야 자식들의 직분이고, 또한 그렇게 하여야 집안을 능히 보전하여 가는 법이라. 어느 부모가 자식들 편히 살기를 위하여 사무원을 두는데, 그 사람의 불측한 행사를 알고 그저 덮어두고 그대로 쓸 리가 있으리오. 또 아비의 집이 곧 자식의 집이고, 아비의 일이 곧 자식의 일이라. 어찌 자식이 되어 집안일을 흥망 간에 추호도 살펴보지 아니할 지경이면 자식 된 본의가 어디 있으리오.

이와 같이 정부 관인이 혹 임금과 나라에 욕될 일을 할 지경이면 백성이 곧 임금에게 품달하여, 그런 관원은 기어이 물리치고 다른 정직한 관원을 불러 쓰게 하도록 하는 것이 곧 백성의 직책이라. 만일 그렇지 아니하고 정부에서 일을 잘못 하여 나라가 위태할 지경에 이를 지경이면, 그 불의한 관원의 죄뿐이 아니라, 그런 관원이 그런 못된 일 하는 것을 보고 아무 말도 아니하고, 그런 관원으로 하여금 자단자행(自斷自行)하여 욕군매국(辱君賣國)하는 화가 생기게 하는 것은 곧 백성의 책망인줄 우리는 아노라.

(협성회회보 제1권 제10호 대한광무 2년(1898년) 3월 5일)

2. 매일신문의 발간

1898년 3월 19일에 협성회 통상회 석상에서 주보로 발행되던 신문을 일간으로 변경한다는 방침이 결의된 후, 1898년 4월 9일에 제1호가 발행되었는데, 〈내외국 시세 형편과 국민에 유조한 말과 실제의 소문을 많이 기재할 터이니, 목적도 극히 중대하거니와 우리 회원이 일심 애국하는 지극한 충성의 간담을〉 보아 달라고 하였다.

이리하여 발간되기 시작한 〈매일신문〉은 유영석 사장, 최정식 기자 등과 함께 한국인이 만든 최초의 일간신문이 되었다. 그러나 석 달 후인 7월 9일부터 회사 경영진 내에 금전 문제로 알력이 생기고, 본사에서 쓰던 활판을 주인이 가져가는 바람에 신문이 일시 정지되기에 이르렀다. 이때에 사장 유영석, 기자 최정식, 주필 이승만 등이 해임당하고, 7월 19일부터 새로 구성된 경영진에 의해 새로 발간되었으나 1899년 4월 4일자로 종간되었다.

〈매일신문〉은 그 구성과 내용이 〈협성회회보〉와 거의 같았으나 발행이 주간이 아니라 일간이라는 점만 달랐다.

〈매일신문〉 논설의 예:

자초(自初)로 몇 백 년을 두고 내려오며, 어려서부터 가르치며 배우기를 반상(班常) 귀천(貴賤)의 분별이 있음은 천지에 떳떳한 법이라 하여, 양반의 자식은 호령하기와 으르대는 버릇을 먼저 배워, 만일 수틀리면 시비곡직은 불문하고 양반이나 내세울 줄 알면 똑똑하다고 칭찬하며, 상놈의 자식은 아무런 호령을 들어도 참고 순종을 잘 하면 공손도 하고 슬기도 있다 하여 이 중에서 성취를 시키므로, 이 사람들이 자라서는 서로 생각하기를, 상놈은 양반을 위하여 세상에 난 인생으로 알아, 시비 경계와 인정 의리는 상놈이 알 바 아니요, 양반의 욕심과 위력이 제일이라 하여, 나중에는 재물과 돈을 때리고 빼앗으면서도 불공한 대답이 일호라도 있으면 풍화(風化)와 관계된다 하니, 이런 학정이 부지중에 행습이 되어 반상만 그러할 뿐 아니라 양반도 몇몇 층이오, 상놈도 몇몇 층이 서로 이 모양으로 압제하여 경계와 법강(法綱)이 없어지니, 백성이 무엇을 믿고 자유 생각이 나리오.

그리하고 본즉, 양반끼리도 자유(自由)가 못 되니, 나라가 또한 남에게 머리를 디밀고 있는 것을 분히 여길 줄 몰랐고, 또한 사람이 사는 것으로 말하더라도, 심지어 의복 음식과 거처 범절(凡節)까지라도 층하(層下)가 있어, 집을 크게 짓고 의복을 찬란히 입으면 참람한 뜻을 둔다고 죄책이 있으니, 이는 당초에 윗사람 된 이들이 내 아랫사람보다 내가 더 나은 것으로 하여, 서로 진보하여갈 생각은 못하고 다만 시기만 하여 내 아래 사람을 내려 눌러 아무쪼록 나만치 못 되게 만들어 놓은 까닭이거늘, 그 아래 달린 불쌍한 인생들은 이것이 사리에 꼭 합당한 도리로 여기니 어찌 애달프지 않으리오.

(제1권 제12호 대한광무 2년(1898년) 4월 22일)

3. 제국신문의 발간

1898년 8월 10일 이종일과 함께 〈제국신문〉을 창간하였다. 신문
제명을 제국이라 한 것은 "이 신문이 우리 대황제 폐하의 당당한 대한
국 백성에게 속한 신문"이라 함인데, "동양 반도국 사천여년 사기에
처음 되는 경사라, 우리가 이같이 경축하는 뜻을 천추에 기념하기 위하
여 특별히 제국 두 글자로 신문 제목을 삼았다"고 밝히면서 "본사 주
의인즉 신문을 아무쪼록 널리 전파하여 국가개명에 만분지일이라도 도
움이 될까" 함이라고 밝혔다. 이에 대하여 〈매일신문〉에서는 "근일에
〈제국신문〉이 새로 났는데 우리 매일신문과는 도무지 상관이 없으니
혹 신문 보시는 군자들이 제국신문을 매일신문으로 그릇 아실 듯하기
로 자에 광고〉한다는 광고문을 게재하였다.

1899년 1월 9일 수감되어 징역형을 살기 전에는 그의 생각이 입헌
군주제를 옹호하고 있었으므로, 8월부터 12월 말까지의 그의 논설과
관보, 외국통신, 전보 등도 그에 맞추어 작성되고 있었다. 그러나 당시
의 정세는 대한문과 종로 거리에 연일 시위군중이 데모를 벌이고, 이에
맞추어 보부상 패들이 반대 시위를 하는 등의 형편이었으므로 극도로
혼란스러웠다.

연말을 앞두고는 중추원에서 박영효 씨와 서재필 씨를 천거하는
문제로 의관 삼십 명이 가하다 하여 추천하였는데, 이에 대해 윗선에서
는 크게 노하여 의장 등과 몇 의관을 면관하라고 하고 이승만 등에게도
체포를 명하였다. 이리하여 이승만은 제국신문의 논설도 쓰지 못하고
피신할 수밖에 없었다.

〈제국신문〉의 논설 예 1:

그러나 사사(私事) 살림으로 말할지라도, 제 손으로 애쓰고 자수성가(自手成家)한 세간은 기어이 제 평생을 보전하여 가거니와, 남의 덕으로 힘 안 들이고 얻은 재물은 실상 귀한 줄을 모르기 때문에 항상 지탱하지 못하는 법이라. 지금 우리나라 독립(獨立)이 이렇게 위태하되 백성이 걱정할 줄을 모르는 것은, 마치 남이 얻어준 재물을 아낄 줄 모르고 마구 허비하여 내버리는 것과 다름이 없으니, 언제든지 대한 사람이 피를 흘리고 독립을 굳게 하여 세계에 광고한 후에야 독립이 참 대한 물건이 되는 날로 우리는 믿노라.

(제1권 제42호 대한광무 2년(1898년) 9월 29일)

〈제국신문〉의 논설 예 2:

동촌(東村)에 불이 일어 풍세는 사납고 화광(火光)은 충천한데, 온 동리가 일어나서 저 집 식구 잠 깨우라고 소리치며 떠드는 중, 무심히 들어앉아 불길이 미칠 줄을 아득히 모르고서 안연히 지내 가며, 점점 불이 가까우므로 기둥이 쓰러지고 기와가 터지며 서까래가 부러지고 대들보가 상할 번하되, 그 집안사람들은 일시에 나가서 문밖을 내다보고 급한 형세를 알아 화를 면할 생각은 못하고, 동편 벽이 뜨거우면 서편으로 옮겨 앉고, 북녘으로 연기가 들어오면 남녘으로 피해 가서, 무당과 소경이나 데려다가 굿하고 경 읽기로 무사하기를 도모하고, 잠 깨라고 흔들어 주는 사람은 내어 쫓지 않으면 기어이 몰아 말도 못하게 하고 아직 편안히 지내는 것만 좋다고 할 지경이면, 그 이웃 집에서들은 옆집이 타면 저의 집이 또 위태할 터인 고로, 소리를 지르고 흔들며 일어나라고 깨우다가 못하여 필경 급한 지경에 이르러서는 그 집을 헐어 넘어뜨려 불이 붙어도 저의 집까지는 미치지 않게 차릴 터이다.

그때는 앞뒤에서 엿보고 있던 사람들은 계제를 타서 다 각기 이(利)를 조금씩 보려 할 터이니, 그 때는 동리에 큰 싸움이 일어날 사세인 고로, 이 정형을 짐작하는 사람들이 더욱 애쓰고 그 집 사람을 흔들어 정신을 차리라고 애를 쓰는 터이거늘, 너희는 애쓰고 하고 싶은 대로 하라고 치지도외(置之度外)하고 나는 나대로 지낸다고 한즉, 이웃 사람인들 오죽 애달프고 답답하리오. 어언간 불길도 차차 가까우려니와, 동리에서 필경 그저 두고 보지는 아니할 터이라.

지금 동양 형편이 어찌 이와 다르리오. 세계 각국에 전보 왕래와 담판하기와 조회 왕복이며, 약조를 정한다, 군함을 끌고 다닌다, 철로를 사면에 놓아 길을 통한다, 신문에 날마다 떠드는 말이, 동양 형세로 혹 좋은 방책도 말하며, 혹 시비도 무수히 하여 사면에서 들리는 바이거늘, 대한과 청국은 흉년만 아니면 세계에서 제일 조용한 구석이라. 우리나라 사람의 생각으로 말하면, 내일은 어찌 되었든지 오늘이나 조용하고 편하면 그만이라 하나, 지금은 더 편하고 싶어도 점점 가까워 오는 불기운을 어찌 편히 앉아 면하리오.

(제1권 제45호 대한제국 광무 2년(1898년) 10월 3일 月)

차 례

3부 제국신문

제1권

제 1 부
협성회회보

제1권 제1호
대한광무 2년(1898년) 1월 1일

대저 사람이 조년(早年)에 뜻을 굳게 세워 학문을 닦는 것은, 후일에 그 학문을 인연하여 공사(公私) 간에 한 사업을 성취하고자 함이라. 현금 구미 제국이 서로 쟁진(爭進)하는 때를 당하여, 만일 우리가 이전 학문만 힘써 고인의 진담(陳談: 진부한 이야기)만 강론하고, 이전 규모(規模: 사물의 구조나 모양의 크기와 범위)만 배워 가지고 무슨 사업을 희망할 지경이면, 이는 곧 이른바 나무를 거꾸로 심고 그것이 자라기를 바라는 것과 같으니, 어찌 어리석지 아니 하리요.

세계의 개명한 나라에서들은 인민 교육하는 것을 제일 요무(要務: 중요한 임무)로 알아, 기어이 공부 아니 하는 백성이 적도록 힘을 쓰는데, 대저 인민을 교육하는 것은 그 사람들로 하여금 다 나라에 유익한 사람들이 되게 함이다. 그러한즉 교육하는 법을 또한 합당하게 마련하여야 할지라. 만일 교육을 전혀 힘쓰지 아니 한다든지, 교육을 하되 합당한 도(道)로 하니 할 지경이면 다 유익함이 없을 것이다.

지금 우리 대황제 폐하께서 오백년 무강(無疆)하신 역복(歷福)을 이으시어 천만세 무궁하신 기업(基業)을 중흥하시고, 만기(萬機)를 경장(更張)하시며, 백도(百道)를 유신(維新)케 하시는 중에, 특별히 상서(庠序)와 학교의 규모를 확장하사 국계(國計)와 민생에 유익한 학문으로 인재를 배양케 하시니, 지금 경성 내외에 총준(聰俊)한 자제들이 향학지심(向學之心: 배우려는 마음)이 격발하여 다투어 상서와 학교에 들어가 공부하고, 수백 리 혹 천여 리 밖에서 담등부급(擔膯負笈: 책 보따리를 메고 타향으로 공부하러 감)하고 올라와 공부하는 선비들이 적지 않고, 또 각 학교가 지금 날로 진익(進益)하는 기상이 있는지라.

대저 국가에서 이렇듯 학도를 배양하는 것은 다름 아니라 그것이 성취하기를 기다려, 재목의 대소를 따라 큰 재목은 동량(棟樑)을 만들고, 작은 재목은 연목(椽木)과 중방목(中枋木: 중인방〈벽의 한가운데를 가로지르는 인방〉으로 쓰는 재목)을 만들어, 그들로써 함께 대하(大廈: 큰 집)를 고이고자 함이라.

그러한즉 우리 학도 된 사람들은 이러하신 성의를 받들어, 어느 학교 학도를 물론하고, 마땅히 다 각기 동량지재(棟樑之材)를 기약하고 공부에 힘쓰되, 첫째 충군(忠君) 애국(愛國)의 마음들을 굳게 세워 의기와 용맹을 길러야 할 것이다.

또 우리가 공부하는 동안에 서로 권면하고 서로 책선(責善)하여, 마음을 합하고 힘을 같이 하여, 국가에서 이렇듯이 양육하시는 성의를 만분지일(萬分之一)이라도 보답하기를 도모하여야 할 것이다. 이것은 곧 우리 협성회를 설립한 본래의 뜻이다. 이 회를 지금의 황제 폐하께서 등극하신 33년 11월 30일에 처음으로 설립하였는데, 우리가 학교에서 공부하는 동안에는 한 학교에서 서로 공부하지 않을 수 없은즉, 정의가 또한 서로 친목하지 아니할 수 없을 것이다.

대저 붕우지도(朋友之道)라 하는 것은 소중하기가 자별(自別)한 것이라, 천자로부터 서인에 이르기까지, 붕우의 도를 말미암지 아니하고 능히 성취하는 이가 적은지라. 선현이 말씀하시되, 군자는 문학(文學)으로써 벗을 모으고, 벗으로써 어짊을 보성(輔成)한다 하였으니, 우리 회는 곧 문학으로 모인 회라. 서로 권면하여 학문을 힘쓰고, 유익한 일이 있으면 서로 권하고, 허물이 있으면 서로 경책(警責)하여 동창지의(同窓之誼)를 친밀하게 지켜서, 일심(一心)으로 공부하여 후일에 만분지일이나 국가에서 배양하시는 은혜를 보답하기를 도모하자 하는 주의요.

또한 우리 전국 동포 형제들을 위하여 이 회를 설립한 것이라. 우리가 지금 배운 학문이 넉넉해서 전국 동포를 가르치자 하는 것이 아니라, 우리는 오늘날 천은(天恩)을 입어 학교에서 몇 해씩 공부를 하는 고로 혹 깨달아 아는 것이 더러 있는지라. 우리 배운 대로 유익한 말이 있으면 전국 동포에게 같이 알게 하고, 또한 우리의 적은 정성으로 전국 동포를 권면하여 서로 친목하고 일심으로 나라를 위하고 집안을 보호하여 가자는 주의라.

그런고로 우리 회중(會中)에 특별히 찬성원(贊成員)을 마련하여, 누구든지 우리의 목적을 옳게 여기는 이는 우리 회에 들어와 우리 회를 찬조하여 주기를 바라며, 우리가 설회(設會)한 지가 일주년(一週年)이 지났는데, 지금 크게 진익(進益)한 것은 없으나 그 동안 얼마만큼 단련한 것은 없다고 할 수 없고, 또 설회할 때에 불과 십여 인이 발론한 것이 지금 회원이 이백여 명이 되었는지라. 지금 우리 회가 아직 쾌히 성양(聲揚)은 되지 못하였더라도, 우리의 목적은 남에게 보여주지 않을 수 없다.

그런고로 회중(會中)에서 의논하여 매월 몇 차례씩 회보를 발간하여 우리의 목적을 전국 동포에게 광포(廣布)하는 것이 가하다고 하나,

그 일을 용이하게 실행치 못한 것은 다만 재정문제 하나 때문이다. 그러나 뜻이 있으면 일은 이루는 법이라, 지금 회중에서 약간의 연보(捐補)를 구집(求集)하여 회보를 발간하게 되었는지라. 학문상 유익한 말들과 회중에 긴요한 일들을 기록할 터이니, 우리가 그윽이 바라건대, 우리 대한 인민들이 이러한 시국을 당하여 더욱 충의지심(忠義之心)을 분발하여 위로 인군(人君)을 받들고, 아래로 동포 형제를 구제할 생각들을 급히 해야 할 것이다. 그러한즉 첫째는 일심(一心)들을 하여야 할 것이오, 일심(一心)이 되더라도 또한 학문들이 있어야 할 줄로 우리는 아노라. 우리 대황제 폐하와 우리 대한 정부를 위하여 만세를 부르나이다.

〈내보〉

○ 일전에 상동병원에 불이 났는데, 지나가는 외국인들은 달려들어 불을 끄는데 대한인민은 구경만 하더라.

○ 근일에 아라사 군함이 월미도에 와서 순해(巡海)한다더라.

○ 일전에 정동교당에서 우리나라 부녀들이 외국 부녀들과 같이 연설을 하는데 매우 유리한 말들이 많이 있으니, 우리나라 부녀들도 교육만 하면 남의 나라 부녀들만 못하지 아니할 것이다.

〈외보〉

각국의 교육비

영국	: 8,376,231파운드	(1파운드는 9.72원)
프랑스	: 183,859,965프랑	(1프랑은 0.39원)
프러시아	: 101,445,384마르크	(1마르크는 0.48원)
이탈리아	: 40,177,178이르	(1이르는 0.39원)

오스트리아 : 13,722,199프로인 (1프로인은 0.975원)
아라사　　 : 22,411,434루블 　(1루블은 1.4625원)
일본　　　 : 968,286원

〈회중잡보〉

본회가 설립된 후로 토론한 문제가 33개인데 아래와 같다.
(*그 중에서 중요한 것들)

○ 국문과 한문을 섞어 씀이 가함.

○ 학도들은 양복을 입음이 가함.

○ 아내와 자매와 딸을 각종 학문으로 교육함이 가함.

○ 학원들은 매일 운동함이 가함.

○ 여인들을 내외 시키지 않음이 가함.

○ 나라 안의 도로를 수리함이 가함.

○ 우리나라 종교를 예수교로 함이 가함.

○ 노비를 속량함이 가함.

○ 우리나라 철로 놓는 것을 외국 사람에게 허락하지 아님이 가함

○ 우리 회원들은 인민을 위하여 가로 상에 나가 연설함이 가함

○ 회원들은 20세 안으로 혼인을 하지 말미 가함.

○ 나라 안에서 쓰는 자(尺), 말(斗), 저울(衡)을 똑같이 함이 가함.

○ 국민이 20세 된 자는 일제히 병정으로 택함이 가함.

○ 서울과 인천 사이에 철도 놓는 데 학도를 보내어 규정과 놓는 규칙을 배움이 가함.

○ 각처에 공원지를 설립하여 인민을 양생시킴이 가함.

○ 목욕간을 집집마다 두어 몸을 정결케 함이 가함.(미완)

○ 사농공상 학교를 세워 인민을 교육함이 가함.

○ 각종 곡식 종자로서 외국상품 종자를 구하여 심음이 가함.

(다음 호(제2호)에 연재됨)

○ 병인들은 외국 의약으로 치료함이 가함.

○ 산소를 풍수지술로 구하지 말고 집집마다 마땅한 곳을 사두고 씀이 가함.

○ 어떤 물건이든지 매매할 때에는 에누리 아니 함이 가함.

○ 각항 문자를 왼편에서 시작하여 씀이 가함.

○ 내지에 출입하는 외국 사람에게 지세를 많이 받음이 가함.

○ 우리나라에서 상하 의원을 설립함을 정치상에 급선무로 결정함.

○ 군대에 호령하는 말을 본국 말로 씀이 가함.

○ 의관 제도를 복구함이 가함.

○ 각부에 있는 고문관들을 기한이 자나거든 다시는 외국 사람으로 쓰지 아니함이 가함

○ 유의유식(有衣有食)하는 인민에게 제조소(製造所)를 창설하여 줌이 가함.

○ 우리 회중에서 일주일 간 회보를 발간함이 가함.

○ 정부에서 인재를 택용하려면 과거를 보임이 가함.

○ 흉년을 당하여 곡식을 외국으로 수출하지 못하게 할 방책은 세를 많이 받음이 가함.

○ 개항을 많이 하는 것이 나라에 유익함.

○ 신문국을 각처에 배설하여 인민의 이목을 넓힘이 가함.

제1권 제2호
대한광무 2년 1월 8일

천지간 만물 중에 사람이 제일 귀하다 하는 것은, 상제(上帝)께서 만물을 조성하실 때에 사람에게는 특별히 지혜와 재주를 더 주어 만물 위에 초출(超出)하여 능히 만물을 어거(御車)하여 다스리게 함이라.

그런고로 천지간 활동하는 만물 중에 금수와 곤충이 다 각기 천부(天賦)한 지혜와 재주가 있으되, 그 지혜와 재주가 작정한 한(限)이 있어 그 한정(限定) 밖에는 더 지나가지 못하되, 사람의 지혜와 재주는 한정 없이 마련한 것이라. 그런고로 금수와 곤충이 능히 보금자리와 굴혈(掘穴)을 만들어 은신할 곳을 장만할 줄 알며, 어떻게 먹을 것을 취할 줄 알며, 또 제 몸들을 어떻게 방비하여 저희 원수들을 피할 줄을 아니, 만일 금수와 곤충이 지혜와 재주가 없으면 어찌 능히 이 같은 일들을 하리오.

그러하되 그 지혜와 재주가 조금도 진보하지는 못하여 지금이 예와 다름이 없고, 장래가 지금보다 낫지 못한지라. 그러하되 사람의 지혜와 재주는 그렇지 아니하니, 상고(上古)에는 사람들이 짐승의 털과 피를 먹으며, 더울 때는 나무를 의지하여 거처하고, 추울 때는 땅에 굴을 파고 살더니, 유소(有巢) 씨 때에 비로소 나무를 얽어 집 짓는 법을 시작하고, 수인(燧人) 씨 때에 비로소 화식(火食)하는 법을 가르치고, 또 상고 때에는 초의와 피복으로 겨우 몸을 가리며 나무토막을 파서 거루를 만들어 옅은 강 가로 겨우 다니더니, 헌원(軒轅) 씨가 의복제도를 마련하며 배와 수레 짓는 법을 가르쳤으니, 상고 때에 비교하면 복식(服飾)과 기용(起用)이 얼마큼 나아졌다 할지라.

그러하되 그 후에 집 짓는 법이 더 진보하여 오늘날 숭대오층(崇臺五層)에 연무백장(延袤百丈)한 집들이 생기고, 음식법이 차차 더 진익(進益)하여 산진해착(山珍海錯)에 팔진지미(八珍之味)를 이루고, 의복제도가 차차 더 진익하여 오늘날 관면(冠冕) 보불지장(黼黻之帳)을 이루고, 수레와 배 짓는 법이 점점 더 진익하여 한 시각에 몇 백리 몇 천리 씩 가는 화차와 윤선(輪船)들이 생겼으니, 이로 말미암아 보건대, 사람의 지혜와 재주가 어찌 정한(定限)이 있다 하리오.

그러하되 사람의 지혜와 재주를 확충하여 쓰지 아니할 지경이면 그 고유한 지혜와 재주가 또한 밝히 나타나지 못할지라. 비유컨대 여기 한 박옥(璞玉)과 사금(砂金)이 있는데, 그 옥과 금을 마탁(磨琢)하지 아니하며 불리지 아니할 지경이면, 그 옥과 금이 불과 한 덩이 돌과 한 줌 흙이라 어찌 그 아름다움을 나타내리오. 그런고로 반드시 옥공이 그 옥을 마탁하여 광을 쳐놓아야 참 보배로운 옥이 될 것이오, 금장이 그 금을 불려서 거재(去滓: 찌끼를 추려 버림)를 하여 놓아야 참 아름다운 금이 될지라.

이와 같이 사람이 비록 천부한 지혜와 재주는 있더라도 그 지혜와 재주를 마탁하지 않고 불리지 아니할 지경이면 참 지혜와 참 재주가 될 것이 없을지라. 그러하면 그 지혜와 재주를 마탁하고 불리는 것은 무엇인가 하니 곧 학문(學問)이라. 문견(聞見)이 넓으면 지혜와 재주가 자연히 밝아지는지라. 현금(現今) 세계에 날마다 늘어가는 것은 사람의 지혜와 재주라. 그 지혜와 재주가 사람의 고유한 특성이 혈발(血發) 하는 것이라 할지라.

그러하나 만일 학문을 자뢰(資賴: 밑천을 삼다)하지 아니할 지경이면 어찌 이같이 정교한 생각과 기이한 의견이 생기리오. 그런고로 지혜가 아니면 그 재주를 나타내지 못하고, 재주가 아니면 그 지혜를 이루지 못하고, 더욱 학문이 아니면 그 지혜와 그 재주를 다 이루지 못할지라. 가령 우리가 정교하고 현황(眩慌)하게 만든 물건을 볼 지경이면, 그것을 제조한 사람의 지혜와 재주를 칭찬할 터이나, 그 사람의 학문을 더욱 칭찬하여야 옳을지라. 왜 그러한가 하니, 그 사람이 학문이 아니면 그 지혜와 재주를 능히 이루지 못하였을지라.

그러하되 학문이라 하는 것은 천지간 활동하는 만물 중에 오직 사람 밖에는 능히 닦지 못하는 것이라. 금수와 곤충은 능히 학문을 닦지 못하는 고로 그 지혜와 재주가 항상 진보하여 가지 못하되, 사람은 학문을 능히 닦을 만한 특성이 있는 고로 그 지혜와 재주가 한정이 없는지라. 그런고로 사람이 첫째 힘쓸 것은 학문이라. 만일 사람이 학문을 힘쓰지 아니할 지경이면 그 지혜와 재주가 금수와 곤충의 재지(才智)에 뒤질 때가 있을지라.

왜 그런가 하니, 금수와 곤충의 재지(才智)는 비록 한정 밖에 더지나지는 못하나 그 작정한 한정까지는 항상 미처 가거니와, 사람의 재지는 한정이 없은즉, 만일 학문을 닦지 아니하면 그 재지가 점점 쇠하여 아주 없어질 지경까지라도 이를지라. 그 재지가 없어질 지경까지 이를 지경이면 도리어 금수 곤충의 재지만 못할지라. 사람의 재지가 금수 곤충의 재지만 못할 지경이면, 사람이 만물 중에 귀하다는 뜻이 어디 있으리오. 그러한즉 사람이 학문을 어찌 잠시간이라도 폐할 수 있으리오.

〈내보〉

작년 십일월에 학부에 보고한 각 학교 생도수

○ 사범학교 본과 생도가 30명이오, 영어과 생도가 40명이오, 부속 소학교 생도가 99명. ○ 수하동 소학교 생도가 93명. ○ 공동 소학교 생도가 99명. ○ 재동 소학교 생도가 90명. ○ 매동 소학교 생도가 87명. ○ 양사동 소학교 생도가 40명. ○ 양현동 소학교 생도가 46명. ○ 안동 소학교 생도가 57명. ○ 영어 학교 생도가 110명. ○ 일어 학교 생도가 86명. ○ 법어 학교 생도가 92명. ○ 아어 학교 생도가 79명. ○ 한어 학교 생도가 40명.○ 인천 부 일어 학교 생도가 45명. ○ 한성 부 소학교 생도가 74명. ○ **도합 1,187명.** ○ 기외에 전주 부와 평양 부와 대구 부에 설립한 학교들이 있으되 그 생도 수는 미상이더라.

〈외보〉

○ 미국 근년 학교의 흥왕한 것

미국 학부대신이 새로 배포한 삼년 전 학교 명단을 상고한즉, 전국 남녀 학원이 1천6백만 명인데, 그 중에 총학교 학원이 15,530,268명, 전문학원이 400,000여 명, 전국에 있는 대학교가 476개소, 남녀 교사가 10,897명, 남녀 학원이 143,632명. 도학 학원이 7,658명이고, 법률 학원이 7,311명, 의학 학원이 21,802명, 치아학 학원이 5,151명, 사범 학원이 80,767명, 또 고등 중등 초등 각 학교가 236,529개소, 남교사가 124,768명, 여교사가 263,239명, 남교사의 월급은 절장보단하여 98원, 여교사의 월급은 75원씩이요, 남녀 학원이 13,935,977명이더라.

제1권 제3호
대한광무 2년 1월 15일

　약한 물건이라도 여럿을 합하면 힘이 생기고, 단단한 물건이라도 분파(分破)하여 여럿을 만들면 힘이 약하여지는 법이라. 실이 비록 약한 것이로되 여러 겹을 합하여 큰 줄을 만들면 능히 큰 짐승이라도 결박할 수가 있으며, 땅덩이가 비록 후대(厚大)하여 능히 만물을 자생(滋生)하고 그 위에 만물을 싣고 있으되 무너질 염려가 없으며, 그 힘을 가히 측량할 수 없되, 그 본원을 궁구하면 불과 여러 작은 흙 부스러기의 모인 것이다. 대양이 비록 넓고 깊어 그 속에 무수한 생물이 화생하고, 그 외면에 여러 천 근씩 되는 륜선(輪船)들이 내왕하되, 그 근본을 궁구하면 불과 여러 작은 물방울이 모인 것이라.

　사람의 힘 또한 그러하니, 여럿이 합심하면 아무 일이라도 성취하기 쉽고, 힘이 외로우면 아무 일이라도 성취하기 어려운지라. 한 사람의 집안으로 말할지라도, 온 집안사람이 다 하는 직분과 사무는 다를지라도 집안을 위하여 일심으로 무슨 일을 할 지경이면 그 집이 자연 흥하여지나니, 이웃사람이라도 그 집을 다 우러러보고, 밖에 비록 몰렴(沒廉)한 도적이 있더라도 감히 저의 궤계(詭計)를 써서 그 집을 열어보지 못할지라.

　그러하되 집안이 일심(一心)이 되는 것은 다만 서로 사랑하는 데서 생기는 것이니, 만일 집안사람들이 서로 사랑하지 아니할 지경이면 자연 이심(離心)이 될 것이고, 이심이 될 지경이면 서로 쟁투하는 폐단이 생길지니, 집안이 그 지경에 이를 지경이면 필경 패망할지라. 그런고로 집이 화목하여야 만사가 이루어진다 하였느니라.

나라 일이 또한 그러하니, 대저 치국(治國)하는 도리가 치가(治家)하는 도리와 별로 다를 것이 없으니, 온 나라 사람이 관민(官民)을 물론하고 일심으로 나라를 위하여야 그 나라가 자연 흥왕하는 법이라. 관원들로 말할 지경이면, 안으로 구경(九卿)과 백 집사(執事)가 있고 밖으로 목백(牧伯)과 수재(守宰)가 있어 다 맡은 사무는 서로 다르더라도 다 한 나라를 위하여 일하기는 일반이오, 사농(士農)과 공상(工商)이, 비록 관원들과 같이 공사(公事)는 보지 아니하더라도, 임금을 사랑하고 나라를 위하는 마음은 관원이나 일반이라.

그러한즉 무슨 기회든지 있는 대로 자기의 심력을 다하여 나라를 도와야 그 나라 백성 된 직분이라. 만일 관원이 되어서만 임금을 사랑하고 나라를 위하고, 그렇지 못하면 감히 임금도 사랑할 수 없고 감히 나라도 위할 수 없으며, 나라에 무슨 경사가 있어도 감히 기뻐하지 못하고, 나라에 불행한 일이 있어도 감히 걱정하지 못하고, 또 남의 나라가 내 나라를 대하여 무례한 말을 하더라도 감히 탄(嘆)할 수 없으며, 남의 나라가 내 나라를 대하여 무례한 일을 행하더라도 감히 억제하지 못할 지경이면, 어찌 산 백성이라 하며, 어찌 자주독립국에 사는 백성이라 하리오.

또 어느 나라든지 관원 노릇하는 사람은 불과 얼마 못되고 그 나머지는 다 무임(無任)한 백성이라. 만일 관원이 된 후에야 능히 나라를 위한다 하는 것으로 말할진대, 설사 나라일 해보기를 위하여 벼슬을 구하다가 요행으로 벼슬을 얻어하면 좋거니와, 만일 벼슬을 얻지 못할 지경이면 그 사람은 한 번도 나라를 위하여 일을 하지 못한 사람이 될 것이니, 어찌 가석한 일이 아니리오.

현재 세계에 흥왕하는 나라에서들은 관원과 백성들이 일심으로 나라 일을 하는 고로 관민 간에 서로 간격(間隔)하는 폐단이 없고, 서로 사랑하기 때문에 자연 화동(和同)하여 지내고, 설사 서로 다투는 일이 있더라도 다 나라를 위하여 공의(公義)로 다투기 때문에 정의(情誼)는 조금도 틀림이 없는지라. 그런고로 나라가 자연 흥왕하고 부강하여지니, 이것은 다만 나라 사람들이 관민을 물론하고 일심으로 나라를 위하는 효험이라.

대저 집안을 흥하게 하려면 불가불 집안사람들이 화목을 먼저 하여야 할 것이고, 나라를 흥하게 하려면 나라 사람들이 서로 일심(一心)하여야 할 것이라. 그런고로 속담에 말하기를, 가화(家和)하면 만사성(萬事成)이라 하고, 백성이 화(和)하면 나라가 평안하다 하였느니라.

〈내보〉

○ 지구상에 오색 인종이 있으니 아시아에는 황인종이오, 구라파에는 백인종이오, 아메리카에는 적인종이오, 남양군도에는 황흑인종이더라.

○ 배재학당 뒤에 큰 동구(洞口)나무가 있는데, 그 나무에 까치가 보금자리를 짓고 수년을 내왕하며 새끼도 치고 풍우도 피하더니, 수일 전에 크고 보기 흉악한 독수리가 그 나무에 날아와 앉으니, 그 나무에 보금자리를 지은 까치가 강약이 부동하여 쫓아내지 못하고 다만 울기만 하고, 이리 물고 저리 물고 애를 무수히 쓸 즈음에, 까치와 까마귀와

솔개미가 사방에서 날아와서, 까치는 그 독수리를 부리로 물고 날개로 치는데, 까마귀는 앉아서 바라보기만 하고, 솔개미는 지나다가 건드리기만 하고, 참새는 재잘거리기만 하다가, 필경 까치들이 일심으로 그 독수리들을 쫓아 보내니, 짐승도 일심이 되니 그렇게 흉악한 독수리들을 쫓아내더라.

○ 어느 동리에 연속한 두 집이 있는데, 서편 집은 수리보수를 잘 하여 온전하되, 동편 집은 게을러서 수리보수를 못함으로 집이 쓰러지자, 서편 집 사람의 말이, 불행히 내 집이 너의 집과 연하여 내 집도 무너지게 되니, 네가 돈을 들여 집을 바로 세우든지 내 집에 닿지 않게 헐어버리라 하니, 동편 집 사람의 말이, 내 집 무너지는 것을 네가 왜 상관하느냐 한즉, 서편 집 사람의 말이, 네 집 무너지는 것이 상관이 아니로되 내 집이 네 집을 따라 무너지겠은즉 어찌 상관이 아니 되겠느냐 하는데, 그 시비를 구경하든 사람이 다 서편 집 사람의 말이 옳다하고 동편 집 사람더러 곧 고치는 것이 옳다 한즉, 동편 집 사람이 갑자기 돈이 없는 고로 빚을 얻으려 하되, 빚을 주는 사람이 없어서 대단히 곤란 중이더라.

〈외보〉

○ 청국 정부에서 덕국(德國)이 교주 차지한 일 때문에 총리아문 관원들의 의론이 분분하였는데, 내홍장 씨는 덕국과 싸우자 하나 공친왕은 말하기를, 교주를 다 주더라도 싸움은 말자 하여, 황제가 공친왕의 말을 듣고 교주를 주었다더라.

○ 덕국이 차지한 청국 교주 지방 안은 차차 정돈이 되어 덕국 시골 모양이 되어가고, 청국 백성들이 저희 관인 밑에서 사는 이들보다 즐거워한다더라.

제1권 제5호
대한광무 2년 1월 31일

　　우리가 일생 하는 말이거니와, 서양 사람의 경계로 말하면 백성
된 자의 직책이 극히 중대한 것이, 그 나라의 흥망성쇠가 전혀 백성에
게 달려있는 고로, 설사 국가에 불행한 일이 있어도 일호(一毫)도 원망
할 데가 없거니와, 심지어 동양에서는 일국의 권세와 몇 만 명 인구를
정부의 십(十) 대신 손에 매달아놓고 앉아 시비선악(是非善惡)에 도무지
상관이 없으니, 과연 우리나라의 내각대신 되신 이들은 권리와 직책이
태서제국(泰西帝國) 대신들 보다 몇 배가 더하도다.

　　황차 오늘날 국가가 이런 위급지추(危急之秋)를 당하여, 그 위(位)
에 있는 자가 위로 임금을 몸 받고(*대신하고), 아래로 일천이백 만 동포
를 대신하여 일할 때에, 조금치도 백성이 싫어한다든지 시비한다고 못
할 일은 없은즉, 가위(可謂) 사반공배(事半功培)가 될지라. 그 직업을 가
지고 보위(寶位)를 위급 중에 보호하여 태산반석지고(泰山盤石之高)에 뫼
시고, 백성을 환란도탄(患亂塗炭)에서 건져 문명에 진취하여 백대(百代)
에 독립 기초를 굳게 함이 당연한 직분이오, 또한 어렵지 않은지라.

　　이런 좋은 기회를 만나 그 자리를 가지고 이렇듯 용이한 사업을
한번 하여 놓고 보면, 한편 남아의 영귀(榮貴)함도 세상에 극(極)하려니
와, 그 빛난 이름이 죽백(竹帛)에 드리워 천추만세에 칭송하여 말하기

를, 모 대신 모 관인이 대한의 위급지시(危急之時)를 당하여 나라를 중
흥하고, 우리가 남의 나라에 종노릇 할 것을 면하게 하였다 할 것이고,
또한 명예가 세계 각국에 이전보다 몇 배가 더 널리 펴질 터이니 어찌
아름답지 않으리오. 가위(可謂) 나라를 위하여 직분을 다하며, 이 좋은
득의지추(得意之秋)를 잃지 않았다 할 것이다.

그러나 만일 종시 이전 세상으로만 알고 장차 나라가 어찌 될지,
외국에서 무슨 일을 하려는지 도무지 생각도 않고 그 백성은 돌아보지
않으며, 다만 자기 일신에 관계된 권리와 욕심만 가지고 매관매작을 한
다든지, 탐장오예(貪贓汚穢)를 한다든지, 청촉시행(請囑施行)이나 하면서
말하기를, 내가 이 벼슬을 항상 가지고 있을 것이 아닌즉 며칠 동안이
든지 내 욕심 채움이나 하겠다 하면, 이는 곳 나라를 팔아 제 몸을 살찌
우는 만고에 역신(逆臣)이라.

지금 시무(時務)를 대강 짐작하는 이들은 다 말하기를, 지금이 우
리나라에 매우 위급한 때라 하니, 지금 그 중대한 소임을 맡아 가지고
내가 다 조처한다고 하다가, 만일 국가에 불행한 일을 당하면 그때 당
하여서 나는 모른다고 할 수 없은즉, 비록 천참만륙지경(千斬萬戮之境)에
처한들 나라에야 무슨 효험이 있으리오.

또한 지금은 백성이 아무것도 몰라 아무 말도 아니 하거니와, 차
차 소견이 열리면 장차 물을 말이 있을 터이니, 그때는 몸이 어디로 피
하며, 백세에 매국역명(賣國逆命)을 어찌 하리오. 이는 소위 불이 몸에
미칠 줄을 모름이라. 우리는 바라건대 시국에 집병(執秉)하신 분들은 이
두 가지 중에 밝히 택하여 처사 하시오.

〈내보〉

○ 경무사 이충구 씨가 전 경무사 때에 재판도 없이 갇힌 죄인 삼십여 명을 방송(放送)한 고로 듣는 사람들이 이 씨의 밝히 처사함을 매우 칭송하는데, 이번에 법부 참서관 이규석이가 재수(在囚) 죄인에게 청전(請錢) 이천오백 량을 받을 것으로 상약(相約)하고 방석(放釋)하였더니, 그 사람이 몽방(蒙放)한 후에 그 돈 절반을 주고 말하기를, 죄 없이 갇히기도 원통하거늘 무슨 돈을 달라느냐 하며, 절반도 아니 줄 것을 주니 고마운 줄로 알라고 한즉, 이 씨가 위협으로 독촉하는 고로, 그 사람이 그 연유를 경무청에 호소한즉, 경무사 이 씨가 즉시 이규석을 착수(捉囚)하였더니, 관원 중에서 시비하기를, 경무청에서 주임관을 잡아가기 시작하여서는 벼슬을 다닐 수 없다고 한다니, 아마 그네들은 벼슬을 다닐 적에 협잡을 하는 것이 자기네 직책으로 아는가 보더라.

○ 지나간 사월에 어떤 사람이 진고개를 지나다가 잡류(雜類)들이 일본 유희장 근처에서 노름 하는 것을 보고 말리되 듣지 아니하자 그 아래 교번소(交番所)에 가서 순검을 보고 말하기를, 길에서 잡류들이 무단히 노름하는 것을 금하라 하고 갔다가, 그 후에 또 그곳을 지나는데 그 놈들이 그저 노름을 하기에, 그 순검을 다시 가 보고 말하기를, 향일에 내가 노름을 금하는 것이 옳다 하였더니 어찌하여 이때까지 금하지 아니하느냐 한즉, 그 순검의 말이, 그대가 무슨 상관이 있느냐. 나는 나라 월급을 먹고 상관의 명령만 듣노라 하니, 그 사람의 말이, 나라 월급으로 말하면 그 돈은 백성에게서 거두는 돈이라, 백성이 각각 돈을 내어 정부로 보내어 관인의 월급을 주게 하매, 관인의 직분은 이러한 잡류를 금하고 백성의 생명과 재산을 보호하여 달라 한 것이라, 국중에 이러한 잡류가 많이 생기게 되면 우리에게 크게 해로우니 어찌 우리가

상관이 없다 하느냐 하였으니, 우리 회보 보시는 이는 어떤 사람의 말이 옳은지 생각하여 보시오.

○ 서력 오백 년 간에 인도 덕리 땅에 한 상회가 있었는데, 상회 사장이 사무원 수십 인을 두었는데, 그 중에 한 사람을 택하여 모든 사무를 주장케 하였더니, 그 사람이 일을 성실히 보살피었으나 사장은 그 사람의 성실함을 알지 못하였더라.

다른 사무원 하나가 그 사람의 성실한 공로를 시기하여 사장에게 무소(誣訴)한즉, 사장이 그 말을 듣고 그 사람으로 모든 사무를 주장케 하였더니, 그 사람이 돈을 도적하며 회사의 권세를 천단(擅斷)이 함에도 사장이 짐짓 동정만 살필 때, 다른 사무원이 와서 말하기를, 그놈의 행위가 불측하니 내어 쫓고 나로 하여금 그 사무를 모두 총찰(總察)하게 하면 마땅히 사무를 성실히 보겠다 하더니, 이놈의 간교함을 뉘 알았으리오. 회사의 흥망은 돌아보지 않고 자기 욕심만 일삼다가 필경 부지(扶持)치 못하고, 다른 사무원이 음연(淫宴)이 빼앗아 사장의 눈을 가리고 모든 물건을 도적질하며, 심지어 회사 집까지 문서(文書) 하랴 하니, 본사 사람들의 말과 곁에서 보는 다른 회사 사람들의 말이, 처음에 일 보든 사람만치 성실한 사람이 없다 하니, 사장이 차차 깨닫고 처음 사무원을 생각하였다 하니, 대저 물은 건너보아야 심천(深淺)을 알고, 사람은 지내보아야 진위(眞僞)를 알러라.

제1권 제6호
대한광무 2년 2월 5일

대범 국가에 문명부강 하는 도는 인재를 많이 교육함에 있고, 인재를 교육하는 법은 학교를 널리 베푸는 데 있는 고로, 지구상 만국이 교육으로써 급선무를 삼지 아님이 없어 국재(國財)를 발하여 남녀 학교를 확장하되 만(萬)으로 수를 헤아리며, 다만 관립학교만 광설(廣設)할 뿐 아니라 사립학교를 더욱 권장하여 공효가 나타나며 인재 배출하고, 또한 전국의 신문과 회보와 연설을 숭상하여, 비록 여항간 우부(愚夫)와 유자(有子)라도 다 천하대세를 통찰하며, 지식과 문견을 넓혀 재목(材木)을 확충하고, 충군 애국하는 마음이 확실하니, 이로 말미암아 태서 국운이 날로 왕성하며 부강함이 비할 데 없는지라.

우리 대한국도 황천(皇天)이 도와주시고, 국운이 크게 열리어, 대황제 폐하께서 하늘을 이어 황극을 세우시고, 정신을 가다듬어 정치를 도모하사 삼대유풍(三代儒風)을 떨치시며, 만방 미제(未濟)를 가리시어 특별히 학부를 베풀어 교육 사무를 맡기시고, 거관(巨款: 거액)을 아끼지 아니 하사 대소학교를 널리 베푸시므로, 학도가 날로 성하며 교화 울열(敎化鬱熱)이 진흥하니 진실로 아름답도다.

그러나 만일 이름만 숭상하고 실지를 힘쓰지 아니하면 공효를 보기 어려울지라. 그런고로 가르치는 이도 각별 근실히 하여야 할 것이며, 배우는 이도 더욱 힘써야 할지라. 현금에 서세동점(西勢東漸)을 한어(扞禦)할 방약도 교육에 있고, 타일에 동세서점을 발달할 모책도 교육에 달렸으니, 학교는 실로 국가의 기초라. 우리 이천만 동포는 어찌 분발 격려치 아니하리오.

세계사를 비유컨대 꽃나무와 같은지라. 전일에 심고 북돋은 나무는 오늘 당장 피는 꽃이고, 금일에 심고 북돋은 나무는 후일에 장차 피어날 꽃이라. 그런고로 이미 문명이 성실한 나라는 이왕에 숙공(熟供)을 말미암고, 장차 문명에 진보하려는 나라는 반드시 금일 힘쓰는 데 있으니, 어찌 맹성(猛省)치 아니 하리오.

슬프다. 우리나라가 강린환시(强隣環視) 중에 개립(個立)하여 내치를 잘하고 외모를 막고자 할진대 믿는 것은 오직 인재라. 상하 일심으로 교육을 권도하여 확연한 업(業)을 이룸이 이때에 있으니, 아무쪼록 꿈들을 깨어 기회 잃지 말기를 바라노라.

(신룡진)

〈내보〉

○ 근일에 애오개 넘어 늣개천 가에서 수백 명이 모여 편싸움들을 하는데, 혹 돌을 던져 싸우는 자도 있고, 혹 몽치로 치는 자도 있어 피차에 성벽(性癖)이 대단하여 방관하는 수천 명 사람들이 재미있게 여기나, 싸우는 자들은 머리가 깨어지며 다리가 부러지며 이틀이 부스러지되 기어이 이기려고 하니, 이같이 우리 전국 인민이 무슨 일이든지 죽기를 무릅쓰고 일심으로 하면, 공전(空錢)인들 어찌 겁낸다 하리오.

○ 까마귀는 사철이고 제비는 한철이라. 까마귀가 말하기를, 겨울이 오면 산천이 모두 희어지고 강물이 얼어 육지가 된다 한즉, 제비 대답이, 산이라 하는 것은 항상 푸른 것이고 물은 흐르는 것이라. 어찌 산이 희고 물이 육지가 될 이치가 있으리오 하며, 종시 저 본대로만 우기니, 어찌 우습지 않으리오. 우리나라 유식한 이들은 자기 성장한 곳에서 듣고 본 것만 가지고 고집이나 아니하면 답답지나 덜할러라.

제1권 제7호
대한광무 2년 2월 12일

　　사람이 세상에 살 때 자기의 일을 자기가 아무쪼록 편리하고 실상이 보이도록 하며, 혹 못될 줄 알게 되면 더 열심히 이루고자 하여, 세계에서 제일 높고 점잖은 이름을 얻으려고 옳은 일만 하여야 덕국(德國) 비스마르크와 같은 사람이 되어보지, 만일 천수(天數)로 되기를 바라, 하나님은 부귀를 내 몸에 절로 오게 해 주소서 하며, 부자와 귀인 될 직책을 닦지 아니하면, 설사 그에게 그 복록을 맡긴들 삼일을 지탱하지 못하여 남의 비웃고 천히 여김을 면하기 어려울 것이다.

　　또 남이 대신하여 주기를 기다려 뜻하되, 내 아버님과 형님이 논과 밭과 돈을 많이 모아 나 평생 쓸 것을 설마 예비 안 해 주랴, 삼촌과 사촌의 덕에 편하게 누워 잘 먹고 잘 입으리라 그렇게 믿으나, 부형 삼사 촌을 위하여 손톱만한 일은 안 하고 도리어 못살게 구노라고 쓸데없이 다니며 호화롭게 방탕히 못된 일만 하다가, 종래에 부형이 물려줄 것 없고 삼사 촌이 보아주지 못할 지경이면, 그때는 할 수 없이 빌어먹을 깍정이 밖에 더 될 것이 없는데, 그래도 구걸하기가 부끄럽고 노는 이보다 불편한즉, 비로소 도둑질이나 하다가 필경 법사(法司)에 잡혀 징역과 죽는 죄로 몸을 마칠지라.

　　슬프다, 이 뉘 탓이요. 모두 자기가 지은 허물이라. 이치가 꼭 그러하고 또 밝은 증거가 있으니, 저기 저 일본을 보시오. 삼십년 전에 미 개화 국으로 삼십년을 두고 백성들이 저희가 저희 일을 할 새, 모르고 어려운 일은 할 수 없으니까 구미 각국으로 돌아다니며 죽을 고생을 하면서라도 배워다가 저의 나라에 부족한 일이 없게 하여, 오늘날 문명 개화한 동서양에 몇 째 안 가는 나라가 되었으니, 그 정치와 법률과 인명 재산과, 병비(兵費)와 농공 상업, 각색 일용 사물이 영국과 미국만 못하지 않도다.

또 청국을 바라보니 관민이 지금 앉아 당요(唐堯) 때 개명하든 풍속만 숭상하며, 시세에 이론과 학문은 죽어라고 안 배우며, 하늘에서 돈이 비같이 오기를 축수하고, 어렸을 때부터 죽는 날까지 사서삼경(四書三經) 성현네 말씀 가운데 자라고 늙어 세상물정 다 모르되, 오직 과거하여 벼슬 얻기만 기다리며, 부모 생시에는 돌아보지 않다가 사후에만 음식이나 많이 놓고 하루 몇 번 울면 효자라 칭하고, 벼슬을 하여야 임금을 섬길 줄 아는데 아첨과 압제로써 충신이 되며, 귀인(貴人) 취물(取物)이 생애가 되고, 아편연을 불사약으로 알았으며, 범백 사무를 모두 거짓 문구로만 끌어가다가, 각국이 찢어 먹어도 아프다고 한 번 겨루어 보지 못하고 달라는 대로 내주니, 이는 도무지 이때를 태고 때로만 생각한 까닭이라.

이걸 보게 되면 사람마다 두 가지 길이 있으니, 자기가 자기 일하여 효험 받는 길과, 또 천운과 남이 절로 하여 주기만 바라서 당연히 할 일을 안 하고 망하는 길이니, 우리 대한 동포 형제여, 어느 길을 좇는지 알지 못하거니와, 우리는 효험 받을 길로 가니, 혹 망할 길로 가든 이도 우리와 함께 가사이다.

(니익진)

제1권 제8호
대한광무 2년 2월 19일

　요전 통상회는 임원의 기한이 차서 새 임원들을 회중에서 투표하여 선거하였는데, 회장에 류영석, 부회장에 윤창렬, 서기에 이응진 김연근, 회계에 노병선 양홍묵 민찬호, 사찰(查察)에 박인식 김기원, 사적(事跡)에 정동원 최학구, 제의(提議)에 신흥우 오신영 주상호 제씨더라.

　제4차 회장 이익채 씨 때에 회중에 진보(進報)된 것이 여러 가지가 있는데, 그 중 제일 긴요한 일은 회중에서 의론하고, 본회 회보를 발간한 일이라.

　회중에 재정이 넉넉하여 이 회보를 발간하는 것도 아니요, 재정이 부족하니 회보를 팔아 돈을 남기자 하여 이 회보를 발간하는 것도 아니라. 그런 고로 회원들이 매우 힘을 쓰고, 또한 우리 회를 사랑하여 보낸 여러분의 연조(捐助)를 수합(收合)하여 한 번 발간하기에 십여 원씩 밑져 가며 이 회보를 발간하는 것은, 전국 동포의 이목(耳目)을 열어 내외국 형편이 어떻게 될 줄을 대강 알게 하고, 우리 이천만 동포가 일심 합력하여 위로 임금과 나라를 받들고, 아래로 우리 동포의 집안들을 보호하여 가자고 발론하여 시작한 것이러니, 과연 회보를 발간한 후에 내외국 사람들이 우리 회의 목적을 쾌히 짐작하고 우리 회를 찬조하는 이들이 많이 있고, 또한 이 회보를 발간한 후에 회원들이 매우 많이 들어와 지금 회원이 근 삼백 명이 되었다.

둘째는 찬성원에 투표권과 가부권이라. 대저 본회에서 찬성원을 청입(請入)함은 누구시든지 우리 회를 사랑하는 이가 있으면 회에 들어와서 우리를 찬조하여 주고, 회중에 혹 미달한 일이 있을 지경이면 우리를 훈수하여 달라 함이러니, 과연 우리 회를 사랑하고 들어오시는 회원들이 많은지라. 그러하되 찬성원으로 들어오는 형제들을 다만 고문원으로나 명예원으로만 대접하고, 한 회중 사무를 의론할 때에 본회원에서 아주 권한을 마련할 지경이면 정의가 전일치 못한 고로, 회중에서 공변된 의론으로 찬성원에게 투표권과 가부권을 거의 본회원과 같이 마련한 일이라. 또 이후에는 찬성원이라, 본회원이라 하는 구별이 없이 다만 회원이라 칭하는 날이 있기를 바라노라.

새로 난 회장 류영석 씨는 전부터 회중 일에 매우 힘쓰고 회중에 진보(進報)할 일이 있을 지경이면 그 일이 기어이 실시되도록 주선하고, 요전에 회계로 있을 때에 회계 사무를 매우 힘써 본 고로 회계 문부(文簿)가 조금도 오착(誤錯)이 없고, 회중의 출입 재정이 매우 분명하게 되었는지라.

지금 회중의 공천으로 회장이 되었으니, 그 직책이 전에 회계로 있을 때보다 대단히 큰지라. 회중 일에 더욱 힘써서 석 달 동안에 회중에 유익한 일들을 많이 하여 본회의 목적과 사업과 명예와 영광이 더욱 밝게 나타나기를 바라노라.

〈내보〉

○ 부산 절영도를 아라사에서 석탄고를 지으려고 아라사 공사가 대황제 폐하께 요구하였는데, 폐하께서 외부대신과 상의하여 조처하라

하셨다니, 우리는 아 공사가 사사로이 그 섬을 빌리려는지 아주 달라는 지 자세히 모르거니와, 무슨 까닭으로 남의 나라 땅을 요구하는지….

○ 지나간 일요일에 독립협회 토론회 회원들이 모여 인명이 지귀(至貴)한데 남의 종노릇을 하여 가면서 살기를 도모하는 것이 하늘과 사람에게 득죄한다 하는 문제를 가지고 토론한 후에, 여러 회원들이 말하기를, 지금 우리나라 사정이 말이 못 되니, 우리가 신민이 되어 이러한 사정을 대황제 폐하께 말씀 아니 하는 것은 우리의 허물이라 하고 상소하기로 작정하였더라.

○ 나라에서 총준한 자제를 뽑아 무슨 공부든지 가르치는 것은 후일에 그 배운 재주대로 쓰려고 함이거늘, 근일에 들으니, 각 지방 우체사 견습생들은 일 년이나 공부만 시키고 그 교대하기에 미쳐서는 사무 보는 주사는 우체사가 무엇인지도 모르는 사람을 우체 사무를 맡기니, 견습생들은 공부시키어 무엇에 쓰려는지 모를러라.

○ 하루는 한 늙은 사람이 과실나무를 심는데, 한 소년이 지나가다가 보고 말하기를, 당신이 저렇듯이 연만하신지라, 지금 심는 나무에서 과실을 따먹을는지 모르는데, 저렇게 심력을 허비하고 과실나무를 심어 무엇 하겠소 하니, 그 늙은 사람이 대답하기를, 그렇지 않다. 이전 사람이 과실나무를 심었기에 내가 오늘날 그 과실을 따 먹는지라, 오늘 나도 이 나무를 심는 것은 그 과실을 따먹지 못하고 죽더라도 이후에 오는 사람은 오늘 내가 수고 드린 것을 인연하여 그 과실을 따먹게 함이라 하매, 그 소년이 어색하여 돌아갔으니, 사람마다 항상 장래를 생각하고 무슨 일이든지 하는 것이 옳더라.

제1권 제9호
대한광무 2년 2월 26일

옛말에 참는 것이 덕이 된다 하더니, 근일에 와서는 강하고 힘 있는 자는 참는 것이 병신이고, 약하고 권세 없는 사람만 인지위덕(忍之爲德)이란 말이 극히 옳고 또한 저희 몸의 유조(有助)한 교훈으로, 깊이 생각 아니 하면, 도리어 분을 참지 말아야 덕이 된다 함만 같지 못한지라.

왜 그러한가 하니, 만일 사람마다 자기의 의리와 경계 상에 틀닐 것 같으면 지위와 세력을 불고하고 기어이 사리를 밝히려 든다면, 강한 자가 약한 자를 대하여 무리한 일 행하기를 얼마큼 두려워하려니와, 저마다 생각하되, 윗사람과 권력 있는 자가 내게 무슨 원굴(寃屈)하고 무경계한 일을 하든지 내가 견디고 참아야 한다 하여 아무쪼록 시비만 면하려고 빌어서 없는 죄를 사죄하니, 자기 생각에는 그 악한 놈과 같이 겨루지 않는 것이 얼마큼 점잖고 나은 줄로 아나, 어찌 장부(丈夫)의 기운이라 하리오.

혹이 말하되, 외국인이 혹 우리를 무례히 욕 뵈던지 때리면 한번 대거리 할 생각은 없고 의례히 맞을 것으로 여기고 지냄은 무슨 연고인가 하니, 그네들은 자기 동리 친구라거나 본방(本邦) 사람이 남에게 욕을 보면, 자기가 당장 당한 일로 알고 의례히 힘을 다하여 보호하여 주던지 설치(雪恥)하여 주는 것이 옳은 줄로 생각하거니와, 우리나라 사람들은 자기 몸이 아프고 쓰려도 참을 줄로 알거든, 하물며 남을 위하여 시비에 드는 자는 곧 병신으로 아는 고로, 저 사람네는 한둘이 우리 백만 중에 들어와도 그 한둘의 기세를 당치 못하고 서로 발만 빼다가 필경 모조리 그 해를 받으니, 이는 우리 손으로 화를 길러 당함이라 누구를 원망하리오 한즉, 한 사람이 대답하되, 우리가 외국과 시비하면 사지곡직(事之曲直)은 물론하고 나라에서 우리는 도와주지 않고 그네들만 역성하여 필경 중벌이 있으니, 그네와 어찌 겨를 수 있느냐 하거늘, 그가 다시 대답하되, 나라 힘이 넉넉히 외국과 시비할 만하여야 그 백성을 보호할지라.

나라가 힘 있다 함은 임금의 기운이 장하든지 정부 대신의 주먹이 든든하여 외국과 겨뤄보는 것이 아니라, 백성이 일심으로 정부를 도와야 그 정부에서 나라와 백성을 보호할 힘이 생기는 지라, 정부가 어찌 백성이 아니고 힘이 있으리오 하였으니, 그런고로 외국 사람들은 자질(子姪)을 가르칠 때에 어디든지 가서 남이 자기 권리를 빼앗는다든지, 부모처자를 무례히 대접한다든지, 제 나라를 대하여 실례한다든지, 제 나라 사람을 욕 뵈는 것을 볼 지경이면, 제 생명을 버리기까지 하면서도 기어이 설치(雪恥)하는 것이 사람의 마땅한 일이라고 하기에, 그네들은 어디를 가든지 대접받고 나라를 빛내나니, 우리나라 동포들도 자기의 권리와 명예를 목숨보다 중히 여기고 의기를 배양하여 몸을 먼저 보호할 만하게 되면, 차차 집안과 동리와 국가를 보전하기 쉬울러라.

〈내보〉

○ 2월 22일 하오 7시에 흥선 대원군께서 훙서(薨逝)하셨는데, 각 부

에서 공사를 폐하고 각 학교에서도 다 휴학하였더라.

〈헛되이 믿는 속기〉

○ 수태한 여인 있는 집에서 방을 고치면 언청이 낳는다.

○ 소반 위에 바가지 올려놓으면 집안 대주가 위릉투릉 해진다.

○ 뒷머리 갈라지면 상처(喪妻) 한다네.

○ 어린아이 갓 써 보면 키 안 자란다.

○ 아이 적에 바구니 쓰면 장가갈 때에 호랑이한테 물려간다네.

제1권 제10호
대한광무 2년 3월 5일

나라에 백성 된 직책이 대단히 큰지라, 일국의 흥망성쇠가 전혀 백성에게 달렸는지라. 물론 어느 나라와 백성이 밝아야 그 나라가 흥하는 법이니, 백성이 밝지 못하고 능히 흥하는 나라는 현금 세계에 없는지라.

태서 제국이 날로 부강지역(富强之域)에 나아가는 것은 백성이 백성의 직책을 행함이고, 동양 제국이 날로 빈약지세(貧弱之勢)에 이르는 것은 또한 백성이 백성의 직책을 행하지 못함이라.

대저 나라마다 정부를 설립하는 것은 백성이 편히 살기 위함이니, 백성을 편케 하는 것이 곧 나라를 이롭게 함이라. 그런고로 동서 제국을 물론하고 학민(虐民)하는 정법(政法)으로 능히 이국(利國)하는 사업을 일으킨 일은 고금 사적에 없는 바라.

고서(古書)에 말하기를, 백성은 나라의 근본이니 근본이 견고하여야 나라가 평안하다 하였는지라. 그러한즉 정부는 곧 백성을 위하여 일하는 사무소요, 관원들은 곧 백성을 위하여 일하는 사무원이오, 백성을 위하여 사무원들을 택용(擇用)하는 이는 곧 임금이라.

또 비유컨대, 임금은 집안 어른이고 백성은 자식들이라. 집안 어른이 자식들을 위하여 살림 하여 줄 사무원들을 택용할 때에 아무쪼록 재덕이 있는 사람들을 택하여 집안 살림을 맡겨, 아무쪼록 자식들이 편히 살고 집안이 흥하도록 주소(晝宵)로 주선하나니, 어찌 짐짓 그른 사람인 줄 알고 그런 사람을 불러 집안 사무를 맡길 이치가 있으리오.

그러한즉 혹 사무원 중에 그른 사람이 있는 것은 곧 집안어른이 그 사람이 그른 줄을 모르고 택용함이라. 임금이 백성을 위하여 과원(課員)을 선용하는 것도 또한 이와 같은지라. 만일 한 집안을 위하여 사무를 본다 하는 사람이 도리어 집안에 해로울 일만 한다든지, 혹 심한 자는 맡아 가지고 쓰는 전재(錢材)를 다 이웃사람이 쓸 수 있게 준다든지, 전장과 가재를 사상매매(私相賣買: 서로 사사로이 사고 팜) 한다든지, 혹 가만히 문권을 만들어 집안 식구를 남에게 노비로 팔려고 한다든지 할 지경이면, 그 집안에 있는 자식들이 그 사무원의 파측(破側)한 행위를 보고도, 집안이 망하게 되어도, 월시진척(越視秦瘠: 월나라가 멀리 떨어진 진나라 땅이 걸거나 메마름을 상관하지 아니한다는 뜻으로, 남의 환난에 전혀 개의하지 아니함을 이르는 말)으로 마무말도 아니하고 있는 것이 어찌 부모를 참 사랑하는 자식이라 하며, 집안을 위하는 권속이라 하리오.

불가불 여론에게 알게 하여 그 사무원의 죄를 징치(懲治)하고, 곧 사무소에서 척출(斥黜)하여야 자식들의 직분이고, 또한 그렇게 하여야 집안을 능히 보전하여 가는 법이라. 어느 부모가 자식들 편히 살기를 위하여 사무원을 두는데, 그 사람의 불측한 행사를 알고 그저 덮어두고 그대로 쓸 리가 있으리오. 또 아비의 집이 곧 자식의 집이고, 아비의 일이 곧 자식의 일이라. 어찌 자식이 되어 집안일을 흥망 간에 추호도 살펴보지 아니할 지경이면 자식 된 본의가 어디 있으리오.

이와 같이 정부 관인이 혹 임금과 나라에 욕될 일을 할 지경이면 백성이 곧 임금에게 품달하여, 그런 관원은 기어이 물리치고 다른 정직한 관원을 불러 쓰게 하도록 하는 것이 곧 백성의 직책이라. 만일 그렇지 아니하고 정부에서 일을 잘못 하여 나라가 위태할 지경에 이를 지경이면, 그 불의한 관원의 죄뿐이 아니라, 그런 관원이 그런 못된 일 하는 것을 보고 아무 말도 아니하고, 그런 관원으로 하여금 자단자행(自斷自行)하여 욕군매국(辱君賣國)하는 화가 생기게 하는 것은 곧 백성의 책망인줄 우리는 아노라.

〈내보〉
○ 의관 윤치호 씨가 우리 학당에 와서 격물학(格物學)을 가르치는데 매우 요긴하고 재미있는 공부더라.

○ 일전에 어떤 시골사람 하나가 정동을 지나는데 아라사 사관 아파내습 씨가 말을 타고 지나갈 때, 그 말이 그 사람 앞으로 달려들므로 그 사람이 자기 몸이 상할까 두려워하여 그 말을 쫓으니, 그 사관이 그 사람을 붙들려 할 즈음에, 어떠한 우리나라 병정 하나가 애를 써서 그 사람을 잡아다가 그 사관에게 주니, 그 사관이 순검에게 맡기며 말은 통하지 못하는 고로 때려 주라고 손으로 형용하였으니, 무죄한 사람을 기어이 붙들어다가 외국 사람에게 주는 것이 무슨 심보인지 알지 못하러라.

〈고목가〉 (Song of an Old Tree)
일. 슬프다 저 나무 다 늙었네.
　　병들고 썩어서 반만 섰네.
　　심악한 비바람 이리저리 급히 쳐

　　　 몇 백 년 큰 남기 오늘 위태.

　이. 원수의 딱작새 밑을 쫓네.

　　　 미욱한 저 새야 쫓지 마라.

　　　 쫓고 또 쫓다가 고목이 부러지면

　　　 네 처자네 몸은 어디 의지.

　삼. 버티세 버티세 저 고목을

　　　 뿌리만 굿 박여 반근 되면

　　　 새 가지 새 잎이 다시 영화 봄 되면

　　　 강근이 자란 후 풍우불외(風雨不畏).

　사. 쏘아라 저 포수 딱작새를.

　　　 원수의 저 미물 남글 쪼아

　　　 비바람을 도와 위망을 재촉하여

　　　 너머지게 하니 어찌 할고.　　　 (이승만)

　○ 아한(俄韓) 은행을 본월 일일부터 열었는데, 자본은 오십만 원이
라. 들으니 우리나라 세입을 그 은행으로 받아들이고 세출도 거기서 차
하(差下)하여 우리나라 탁지부는 이름만 있게 된다 하니, 군권과 재정을
남에게 주었으니, 우리 대황제 폐하의 신민 되신 이들은 생각들 하여
보오.

　○ 조선신보에 말하였으되, 민 씨(민종묵)와 조 씨(조○○)는 아라사
에 충신이니 아라사 정부에서 불일내에 공로를 표하리라 하였고, 또 독
립관에서 정 모(정○○)가 선왕의 땅을 외국에 주는 것은 역신이오 백성
의 원수라고 연설하는 것을 민종묵 씨가 듣고 떨었다고 하였더라.

제1권 제11호
대한광무 2년 3월 12일

　대저 산이란 것은 흙덩이를 모아서 이룬 것이요, 바다란 것은 냇물을 합하여 된 것이라. 비유컨대 백성은 물과 같고, 국가는 배와 같고, 함장은 임금과 같고, 정부는 기계와 같아서, 물이 없으면 배가 왕래할 수 없고, 배가 있고 함장이 없으면 그 배를 부리지 못하나니, 그런고로 물이 있은 후에 배가 있고, 배가 있은 후에 함장이 있고, 함장이 있은 후에 기계가 생긴지라.

　이와 같이 백성 없는 나라가 없고, 나라 없는 임금이 없는지라. 그 임금이 그 백성을 잘 다스려야 백성의 원망이 없고, 그 백성이 그 임금을 잘 섬겨야 그 임금이 평안할지라.

　어찌하여 우리나라 동포는 맥주 한 잔에 대취하여 남이 뺨을 쳐도 부끄러운 줄을 모르고, 제 나라를 대하여 남이 실례하여도 분한 줄을 모르는지라. 그 맥주 한 잔이라도 제 돈 들여 먹지 못하고, 남의 덕에 취하여 당장만 생각하고 이후는 생각지 아니하니, 만일 그 사람이 맑은 술 한 잔을 주었더라면 대취는 고사하고 제 몸까지 그 사람에게 가서 종노릇하여 가면서 제집까지 줄 터이니, 어찌 그 술 한 잔에 제 몸과 처자를 남에게 종노릇 시키려고 하는지.

이것은 제 것 주고 뺨맞는 격이라, 어찌 제 한 몸만 생각하여 남이 달라는 대로 모두 주고 이천만 동포는 생각지 않는지 모르거니와, 만일 남이 제 집과 제 처자를 주장하여 모든 일을 이리저리 제 마음대로 간섭할 지경이면, 아무리 무식한 놈이라도 분한 마음이 생기어 그 술 한 잔을 아니 먹고 남이 달라는 대로 주지 아니하였더라면 이 곤욕을 아니 받을 것을, 왜 그 술을 먹고 그 사람 달라는 대로 주었던고 할지라.

슬프다, 남의 것을 제 것같이 주는 놈은 누구며, 달라는 놈은 누구요. 우리나라 동포들은 아무쪼록 일심하여 동양에 일본과 서양에 영미국을 부러워말고 동등으로 생각하여, 못된 일 하는 놈은 세계에 행세를 못하게 하고, 무례히 내 나라를 대하여 실례하는 놈이 있거든 분한 마음을 내어 대적할 뿐 아니라, 세계에 내노라 하고 우리도 남보고 좀 달라고 하며, 남에게 종노릇하기를 좋아하는 사람이 있거든 세계에 천한 놈으로 알아 남에게 종노릇하기를 부끄러워하고, 아무쪼록 일심하여 학문을 힘쓰고, 분기를 내어, 남이 나를 뺨치거든 나도 대적하여 치고, 남이 내 나라를 대하여 실례하거든 몸이 죽더라도 분풀이 할 생각들 하시고, 무슨 일이든지 옳은 일에 죽는 것은 영광으로 아시오.

(오긍선)

제1권 제12호
대한광무 2년 3월 19일

시무(時務)를 의론하는 자 혹 말하기를, 이미 일본에 허락하여 절영도(絕影島) 안에 석탄고를 짓게 하였은즉, 지금 아라사가 그 전례로 요구하는데 허락지 아니함은 옳지 않다 하니, 그는 생각지 못하고 한 말이라. 대저 대한정부에서 대한 땅을 가지고 임의로 하는 권리가 있은즉, 누구는 주고 누구는 아니 주는 것이 정의에 고르지 못하다고는 할지언정, 경계(境界)에 틀리다고 할 수는 없는지라.

또한 전에 어찌하여 일본에 땅을 좀 빌려주었다고 동맹 제국을 다 같이 대접하자면, 영(英) 미(美) 법(法) 덕(德: 도이치) 아(俄: 러시아) 오(奧: 오스트리아) 의(意: 이태리) 일(日) 제국을 다 공평이 빌려주어야 할 터이니, 삼천 리 강산이 몇 조각이나 남겠으며, 겸하여 그 후에는 세계 각국이 다 토지를 바라고 대한과 통상 약조를 청할 터이니, 누구와는 약조하고 누구와는 아니하면 또 공평치 못하다 할 터인즉, 동서 칠십여 국을 무엇을 가지고 고루 정답게 대접하리오.

또 말하되, 땅을 아주 주는 것이 아니라 빌려주는 것인즉 관계치 않다고 하니, 이는 전국을 다 주어도 빌려주는 것인즉 관계치 않다고 하는 말이라. 만일 남이 나와 정이 있다고 내 물건을 달라는 사람은 내 친구가 아니라 곧 나를 꾀여 물건을 탈취하자는 도적이라. 내 것이 다 없어져 더 가져갈 것이 없기까지만 정다운 친구이니, 그런 친구는 없는 것만 못한지라.

또한 연전에 일본에 빌려줄 적에는 말 한 마디 없다가, 지금 아라사가 청구하는데 이처럼 시비가 많으니, 이는 우리가 일본에 후하고 아라사에 박하게 하는 듯하나, 연전에는 우리가 적연(寂然)히 몰랐고, 지금인들 정부에서 특별히 백성에게 광고하여 우리를 알게 하여 준 것은 아니로되, 요행이 황천(皇天)이 묵우(黙祐)하심을 힘입어 국중(國中)에 신민이 생긴 후로 그 중에서 새로 배운 것도 많거니와, 첫째 내 나라 정부 시세와, 국중 소문과 외국 형편을 소상히 알아, 상하원근(上下遠近)이 정의(情誼)를 상통하여 각기 이산(離散)한 마음이 적이 합심할 만하게 된지라. 우리가 특별히 국은(國恩)을 남보다 더 입어 유독 충성이 갸륵하다는 것이 아니라, 일을 알고 본즉 진실로 애달고 원통한 중에, 당초에 우리가 내나라 일을 남의 일 보듯 하는 까닭에 이런 일이 생겼은즉, 다만 말로만 시비할 뿐 아니라, 장차 목숨을 결단코 이런 일을 눈으로 보지 않기로 작정할지라.

그런즉 우리가 암만 말하여도 실효가 없으니, 말하는 우리나 말 아니하는 남이나 조금치도 다를 것이 없다 할 듯하나, 말만 하여도 국중에 백성이 있는 것은 보임이오, 또한 전국 백성이 우리와 같이 일심으로 한 마디씩 반대할 만하게 되었으면 당초에 남의 토지를 달랄 리도 없거니와, 설사 달라고 하더라도 그동안 대한 일천이백만 명 백성 중에서 무슨 거조(擧措)가 있을는지 모를지라.

그런고로 지금 우리가 내 물건 달라는 친구를 시비함이 아니라, 이 백성 중에 몰라서 아는 체 못하는 자와, 알고도 모르는 체하는 자의 죄와 책망이 더 큰지라. 우리는 바라건대, 우리 동포들은 모사(某事)를 물론하고, 대한 일이라 하거든 다만 내 나라 일로만 알 것이 아니라 내 집안 일로 아시고, 각기 생각 가는대로 서로 모여 쓸데없는 공론과 시비라도 좀 하여 보시오. (이승만)

〈내보〉

○ 들으니 일전에 일본 정부에서 서울 있는 일본 공사관으로 전보하였는데, 연전에 약조한 절영도 석탄고 기지를 대한 정부에서 도로 찾으려 하거든 즉시 돌려보내라고 하였다 하니, 우리는 이 말이 적보(的報)한지 모르거니와, 일본서 그 탄고 기지 돌려보내기를 매우 기뻐할 줄로 믿는 것이, 당초에 일본서 아무쪼록 우리나라 독립권을 굳게 하려 함이 위초(爲初)요, 비위조(非僞造)라. 이런 기회를 당하여 정부에서 일초일목(一草一木)이라도 내 나라 것을 다시 찾기를 바라오.

○ 이달 십이일에 나라를 사랑하는 백성들이 종로에 모여 연설할 적에 한 사람이 말하기를, 백성이 아무리 내 나라 자주권을 찾으려 하나 군사가 이미 아라사 사관의 지휘를 받으니, 군권을 남의 손에 쥐이고 앉아 무슨 일을 하겠느냐 하거늘, 옆에 섰던 병정 하나가 그 말을 듣고 격분하여 팔을 뽐내며 하는 말이, 병정은 대한 백성이 아니며 나라 위한 마음이 없단 말이냐 하였다 하니, 이런 말은 과연 듣는 자로 하여금 충의를 격동케 하는지라. 이 사람의 굳센 충의를 우리 동포를 대하여 극히 감격하게 여기노라.

〈외보〉

○ 청국 정부에서 여순 구에 있는 사령관에게 명하기를, 아라사와 흔

단(釁端) 내지 말고 아라사가 하자는 대로 하여 양국에 싸움이 없게 하라 하였는데, 그 사령관이 자기 수하에 있는 장관에게 말하되, 교주 만에 있던 사령관같이 도망하여 아라사와 시비 되지 않게 하여 땅을 비워 놓음이 가하냐, 정부 명령이 있더라도, 우리가 도망하는 것이 우리 선왕과 전국 인민에게 부끄러운 생각이 있으면 어떤 나라든지 싸워 우리나라 토지를 우리가 죽기까지 남에게 주지 않음이 가하냐 하니, 그 장관들이 다 일심으로 말하기를, 우리가 죽기 전에는 여순 구를 남의 나라에 주지 말자 하였다더라. (독립신문)

.

제 2 부
미일신문

제1권 제1호
대한광무 2년(1898년) 4월 9일

대한 광무 2년, 서력 일천팔백구십팔 년(1898) 삼월(3월) 구일(9일)에 우리 매일신문이 대한 일천이백만 동포의 몸 받은(*윗사람의 대신으로 일을 함) 태극 국기를 대하여 처음으로 인사를 드리고, 또한 동서양 약소 제국 정부를 대신한 기호들을 대하여 경례하니, 일국에 참 희한한 경사라.

우리는 일심으로 대 황제폐하의 성덕을 찬양하며 만세를 부르고, 황태자 폐하를 위하여 천세를 부르며, 우리나라와 신문사를 위하여 무강한 복을 비노라.

당초에 우리 협성회 회원들이 일심 합력하여 금년 정월 일일부터 매 토요일에 일차씩 회보를 발간하여 지나간 토요일(1898년 4월 2일)까지 십사 호가 났는데, 대략 본 회중 사무와 내외국 시세형편이며, 소문 소견에, 학문에 유조할 만한 것을 기재하여 국가문명 진보에 만분지일이라도 도움이 (되게 하려는 것이다.) 하나님의 도우심과 회원들의 극진한 성의로 지금 이 회보가 거의 천여 장이 나가니, 우리 회보 보시는 이들에게 감사함을 치하하는 중, 일주일에 한 번씩 나는 것을 기다리기에 매우 지루한지라.

회원 중에 유지각하신 몇몇 분이 특별히 불석신고(不惜辛苦)하고 열심히 주선하였거니와, 그와 나란히 회원들이 일심으로 재역(財役)을 모아 오늘부터 매일신문을 내는데, 내외국 시세 형편과 국민에 유조한 말과 실적(實績)한 소문을 많이 기재할 터이니, 목적도 극히 중대하거니와 우리 회원의 일심 애국하는 지극한 충성의 간담을 합하여 이 신문 상에 드러내노라.

대체로 서양 제국 중에 신문 다소를 가지고 그 나라가 열리고 열리지 못함을 비교하거늘, 돌아 보건데, 우리나라에 신문이 얼마나 되느뇨. 과연 부끄러운 바라. 만행(萬幸)으로 독립신문이 있어 영자(英字)로 발간하매 외교상과 나라 권리, 명예에 크게 관계되는 영광이라. 그 외 한성신보(漢城新報)와 두세 가지 교중(僑中) 신문이 있으나, 실상은 다 외국 사람이 주장하는 바요, 실로 우리나라 사람이 자주적으로 내는 것은 다만 경성신문과 우리 신문 두 가지 뿐인데, 특별히 매일신문은 우리가 처음 시작하니, 우리나라 사천년 사기(史記)에 처음 경사라, 어찌 신기하지 않으리오. 아무쪼록 우리 신문이 문명 진보에 큰 기초가 되기를 우리는 간절히 바라노라.

〈외국통신〉

○ 일본 잇지잇지 신문에서 말하기를, 동경의 유명한 잇지관의 만쥬로라 하는 광대 하나가 대란가 동기라 하는 모임에서 광대노름을 사십일 하는데 오만 원을 받기로 약조하였은즉, 한 시간 동안에 일백이십오 원이더라. 일본 총리대신 일년 연봉이 구천육백 원, 매월 팔백 원이요, 다른 대신들의 연봉이 육천 원, 매월 오백 원이라 하니, 광대의 재주를

배워 돈 버는 것이 그 정부 대신네 연봉보다 더 많다더라.

〈광고〉

○ 새로 출판하는 대한 황성신문은 상무에 매우 유익한 말이 많고, 또한 매매할 때에 더욱 요긴하니 많이 사서 보시압. 신문 파는 처소는 전동 전 협판 윤치호 씨 집이요, 한 장 값은 엽 오 푼이요, 일삭 조 선급은 엽 너 돈이오, 일 년 조 선급은 엽 넉 량 두 돈이압.

제1권 제2호
대한광무 2년 4월 11일

속담에 이르기를, 세 살 먹은 아이 말도 밝은 말은 귀에 담아 들으라 하였는데, 이전 성현네 말씀이야 추호인들 어김이 있으리오. 우리나라 영종(英宗) 대왕께옵서 수교(受敎) 하시기를, 백성은 오직 나라의 근본이니, 근본이 튼튼하고 나서야 나라가 편안하다 하셨으니, 우리나라 신민 된 자 어찌 성군의 명교(名敎)를 준행치 아니 하리오.

동서양 각국을 막론하고 자주(自主) 하는 나라를 보게 되면, 백성이 백성의 할 직무를 지킨 연후에야 그 정부에서 교화와 행정을 절조 있게 하는 법이라. 백성이 열리지 못하고는 정부의 힘으로 능히 지탱치 못할지니, 그런 고로 어진 백성이 있는 나라에 악한 정부가 없는 법이라.

우리나라 백성들이 두셋만 모이게 되면 밤낮으로 의론하는 것이 정부 관인들만 추켜들어 옳고 그르단 말을 하였지, 백성이 잘못하였단 말은 일찍 듣지 못하였으니, 인민의 마음이 이같이 무식하고 편벽되고야 어찌 세계상 점잖은 대접을 받을 수 있으리오.

정부의 위엄도 백성의 힘을 합하여 이룬 것이요, 정부의 재력도 백성의 돈을 거두어 모은 것이라. 이를 가지고 보게 되면, 정부와 백성 사이에 조금이나마 어김이 있으리오. 우리나라 인민의 항상 마음이 정부는 어디서 다른 세계 사람이 와서 모인 것으로 알고 비방들만 하니, 진실로 개탄할 일이로다.

대저 한 집으로 두고 보더라도 부형된 자가 자제를 교육할 적에 좋은 도리로 인도하려 하나, 여러 자제들이 그 밝은 교훈은 준행치 아니하고 온갖 패류(悖類)의 행위를 지을 지경이면 그 집이 반드시 망함을 면치 못할지니, 동리 사람이 공변되이 말할 지경이면 그것이 뉘 허물이라 하리오. 반드시 자식의 허물이라 할지라.

설사 부형된 자가 생각을 미처 돌리지 못하여 그릇 할 일이 있을지라도, 자식 된 자들이 밝은 말과 어진 방책을 들어 죽기로써 권할 것 같으면 어찌 뉘우쳐 고치지 아니할 부형이 있으리오. 이는 삼강(三綱)과 오륜(五倫)의 당연한 일이라.

자식 된 자가 한 말도 간수치 못하고 제 집안일을 동리 사람에게 말할 것 같으면, 사람사람이 그 자식을 인류로 대접 아니 할 줄은 사람마다 아는 바라. 집안일이나 나라 대체가 다스리는 법은 일반이라. 우리나라 인민들은 구습을 버리고, 지금 이후로는 남을 비방하여 공연히 시기하는 마음은 일절 버리고, 다 각각 백성 된 직책만 잘 하여 가며, 법률 밖의 일은 죽어라고 행하지 말면, 물론 어떠한 직임(職任)을 하던지 공정한 대도만 지킬 것 같으면, 수신하는 방책은 일실(一室)에 미칠 것이오, 치가(治家)하는 도(道)는 일국에 미칠 터이니, 그러하고 보면 문명부강(文明富强)은 저절로 될까 바라오.

제1권 제3호
대한광무 2년 4월 12일

신문이라 하는 것이 나라에 크게 관계가 되는 것이 세 가지 목적이 있으니, 첫째 학문이요, 둘째 경계(境界)요, 셋째 합심(合心)이라.

지금 우리나라에 국세(國勢)와 민정(民政)이 곤궁 위급하므로, 급히 별반 방책을 마련하여 조야(朝野) 신민(臣民)이 동심 합력하여 외교와 내치 상에 일신이 들쳐나는 기상이 있고야 후일 지탱할 바람이 있을 터이지, 만일 구습을 면치 못하여 시종 내 나라 예악 문물과 내 집안 지체 문벌이나 진진히 의론하고, 내외국 시세 형편은 도무지 모르고 안연히 앉아서, 하루 이틀 한 해 두 해에 어느 때나 좀 나을까 하여, 백성의 환란도탄(患亂塗炭)은 위를 원망하며, 정부에 화패 위란(禍敗危亂)은 아래를 층원(層怨)하여, 서로 미루고 앉아 세월만 끌어갈 지경이면, 머지 아니하여 장차 무슨 지경에 이를지 모를 것이다.

슬프다, 오늘 날 경향 간에 기한(飢寒)에 궁진(窮盡)한 민정이 어떠한가. 단정코 하루 바삐 별반 변통이 있고서야 백성이 몸과 집안을 보존하며, 나라가 종사(宗社)와 정부를 지탱하여 갈지라.

그러한즉 변통은 누가 할까, 백성과 정부가 일심(一心)하여야 할지라. 그런즉 옛것을 고치고 새것을 좇아 백성과 국가를 보존케 함을 사람마다 싫어할 것은 아니 것만은, 어찌하면 부강의 근원이며, 남의 나라는 무슨 도리로 문명개화에 나아가는가, 서로 물음에 서로 모르니 이는 백성이 어두운 연고라.

그 어두움을 열어주자면 신문에 지나는 것이 없는지라. 태서 제국에 이전 사기(事記)와 요사이 새로 나는 신문을 광구하여 고금을 비교하며, 그 근원을 궁구하여 신문에 기재하여 가지고 국민의 이목을 날로 새롭게 하니, 이것이 이른바 신문이 학문에 관계된다 함이요.

또한 서양 문명한 나라에라도 얼마쯤 괴아(怪訝)한 사람이 없는 것은 아니로되, 여러 사람이 공변되이 의론하는 데서는 경계와 법률에 끌려서 자기의 욕심과 악한 행실을 감추고 공의를 따르는 법인고로, 법강(法綱)이 분명하여, 어두운 일과 사사로운 의론이 세상에 행치 못하는 바인데, 대저 공정하기는 신문에 지날 것이 없는 것은, 당초에 신문이 한두 사람을 위하여 조용한 구석에서 가만히 보라는 것이 아니라, 세상에 드러내 놓고 널리 전하기로 주장하니, 그 여러 사람들을 다 고르게 위하자는 것인즉 말이 공평할 수밖에 없는지라. 공평한 말이 세상에 행하면 그 결실은 필경 법강과 경계가 빨리 설지니, 이것이 이른바 신문이 경계에 관계된다 함이다.

나라는 한 집안과 같은지라. 한 집 식구가 정의(情誼)를 상통치 못하고, 의결을 바꾸지 못하여, 부모가 무슨 걱정이 있으며 자식이 무슨 기쁨이 있고 하인이 무슨 원통함이 있는지 몰라, 한편에서는 웃고 또 한편에서는 울어 서로 보기를 초월(楚越)같이 할 지경이면, 서로 위로하며 기껍게 하여 세상에 사는 재미가 있게 일실지내(一室之內)가 화합하게 지내기는 고사하고, 정의가 자연 상하여 싸움과 다툼이 생기어 서로 모해(謀害)하며 원망할지니, 그 안에 살림인들 어찌 되며, 졸지에 큰 일이 있으면 누구와 더불어 의론하리요.

우리 대황제 폐하의 성덕이 하해(河海) 같아서 우리를 자식같이 애육하실 새 법률을 경장(更張)하시고, 독립 기초를 창업하시어 우리를 태평지역에 인도하려 하시고, 특별히 조칙을 내리시어 의지 없는 자를 율법으로 보호하시며, 곤궁한 자를 진휼(賑恤)로 구호하시거늘, 애달프다 이 백성들이여, 덕택이 어떠하신지 모르고, 혹 탐관오리의 준민고택(浚民膏澤: 재물을 몹시 착취하여 백성의 힘을 다하게 함)하는 허물을 인하여 어지신 황상을 원망하며, 또한 나라에 무슨 경사와 걱정이 있음을 서로 통기할 도리가 없어, 일성지내(一聲之內)에 서로 소문과 의견이 사람마다 다르니, 하물며 하향궁촌(下鄕窮村)에 앉은 백성들은 나라 일이 저승같이 막혀 있어, 동편에 큰 일이 있으되 서편서는 잠만 자니, 그런 백성은 없는 것만 못한지라.

이때 또한 적국(敵國)이 사면을 엿보며 기틀을 찾으니, 보호할 방책은 다만 백성이 합심하기에 있는지라. 대개 벌은 조그마한 벌레로되 건드리기를 무서워함은 벌이 저희 수효대로 일심이 되어 덤비는 까닭이니, 우리도 합심만 될 것 같으면 태서(泰西) 제국이 우리를 두려워하여 다른 뜻을 두지 못 할지니, 합심보다 더 급한 일이 어디 있으리오.

그러한즉 상하 원근이 정의를 상통하며, 내외 형세를 자세히 탐문 해다가 국중(國中)에 반포함과, 희로애락을 일국(一國)이 같이 하게 함은 신문에 지나는 것이 없으니, 이것은 이른바 신문이 합심에 관계됨이라. 신문이 나라에 이같이 크게 관계되는 바니, 우리 동포들은 부디 범연히 보지 말고 재심(再審) 유의하여, 열심으로 하는 말이 뉘게 유익할 말인가 생각들 하여 보시오.

〈전보〉

○ 본월 팔일은 예수 그리스도 씨가 세상 사람의 죄악을 대신하여 돌아가신 날이오, 십일은 부활하신 날이라. 그 삼일 동안은 천하만국에 교를 믿는 사람들이 백공(百工)을 전폐하고 기념하는 날이기로 전 통상 회는 이를 위하여 정지하였더라.

제1권 제4호
대한광무 2년 4월 13일

통(通) 천하에 동서를 물론하고 인류는 한 가지라. 불에 대면 뜨거운 줄 알고, 어름에 대면 찬 줄 알기는, 내나 남이나 다를 것이 없거늘, 지금 우리의 간초(艱楚: 고생스럽고 괴로움)한 세상을 서양 사람의 사는 것과 비교하여 보면, 우리는 당초에 불 뜨거움과 어름 찬 것을 모르고 사는 사람이로다.

태서 제국에 궁실누대(宮室樓臺)와 완호기물(玩好器物)의 굉장하고 화려함은 어떠하다고 이루 측량할 수 없을 뿐더러 우리가 여기서 보지 못하는 바이니 말할 것 없거니와, 서울과 각 항구에 외국인 거류지를 볼 지경이면, 이는 몇 만 리 수륙 길에 재물을 수운(輸運)해다가 객지에 초초(草草)히 사는 것이로되, 황홀 찬란함이 진짜 소위 유리세계라.

의복 음식은 위생에 극히 정긴하고, 기용집물(器用什物)은 수족에 제일 편리하며, 완호기물은 사람의 이목을 기껍게 하는 중에, 정치를 밝히 하여 나라가 태평부강하고, 학문을 힘써 배워 백성이 문명하니, 나라를 생각함에 환란위급의 걱정이 없고, 처자를 돌아봄에 기한곤궁(飢寒困窮)의 근심이 없어, 나아감에 마음이 활달하고, 들어감에 살림이 재미로운즉, 자연 주름살이 펴지고 기운이 활발하여 자유권과 명예가 중한 줄도 알고, 사랑과 정의가 생기어 사람이 귀하고 물건이 천한 줄을 자연히 깨닫는 중, 겸하여 고루거각(高樓巨閣)과 교의침상(交椅寢牀)에 한가로이 처하여 토민(土民)을 대하여 보니, 업신여김과 교만한 생각이 아니 날 수 없고, 죽게 된 백성들이 집마다 찾아와서 살려 달라 애걸하니, 백성이 이같이 천하므로 그 나라 임금과 정부 대신은 백성보다는 좀 높게 대접해야 하겠지만, 백성 지체에 딸려서 그 높음이 얼마 못 되는지라.

슬프다, 우리의 사는 세상을 보고, 상등으로 말하여도 기와집 오량각(五樑閣: 오량으로 지은 집)과 면주(綿紬: 명주) 옷, 고기반찬에 지나지 못하나니, 맛 상등 살림도 몇이 못 되고, 경향을 통계하여 말할 것 같으면 초가집, 움막살이, 새는 지붕, 자빠진 벽에 풍우를 못 가리고, 무명 서양목을 비단 같이 귀히 여겨 더러운 살을 겨우 가리면 그만 풍족히 여겨 하는 말이, 세상에 우리 복색(服色)에서 나을 것이 없다 하며, 쌀 한 그릇에 소금장 한두 가지면 심평(心平)이 아주 패여 세상에 밥같이 좋은 음식은 없다 하는 처지들에, 그것도 얻지 못하여 피 좁쌀 겉곡식에 보리 감자 거친 걸로 일생을 지나가매, 늙은이와 어린 것이 도로에 방황하며, 한 줌 쌀 푼돈을 빌어다가 연명하므로 주린 빛 추운 소리를 차마 어찌 듣고 볼까. 이 지경에 이른 백성들이 어느 겨를에 염치와 체면과 인정 도리를 돌아보리오. 세상이 귀찮으니 귀한 것이 바이없네.

남의 고대광실 완호기물 좋아 보이지 않고, 다만 경영하는 것이 돈냥, 쌀되에 지나지 못하니, 과연 진정 애달도다. 이것이 뉘 탓인가. 나 잘못한 탓이로다. 대저 부강한 나라에는 당초에 재물이 하늘에서 쏟아지고 땅에서 솟은 것이 아니라, 나라 일과 사사업(私事業)에 어찌하면 부강하며 어찌하면 편리할까. 밤낮으로 일을 하여 저같이 크게 되었으되 오히려 부족하여 더욱 진보함을 열심히 구하기에 날로 문명하여, 더 무슨 지경에 이를지 한량이 없거니와, 우리나라 사람들은 안빈낙도(安貧樂道)라는 학문에 젖어서, 죽(粥)술 연명(적은 양의 죽으로 근근히 목숨을 이어감)이라도 하루 이틀 지낼 수만 있으면 마음에 풍족하여 사지를 게을리 하다가 이 지경에 이르므로, 나중에는 좋고 언짢은 것을 분별할 수 없이 되니, 과연 불 덥고 어름 참을 모름과 같도다.

만일 종시 수족을 놀리고 구차히 편안함을 구하다가는, 나라 일은 고사하고, 주리고 얼어서 구렁텅이에 쓰러짐을 면치 못할 줄을 분명히 아는 바라. 아무쪼록 일심으로 분(憤)내고 나서서 일들 좀 해봅시다.

제1권 제5호
대한광무 2년 4월 14일

　우리나라에 독립신문이 창설된 후로 국중에 굉장한 사업을 실로 많이 한지라.

　첫째, 신문을 모르던 백성들이 그 요긴함을 알 뿐더러, 신문이 여럿이 생겨 외국 사람이 혹 대한을 대하여 무례히 함이 있으면 실상으로 발명하여 내 나라를 역성할 권리가 생겼고, 외국 사람들이 대한에도 신문이 몇몇이 있다고 진보됨을 칭찬하여 전보다 달리 대접을 할 터이니, 정부와 백성의 지체가 얼마큼 높아졌고,

　둘째는, 사민(士民)의 공회(公會)가 여럿이 생겨 학문을 연습하며, 공변된 의론을 세워 관인의 생각에 혹 미치지 못함을 극진히 권도(勸導)하여 잔약한 백성을 위하여 법강(法綱)을 밝히며, 국가를 문명케 하려 하고,

　셋째는, 도로를 수리하고 길에 등을 다니, 이는 특별히 우리 대황제 폐하의 애민하시는 성은과 정부 관원의 개명한 직분으로 된 사업이나, 근본은 독립신문이 먼저 창론(唱論)하여 오늘날 도성 안에 몇 만 명 인민이 그 유조함을 받고,

　넷째는 독립이라, 명예라, 권리라 하는 것이 무엇인지 모르던 사람들이 말로라도 옮길 줄 알아, 자기 나라를 위하여 분해하며 기뻐하는

백성이 많이 있으니, 이는 다 실로 열심히 약하고 옳은 자를 역성하며, 강하고 무례한 자를 반대하여, 위태함을 무릅쓰고 나라에 실상으로 널리 이롭게 한 바이거늘, 부지중 원수는 얼마큼 생기어 혹 신문을 막으려고도 하고, 원심도 품되, 역성 받은 자들은 그 은공 알기를 반대 받은 자의 원심만치 깊이 못하는 듯, 진실로 애달픈 바로다.

그러나 지나간 십이일 국문 독립신문에 자기가 자기 공로를 먼저 칭찬하였으니, 이는 소위 앞질러 절 받기라. 우리가 그 공로를 모름은 아니나, 우리 신문이 국중에 인사드린 지 며칠이 못 된 고로 미처 치하하지 못하여서, 과연 가엾은 중에 겸하여 새로 신문 내는 자들을 가르친 말이 있으니, 한편으로 감사하나 지금은 우리가 선생 신문에 배운 것이 많아, 신문 목적도 대강 짐작하고 학문도 좀 있어 남에게 선생 노릇을 좀 하고 싶은즉, 전에 가르친 선성(善性)을 혹 시비할 도리도 있을지라.

또한 선생인들 다 잘 하라는 법이 없으니, 선생 신문이 혹 전에 무슨 공평치 못함과 실수함이 있는지, 지나간 것은 말을 말되, 이후부터는 그 신문이 더욱 조심하여 국중에 사업을 더 많이 하되, 아무쪼록 제자 신문에게 시비(是非)를 듣지 않도록 자기 일이나 잘 하여 가기를 바라오. 속담에 나중 난 뿔이 우뚝하단 말을 듣지 못하였소.

〈잡보〉

○ 장흥 고을에 일본 상민들이 곡식을 무역할 때, 한 부민에게 쌀을 많이 사서 출포(出浦)하려 하거늘, 읍민들이 모여 못 사가게 한즉, 일상(日商)이 육혈포를 마구 놓다가 다행히 사람은 상치 않았으나, 백성들이 모여 말하기를, 굶어 죽으나 죄를 범하고 죽으나 일반이라 하고, 작당하여 육혈포 가진 일인을 난타하여 죽였더니, 그 근처 일본 병참소에

일병들이 병기를 가지고 와서 읍민 오십 여 명을 죽였다니, 참 그리 하였으면 백성의 실수함은 생명에 관계하여 난 변이라, 정부에 말하여 법으로 처치할 일이거늘, 남의 나라 내지에 무단히 동병(動兵)하여 인민을 살해함은 즉 난병(亂兵)이라, 우리 정부에서 배상을 물리고 병참소를 몰아내침이 마땅할 듯하더라.

제1권 제6호
대한광무 2년 4월 15일

대저 나라라 하는 것은 교육을 힘쓴 후에야 부강함을 이룰지라. 우리 대한도 자고로 미처 내려오는바 교육하는 법이 있는 줄은 대소 인민이 다 아는 바이라.

경성에 태학관(太學館)이 있고, 각 고을에 향교(鄕校)가 있고, 면면촌촌에 서재(書齋)가 있어서 어린아이로 천자와 동몽권(童蒙卷)을 가르쳐, 삼강과 오륜에 행실을 깨닫게 하고, 장성한 자로 대학을 가르쳐 수신제가(修身齊家) 치국평천하(治國平天下) 하는 대도(大道)를 알게 하니, 이는 곧 선왕의 제례(祭禮)요 성현의 유적(遺蹟)이시라, 어찌 정미(精美)치 않다 하리요마는, 이제 와서 법이 오래 되니 폐가 생하여, 경서(經書)는 쇠잔하고 교육은 해태하여지니 어찌 개탄할 일이 아니리요.

우리나라 세종대왕께서 발명하신 국문은 학문상에 옆 편으로 던져두어 천인과 아녀자의 일시 통정하는 데 지나지 못하고, 소위 태학(太學)과 향교(鄕校)를 보게 되면, 외면은 아직도 남아 있으나 실적은 뜬구름 밖으로 돌려보내고, 한낮 당집에 다름없이 깨어진 기와며 거친 풀에 다만 새 짐승에게 위생을 도울 따름이요. 소위 서재는 공립도 있고 사립도 두어 이름은 비록 교육에 이름을 지탱하여 가나, 실상을 궁구하면, 침침한 밤에 길 잃은 소경의 모양 같이 방침이 희미하므로, 백발이 되도록 공부를 하나 글은 글대로 있고 사람은 사람대로 있으니, 인례사위(人禮嗣位) 상에 장차 무엇에 쓸 바리요.

어렸을 때에는 허문(虛文)만 숭상하다가 장성한 후에 하는 일을 보게 되면, 서넛 친구로 작반하여 추월춘풍(秋月春風)에 시흥(詩興)이니 주흥(酒興)이니 하며 허랑방탕함을 일삼는 사람을 보게 되면 이는 문장호걸(文章豪傑)이라 하고, 바둑 장기 골패 소일과 주사(酒肆) 청루(靑樓)에 요희미첩(妖姬美妾)을 인연하여 세상이 어떻게 되어 가는지 모르는 사람은 풍류남자(風流男子)라 하며, 조상의 덕으로 다행히 가벌(家閥)이나 잘 타서 밤낮 지체 자랑이나 하고 협잡편재(挾雜騙財) 등사로 남의 재물이나 흠 뜨려 먹는 것을 상책으로 아는 사람을 보게 되면 남촌 명사(名士)니 북촌 명사니 하니, 명사라 하는 사람의 행위가 이러하고 보면 그 나라 속에 명사 지위에도 참예 못하는 사람이야 일러 무엇 하겠소.

슬프다, 국민의 통동(通同)한 풍속이 이러하고 보면, 왕사(往事)는 아무렇게나 지내었으니 구태여 말할 것 없거니와, 이때가 어느 때기에 오는 앞일을 장차 어찌들 하시려오. 갑오경장(甲午更張)한 후로 지금 다섯 해 동안에 학교도 설시하고 새 학문도 광장(廣場)하였으나 실시는 경성에 지내지 못하고, 교과는 각국 말 배우기에 면치 못하였으니, 무정한 일월은 연기(年期)를 재촉하매, 때여 때여, 두 번 오지 않을지라.

근래에 개명부강한 나라의 모든 사업을 열어보게 되면, 그도 또한 사람의 지식과 재능으로 이루는 바요 귀신의 조화나 저절로 그리 된 것은 아니라. 사지백체(四肢百體)가 다 같은 사람이 되고야 남 하는 일을 못할 이치가 있을 바리요. 우리나라 신민들도 분개한 마음을 발하여 문명국에 정교대략(政敎大略)과 풍속에 진미(眞美)함을 한결같이 본떠다가 개명할 기초를 일신케 하면 무슨 어려움이 있으리요. 그러나 이도 또한 붓으로 쓰고 입으로 말하는 쉬움이지, 일조일석의 진선진미함을 바라리요.

속담에 이르기를, 시작이 반이라 하였으니, 우리나라 동포 국민들은 정신을 가다듬어 실심으로 존주(尊主) 애국성(愛國性)을 발하여 신발명한 학문들을 도저(到底)히 공부하여 아무쪼록 남의 나라보다 더 한층 앞서갈 도량들을 하되, 허욕만 앞서게 되면 지혜가 막히나니, 주린 사람이 밥을 한 번에 많이 먹으면 체하기도 쉽고, 열흘 갈 길을 하루에 가려 하면 필경 득달(得達)치도 못하려니와 숨도 차고 발병도 나기 쉬운 법이라. 지금부터 급히 힘쓸 목적은 대소 인민이 다 각각 무슨 사업을 하든지 공평 정직함으로 근본 요령을 삼고, 각처의 유지한 신발명한 학문이나 신문지들을 많이 구하여 열심히 보개 되면, 내치와 외교에 어떠한 형편도 짐작할 뿐 아니라, 천만사를 물론하고 중요함을 깨달아, 다 일신상 일들만 잘하게 되면 나라는 저절로 따라 부강함이 될지니, 이러하고 보면 십년 안에 기어코 타국을 부러워 아니할지라.

오늘날 대한 신민이 된 자 뉘라서 안연(晏然)이 구습을 저버리지 아니 하리요. 우리 신문사 목적은 개명부강(開明富强)할 방책에 긴요한 사실과, 학문상에 유리한 말을 듣는 대로 기재하여 일천 이백만 동포의 총명을 보좌하려 하노라.

제1권 제7호
대한광무 2년 4월 16일

천하 형세를 말하건대, 동서양 칠십여 국이 문호를 상통하고, 화륜선, 화륜차로 산을 뚫고 바다를 건너 지구를 횡행(橫行)하여 조석으로 왕래하고, 전기선, 전어통은 동서에 서로 얽혀 몇 천 리 몇 만 리에 언어를 상통하여, 호탕한 일로 천하를 한 집안으로 만들어 놓고 서로 문명을 자랑하며, 권리를 다투어 부강을 시기하며 흔단(釁端)을 엿보니, 이때를 당하여 형편을 깨닫고 외교를 잃지 말며, 내치를 밝히 하여 독립을 굳게 하며 자주를 보전하면, 강대한 나라들이 모두 이웃 친구들이다.

그러나 만일 이 형편을 모르고 태고적만 생각하여 요순(堯舜)의 무위이화(無爲而化)함과 걸주(桀紂)의 이심이덕(離心離德)함이 어찌하여 그러한가. 궁심멱득(窮心覓得)하여 주야로 궁리하되, 시세 형편은 듣기도 싫다 하며, 아무 때나 천시가 돌아오면 자연 태평할 날이 있겠다고 어리석게 속고 앉아 나라를 병들이며, 백성을 어둡게 하여, 큰 상사와 이익은 외국 사람에게 빼앗기고 앉았으면, 국중의 재물이 외국으로 빠져가니, 몇 해가 못 되어 백성이 빈곤하면 내란이 일어나는 법이니, 그 지경에 이르면 세계 각국이 모두 적국이라, 종사(宗社)와 정부를 무슨 도리로 보존하리요.

밤낮으로 믿고 의지하던 청국이 옛 법만 지키다가 오늘날 무슨 지경에 이르렀는가. 당당한 황제국 토지를 남에게 떼어 부치고, 이 나라와 저 나라의 분부 시행하기에 골몰히 지내니, 청국에는 언제나 천운이 돌아올는지. 아직 같아서는 황제가 장차 어디로 가시게 될는지 알 수 없는지라. 우리가 오히려 옛 법이나 말하고 청국 모양으로 앉았다가는 또한 이 지경을 면치 못할지니, 이야말로 소경을 따라 개천에 들어감이라. 어찌 애달지 않으리오.

대저 오제삼황(五帝三皇)에 왕천하(王天下) 하는 도(道)와 제환진문(齊桓晉文)에 패제후(覇諸侯) 하는 술(術)을 청국이 더 자세히 알 터이로되, 군함과 대포가 사변에 들어오는데 강태공 제갈량은 통신 묘법을 언제나 쓰려는지, 제어할 방책이 아직까지도 생기지 아니한 모양이니, 청국을 위하여 어찌 부끄럽지 아니하며, 또한 우리나라에서는 앞에 가는 수레의 넘어짐을 보고 황연히 깨달아 바삐 다른 길을 찾지 않을 수가 있겠느냐.

급히 정치 율법을 바로잡아 상하 일심으로 새 일들을 하여 가되, 아무쪼록 청국 넘어진 길로 들어가지 않기를 열심히 바라오.

제1권 제8호
대한광무 2년 4월 19일

우리 신문사가 설시된 후로 편지가 여러 번 들어왔는데, 그 편지 중에 무식한 말이 많으니 이로 대답할 것이 없으나, 여러 사람들이 하는 말일 뿐더러 시국에 관계가 적지 않은 고로 대강 의견을 말하노니, 이것을 보고 적이 깨달음이 있을까 바라노라.

그 편지에 말하였으되, 근래 쌀값이 고등(高騰)하여 백성이 다 죽게 된지라, 정부에서 급히 방곡(放穀)을 하여 곡식이 외국으로 못 나가게 하든지, 미전(米廛) 시정(市丁) 몇 명을 죽여 시가를 떨어지게 하든지 하면 민폐가 덜릴 터인데, 법부와 경무청에서 민폐를 돌아보지 아니하니 원망이 많은지라. 악에 오른 백성이 죽기는 일반이니, 큰 거조(擧措)나 한 번 내겠노라고들 함이라.

이 편지가 아니라도 우리가 다 함께 당하고 앉은 사정을 모르는 것은 아니나, 대개 방곡으로 말하더라도, 당초에 외국과 통상할 적에 무슨 물건이든지 서로 매매하자는 약조가 있으니, 지금 와서 약조를 무시하고 외국으로 나가는 곡식을 막지는 못할 터이요. 쌀장사를 죽이면 좋겠다고 하는 말은 과연 생각지 못한 말인 것이, 저마다 제 물건을 가지고 사고파는 것에 자유권(自由權)이 있거늘, 법부와 경무청에서 무슨 법률로 백성을 압제할 권리가 있으리오. 이는 정부에서 상민의 곡식을 빼앗다가 굶는 백성을 구원치 않는다고 층원(層怨)함과 같은 지라.

만일 우리가 돈을 가지고 외국에 가서 곡식을 많이 무역 해다가 각 전에 쌀이 흔하게 할 것 같으면, 그 때에는 미전 시정(市丁)을 때리며 곡가를 올리라 하여도 기어이 남보다 적게 받고 많이 팔려고 할 것이니, 이 어찌 억지로 할 바이리오. 또한 이 지경에 이른 민정을 나라에서 돌아보지 않으신다 함으로 말할지라도, 나라에서 개명한 정치와 공평한 규칙으로 정부를 조종하여 의지할 데 없는 백성을 법률로 보호하며, 직업 없고 어두운 사람들을 문명한 학문으로 교육하여 외국과 통상하는 길로 인도하여 주어, 나라가 남의 나라와 같이 부강하게 아니한다고 말할 수는 있어도, 나라에서 돌보지 않는다고 층원할 수는 없는 것이, 이번에도 하해(河海) 같으신 성은으로, 이같이 국재가 빈핍한 때에, 특별히 구휼할 돈 2만 원을 나리시고, 자비하신 성심을 널리 반포하셨으니, 그 은덕이 적다 할 수 없는지라.

또한 악에 받친 민심이 한 번 거조(擧措)나 내겠다 함이 얼른 생각하면 그럴 듯도 하나, 악에 받친다고 불고시비(不顧是非)하고 앞뒤가량 없이 덤비다가는 일상 나만 다치고 남까지 괴롭게 하는 법이니. 이로운 구석이 없을 뿐더러, 내외 국민이 상업을 평안히 할 수 없게 될 지경이면, 그때는 이웃나라에서 타낼 계제가 생길 터이니, 이 어찌 관민의 위급한 때가 아니리요. 이때를 당하여 바삐 그 근원을 고칠 생각을 좀 하여 보시오.

〈외국통신〉

○ 미국 정부에서 나라 안에 있는 상선회사에 말하기를, 만일 미국

정부에서 서반아와 싸우게 되거든 상선을 정부에 빌려주어 군함으로 쓰게 하라 하였더니, 각 상선회사에서 화륜선 733척을 정부에 빌려주며 쓰고 싶은 대로 쓰라 하였는데, 그 속에서 419척 가량은 크기와 튼튼하기가 군함으로 넉넉히 변개하여 쓸 만하다더라.

제1권 제10호
대한광무 2년 4월 20일

동도 산협(山峽) 중에 한 대촌(大村)이 있는데, 그 마을 가운데 우
물이 있어 그 동리 모든 인구가 다만 그 우물 하나로 먹고 사는 바라.

서울 사는 서생이라 하는 사람이 산천을 유람할 차로 집을 떠나
사방으로 주류하다가, 마침 그곳에 이르러 한 집을 찾아 들어가 주인을
대하여 한때 유숙(留宿)하기를 청한데, 그 주인이 손의 말을 듣지 않고
무례히 질욕(叱辱)하며 달려들어 때리려 하거늘, 급히 몸을 피하여 다른
사람을 보고 주인의 실성함을 말한데, 그 사람도 또한 경계 없이 때리
려 하므로, 발명할 곳이 없음으로 산간에 몸을 숨겨 밤을 지내고, 가만
히 동중에 내려가 그곳 사람들의 거동을 살펴본즉, 사오세 유아는 천품
을 온전히 지켜가나, 그 외 장성한 자들은 광기를 발하여 한 동리 사람
끼리도 서로 욕하고 치며, 약한 자는 강한 자에게 죽기도 하는 지라.

서생이 그 광경을 보고 의아(疑訝) 만단(萬端)하여, 다시 산에 올라
동리가 된 지리를 살펴보니, 여러 사람의 미친병 나는 것이 우물이 괴
악한 연고인 줄을 깨닫고, 다시 내려가 황금을 흩어 사람을 꾀이므로,
미친병 들린 사람이라도 재욕(財慾)은 없지 못한 고로, 금을 받고 서생
의 지휘를 대강 듣는 지라.

사오 인을 데리고 명산을 찾아가 수월(數月)을 머무르며 좋은 물

을 먹여 시험하여 보매, 그 사람들이 광증이 없어지고 맑은 정신이 들어 말하기를, 우리 동네 사람들이 모두 미친 고로 사람이 나면 본래 미치는 법인가 믿었더니, 오늘 서생을 따라 이곳에 와서 여러 행위를 보니, 진실로 그 다름을 깨닫지 못할지라 한데, 서생이 웃고 말하되, 그대의 동리 사람들이 온통 미친 고로 서로 흉을 몰랐으나, 그대 동중에 우물이 괴악(怪惡)하여 그 물을 오래 먹으면 아니 미칠 자 없을지니, 그대의 오늘날 좋은 물을 먹고 병 고친 증거가 확실할지라.

이런 말을 동중에 설명하고 그 우물을 급히 없애어 여러 사람의 맑은 정신을 회복케 하라 한데, 그 사람들이 백배 치하하고 서생을 이별한 후, 동리 중에 내려가 자세한 사연을 발명하고, 우물을 급히 없이하여 다른 우물을 파서 모든 사람의 광증을 고치려 한데, 모든 광인이 대로하여, 저놈이 어떤 미친놈을 따라 미친 물을 먹고 장위(腸胃)가 바뀌어져 조상 적부터 몇 천 년 내려오며 먹는 우물을 졸지에 고치자 하니, 저놈은 조상을 욕함이요 우리에게 원수라 하여, 죽이려 꾀하매, 다섯 사람이 여러 광인의 형세를 저당치 못하여 거짓 미친 체하며 밤이면 가만히 다른 물을 옮겨 먹으며 그 우물 없애기를 주야로 애쓰는데, 여러 광인들이 그 기미를 알고 다른 물을 먹는다고 시비가 무상하매, 다섯 사람이 생각하되, 우리가 그 우물의 병근(病根)을 깨달은 바에 차라리 성한 대로 죽을지언정 그 우물을 다시 먹고 또 미칠 수는 없다 하여, 이에 행장을 차려 서생의 종적을 찾아가더라고 하니, 그 하회(下回)는 어찌 되었는지 일시 이야기로 들은 것이니, 하도 이상하기로 기재하노라.

〈전보〉

○ 런던 4월 12일 발. 미국 대통령이 의회 원에게 편지하였으되, 이 개명한 세상에 싸우는 것은 인정과 의리에 마땅치 아니한 일이나, 인국

(隣國) 백성이 악한 정부를 만나 도탄에 들어 죽을 지경에 이른 것을 싸움 아니 하고는 고칠 도리가 없으려니와, 다른 도리가 없을 지경이면 불가불 싸움이라도 하여서 구원하여 줄 수밖에 없으니 싸움 준비를 차리라고 하며, 지금 쿠바 정부를 독립정부로 승인하여 줄 수가 없다고 하며, 또 말하기를, 이 편지를 써 놓고 서반아 정부에서 한 전보를 본즉, 서반아에서 미국 정부 말을 듣고 쿠바에 싸움을 정지하라 하였다니 다행하다고 하였더라.

제1권 제11호
대한광무 2년 4월 21일

　　대저 우리 대한 인민들도 나라를 위하여 충과 의를 세우는 것이 극히 좋은 줄도 알고, 당연히 할 일인 줄도 저마다 알건마는, 충의를 실심으로 행하는 사람은 몇이 못 되니, 그 연고를 궁구하여 보게 되면 백성이 어두운 까닭이라.

　　누구든지 충직(忠直)한 일을 행하자면 의례히 원수는 얼마큼 있는 법이니, 만일 불행하여 그 원수의 모해에 빠져 죽게 될 지경이면 세상에 알아주는 사람이 없어, 남의 말만 듣고 충의지사(忠義志士)를 역적이라고도 하며, 간신(奸臣)과 적자(賊子)를 충신의사(忠信義士)라고도 하니, 임금을 욕되게 하며 나라를 팔아서라도 제 몸을 살찌우면서도 충신의 사만 될 것 같으면 그 일은 저마다 하려고 애쓰려니와, 충군 애국 하다가 목숨을 버리고 겸하여 역명(逆名)에 몸이 실릴 것 같으면, 그 나라에 충신 노릇 할 사람이 어디 있으리오.

　　근래 우리나라에 충신이라, 역적이라 지목하는 사람이 한둘이 아닌 데, 그 말하는 사람들에게 아무는 무슨 까닭으로 충신이며, 아무는 무슨 까닭으로 역적이냐 물으면, 한껏 대답하는 말은, 남들이 그리 하기에 나도 그대로 하노라 하니, 이 어찌 남이 나를 도적놈이라 하니까 나도 나를 도적놈이라 한다고 하는 말과 다르리오. 이는 백성이 어두워서 아무 일이든지 까닭을 안 연후에야 남을 재판하는 도리가 생기는 줄은 모름이라.

국중에 신문이 많이 있는 나라를 보게 되면, 아무리 권리가 좋고 친구가 많은 사람이라도, 그른 행실만 하였으면 암만 감추고 숨기려 하여도 세상에서 모를 수가 없고, 아무리 천하고 권력 없는 백성이라도 나라와 백성을 사랑하여 충직한 일만 할 것 같으면 아무리 남에게 알리기 싫어해도 세상에 나타날 수밖에 없는지라. 세상에서 아는 날은 그 사람의 명예와 지체(肢體)는 세계에 바꿀 것이 없으니, 그런고로 서양 사람들은 자기 명예를 목숨보다 중히 여기는 생각이 나서 사람마다 밤낮 애쓰고, 하는 생각이 어찌하면 남보다 나라와 백성에게 유조할 일을 더하여 볼까 하는 고로, 나라가 저같이 부강 문명에 이른지라.

요사이 들으니, 우리 신문을 미워하여 해롭게 말하는 이가 많다 하니, 이는 나라가 차차 밝아 가므로 전과 같이 악습을 행하기에 얼마큼 거리끼는 까닭이라. 우리 신문이 이런 사람에게는 큰 원수요 총부리로되, 정직하고 충의로운 사람에게는 열심히 역성하여 주는 의리상 친구요, 또한 백성의 마음을 충의의 길로 인도하여 주는 것일 줄을 밝히 깨달으시오.

〈잡보〉

○ 어떤 사람이 본사에 편지하기를, 일전에 시흥 땅에 볼 일이 있어 갔다 오는 길에 날이 저문 고로 급히 오다가 남대문에 이른즉 문이 벌써 닫혔기로, 할 길이 없어 문 열리기를 기다리던 차에, 어떠한 외국 사람이 와서 문을 두드리며 열기를 청하자 순검이 시각을 지체 않고 문

을 열어 드리기로, 그 뒤를 따라 들어오려 한즉 막고 들이지 아니하니, 이야말로 소위 집안사람은 내쫓고 이웃 사람을 맞아들임이라.

대저 민재(民財)를 모아 도성을 견고하게 쌓은 뜻은 적국을 방비하여 백성을 보호하려 함이니, 이런 일은 정부에서 별도로 규칙을 세워 외국인도 일체로 출입을 금하거나, 내외 국민이 함께 편리하게 아주 열어 놓거나, 국체에 합당케 하시기를 바란다고 하였기로 기재하노라.

제1권 제12호
대한광무 2년 4월 22일

　　대한 사람들과 많이 상종하여 본 외국 친구가 말하기를, 대한 백성들은 천품(天稟)이 적어서 남의 굉장한 물건을 보면 너무 엄청나서, 그런 것을 내손으로 만들어 볼 생각은 감히 생의(生意)도 못하며, 남에게 수모를 받되 분한 줄은 모르고 당연히 받을 것으로 알고 지내니, 아무리 가르쳐도 저의 손으로 독립과 부강은 못하여 볼 인종이라 하니, 이 말이 우리 동포된 자에겐 크게 분괴할 바이나, 실상을 생각하여 보면, 그 사람들이 동양의 학문과 풍속을 자세히 아지 못하고 대강 행습만 몇 번 경력하여 보고 하는 말이라.

　　자초(自初)로 몇 백 년을 두고 내려오며, 어려서부터 가르치며 배우기를 반상(班常) 귀천(貴賤)의 분별이 있음은 천지에 떳떳한 법이라 하여, 양반의 자식은 호령하기와 으르대는 버릇을 먼저 배워, 만일 수틀리면 시비곡직은 불문하고 양반이나 내세울 줄 알면 똑똑하다고 칭찬하며, 상놈의 자식은 아무런 호령을 들어도 참고 순종을 잘 하면 공손도 하고 슬기도 있다 하여 이 중에서 성취를 시키므로, 이 사람들이 자라서는 서로 생각하기를, 상놈은 양반을 위하여 세상에 난 인생으로 알아, 시비 경계와 인정 의리는 상놈이 알 바 아니요, 양반의 욕심과 위력이 제일이라 하여, 나중에는 재물과 돈을 때리고 빼앗으면서도 불공한 대답이 일호라도 있으면 풍화(風化)와 관계된다 하니, 이런 학정이 부지중에 행습이 되어 반상만 그러할 뿐 아니라 양반도 몇몇 층이오, 상놈도 몇몇 층이 서로 이 모양으로 압제하여 경계와 법강(法綱)이 없어지니, 백성이 무엇을 믿고 자유 생각이 나리오.

그리하고 본즉, 양반끼리도 자유(自由)가 못 되니, 나라가 또한 남에게 머리를 디밀고 있는 것을 분히 여길 줄 몰랐고, 또한 사람이 사는 것으로 말하더라도, 심지어 의복 음식과 거처 범절(凡節)까지라도 층하(層下)가 있어, 집을 크게 짓고 의복을 찬란히 입으면 참람한 뜻을 둔다고 죄책이 있으니, 이는 당초에 윗사람 된 이들이 내 아랫사람보다 내가 더 나은 것으로 하여 서로 진보하여갈 생각은 못하고, 다만 시기만 하여, 내 아래 사람을 내려 눌러 아무쪼록 나만치 못 되게 만들어 놓은 까닭이거늘, 그 아래 달린 불쌍한 인생들은 이것이 사리에 꼭 합당한 도리로 여기니 어찌 애달프지 않으리오.

대저 세상에 좋은 것 보고 부러워 아니 하는 사람이야 어디 있으리오마는, 이런 악습으로 마음을 굴레 씌우므로 남과 비교하여 남을 이겨 보려는 승벽이 자라지 못하여, 남의 것만 못한 것을 가지고도 흡족히 여기는 바니, 어찌 근본 인종이 글러서 그러하리오. 만일 이 사람들도 당초에 가르치기를, 상하 귀천을 물론하고 세상에 무서운 것은 옳은 것밖에 없다고 하였을 것 같으면, 저마다 세(勢) 있는 이에게 등을 대려고 애쓸 리도 없고, 무례한 압제도 아니 받았을 터이니, 나라가 독립 부강하기가 걱정이 없을지라.

그런고로 우리는 간절히 바라건대, 이 신문 보시는 이들은 이런 악습을 황연히 깨달아, 남이 나보다 나아가는 것을 시기하지도 말며, 나만 못한 자가 나와 비교하려는 것을 변괴(變怪)로 아지 말고, 남의 기운을 배양하여 주어, 아무쪼록 나라를 우리 손으로 문명 부강에 이루어 봅세다.

〈잡보〉

○ 배재학당 총 교사 아펜셀라 씨의 대부인(大夫人)이 미국에서 돌아 간 부음이 어제 이르렀는데, 학원들이 초대 위원을 뽑아 보내어 교사의 망극함을 위문하고 당일 공부를 정지 하였더라.

○ 종로 이문 안 박규완의 집에 관공(關公)을 모셨다고 칭탁하고 어리 석은 여인들을 꾀여 돈을 빼앗아 먹는다니, 진실로 관운장(關雲長)의 혼 령이 있을진대 박 가의 집은 큰 화패(禍敗)를 면치 못할러라.

제1권 제13호
대한광무 2년 4월 23일

연전에 대한 정부에서 생도 일백이십 여명을 뽑아 일본에 보내어 각색 학문을 공부하게 하였더니, 종종 동편으로부터 오는 문자를 보니, 이 사람들이 나라에서 보내신 뜻을 저버리지 않고 공부를 힘써 하여 후일 국은(國恩) 갚기를 주야로 도모한다 하니, 듣기에 극히 흠선(欽羨)한 바라.

그 동안에 공부를 졸업한 사람은 돌아오고, 그 나머지 육십여 명가량은 뜻을 굳게 하고 머물러 기어이 업(業)을 결실하려는 주의인데, 정부에서 다시 돌아보지 아니하매, 만리 타국에 군박(窘迫)한 정형(情形)이 말이 못 된지라. 일본 진신(縉紳: 벼슬아치의 총칭)과 명사(名士)들이 별도로 은혜를 베풀어 음악회를 배설하고, 남는 이조(利條)를 학교에 부쳐 이 사람들의 학비와 먹고 입는 잡비를 당하여 주므로, 이것을 가지고 자생(自生)하며 공부를 한다 하니, 이같이 도와준 친구의 은덕은 감사하거니와, 이 생도들의 군핍한 사정은 보지 않아도 알지라.

일전에 독립관에서 회원들이 의논하되, 지금 들으니 우리 동포가 남의 나라에 가서 이같이 간초(艱楚: 고생스럽고 괴로움)한 지경을 당하여 남의 나라 사람의 도움으로 지낸다 하니, 이 어찌 우리의 부끄럽고 분개한 일이 아니리오. 우리가 각각 힘대로 연금(捐金)을 수합(收合)하여 보좌하여 주자 하고, 여러 회원들과 대소 관민이 일심으로 보좌하며, 각 학교에서도 다투어 연금을 보내며 우리 동포를 보조하여 달라고 하므로, 조속히 수합하여 일본으로 보내려고 방장(方將: 방금. 이제 곧) 거두는 중인데, 벌써 모인 돈이 불소하다 하니, 이는 참 우리나라의 희한한 일이라. 인정과 도리에도 매우 합당하거니와, 나라의 생광(生光)이 적지 않은지라.

그 연금 내신 첨군자들께 감사함을 치하하는 중에, 일본에 유(留)하는 학생들이 이같이 빛난 영광을 받으매 마음에 감동함이 있을지라. 아무쪼록 이 후원하는 동포의 뜻을 저버리지 말고, 공부를 더욱 힘써 하여 후일 국가에 크게 쓰임이 되기를 바라노라.

〈잡보〉

○ 주전(鑄錢)하는 기계 네 개를 일본에서 사오는데, 인천항으로부터 금명간 용산에 이를 터이라 하며, 그 네 개 기계인즉 대은전(大銀錢)과 소은전, 백통전(白銅錢)과 구리돈 만드는 판이라 하는데, 대황제 폐하께옵서 그 네 개 돈 판을 친히 간품(看品)하시려 하신다더라.

○ 아라사 공사 마추닌 씨가 본월 사일에 입성하여 국서를 바치고 폐현(陛見)까지 되었을 터인데, 공사의 도임(到任)함과 폐현하였다는 말이 지금까지도 관보에 나지 아니하니, 혹 외부 관원들이 잊었는지, 아직도 폐현이 못 되었는지, 무슨 사단이 있어 그러한지 알 수 없다고들 한다더라.

제1권 제14호
대한광무 2년 4월 25일

사람이 세상에 처하여 다 각기 일신상의 권리를 지킬 줄 안 연후에야 자기의 몸도 보존할 것이오, 몸을 보존할 줄 안 연후에야 집안도 다스릴 것이오, 집을 다스릴 줄 안 연후에야 국가 대체(大體)의 근원(根源)을 열어볼지라. 한 몸의 권리를 지킬 줄 모르는 자는 치국(治國)은 고사하고 집안인들 어찌 보존하리오.

한 집으로 말할지라도 다 각각 맡은 권리가 있으니, 아비는 집안의 모든 권리를 주장하여, 처자를 권면하여 대소 직무를 각각 별러 맡긴 후에, 고당(高堂)에 한가로이 앉아 모든 가속(家屬)의 선악을 밝히 살펴, 선한 자는 칭찬하고 악한 자는 엄책하며, 치가(治家)의 기강을 엄히 세우는 것이 아비의 직무요, 자식은 아비의 교훈을 받아 위로는 효(孝)로 받들며, 아래로는 의(義)로 거느려 상하를 화평하도록 하는 것이 자식의 직무요, 사환은 주인이 맡긴바 사무를 부지런히 하여 주인의 수고를 더는 것이 사환의 직무라.

아비는 자식을 가르치고, 자식은 사환을 지휘하여 상하가 서로 합력하면 집안이 화목하여 가도(家道)를 이룰 지니, 만일 사환된 자가 사환의 직무를 못하고, 자식 된 자가 자식의 직무를 못하여, 주장한 이가 자식이 할 일과 사환이 할 일을 대신하여 스스로 일용범절(日用凡節)에 치부(置簿)도 하며, 손수 비를 들고 뜰도 쓸며, 우양간도 치우게 되면, 동리 사람들이 보고 불쌍히 알 뿐 아니라, 그 자식과 사환을 세계에 천하고 악한 놈으로 대접하리니, 제가(齊家) 하는 방책이 이렇듯이 규례가 분명하거늘, 하물며 치국하는 방책이야 더구나 말할 수가 있으리오.

그런고로 임금을 보좌하고 백성을 위호(衛護)하는 자는 먼저 이상의 치가(治家)하는 권리부터 지킬 줄 안 연후에야 가히 나라 일에도 자기가 맡은 권리를 분명히 지키고, 직무를 공평히 하여 아름다운 이름을 천추에 빛낼 터이니, 우리나라 대소 인민들은 각자 자기가 맡은 권리를 공사 간에 분명히 지키기를 바라노라.

〈잡보〉

○ 연강에 도적이 심하다는 말은 전호에 기재하였거니와, 또 들으니 검은 돌 해주 주인 박원칠의 집에 도적 수십 명이 달려들어 돈 사천 량을 달라 한즉, 시재(時在) 전 이천오백 량을 주고 간신히 빌어도 마침내 물러가지 아니하므로, 할 수 없어 나머지 돈 일천오백 량은 아무 날로 정한(定限)하고 주마고 하였더니, 일전에 기한이 되어 그 도적 한 놈이 와서 무슨 맡긴 돈처럼 부족조(不足條) 일천오백 량을 마저 달라 하므로, 그 행사를 두려워하여 내어준즉, 그 도적놈이 돈을 넉넉히 조수(照數)하여 가지고 또 하는 말이, 일전에 우리가 왔을 때에 그대의 안경을 가져 갔더니, 타처에 팔려한즉 반값도 보지 않는지라. 우리가 아무리 도적질은 할지언정 남의 중(重)값 준 물건을 헐가로 파는 것이 온당치 아니하니, 십 원만 주고 사라 한데, 박 씨가 십 원을 주고 도로 샀다 하니, 근일에 적당들이 조금도 기탄없이 횡행하는 모양이다.

제1권 제15호
대한광무 2년 4월 26일

　　상해에서 청국 사람이 한문으로 발간하는 신문 소보(蘇報)라 하는 것을 보니, 대개 청국 인종이 그 나라는 저희 손으로 망하게 만들되, 남이 영귀(榮貴)히 됨을 저희 망하는 것보다 다 싫어하는 시기지심(猜忌之心)은 종시 버리지 못하여, 우리 대황제 폐하께서 황제 존호 받으신 일에 대하여 저희끼리 망령되이 논란하고 신문에까지 기재하였는데, 그 말이 전혀 어리석어 족히 시비할 것이 없으나, 우리 동포들에게 크게 격분한 말이기에 대강 기록하노라.

　　그 글에 하였으되, 조선국 왕을 황제라 칭함이 남의 웃음거리만 될지라. 공자님께서 왕도를 일컬으시고 황제는 말씀 아니 하신지라. 태고에 삼황(三皇)과 오제(五帝)의 이름이 있으나 이는 다 죽은 후에 추존(推尊)함이고 살아서 자칭(自稱)함은 아니라. 근본적으로 황(皇)자는 크다는 뜻이요, 제(帝)는 상제(上帝)란 뜻이니, 번역하면 왕의 공(功)과 덕(德)이 하늘 같이 크다 함이라. 진시황(秦始皇)이 육국(六國)을 합하여 고을을 만들었는데 개벽한 한 후 처음 일이라. 공덕을 삼황오제에게 비하고 황제가 되었더니, 그 후로부터 이 이름이 있었는지라.

　　태서 각국으로 말하여도, 지극히 높은 임금을 엠퍼러(Emperor)라 하는데, 이는 여러 나라를 합하여 한 임금이 통일한 바이니, 한문으로 번역하면 왕과 별로 다를 것이 없는지라.

이제 한국에 임금과 신하가 어둡고 잔약하여 정치를 변통할 줄 모르거늘, 졸연히 원년(元年)을 고치고 천만부당한 황제라 일컬으니 가히 웃을 만한 일이라 하였으니, 이런 말을 다른 나라가 할 것 같으면 오히려 가소롭지나 덜하련마는, 지금 청국이 되어 가지고는 부끄러움을 생각하여도 감히 입을 열지 못할지라.

첫째, 공자께서 황제는 말씀 아니 하셨다 하니, 저희는 공자의 말씀을 따라서 대청 황제라 하는지, 삼황오제는 죽은 후 추존함이라 하였으니, 대청 황제라 칭함은 누구를 추존함인지, 또한 덕이 하늘같이 크다는 뜻이라 하였으니, 저희 임금은 무슨 덕이 하늘같이 커서 대청황제라 하는지. 우리 대한국 대황제 폐하께서는 독립을 창업하시어 세계 제황(諸皇)들과 동등이 되시니, 실로 개벽한 후 처음 일이라. 공덕이 진실로 하늘같으시니 어찌 당당한 황제국이 아니리오.

또한 태서 각국에서는 여러 나라 토지를 합하여 통일한 임금을 황제라 한다 하였으니, 우리나라 삼한(三韓) 적에 한 임금이 혹 십여 국 혹 오십여 국을 합하여 왕이 되었더니, 그 토지가 지금 우리 대황제 폐하의 다스리시는 일통(一統)이니, 어찌 당당한 황제국이 아니리오.

대저 청국 황제의 처지를 들어보오. 갑오년 조그마한 싸움에 일본에 항복하고, 거의 사억만 원가량 배상을 물고, 대만을 떼어 바쳤고, 만주와 요동과 대련만과 여순 구는 아라사에게 공손히 바치고, 운남과 광동, 광서는 불란서에 드리고, 위해위(威海威)는 영국과 일본 사이에 공들여 놓고, 교주는 덕국에 빼앗기고 배상까지 물어 바쳤는데, 그나마 남은 청국 이름이 있을지 모르는지라.

이 지경을 당하고도 소위 정부에서는 분히 여길 줄 모르고, 백성은 도리어 시원히 여기는지라. 우리 대한서는 조그마한 절영도(絶影島)를 아라사에서 잠시 빌리려 하다가 백성과 정부가 일심으로 반대하여 감히 착수치 못하게 하였으니, 이것만 보아도 대한이 청국에 몇 배나 지나는지라.

대저 청국이 그만치 세계에 행세한 체통으로 말하여도 마땅히 먼저 깨달아 대한을 독립시켜, 합세하여 가지고 서양 형세를 막을 생각을 좀 할 것이거늘, 매를 맞으며 땅을 찢어 가면서도 종시 깨닫지 못하고, 도리어 저희 원수에게 등을 대고 앉아 이웃나라의 흔단(釁端)을 만드니, 청국의 소위(所爲)를 생각하면 세상에 용납지 못할 인종이라.

이런 못된 인종들도 대한 정부에서 변통할 줄 모른다고 시비하니, 대소 관인 되신 이들은 분하지 않으시오. 하물며 이 모양으로 하루 이틀 지내다가는 얼마 못 되어 청국 모양을 면치 못할 터이니, 어서 바삐 달리 변통들 하시오.

〈전보〉

○ 미국 워싱턴에서 온 전보에, 미국과 서반아 사이에 싸움이 시작되어 쿠바 항구 허바나를 미국 군함들이 에워싸고, 다른 나라 배들이 내왕 못하게 하며, 쿠바 안에서는 독립당들이 서반아 군사로 혹독히 싸운다고 하더라.

○ 미국 정부에서 지금 의론하고 전국 남자 중에 십팔 세 이상 사십오 세 이하는 모두 나와 군사가 되어 싸우라고 한다더라.

제1권 제16호
대한광무 2년 4월 27일

농사는 천하에 큰 근본이라 하는 말이 이전 세월에는 극히 통리(通理)한 학문이라, 세계 각국이 바다에 막혀 왕래를 상통(相通)치 못하고 각각 한 지방만 지키고 있으므로, 백성이 다만 그 토지에서 나는 곡식만 믿고 살았으니, 나라에 관계되는 것이 농사에서 더 큰 것이 없었거니와, 지금 세계 만국이 통상하는 세상에는 일국의 흥망성쇠가 전혀 상업에 달렸으니, 천하에 장사가 큰 근본이 될지라.

대저 농사의 이(利)는 땅에서 나는 것이므로 정해진 한(限)이 있거니와, 장사의 이(利)는 사람이 내는 것이므로 한량이 없는지라. 영국의 부강이 세계에서 제일인데, 그 토지를 보면 불과 조그마한 섬나라라. 기후가 고르지 못하고 땅이 기름지지 못하여 농사는 힘쓰지 못하는지라. 이에 상업을 확장하여 기교(技巧)한 제조물을 만들어 가지고 남의 나라 금은과 바꾸어다가 그 나라를 부요케 만들어 놓고 앉았으니, 저의 손으로는 곡식을 내지 아니하나, 돈만 가졌으면 세상에 무엇을 구하기 어려우리오.

부강한 제국이 이에서 차차 슬기가 나므로, 남의 나라에 군사를 가지고 가서, 인명을 상해하고 재물을 허비하여 가면서 토지를 빼앗는 것이 실익(實益)이 없은즉 세상에 어리석은 일이라 하여, 이에 생각하되, 미개화한 나라를 조용히 찾아가서 각처 긴요한 곳에 항구를 열고, 상민을 나눠 둘 새, 저의 백성을 보호한다 칭탁하고 안으로 공영사(公領事)를 보내어 내정(內政)을 병 들리며, 밖으로 군함과 포대를 두어 적국을 막고 앉아, 전국에 진액(津液)을 빼어 내므로 나라가 점점 빈핍하여 가는지라.

대저 일국의 재물은 그 나라 혈맥이라. 몇 달 안에 전국 혈맥을 말릴 권리를 가졌으니 정부와 백성의 목숨이 장중에 달렸는지라. 싸우지 아니하여도 그 나라는 다 내손에 달렸으니, 이 같은 권세가 어디 있으리오. 이것을 반대하는 나라에서는 상리(商利)가 무엇인지 모르고, 어둡게 앉아 나라가 해마다 빈핍하여 감을 보고 어리석게 하는 말이, 인구가 번성하여 저마다 살 수 없다고 걱정이나 하며, 소위 장사라 하는 것은 저희끼리 서로 주고 바꾸며, 일 푼이라도 외국 돈을 내 나라에 갖다 놓을 생각은 못하므로, 아무리 농사를 힘써 하여도 남의 나라에서 실어내는 까닭에 곡식이 별로 흔하여 볼 수는 없는지라.

어언간 나라가 점점 가난하여 백성이 도탄에 들므로, 필경은 정부와 백성을 지탱치 못할 지경에까지 이르니, 이것이 이른바 상업(商業)이 나라 흥망에 근본이라. 대저 오늘날 세계에 큰 싸움과 다툼이 모두 이(利)와 권세(權勢)를 위함인데, 이와 권세는 상무(商務)보다 더 큰 것이 없는지라.

그런고로 우리나라에서도 문명 부강은 장차의 일이거니와, 나라가 정부를 지탱하고 백성이 집안을 보전하려면 아무쪼록 장사 길을 널리 열어, 해마다 항구에 들어오는 돈이 나가는 것보다 많게 되도록 힘써야 할러라.

〈외국통신〉

○ 청국 정부에서 지나간 사십육 년 동안에 외국에 잃어버린 땅이 만주 북방에서부터 해삼위(海蔘威: 블라디보스토크)까지 영리(英里)로 삼십 일만 삼천삼백팔십 방리(方里)요, 일본에 잃어버린 땅이 유구와 대만인데 합계 이만 방리가량이요, 불란서에서 차지한 땅이 안남 근처 십사만 오백삼십 방리요, 영국에 잃은 땅이 홍콩과 면전(緬甸) 등지 사만오천 방리요, 이번 덕국에 잃은 것이 이백오십 방리요, 아라사에 또 이번에 준 것이 오만육천 방리가량이오, 영국에 또 허락한 것이 일백이십 방리가량이요, 불란서에서 빌린 광주와 영국에서 빌린 운남성이 거의 사만 방리가량이다. 대한은 자기 나라 땅을 온전히 회복하였고, 섬라(暹羅)를 또 잃었은즉 사만구천 방리가량이니, 그렇고 본즉 도무지 잃어버린 땅이 구라파 세 갑절은 되고, 아직도 구라파 전국만치나 남아 있고, 인민이 삼억 명가량은 아직 남아 있으나, 이같이 하고 보면 그 남은 것도 며칠 지탱할지 모르겠으니, 참 줄 것도 많거니와 인심도 후하더라.

제1권 제17호
대한광무 2년 4월 28일

무릇 나라가 부하고 백성이 강하면 좋을 줄은 사람마다 모르는 것이 아니어서 그러하되, 국부민강(國富民强)할 방책이 다 각자 자기의 일신상에 있는 것은 깨닫지 못하고 지극히 어려워 행하지 못할 것으로만 생각이 들어, 무슨 일을 당하든지 등한히 지내니 어찌 한심치 아니하리요.

만민으로 각각 자기 한 몸의 일들만 잘하여 갈 것 같으면 놀고먹는 백성이 없을 것이요, 국중(國中)에 놀고먹는 백성이 없고 보면 그 나라 부강함은 당연한 일이라.

근래에 한 사람이 농사지어 열 사람이 먹으며, 한 사람이 경영하여 열 사람이 지탱하여 가되 굶고 벗는 사람이 이전보다 많지 아니하거든, 하물며 한 사람이 무슨 생업을 하여 다 각각 자기 일신을 보전하여 가게 되면 간곤(艱困)한 사람은 없을지라.

대저 한 사람의 부요함으로도 도처에 구간(苟艱: 구차하고 가난함)함이 없거늘, 전국 인민이 다 각각 부요하게 되면 더구나 말할 바리오. 그런고로 전국 인민이 국가 대체(大體)는 차차 돌아볼 셈 치고라도 자기 일신상의 일들만 부지런히 지켜갈 것 같으면 얼마 아니 되어 국가 부강되기는 거울을 대하여 그 그림자를 보기와 같을 지라.

그러나 몇 십 년 이래로 한가로이 놀고먹든 백성들을 일조일석에 없게 하려면 용이히 되기 어려우니, 강보(襁褓)를 면치 못한 아이가 어미를 잃은 모양 같이 의뢰할 곳이 전혀 없으므로, 경향 간에 민정이 말 못 되어 장차 굶어죽을 자가 태반이나 될지라.

이런 때를 당하여 만민으로 하여금 생업에 붙닫게 하려면 해륙군대를 확장하여 궁핍한 자로 교련장에 들어가게 되면 구급할 방책은 되겠으나, 국가에 양병할 재력이 없고 농업에 붙닫게 하려 하여도 작농할 전답이 부족할 터인즉, 특별한 방책은 각항 기계를 구입하여 사방 각처에 제조소를 광장(廣壯)하고, 궁박한 인민들로 생업에 붙닫게 하면 구항(邱巷)에 부르짖는 민정이 적이 안돈할 듯하나, 우리는 일시 말로만 할 따름이요, 실상인즉 농상공부에서 담임한 바라.

경장(更張)한 후로 농상공부에 중임을 당노(當勞)한 대신 네들이 다른 일에 골몰하여 우금(于今) 삼사년이 되도록 농상공 세 가지 중요한 것을 민국에 이루지 못함으로, 오늘날 겸년(歉年: 흉년)을 당한 궁민들을 구급할 방략이 없으니 어찌 애달지 않으리요.

전 외부대신 이도재 씨가 아라사가 탐구하는 절영도 일사(一事)에 한 일만 보더라도, 이 대신의 강직한 충의는 내외국이 다 확연히 알 바라. 지금 다시 농상공부 대신에 임하였으니 이는 민국에 크게 다행한 것이라. 씨의 단호한 충의로 이런 때를 당하여 나라를 아무쪼록 붙잡아 가자는 굳은 주의인즉, 농상공 세 가지 큰 사업을 국중에 실시하여, 우선 궁민의 전련(顚連: 몹시 가난하여 어찌할 수가 없음)한 정경을 널리 구호하여 국가 부강이 날로 새롭게 되기를 간절히 바라노라.

〈전보〉

○ 런던 사월 이십이일 발. 영국 신문들이 모두 미국을 도와 말하고, 영국 셔리 총리대신이 상의원에서 말하되, 미국 정부에서 영국 정부에 통기하고, 미국이 서반아와 싸울 때에 세계 개화 제국이 전쟁 시에 쓰는 규칙과 법률을 엄히 지키겠노라고 하며, 서반아에서는 아직 아무 말이 없다 하고, 중립국들의 상무(商務)는 미국에서 조금도 해롭게 할 리가 없고, 다만 적국에 병기와 싸움에 쓰는 기계를 가지고 다니는 배만 미국서 잡을 터이라 하며, 석탄의 일은 공법대로 시행하려니와, 석탄을 병기라고도 할 만하고 병기 아니라고도 하겠다고 하였다더라.

제1권 제18호
대한광무 2년 4월 29일

만경창파에 풍랑은 도도한데, 일엽소선(一葉小船)을 정처 없이 떼어놓고 대해를 건너갈 새, 눈먼 사공이 앞길을 모르고 남의 파선(破船) 한 곳으로 행선하여 가는 것을 눈뜬 사람이 보고 앉아 말 한 마디 안 하다가, 배가 필경 깨어지면 화는 같이 당하려니와 파선한 책망은 뉘게로 돌아가리오. 배는 소경이 저었으나, 실상은 눈 뜬 자가 깨어지게 만들었다 할지라.

지금 우리나라가 이같이 위급한 사정을 당하고 앉아서, 내외국 시세 형편이 어떠한지 모르는 사람을 내세워 일하게 하고 앉아있는 것이 만경창파에 소경을 시켜 행선(行船)하는 것과 무엇이 다르리오.

그런즉 이렇듯 위급한 국세(國勢)를 모르는 사람은 시비할 것이 없거니와, 조금이라도 짐작이 있는 우리 동포들은 애를 쓰고 일을 좀 하여, 아무쪼록 소경을 일러 가지고 평탄한 길을 찾아 무양(無恙)히 건너게 하기를 힘들 써 봅시다.

당장 우리가 눈앞에 두 길을 당하였으니, 하나는 일본이 가는 길이요, 하나는 청국이 가는 길이라. 일본은 가량없이 잔약하던 나라가 그 길로 들어서서 수삼십 년 동안에 저같이 부강하여 서양 제국과 권리를 다투고, 청국은 다른 길로 가다가 그 좋은 나라를 몇 해 동안에 저렇게 망하여 임금과 백성이 세상에 불쌍하고 천한 인생이 되었으니, 그 두 길을 비교하여 보면 우리 신문 보시는 동포들은 어느 길로 가기를 작정들 하시겠소? 다 같이 한 배를 타고 앉았으니, 저마다 당한 일이라 어림없이 남의 일로 알지 말고 속히 작정을 하시오.

우리가 그 두 길 가닥을 대강 말하오리다.

일본서는 외국과 교통한 날부터 구습을 일조에 버리고, 남의 문명한 나라에서 하는 일을 따라가며 힘써 할 새, 이전 법을 가져야 나라가 된다든지 옛 풍속만 잘 지키려 하는 사람은 차차 미러내고, 새 학문을 안다든지 외국에 가서 공부한 사람을 차차 내세워 가지고 새 일을 주장하여 새 나라를 만들었소.

청국서는 외국과 통하는 날부터 아무쪼록 몇 천 년 몇 백 년 전 일을 회복하여 죽을 기를 쓰고 옛 법은 버리지 못할 줄로 알아, 차차 나서는 사람은 모두 자기 나라의 소위 예악문물(禮樂文物)과 전장법도(典章法度)라는 것을 알아 예를 지키자는 사람들이고, 한 가지라도 외국 형편과 개화에 학식을 짐작하여 나라를 진보하자는 이는 일체로 몰아내어 접촉을 못하게 하다가, 필경 끝장나는 날은 저의 종사(宗社)와 임금을 보전치 못하게 되었으니, 수구(守舊)하기와 개화(開化)하는 두 가지의 결실이 어떠하다고 우리는 다시 말 아니 하여도 다 아실 듯한지라.

이번에 갈린 중추원 고문관 독립신문 사장 제이슨 씨는, 외국 학문도 많거니와, 우리가 알기로는, 그 사람이 대한에 독립 자주(獨立自主)와 문명 진보(文明進步)하자는 주의로 애도 많이 쓰고, 일도 많이 하려 한지라. 만일 우리나라가 한 번 일본같이 되어 보자면 그 사람 있는 것

이 매우 유조할 터이오, 청국 같이 되자면 그 사람 있는 것이 큰 해가
될 터이라.

　　근일에 들은즉, 그 사람을 두고는 해가 많겠다고 내어 보내려는
이가 혹 있다 하니, 그 보내려는 이의 주의는 묻지 않아도 알 터이나,
우리 동포들은 나라가 일본 모양으로 되어야 좋겠소, 청국 모양으로 되
어야 좋겠소. 이 두 길 중에 어떤 것이 나을 런지 생각들 하여 보시오.

〈잡보〉

○ 지나간 이십오일에 궁내부에서 월급을 나눠 줄 터인데 돈이 부족
하여 당한 기약(期約)에 다 주지 못할 줄로 말이 되므로, 궁내부 소속들
이 일제히 소리를 지르고 회계과장 오현기 씨를 마구 치고 욕설이 무수
한지라. 오 씨의 사세가 위급하므로 극력 주선하여 궁정의 하인배들만
주고 주사 이상은 못 주었다니, 뒤는 장차 어찌 감당할는지 과연 답답
한 일이더라.

제1권 제19호
대한광무 2년 4월 30일

서양 글에, 때가 즉 돈이라 하는 말이 있어, 그 사람들은 만일 한 시각이라도 놀고 보내면 즉 돈을 몇 원 내어버린 줄로 알아, 아무라도 놀고먹는 사람은 세상에 천하고 쓸데없는 인생으로 대접하는 까닭에, 사람마다 없는 일이라도 있는 체하여 바쁜 것으로 행세 투를 삼거늘, 우리나라 사람은 때가 이같이 긴요한 줄을 몰라, 편히 놀고 호의호식하는 사람을 제일 귀한 재주 있는 사람으로 대접하는 까닭에, 저마다 일하기만 싫어할 뿐 아니라, 혹 할 일이 있어도 남에게 알리기를 부끄러이 여겨, 친구가 물으면 의례히 하는 일 없이 논다는 말로 대답하는 것이 점잖은 행세 보로 여기니, 이렇게 하고 앉아 남의 나라는 부강한데 내 나라는 빈약한 것을 괴이히 여기리오.

서양서는 가령 한 사람이 매일 열두 시간씩, 한 달 삼십일 동안을 일하고 월급 십 원을 받을 지경이면, 하루 동안에 버는 돈이 삼십 삼전 삼리 가량이요, 한 시 동안에 버는 돈이 이전 오리라. 그 사람이 혹 놀았든지 무슨 연고가 있어서 한 시간을 일을 못 보았으면 월급 중에서 이전 오리를 감하고, 하루 일을 못 보았으면 삼십삼 전 삼 리 가량을 감하니, 그런고로 무슨 일이든지 시작하기 전에 약조를 정하는데, 돈을 많이 주면 시간을 늘리고, 돈을 적게 주면 시간을 줄이는 뜻은 그 나머지 시간 동안에 다른 일을 하든지, 무슨 공부를 하여, 그 돈 수효를 채우는 까닭이라. 그런고로 사람마다 잠시를 허비치 않고 밤낮 분주히 다투는 것이 그 시각이라.

가령 한 시간 동안에 한 사람이 버는 돈이 이전 오리로만 칠 것 같으면 몇 푼이 못 되니 재물이라 할 것이 없을 듯하나, 우리나라 전국 인구 수효대로 통계하여 보건데, 일천이백만 명에 늙고 어리고 병들어 일 못하는 사람을 절반으로 잡고 보더라도, 육백만 명가량이 될지니, 그 육백만 명만 시간을 헛되이 버리지 않을 것 같으면, 한 시간 동안에 합하여 버는 돈이 십오만 원가량이니, 하루 열두 시에 밥 먹고 옷 갈아입고 쉬는 겨를 세 시를 제하고 아홉 시만 쳐도, 합하여 버는 돈이 하루 동안에 일백삼십오만 원가량이니, 한 달 삼십일 통계하면, 사천오십만 원가량이오, 일 년 열두 달을 통계하면 사억 팔천육백만 원가량이라. 이렇게 값진 시간을 우리는 몇 천 년 동안을 내다버리고 지내었으니, 그 잃은 돈이 합하여 얼마나 되느뇨.

이렇게 분주히 일하여 활동하는 사람일수록 항상 버는 돈이, 먹고 입고 쓰는 부비(浮費) 제하고, 얼마씩이 남는 법이라. 가령 한 사람이 하루 한 량씩만 남길 것 같으면, 육백만 명의 하루 남기는 돈이 육백만 량이니, 한 달에 일만 팔천 만량이라. 이 값진 시간을 가지고 부지런히만 일들을 하였으면 나라가 어찌하여 부강하지 않으리오. 이 좋은 돈을 다 내어버리고 앉아 다만 시골구석에서 몇 만 명 농민이 밤낮 풀숲에 머리를 디밀고 땅을 파서 일으킨 것을 가지고 지내며, 굶고 얼어 죽기를 면하려 하니, 이러고 살 수 없다는 사람을 누가 불쌍히 여기리오.

남은 제 일생에 차지한 천금 같은 시간을 잠시도 허비치 않고 이같이 긴히 쓰는 물건을 만들거늘, 당장 남의 덕이라거나 조상의 유업으로 아직 날마다 호의호식할 도리가 있다고 아무것도 아니하고 시간을 헛되이 보내는 사람은, 다만 쓸데없는 병신이라고만 할 것이 아니라, 나라에 한 가지라도 이롭게 하는 것은 없고 국중(國中)에 있는 재물만 축내는 죄인이오, 분주히 일을 하여 국중에 재물을 붙게 하는 백성의 원수라.

그런즉 무슨 일을 하든지 남에게 유조하고 제게 이로울 일을 하여, 몸과 집안을 보호하여 가는 사람이 참 나라에 직분을 닦는 백성이라 하노니, 우리 일천이백만 동포들은 아무쪼록 전에 잃어버린 것을 우리 손으로 벌어 충수(充數)하기로 작정하고, 저마다 먹고 입고 쓰는 외에 매일 몇 푼씩만 만들어 놓을 것 같으면 불과 십년 안에 나라를 우리 손으로 한번 부강케 만들어 볼 터이요.

〈잡보〉

○ 충청남도 관찰사의 보고가 내부(內部)에 왔는데, 한 서양 사람이 교인이라 칭하고 아산 고을에 와서 높은 언덕에 집을 지으려 하는데, 그 땅은 자래로 나라에서 천제와 기우제를 지내는 터이므로, 아산 군수가 그 외국 사람에게 이르고 집짓기를 금하였더니, 종시 듣지 않고 억지로 역사(役事)한다고 하였는데, 그 보고에 어느 나라 사람이라고는 말하지 아니 하였다더라.

○ 성천군 백성들이 올라와 탁지부에 고소하기를, 각 고을에 소위 사환미(社還米)라는 곡식이 몇 백석 씩 있는데, 나라에서 백성을 시켜 쌀을 모아 고을마다 창(倉)집에 쌓았다가, 흉년이 들든지 무슨 어려운 일이 있거든 도로 나눠 먹으라 하는 것인데, 근래 와서 사환미라 하는

이름만 있고 실상은 없거늘, 서울서 평양 관찰부에 훈령하고 파원을 보내어 사환미를 팔아 돈으로 상납하라 하므로, 파원이 성천고을에 내려와 본즉 저축한 쌀이 없는지라. 이에 백성에게 펴서 물리는 바에 곡식으로만 수쇄(收刷: 세금을 거둠)하려 하나, 이런 겸년(歉年: 흉년)을 당하여 살 수가 없는지라, 상정 규례대로 한 섬에 엽전 넉 량씩 매여 달라고 애걸한다더라.

〈외국통신〉

○ 미국 상하 의원에서 대통령의 명령을 따라 해륙군이 싸움 준비할 부비 오천만 원을 예산 외에 지출하는데 한 사람도 불가하다고 투표한 사람이 없고, 일제히 투표로 이 일을 결정하였는데, 상하 의원들이 모두 일어나서 국기를 대하여 만세를 부르고 말하기를, 이 국기는 미국 전국을 주장하는 국기이니, 어느 때라도 이 국기에 부끄러움이 되든지 악한 일이 있을 지경이면, 이 국기가 범이나 사자같이 앞으로 나갈 터이요, 타국의 무리한 일은 일분이라도 당하면서 평화를 위주하며 가만히 서 있을 국기가 아니라고 회장 이하 모든 의관들이 노래하니, 거기 있던 방청인 몇 천 명이 일을 못하게 수선거리므로, 회장이 간신히 회중을 정돈시켜 다시 사무를 보았다더라.

제1권 제24호
대한광무 2년 5월 6일

배재학당에서 서진관(西鎭關)으로 놀이 간다는 말은 이미 기재하였거니와, 당일 그 놀이에 어른과 아이 합하여 일백 오십여 인 가량이 참예하였고, 겸하여 외국 부인과 교사 합계 육인이 모두 죽교(竹轎)를 타고 추종하였더라.

당일 오전에 모든 학원들이 본 학당에 모여 다 합동하여 가지고 일시에 떠나는데, 앞에는 태극 국기와 학당 기를 쌍으로 벌려 세우고 차례로 발을 맞춰 앞서 가고, 뒤에는 어른들이 따라가는데, 간간이 어린 아이들을 교군(轎軍)도 태우고 다리도 쉬이며 화류(花柳)를 구경할 새, 그날 일기가 오후는 좀 흐린 듯하였으나 종일 풍월(風月)이 화창하여 하루 노는 사람의 흥치를 무궁히 돕더라.

어언간 장안을 나서자 언덕 꽃과 시내버들은 다투어 춘경(春景)을 자랑하여, 만자천홍(萬紫千紅)이 번화난만(繁華爛漫)하되 방초녹음(芳草綠陰)은 도처에 무르녹아 진실로 곳마다 금수강산이라.

이윽고 독립문에 이르러 국기를 세워놓고 일제히 독립가를 부른 후에, 대황제 폐하를 위하여 기쁘게 만만세를 세 번 부르니, 사람의 흥기(興起)를 자아내는 중 겸하여 듣는 자로 하여금 적이 감동함이 있어, 충군애국(忠君愛國)할 마음이 저절로 생기게 하는지라,

대저 우리나라 사람이 어른 아이 간에 놀이하는 자리에서 임금과 국가를 위하여 하는 예식이 없었거늘, 이날 좋은 공원지에 관동(冠童)이 함께 모여 기쁜 마음으로 애국가와 만세를 부르는바, 그 중 신기한 것은, 조그마한 아이들이 어린 입술로 소리를 크게 하여 우리 대황제 폐하 만만세를 흥기 내어 부르니, 사람에게 학문도 가르치거니와 어려서부터 그 마음을 충군애국으로 이같이 인도함은 진실로 서양 교사의 가르친 은공을 치하(致賀)할지라,

만일 우리 대황제 폐하께서 이것을 보시게 되면 성의(聖意)가 매우 기뻐 하실러라. 그리고 무악재를 넘어 큰길을 따라 나아갈 새, 박석이를 넘어가서 진관 길로 찾아들어 차차 산수 간으로 들어가매, 시냇물 바위 꽃이 청한(淸閑)한 운치를 띠었으므로 은근히 시인의 흥을 자아내더라.

이윽고 서진관 동구에 다다라 절을 향하여 들어갈 새, 여러 중들이 나와 맞아 법당을 소쇄(掃灑)하고 차례로 들어앉아 다리를 쉰 후, 절가에 정결한 음식을 마침 예비하였다가 일제히 대접할 새, 먼저 머리를 숙여 하나님께 기도하고, 총 교사 아편셜나 씨가 아이들을 골고루 나눠 먹이며, 점잖은 손님들을 간곡히 대접하니 그 정의가 더욱 간절하더라.

음식을 파한 후에 혹 산에도 올라가 사방을 바라보며 절가도 두루 구경하고, 혹 시축(詩軸)을 펴놓고 풍월귀도 읊어 마음껏 놀다가, 다시 점심을 겪은(겪다: 손님이나 여러 사람에게 음식을 차리어 대접하다) 후에 일제히 돌아올 새, 그동안 장장(長長) 춘일(春日)이 서산에 떨어지고 장안 만호(萬戶)에 월색(月色)이 조용한지라, 흥을 타 돌아오니 당일 삼십여 리 길에 곤로(困勞)함을 잊고, 성에 들어와 달빛을 띠고 각자 헤어졌더라.

이 교사들과 학도들이 일 년 동안을 가르치기와 공부하기에 분주

히 지내다가, 이때 춘경(春景)을 타 정결한 산천에 가서 새 공기를 마시며 몸을 운동하고, 무한한 흥치를 다하여 하루를 소창(消暢)하고 돌아왔으니, 각각 새 마음을 먹고 문명 부강에 유조할 일을 생각하여 부지런히 일들을 하여, 타일 태평세계에 우리 대황제 폐하를 뫼시고 독립가와 애국가로 만만세를 불러 무궁한 낙을 누리게 되기를 특별히 더 힘들을 쓸러라.

〈잡보〉

○ 일전에 경상도 사는 어떠한 진사 한 분이 법부대신에게 편지하기를, 내가 어떤 상놈에게 소관(所關)이 있으므로 그놈을 잡아다가 위협으로 꾸짖었더니, 그 놈이 무례하게 진사 한 양반을 욕 뵈니 설치하여 달라고 하였는데, 법부대신이 제사(題辭: 백성의 소장이나 원서 따위에 쓰던 관부의 판결이나 지령)하기를 〈양반이 상놈을 위협하기가 예삿일이거늘 순종치 않고 도리어 양반을 욕 뵈었다니, 이 제사가 이르는 대로 그놈을 도내 삼십일 군에 매일 한 고을 씩 이수(移囚: 죄수를 다른 곳으로 옮김)하여 고을마다 매 몇 개씩 때리다가, 나중에 그놈 사는 본군에 이르거든 엄장 삼십 도에 징역 시키라〉고 하였다는데, 양반들이 그 제사한 사연을 듣고 매우 상쾌히 여긴다더라.

제1권 제25호
대한광무 2년 5월 7일

　　근일에 친구들이 종종 찾아와 묻는 말이, 요사이 외국 군함이 몇
척이나 들어왔으며, 어느 나라에서 어느 때쯤 움직이려 하는지 아느냐
하며, 이런 소문을 자세히 듣지 못하니 갑갑하여 못 견디겠노라고 하는
이가 여럿이거늘, 우리가 대답하기를, 무슨 소문이든지 우리 듣는 대로
는 신문에 기재하는 터인즉, 어느 나라에서는 대한을 대하여 어떻게 하
려 하며, 혹 무슨 일들을 모계(謀計)하는 중인지 잠들만 자고 있는지,
과연 알고 싶거든 신문을 보면 우리 아는 대로는 짐작할 터이다.

　　지금은 우리가 일체로 자주(自主) 독립국(獨立國)의 백성이 되었으
니, 이런 기회를 타서 아무쪼록 애를 쓰고 힘을 다하여 우리 손으로 나
라를 일신케 만들어 놓고, 외국이 내 나라 흔단을 엿보는 기틀을 미리
방비할 도리를 생각함이 마땅하거늘, 외국에서 군함을 가지고 와서 위
력을 행한다든지, 재물을 옮겨다가 은혜를 베풀어 가며 혹 개명도 시키
려 하고 혹 어둡게 만들려 함을 기다림은 크게 옳지 않을 뿐더러, 남이
내 나라 일을 간예하는 날은 즉 국가 내정과 백성의 그나마 남은 권리
도 남에게 마저 빼앗길 터이니, 공사 간에 이로울 것이 무엇이며, 또한
그 때를 당하여서는 아무리 학문과 지식이 많아 일을 하여 보려 할지라
도 자유로 할 도리는 없을 터이니, 이런 기회를 만나 가지고 바삐 방어

할 도리는 생각지 않고, 도리어 남이 손대기를 기다리니 어찌 어리석지 않으리오 한즉, 그 친구들이 부끄러운 모양으로 물러가는지라.

인하여 다시 생각해 본즉, 실상은 그 사람들만 나무랄 수도 없는 것이, 그 사람들인들 오죽 답답하여 이런 생각을 하리오.

이때 세계 각국이 동양 일에 관계하여 담판하기와, 조회(照會) 왕복(往復)과, 전보 왕래하기에 시각을 다투고 물결 뒤집듯 하는 중에, 근자에 일본에서 백성들이 공동으로 모여 총리대신에게 편지하고 말하기를, 동양 사정이 이 같은 중에 정부에서 아무 말도 아니하고 있음은 약한 것을 남에게 보임이니 전국 인민이 분히 여기는 바라. 정부 방책을 일러 달라 하자, 대신이 대답하기를, 정부에서 방책이 있으나 미리 세상에 반포할 수 없으니, 조금 기다리면 정부에서 하는 일을 보고 모두 풍족히 여기리라고 하였다고 한다.

그런데 그 정부의 방책은 무엇인지 우리가 아직 모르거니와, 남들은 이 형편을 당하여 이같이 분주하고 조급히 차리는데, 우리나라에서는 어느 백성이 정부에서 하는 일을 알려고 하는 이도 없거니와, 정부에서는 벌써 어떻게 방비할 계책까지 다 마련하고 앉아서 비밀히 차리느라고 알리지를 아니하여 그러한지 모르거니와, 근일에 국가의 명예와 권리라 하는 것을 위하여 외국과 담판을 한 번 하였다든지 조회 내왕하였다는 말은 듣지 못하였고, 지금도 하는 일이 의관(議官)과 태학사(太學士)를 갈리고 승차하기에 골몰히 지내며, 바깥일은 내일 어찌 될는지 걱정도 아니 하고 앉아, 남은 나를 어찌 하든지 나는 나대로 지낸다 하고 날마다 보아야 일향(一向) 그 모양이니, 그 중 대강 지각 있다는 자 어찌 개탄치 않으리오.

좋은 계책을 발하여 이 같이 잠자는 백성들이 생기가 좀 나서 나라가 흥왕하여 가기를 바랄 도리가 있을 지경이면, 이 사람들이 다 기운을 뿜어내어 내 나라 권리를 남에게 빼앗기지 말고 대한 사람의 손으로 대한을 진보케 하여 볼 생각들을 할 것이거늘, 밖에서 대한을 욕심내는 자들은 밤낮 열심히 모계(謀計)하는데, 정작 책임을 맡은 이들은 걱정도 별로 아니 하는 모양이니, 보는 자가 어찌 답답지 않으리오.

우리가 정부나 백성을 대하여 감히 시비하려는 뜻이 아니라, 관민 간에 혹 좀 깨달으심이 있을까 하고 우리의 간담을 다하여 충고하는 말이오니, 부디 생각들을 좀 하여 보시되, 만일 혹 뜻밖에 외국 사람이 다시 내정을 간예(干預)하게 되면 나라는 어찌 되며, 벼슬은 어떻게 하며, 백성의 업(業)은 어찌 부지 하겠나, 제발 걱정들 좀 하여 보시오.

〈외국통신〉

○ 일본 자유당 두목들이 총리대신 이등박문(伊藤博文) 씨를 가서 보고 하는 말이, 자유당이 의회 원에서 지금 내각을 보호하려 하나, 내각에 자유당 두목들이 있어 내각 일을 참섭(參涉)치 못하고는 덮어놓고 내각을 국회에서 보호하여 줄 수는 없노라고 한즉, 총리대신 말이, 지금 내각은 어느 정치당에 별도로 속한 내각이 아닌즉, 내가 황제 명령으로 내각을 조직할 때에 어느 정치당 사람이라고 내각에 넣은 것은 아니라. 누구든지 내 마음에 대신할 만한 사람이면 뽑아 시켰으니, 만일 이 내각에서 하는 일이 인민에게 만족할 것 같으면 우리가 정치당에 속하지 아니한 내각이라도 보호하여 줄 터이오, 만일 인민이 우리 하는 일을 불가하게 여겨 국회에서 불신투표만 할 것 같으면, 우리는 그때에 물러나아갈 터이오, 인민이 흡족히 여기는 내각조직 되기를 기꺼이 여길지라. 지금 자유당 두목이라고 궐(闕) 없는 터에 누구를 갈고 새로 넣을

수가 없노라고 하였더니, 자유당 두목들이 국중(國中)에 광고하여 말하되, 우리가 지금 국회에서 정부를 보호할 수 없는 것이 우리당 사람이 내각 의석에 참예치 못하니 우리 뜻과 같이 내치외교를 할 수가 없는지라, 우리가 참예치 못하는 일을 덮어놓고 보호하는 것은 어두운 일이니, 자유당 의관들은 오는 국회에 내각과 한 편이 되지 말라고 각처에 명령하였다더라.

제1권 제26호
대한광무 2년 5월 9일

근일에 정치를 의론하는 사람들이 흔히 말하기를, 우리나라에서 구태여 서양 법률을 쓸 것이 아니라 대명률(大明律)과 대전회통(大典會通)만 실상으로 시행하여 기강을 밝히 세우면, 상하 귀천이 다 규율에 째여 문명 부강하기에 어려울 것이 없다고들 하니, 이는 시세의 변함을 아지 못하는 고로, 어찌 하여서 서양 법률을 써야 하겠다는 까닭을 생각지 못함이라.

대저 나라에 법률 있음이 그물에 벼리 있는 것과 같다 하였으니, 이는 곧 그물에 벼리가 없으면 그물이 그물 노릇을 할 수가 없다는 뜻이라. 만일 그물에 벼리가 있고도 고기를 잡지 못하면 어찌 그물이 될 수 있으리오. 이와 같이 나라에 법률은 있고도 그 법률이 능히 백성을 보호하지 못하면 법률 있는 본의가 무엇이며, 나라가 어찌 될 수 있으리오.

설령 대명률과 대전회통을 실상으로 시행한다 하더라도, 이 세계에서는 그 법률로 내 백성을 보호할 수는 없는 것이, 이때 세계 각국이 통상하고 지내므로 모든 독립국들은 다 같은 권리가 있어, 통동(通同)한 율법을 가지고 서로 그 백성들을 보호하는지라.

거의 삼십여 년 전에 일본이 처음으로 외국들과 통상하고 약조를 정할 때, 서양 제국이 일본을 독립국으로 대접은 하여 주려니와 법률상에 들어서는 다른 나라들과 같이 시행하기를 인가하여 줄 수는 없노라고 하니, 그 뜻인즉, 의례히 세계에 통상하는 법이, 남의 나라 백성이 내 나라에 들어와 혹 무리하게 만국공법(萬國公法)을 어기고 국법을 범할 지경이면, 내 나라 순검이 그 백성을 잡아다가 내 나라 재판관에게 넘겨 다스리는 권리가 다 같이 있거늘, 유독 일본에게 그 권리를 주지 아니하여, 설사 일본 백성이 영 미국에 가서 죄를 범할 경우에는 그 나라 순포(巡捕)가 잡아 저희 재판소로 보내어 치죄하는 권리는 있으되, 만일 영 미국 백성이 일본서 죄를 범하면 일본 외부(外部)에서 그 죄 범한 백성의 나라 공영사에게 조회하고 치죄(治罪)하여 달라고 청구하여야 비로소 그 공영사가 조처하되, 일본 순검이 감히 그 죄인을 잡아 저희 재판소로 넘겨 치죄하는 권리는 세계에서 허락지 아니한다 함이라.

　　일본에서 그 말을 분히 여겨, 기어이 동등 권리로 조처하게 약조하려 한즉, 여러 나라에서 종시 허락지 아니하며 하는 말이, 첫째 세계에 문명한 나라에서는 법률이 다 같이 공평하여 어느 나라에 가든지 제 나라 사람과 같이 대접하며 제 나라 법률과 같이 다스리는 고로 다 같은 권(權)을 주되, 미개화한 나라에서는 인정이 달라서 공평한 생각은 없고, 남의 나라 사람이라면 해롭게 할 생각이 먼저 들어갈 뿐더러 제일 먼저 법률이 같지 아니하니, 개명한 백성을 어찌 미개화한 법률로 다스리게 하여 그 흉악한 형벌을 더하게 하리오.

　　만일 일본도 백성이 개명하고 법률이 세계와 같이 공평할 것 같으면 또한 같은 권리를 주겠노라고 하거늘, 일본 신민이 이 말을 듣고 분한 마음을 뼈에 새겨 잊지 않고 밤낮으로 백성을 문명하기와, 법률을 고치기로, 거의 삼십년 동안을 상하 일심으로 발분망식(發憤忘食)하고 일을 하여, 작년에 와서야 서양 제국이 비로소 허락하여, 처음 약조를 고치고 다시 평균하게 약조하여 세계에 동등권을 주었으므로, 지금부터는 어느 나라 사람이든지 죄만 범하면 일본 순포가 잡아다가 저희 재판소에서 처결하게 되었으니, 이 어찌 나라가 있고서 마땅히 할 일이 아니며, 또한 우리나라 신민에게 크게 부러운 일이 아니리오.

지금 우리나라에서는 외국과 약조를 어찌 하였으며, 이런 일을 당하여 어찌 조처하는지 알기나들 하시오. 외국에 무법한 백성들이 대한 신민을 무리하게 대접함은 오히려 고사하고, 무례히 때리기도 하며 간간 사람을 살해하는 폐단이 있으되, 우리나라 관원의 손으로 치죄하는 권(權)이 없으니 어찌 분하지 않으리오.

이것을 보면 우리나라에는 법이 있어도 그 백성을 보호하지 못할 일을 깨달을지라. 대명률과 대전회통이 우리 생각에는 아무리 공편하고 문명한 법률인 듯하나, 지금 세상에는 이것을 가지고 국민을 보호하며 동등권을 찾을 수는 없으니, 이른바 벼리는 있어도 고기는 잡지 못하는 그물이라 함이라.

그런고로 불가불 법률을 바삐 고쳐야 할지니, 우리는 간절히 바라건대, 우리 동포들은 이런 말을 듣고 다만 분하다고만 할 것이 아니라. 이 분한 마음을 뼈에 새겨 잊지 말고, 아무쪼록 고칠 도리를 생각하여, 우리도 남과 같이 기어코 몇 해 안에 세계에 동등권을 찾을 도리를 차려 봅시다.

⟨잡보⟩

○ 교동 민보국 집 하인이 돌우물골 교번소 앞으로 장죽을 물고 지나가는 것을 그 기지 순검이 검단(檢斷)하매, 그 하인이 크게 꾸짖으며 팔을 뽐내어 하는 말이, 나도 순검을 다니게 되면 너와 같을 터인데, 너희

들이 어찌 감히 나의 장죽을 감히 검단하느뇨 하매, 그 순검이 아무 말도 못하고 돌려보냈다더라.

〈전보〉

○ 영국 작년 세입이 정부 부비(浮費) 쓰고 남은 돈이 삼천육백칠십팔만 원인고로, 탁지대신이 상하 의원에 말하되, 공연한 돈이 너무 많이 남으니, 금년에는 백성에게 세를 감하여 탁지에 돈이 이렇게 너무 많이 남지 않게 하여 달라 하였더라.

제1권 제27호
대한광무 2년 5월 11일

태서 각국이 처음으로 개화하던 사기(事記)를 보게 되면, 나라마다 의례히 두 가지 편당(偏黨)이 먼저 생겨서, 한 당에서는 속히 개화를 하여 나라를 문명하고 백성을 편리하게 하자 하며, 또 한 당에서는 아무쪼록 옛것을 지켜 선왕의 예악 법도와 의관 문물을 변치 마자고 하여, 각각 한 목적씩 가지고 힘을 다하여 죽기를 무릅쓰고 서로 성사시키려 하므로, 필경은 큰 싸움이 생겨 여러 해를 두고 사람이 여러 천명 여러 만 명씩 죽은 후에야 비로소 한 편이 이기고 한 편이 져서 일이 끝이 났는데, 그 끝나는 날에는 필경 어느 편이 이기고 어느 편이 져서 태서 제국에 지금 개화가 되었는지 수구가 되었는지, 이는 우리가 말을 아니 하여도 짐작들 하시려니와, 대체 그 싸움이 속히 생길수록 일이 좌우간 속히 끝이 나서 백성이 괴로움을 오래 받지 않고 도탄(塗炭)을 면하는 법이다.

그러나 우리나라에서는 외국과 상통한 지 거의 이십 년에 아직까지도 이 싸움이 생기기는 세로에(*고사하고), 수구당이라든지 개화당이라는 이름도 별로 없어서, 사람마다 친구를 상종할 적에 개화하자는 이를 대하여서는 개화당 비스름히 말하다가, 수구를 좋아하는 이를 보고서는 수구당처럼 말을 하여, 남이 하는 대로만 따라 하기로 작정인데,

다만 말만 그러할 뿐 아니라 정부에 들어가 일하기를 또한 이같이 하여, 어디를 가든지 무슨 일을 하든지, 남을 잘 얼러맞춰야 세상에 재주 있고 똑똑한 사람이라고도 하며, 벼슬도 잘 얻어 하니, 그리고 본즉 개화당도 없고 수구당도 없으니, 그런고로 이때까지 개화도 못 되고 수구도 못 되어 그럭저럭 지내어 왔으니, 그럭저럭 사이에서 곯고 망하는 것은 백성이라.

그런즉 얼른 생각하면, 이 백성이 되어 정부에서 일하는 이들을 원망할 듯하나, 그렇지 않은 것이, 만일 백성들이 그 해(害) 받는 줄을 깨달아 바삐 좌우간 작정을 하고 한편 길로 가려고 할 것 같으면, 남의 뜻을 잘 맞춰주는 관인(官人)네들이 그 백성의 뜻대로 순종하려고 힘쓰고 시행하여 일이 벌써 결말이 났을 것을, 백성들이 저의 일을 남에게 맡기고 앉아 남 하는 대로 따라가려 하니 전국이 다 이 모양인즉, 무슨 일이 될 수 있으리오. 실상을 생각하면 사람마다 제가 제 몸을 망하게 하고 앉아 해를 받는 것이라. 이것을 깨닫는 이는 오늘부터라도 개화(開化)와 수구(守舊) 양당 간에 남은 어찌 하든지 내 마음을 작정하고 실상을 행하여야 할지라.

그러나 지금 우리 정부는 무슨 당이라고 하여야 할까. 투철히 개화당도 아니오 수구당도 아니오, 다만 여러 가지 섞은 당이라 할 만한데, 근일에 하는 일을 보면 반대당(反對黨)이라고도 할 만하도다. 이 반대당은 외국 반대당과 달라서, 특별히 드러내 놓고 무슨 일을 반대하는 당이 아니라, 속으로 은근히 세계를 다 반대하는 당이로다.

첫째, 서양 제국의 문명개화하는 목적과 모두 반대요, 둘째, 본방 토민(土民)의 수구(守舊)하자는 뜻과 반대요, 셋째, 신문과 연설에 또한 반대인즉, 간간 외국 문자를 보든지 그 사람들을 대하여 말을 하든지, 사람마다 이 정부가 오래 부지하여 가기를 바란다는 이는 없고, 모두 미워하며 흥보아 이 정부에서 어서 달리 변통하여야 쓰겠다고 하며, 심지어 토민까지라도 이 정부를 도와 지탱하여 갈 생각은 고사하고, 원망하며 싫어하여 상시(常時)에 란(亂)을 기다리니, 세상에 실심으로 불쌍히 여겨 도와주려는 친구는 없어서 이같이 외롭고 약한 정부를 만들어 놓아, 오늘날 대황제 폐하께서 내외 국민 간에 튼튼히 믿으실 사람이 없이 만들었으니, 이 어찌 신민 된 자의 통곡할 일이 아니리오.

이렇게 약하고 외롭게 만들어 가면서도 지금도 하는 일인즉 모두 세계와 다 반대이니, 필경은 나라를 어찌하며, 자기 몸들을 어찌 하려는 생각인지 마련들을 하여 보시오.

〈잡보〉

○ 본월 육일 행행시(行幸時)에 황태자 전하께서 종묘 대문에 드실 때에 작문(作門) 잡았던(*삼문이 있는 관아에서 귀빈이 올 때, 특히 대접하여 가운데 문을 열어주던) 장졸들이 잡인을 금하노라고 문을 막아 오래 지체가 된 고로, 군부대신 민영기가 능히 단속치 못한 죄로 면(免) 본관하고, 해대대장 리석희 등 수인은 우선 면관하고, 법부로 의률 정배하라신 조칙이 계셨더니, 그 익일에 특별히 군부대신은 면(免) 중계하고 본직을 다시 피임하였더라.

○ 어저께 오후에 홍주 사는 김치백이가 종로 청포진 앞으로 구경하며 지날 적에, 함경도 사람 김 모가 아라사 복색을 하고 섰다가 아라사 말로 무슨 소리를 지르며 김치박이 쓴 안경을 지팡이로 때려 깨트린지라. 옆에서 관광하든 사람들이 대단히 격분하여 김 모를 때리려 한즉 김 모가 겁을 내어 대한 말로 사죄하며 안경 값을 물어주마고 하거늘,

김치백의 말이, 이런 일은 사사로 조처할 것이 아니라 하고 경무청으로 데리고 가서 설명한즉, 김 모가 본래 아라사에 입적한지라, 경무청에서 아관으로 보내었더니, 아관에서 또한 모른다 하거늘, 김 모가 김치백을 데리고 새문안 김홍륙씨 집으로 갔는데, 사람이 여러 백 명이 따라오는 고로 김씨의 집에 가서는 대문을 걸고 둘이 사랑(舍廊: 집의 안채와 떨어져 바깥주인이 거처하며 손님을 접대하는 곳)으로 들어갔는데, 그 하회는 어찌 되었는지 아직 알 수 없더라.

〈외국통신〉

○ 사월 이십팔일에 일본 동경서 일본 총리대신과 아라사 전권공사 가 약조를 하였는데, 그 조목인즉, 두 나라가 대한 독립을 굳게 하자 하며, 외국 고문관과 사관 고용하는 것을 두 나라가 서로 의론하여 작 정하자 하며, 대한에 거류하는 일본 백성의 상무(商務)를 아라사가 상관 을 아니 하겠다고 작정 하였다더라.

제1권 제28호
대한광무 2년 5월 11일

신문지라, 연설이라 하는 것이 본래 우리나라에 전부터 있던 것이 아닌 고로, 처음 보고 처음 듣는 이들이 혹 비웃기도 하며 흉도 보아하는 말이, 모두 아이의 장난이요 어른의 점잖은 사업은 아니라, 일생 말하는 것이 자주독립(自主 獨立)과 문명개화(文明 開化)와 명예 권리(名譽 權理)라 하는 것뿐이니, 이는 다만 저의 입이나 아프고 웃거나 달려가며 심려만 허비할 뿐이지, 무슨 일에 효험이 있으리오 하니, 우리가 이 사람들을 나무라는 것이 아니라, 대강 그 사람들의 어리석은 주견을 깨닫게 하려 하노라.

본래 사람이 무엇이든지 처음 듣고 처음 보는 것을 졸지에 파혹(破惑)하기 어려움은 인정(人情)에 자연한 이치라. 우리도 불과 얼마 전에는 흉도 보고 시비도 많이 하던 사람이라. 그러나 남이 흉보고 시비하고 원수 같이 여기는 줄을 알고도 열심히 한결같이 일하는 사람이 몇몇이 있었기에 근일에 신기한 일들이 차차 생기니, 이것을 보고 적이 염량(炎涼)있는 사람은 그 효험이 적지 않은 줄을 깨달을지라.

이전에는 무슨 구경 때가 되면 길가 백성의 집들은 의례히 권문세가의 의막처(*依幕處: 임시로 의지하여 거처하는 곳)로 내어놓아 권세 유무로 의막체를 부치고, 남의 집을 임의로 차지하되, 주인은 감히 말도 못하고 마땅히 내어놓을 줄로 알던 사람들이, 이번 능행시(*陵幸時: 임금이 능에 거둥할 때)에 그런 폐단이 아주 없어진 것은 아니나, 혹 어느 세가에서 의막체를 부치고 남의 집을 무단히 차지하려 하는 것을 보고 시비한 사람들이 많아 말하기를, 내 집을 가지고 내 임의로 하는 권리가 있거늘, 지금 저마다 자유(自由) 하는 세상에 권력 있다고 어찌 이런 무리한 일을 하리오, 하고 집을 허락지 않은 사람이 한둘이 아닌즉, 차차 저의 권리가 무엇인지 알아 능히 제 것을 보호하려는 백성이 얼마쯤 생겼으니, 그 사람들은 이 마음을 미루어 저의 나라를 보호하려는 생각이 있음을 보겠도다.

또한 이전에는 내외 국민 간에 혹 무례히 죄 없는 사람을 구타하며 욕을 보일 것 같으면 서로 구경이나 하던지, 그저 지나가든지, 아무쪼록 저의 몸이나 피하려 하던 사람들이, 이번 능행시에 종로에서 한 사람이 외국 복색을 한 자에게 무죄(無罪)히 욕하는 것을 보고 일제히 격분하여, 남의 일에 시비를 탄(嘆)하여 가지고 경계를 밝히려고 하는 사람이 여럿이니, 이것을 보니 기쁜 마음이 탱중(*撐中: 화나 욕심 따위가 가슴 속에 가득 차 있음)하여 사람의 흥기가 나는지라. 이것이 작은 일인 듯 하나, 이네들은 독립 자주(獨立自主)의 권(權)을 알아 어디를 가든지 내 나라 동포 형제를 일심으로 보호하자는 마음이 굳게 박힌 백성이니, 우리 잔약한 신민들도 점점 의지하고 보호할 힘이 생기는지라, 이 동포들을 대하여 우리가 간절히 치하하노라.

그러나 우리가 한 가지 권면할 말이 있으니, 부디 외국 사람이라고 일호라도 공연히 미워하든지 박대하여 국가 외교상에 손해됨이 없게 하고, 다만 내 권리를 찾자 하니까 시비 관계되는 자리에서는 불가불 내 나라를 위하여 몸을 돌아보지 말고 힘껏 역성을 하되, 남이 잘못한다고 경계와 법률을 생각지 않고 창졸히 남을 때리거나 질욕하여 먼

저 실수를 말며, 어느 나라 사람이든지 법률만 지켜 공평하고 옳은 목
적을 지키는 이는 나와 사상을 같이 할 정다운 친구요, 이것을 반대하
는 사람은 언제든지 우리와 함께 서지 못할 원수로 알고, 일심으로 이
마음을 길러 나라를 흥왕토록 진보하여 봅시다.

〈잡보〉

○ 제물포에서 전보가 왔는데, 한 술집에서 우리나라 사람들과 일본
순포와 시비가 되어, 우리나라 사람 십여 명과 순검 두엇이 모두 매를
맞아 대단히 상하였다니, 이런 놀랍고 분한 일을 우리 정부에서는 어찌
조처 하시려는지요.

제1권 제29호
대한광무 2년 5월 12일

　이 사이 일본과 아라사가 대한의 일에 인연(因緣)하여 약조를 하였단 말은 전호 외국통신에 이미 기재하였거니와, 대개 그 약조의 의향인즉, 이 두 나라가, 대한 정부에서 끝내 정신을 차려 변통할 줄은 모르고 아직까지도 이 모양으로 지내는 것을 보고, 대한이 아주 혈맥도 없어 두 나라가 능히 임의대로 하여도 시비할 사람이 없을 줄로 알고, 대한을 지금 청국 모양으로 대접하여, 양국이 서로 화평한 체하며 각기 다른 주의를 속에 숨기고 사사로이 정한 약조인즉, 우리가 이런 일에 알은 체할 것이 없으나, 세계 각국의 정치가들과 신문 기자들은 대한이 관계 되는 일을 낫낫이 사실(査實)하여 저희끼리 시비 다툼이 분분히 일어나니, 이런 일을 당하여 만일 대한에도 각색 신문이 방방곡곡에 있었으면 벌써 국중(國中)에 시비와 문제가 많이 일어났을 것을, 전국에 말할 이는 다만 우리 신문 하나이다.

　우리가 일천이백만 동포를 대신하여 우리 의견대로 대강 설명하오니 뜻을 아울러 보시오.

　첫째, 일본 외부대신과 아라사 공사가 대한 일을 인연하여 담판하고 약조를 정하였는데, 대개 대한을 도와줄 뜻으로 하였으나, 설사 사사 일로 말할지라도, 내가 나의 친구에게 내 살림을 보아 달라고 청하지 아니 하는 것을 저희끼리 나의 세간 살림을 어찌어찌 하자고 작정할 것 같으면, 이는 나를 사람으로 알지 않고, 내 집안을 주인 없는 살림으로 여김이오.

겸하여 저희끼리 귓속말로 결정하고 주인에게 알리지도 않을 지경이면, 그 결정한 의론 속에는 필경 나를 보아주는 체하고 은근히 꿇리자는 뜻이 있음이라. 그런즉 두 나라가 대한을 도와주겠노라 하는 말은 감사하나, 우리는 이렇게 도와주는 것을 원치도 아니하오.

둘째는, 일본과 아라사가 특별히 대한을 독립국으로 대접하여 각기 전권공사를 보내어 서울에 주찰(駐札)한 지 하루 이틀이 아닐 뿐더러, 여러 번 사신 왕래와 세계 공문 거래상에 뚜렷이 대한을 독립국으로 대접하여 왔거늘, 지금 와서 새로이 두 나라가 약조하고 대한을 독립국으로 승인하자 함은 무슨 뜻이오.

셋째는, 우리나라에서 자금(自今) 이후로는 외국 인민을 고빙(雇聘)치 말기로 작정하였을 뿐더러, 혹 고용하더라도 어느 나라 사람이든지 합의되면 그 사람하고만 약조하고 고용하는 권(權)이 있은즉 구태여 그 나라 정부에 청구할 일이 아니거늘, 이 약조 중에 대한 정부에서 일본이나 아라사를 대하여 내정을 도와줄 고문관이나 해륙군 교사를 청하거든 양국이 의론한 후에 작정하자 함은 무슨 말이오.

넷째는, 외국 상민들이 대한을 위하여 여기 와서 저희 돈을 밑져가며 장사를 하는 터인지, 그 약조 중에 일본 인민이 상무와 공무를 흥하게 하여 대한을 개명 부강케 하려다 하였으니, 이는 참 우스운 말이오.

다섯째, 이 약조를 세상에 반포할 계제가 되거든 양국이 의론한 후에 작정하자고 하였으니, 그 계제는 무엇이며, 어느 때나 그 계제가 될 터인지 우리는 알 수 없더라.

이것을 보건데, 외국은 아직까지도 대한국 중에 사람이 없는 줄로 알고 저희 마음대로 내정을 다시 간예(干預)할 뜻을 두는 줄 분명하니, 이는 외국에서들 잘못 짐작한 것이, 우리 정부에서는 종시 이런 일을 알려고도 아니하고, 알아도 어찌 변통할 도리를 생각하는지 마치 모르되, 지금 국중에 인민이 얼마치나 열려 나라 일을 제 집안 일로 알고 걱정하며 애쓰는 사람이 얼마쯤 있으니, 지금부터는 이 사람들이 기어코 자기 나라 일을 남의 손에 맡겨 놓고 마음대로 하라고 내버려두지는 아니할 터인즉, 이 약조에 무슨 다른 뜻이 있는지는 알 수 없으나, 이 뜻을 대한에 와서 한 번도 써 볼 계제는 없을 듯하더라.

〈잡보〉

○ 새문 밖 평동 사는 리성필이가 영국 공사관에 모군으로 삯을 받고 일하다가, 이달 육일에 마당을 쓰는데 발자취가 낫다고 영국 순포가 발로 차고 무수히 때려 거의 죽게 되매, 제중원으로 보내어 치료하더니, 재작일에 죽으매 리성필의 족속들이 원수 갚아 달라고 호소하였더라.

○ 경기 관찰사 김영덕 씨가 재작일에 탁지부 대신을 보고 말하되, 관찰부에 도임하여 본즉 경기 삼십팔 군에 군수가 부임하여 행공(行公)하는 고을이 다만 일곱 고을밖에 없고, 나머지 삼십일 군 군수들은 혹 자기 집에도 가 있고 서울도 올라와 있은즉, 모든 공관(空官)된 고을들은 말이 못되는지라. 이 군수들을 기어이 행공케 하려고 혹령(酷令)은

이미 하였으나, 심하게 한즉 그 중에 관찰사를 떼여 먹을 군수들이 많으므로, 어찌 하여야 옳을지 알 수 없다고 하였다더라.

○ 황성신문을 더 확장하기로 의론이 되어, 매일 발간하든지 간일(間日)하여 내든지 하려고 의론하는 중인데, 자본전은 여럿이 회사를 모아 각기 고본금(股本金: 자본금)을 낼 터인데, 한 목에 십 원씩이니, 유지한 이들은 몇 목씩 내고 회사에 들기를 바란다더라.

〈전보〉

○ 영국 속지 아프리카 서편에 내란이 일어나 영국 제조소를 불 지르고 선교사와 제조소 사람들을 많이 죽였는데, 영국 군함 한 척이 곧 가서 일 연대를 상축(常軸)시켰다더라.

제1권 제30호
대한광무 2년 5월 13일

일전에 한 친구를 어느 좌석에서 만나, 그 친구가 묻되, 근일 매일 신문이 매우 재미도 있고 또한 모두 합당하고 옳은 말이니, 그 신문사에 어느 외국 사람이 상관하여 찬조하느냐고 하거늘, 우리가 대답하되, 옳고 합당한 말은 외국인만 하고 대한 사람은 모두 그르고 합당치 못한 말만 하느냐 한즉, 그가 발명하되, 그런 말이 아니라, 우리나라 사람이 지금 옳은 목적을 가지고 경계를 밝혀 말하자면, 정부 대신이라도 잘못함이 있으면 관계없이 드러내어야 할 터이니, 외국 사람이 아니고는 이렇게 하고 앉아 능히 배길 수 있는 사람이 없다고 하는지라.

우리가 언제든지 이런 말을 들으면 기가 나서 참을 수가 없는 고로 대강 기록하노라.

대저 우리의 목적인즉, 첫째 자주 독립(自主 獨立)하자는 뜻인데 외국 사람을 의지하여야 된다고 하니, 이는 곧 나를 붙잡아 주어야 내가 따로 서겠다고 하는 말과 같은지라. 어찌 외국 사람을 의지하여 가지고 내 나라를 독립하자고 할 이치가 있으리오. 이런 사람이 만일 법부대신일 것 같으면, 법률을 밝힐 터인데 남이 나를 원망할 터인즉 바른대로 할 수 없다고 할 위인이니, 사람마다 이런 생각이 있기 때문에 옳은 의론이 세상에 행하지 못하고, 그른 일하는 사이에 거리낄 것이 없어 국중에 횡행하매, 그른 것이 옳은 것을 이기어 경계와 법률이 없어진지라.

대저 그른 사람은 제 몸의 사사대해(私事大海)만 생각하고 경계와 의리는 돌아보지 아니하는 것인즉, 한 몸을 위하여 여러 사람을 해롭게 하자는 것이오. 옳은 사람은 제 몸의 이해를 불계하고 여러 사람을 위하여 공평되게 하려 하는 것이니, 우리가 관민 간에 잘못하는 일을 나무라며 시비하는 것이, 우리 몸에 조금이라도 돌아오는 것이 있을까 바람이 아니라, 즉 정부에 옳은 일 하는 이들을 위하여 이롭게 함이오, 백성의 옳고 잔약한 자를 도와 나라를 위려(慰慮)함이니, 그런고로 근일에 신문을 도와 흥왕하게 만들려고 각 도 각 군에 널리 보게 하도록 주선하시는 이가 한둘이 아니오.

또한 외국 사람을 의지하여 제 나라를 흉보고 시비하는 것을 우리가 대단히 미워해서, 혹 외국인이 대한 정부나 백성을 대하여 무리하게 하는 자가 있으면 기어이 시비하며 반대하는 고로, 외국인 중에 우리를 미워하고 싫어하는 이가 많은지라.

그러하나 옳은 자가 아무리 약하고 그른 자가 아무리 강하여도, 그른 자가 항상 옳은 자에게 지는 것은 천리에 소연(昭然)한 법이니, 우리는 간절히 바라건대, 우리 동포들은 남을 의지할 생각을 말고, 아무리 내가 잔약하여도 워낙 옳은 일만 가지고 일을 할 것 같으면 당장은 나를 도와주는 자가 없으나, 세상에 옳은 목적을 지키는 자는 모두 일체로 나를 역성하여 주는 공변된 편당이니, 내가 세계에 제일 강한 사람으로 여기고 옳은 목적만 잃지 말며, 또한 신문이란 것은 외국 사람을 의지하고야 내는 줄로 아지 말고, 유지하신 분들은 자유로 신문사를 더러 설시하여 국가 문명에 큰 사업들을 좀 하여 보시오.

〈잡보〉

○ 전 중추원 고문관 서재필 씨가 그 부인은 작일에 먼저 떠나보내고 모든 세간을 다 경매하였는데, 서 씨는 내일 발정하려 하는데, 시원히 여기는 사람도 더러 있고, 섭섭히 여기는 사람도 많다더라. 서 씨가 대한을 떠나 일본 동경 가서 얼마 유하다가 미국으로 돌아간다더라.

〈외국통신〉

○ 아라사 신문에 말하였으되, 시베리아 철도를 지금에야 겨우 삼분지 일을 놓았으니, 이 철도를 필역하려면 지금도 두 해를 더 지내야 할 터인데, 동양 형세가 날로 나아가매, 이때를 당하여 정부에서 별반 방책을 급히 베풀어야 하겠다고 하였더라.

제1권 제31호
대한 광무 2년 5월 14일

　　근일에 우리가 한두 푼 이해 상관없이 남 듣기 싫은 말을 많이 하여, 가만히 앉아 내 앞들만 차리는 정치가 점잖은 양반들에게 정신을 차리고 시세를 알아 달리 변통을 하라고도 하며, 혹 제 몸을 위하여 좀 잘못하는 사람들에게 그른 일 하지 말라고도 하여, 날마다 이것으로 큰 성사(成事)를 삼으니, 무엇이든지 한 가지를 가지고 여러 번 말하면 듣는 이들에게 너무 지루하여 항상 의례건으로 하는 말 같이 되기도 쉽겠고, 또 그 점잖은 양반은 당초에 신문을 잘 보지도 않지마는 혹 이런 말을 전편에 얻어 듣더라도, 이 말을 발명하여 대답하고 싶은 마음이 오죽 많으리오.

　　그런고로 오늘은 우리가 별로 그 양반들을 대신하여 말을 좀 할 터이니, 신문 보시는 이들은 이 말이 일시 재미롭게 하자는 이야기로 알고 보시오.

　　우리가 수구당 양반이 되어 가지고 말하자면 외국 사람들이 세계에 어리석은 자들이라, 근자에 대한이 이같이 문명 부강하여 가는 것을 모르고 저희끼리 담판을 한다, 신문에 논란을 한다, 전보와 조회 내왕을 한다 하여 쓸데없이 싸움 예비도 차리며, 해륙군도 확장하여 동양 일을 상관한다 하며, 군함들을 가지고 이리 저리 왕래하여 대한 같은 나라에 혹 내정을 좀 다시 상관하여 볼까, 그렇지 않으면 토지라도 좀 맛을 볼까 한들, 필경은 다 헛생각만 될지라. 왜 그런가 하니, 대한이 근래에 점점 문명 부강하여 이같이 진보가 되므로 졸지에 천병만마(千兵萬馬)를 가지고 들어와도 어찌할 수가 없는지라.

그 문명 부강 되어 가는 표적을 좀 이야기합시다.

첫째, 조정에 차차 이전 교목세가(*喬木世家: 집안 대대로 중요한 지위에 있어 나라와 운명을 같이 하는 신하)에서들 나서서 선왕의 법도를 회복하여 가므로, 사모관대(紗帽冠帶)에 하인을 많이 세어 좌우에 부액(扶腋)하고 둥싯둥싯 걸어가므로, 옆에서 대포가 터져도 갈지 자(之) 걸음은 조금도 잃지 않고 체통을 돌아보실 양반이 얼마 생기니, 정부 지체가 높고 체통이 점잖아지고 있다.

둘째, 각색 액정(*掖庭: 대궐 안) 소속의 훌륭한 복색이 생기어 번화(繁華) 찬란(燦爛)하여 인물을 빛내니, 나라의 문명이 이같이 장하다.

셋째, 사람마다 명예를 사랑하여 정부에 따로 이름 좋은 벼슬을 두고, 일은 없어도 이름만 위하여 분주히 나고 갈리므로, 외국서는 웃고 흉보는 것이지마는, 덮어 놓고 정부 명예는 대단히 높아진다.

넷째는, 간간히 속으로 벼슬을 팔아 돈을 만드는 이들이 있으므로 그 돈이 어디로 가는지는 우리가 모르거니와, 대체 돈을 그렇게 학문 있게 만들 줄 아는 이가 더러 있으니, 이는 세간을 팔아서 부자 될 계책이라. 어찌 되었든지 이런 꾀로 부하게 되려는 이가 얼마 있다.

다섯째는, 이번 능행 시에도 병정들이 길을 막을 때 외국 사람은 다만 전중이(*징역꾼) 하나라도 막지 못하되, 내 나라 사람은 감히 근처(近處)를 못하게 하였으니, 세계에 군사가 이만치 강하기도 어려운 노릇이다.

여섯째는, 동방예의지국에서 예절을 극진히 닦아 제사도 예문을 따라 지성으로 지내거니와, 귀신 섬기기와 불공(佛供)하기는 지금 저렇게 흥왕하여 가는 청국의 다음은 되는지라.

나라가 이같이 문명 부강하여 가므로 군함이 몇 백 척이 들어와도, 나는 예절만 지키고 한결같이 제사지내며 불공하고 있을 터이니, 저의 대포와 탄환이 다 쓸데없이 될 것이오. 또한 이런 점잖은 양반에게 어찌 감히 총부리를 돌려 대리오.

대한서는 이런 슬기로운 방책을 미리 마련하고 있는 것을 외국서는 이것도 모르고 공연히 헛애만 쓰려고 동양 일을 인연하여 분주히 지낸다니, 참 어리석은 자들이더라.

이 말이 잠시 우스운 이야기같이 한 말이나, 지각이 있는 우리 동포들은 이 말을 실없는 한담으로만 여길 것이 아니더라.

〈잡보〉

○ 중추원 고문관 서재필 씨가 오늘 떠난다는 말은 이미 기재하였거니와, 또 들은즉, 독립신문사를 미국 교회 중으로 회사를 조직하고 전 협판 윤치호 씨를 일 년 동안 사무를 보아 달라고 청빙하여 그 신문이 여전히 출판된다더라.

○ 갈린 공주 관찰사 리건하 씨가 그 도에 임하여 독립지회도 설시하여 인민에게 계명(啓明)의 주의를 깨닫게 하더니, 갈릴 때가 가까워옴에 첫 번째 힘쓰던 목적은 감추고 갑오 이전 구습을 많이 시행하므로 그곳 이민(里民)들이 괴이하게 여기더니, 이번에 새로 정주영 씨가 관찰사로 도임할 때부터 제반 관속(官屬)을 전후좌우로 옹위 나열하고, 길가 백성

을 엄칙(嚴飭)하여 몇 십 리 동안에 황토를 펴게 하고, 취타(吹打)와 용장
(龍欌: 용무늬를 새긴 옷장)과 호령(號令)을 모두 복구하므로, 그곳 백성이
말하기를, 공주 부는 복구할 일로 정부에서 특별히 인가하여 주었는지
알 수 없다고들 한다더라.

○ 전 군수 홍태윤 씨가 통안 선인문 건너편에 외국 필륙 짜는 기계
삼십여 좌를 갖다 놓고 필목을 많이 만든다니, 이런 유지한 사람이 국
중에 여럿일 것 같으면 공무의 흥왕함은 날로 나아갈러라.

제1권 제32호
대한광무 2년 5월 16일

오월 십일일에 아라사와 불란서 두 공사관에서 토지와 광산 할 땅을 달라 하였는데, 그 두 조회를 얻어 아래에 기재하노라.

아라사 공사의 조회

조회하는 일은 지금에 우리 참장 쓰뜰를비즈기를 목포와 중남포에 파송하기는, 전임 아라사 공사의 문안을 사실하매, 내개(內開)에 광무 이년 일월 구일 제 팔십륙 호와 본년 일월 십오일 제 이호와 아라사 책력 일천팔백팔십사 년 유월 이십오일에 합동한 사관삼항(四款三項)을 준인(準認)하여 청번하오니, 귀 대신은 목포 감리와 그 이웃고을 관원들에게 훈령하시기를 바라오며, 해 참장 쓰뜰를비즈기는 아라사 정부에서 쓸 대지를 사옵는데, 조계 외 사방 십리 안에 섬들을 빼지 말고 사기를 요구하오니,

귀 대신은 해 감리와 각 관원들이 아라사 참장을 두호하라는 공문을 소상히 하시와, 이전처럼 어김이 없게 하여 주시압. 위에서도 소상히 기재하였거니와, 일전 귀 대신께옵서 친히 말씀으로 허락하신 바이오니, 쓰뜰를비즈기가 그 지방으로 발행하는 공문을 지체 말으시고 별로히 지어 답인(踏印)하여 본 공관에 던져 보내시기를 바라와 이에 조

회하오니, 귀 대신은 사조(査照)함이 가함.

불란서 공사의 조회

감님덕이 조회하는 일은, 서역 일천팔백구십육 년 오월 삼십일 일, 귀 전임대신 리완용 씨의 조회를 안사(按査)한즉, 개내에 석탄 광산 한 곳을 불란서에 서울과 의주 사이 철로회사에 허락한 바, 본 대신이 그 대신과 다시 의론하고 평양에 있는 석탄 광산 한 곳을 그 회사에 허락하여 주어 그 철로 설시하는 데 편리한 땅을 삼고, 또 별로 광산 두 곳을 그 회사에 허락하여 줄 뜻으로 면대하여 의론하여 청하고, 이어 동년 구월 십팔일에 그 허락한 바를 들어 조회하여 깨우쳤고, 근자 일 천팔백구십팔 년 일월 십팔일에 귀 대신 조병식 씨에게 두 번째 조회하여 허시한 바를 거듭 밝히고, 이에 본국 사람을 인연하여 그 회사의 청하는 바 광지 도형을 합하여 보내오니, 이 일을 속히 확정하시기를 바란다고 하였더라.

이 말을 들으매 치가 떨리고 기가 막히어 분한 마음을 억제할 수 없는지라 위선 기재만 하거니와, 이는 참 대한신민의 피가 끓을 소문이라, 대소 인민 간에 대한의 신민 된 이들이야 이런 소문을 듣고 잠시인들 어찌 가만히 앉았으리오. 우리 동포들은 일심으로 발분하여 속히 조처할 도리를 생각들 하시오,

제1권 제34호
대한광무 2년 5월 18일

정부에서 본래 외국으로 학도를 보낸 뜻은 그 나라들을 위하여 보낸 것이 아니라, 그 나라에 가서 학문을 배우다가 내 나라에 쓰임이 되게 하자는 주의인즉, 국가에서도 내 일과 내 백성을 위함이오, 뽑혀 간 학도들도 내 나라와 내 몸을 위한 뜻인즉, 양편에서 바라는 뜻도 적지 않을 뿐더러, 당초에 그 나라를 미워하든지 어여삐 여기는 데는 상관이 없는 일이거늘, 처음에는 어찌 생각이 나서 생도를 뽑아 후일 국가에 큰 그릇이 되라고 부탁하여 국재(國財)를 얼마쯤 허비하여 보내어 놓고는 그 후에 아주 잊어버렸다든지, 혹 그 나라들과 무슨 흔단이 있다든지, 어찌 어찌 하여 지금까지도 외국에 보낸 생도 중에서 하나라도 불러다가 무슨 일 시켰다는 말을 들어보지 못하였으니, 참 애달픈 일이로다.

대저 나라가 이같이 잔약함은 백성이 있고도 참 마음으로 내 나라를 도우려 하는 사람이 몇이 못 되는 까닭이라.

본래 인정이 저마다 내게 이롭게 할 듯한 사람은 오래도 살고 흥왕하게 되기도 바라는 법이고, 일호라도 관계가 없는 사람은 아무리 정이 있다 하여도 실심(實心)으로 도와줄 마음이 생길 수는 없는 것이거늘, 이 사람들은 그 크게 바라는 마음을 먹여 보내고는 다만 돌아보지 않을 뿐 아니라, 즉 외국 사람과 다른 것이 없이 대접하니, 이 백성이 본국 정부를 실심으로 도와 장구히 하게 되기를 바랄 생각이 어찌 나리오.

도리어 외국의 형세를 빌어 본국 정부를 변화시키고, 나의 공부 하던 뜻을 좀 써볼까 하는 경영(經營)이 생기기 쉬울지라. 그러한즉, 이는 즉 백성을 시켜 외국과 부동(浮動)하여 가지고 정부를 더 요란케 만들려 하는 뜻과 같으니, 이는 소위(所謂) 도적에게 양식을 싸서 주는 것과 같은지라.

그런고로 우리나라에서 외국에 가서 유학하고 있는 생도들을 불러 내어다가 차차 일을 시켜 보면, 그 사람들이 외국 일도 더 알고 인정들도 자세히 짐작하려니와, 첫째, 그 사람들이 그 때는 바라던 뜻을 얻으매 나라를 사랑하는 마음들도 더 날뿐더러, 자기들의 일신상 관계가 모두 본국 정부에 달렸은즉, 자연 그 정부를 튼튼히 만들어 자기 관계되는 것이 오래 지탱하여 가게 힘을 쓸 터이니, 지금 시세에 매우 긴급한 것이, 외국에 가 있는 생도들을 불러 쓰는 것이 첫째가 될지라.

그러나 한 나라에 가 있는 생도들만 불러다가 쓸 것 같으면, 인정이 흔히 나와 많이 상종(相從)한 나라를 다른 나라보다 더 알아 그 편교제를 편벽되이 할 염려도 있고, 또한 다른 나라 일은 자세히 알지 못할 듯도 하니, 여러 나라에 가 있는 사람들을 일제히 불러다가 일을 시킬 지경이면 외교도 공평하게 하겠고, 한편으로 권리가 갈 묘리도 없을 터이니, 이 여러 나라에 가 있는 사람 중에 정부에서 보낸 학도든지, 자의로 간 사람 중에서라도 인재를 따라 채용하는 것이 국가에서 교육시키는 본의도 되고, 또한 정부 시세에 관계가 적지 않게 될 일이더라.

〈잡보〉

○ 독립협회에서 여러 백 명 회원들이 공변되이 투표 천망(薦望)하여 선정한 회장 이완용 씨가 양력 삼월 십오일에 전라북도 관찰사의 임(任)을 피명(被命)하여 임(任)에 도달할 차로 떠날 때에, 독립협회에서 총대위원을 파송하여 십리 강두(江頭)에 나아가 전송하는데, 모든 회원들이 이 씨를 대하여 연설하기를, 회장의 고명한 식견으로 지금 관찰의 중임을 도(到)하신 후에, 백성을 다스리는 백 가지 정무를 범연히 하실 것은 아니어 그러하되, 혹시 생각이 돌아가지 못하여 만일 잘못 조처하는 일이 있을 지경이면 본회의 힘쓰는 목적을 잃을 뿐더러 회장의 명예도 얼마쯤 방해될 터이오니, 이런 때를 당하여 곤궁한 백성을 공평한 율법으로 극진히 보호하여, 첫째, 나라 은택을 갚고, 둘째 본회 여러 회원이 주야로 희망하는 뜻을 저버리지 말라 한데, 이 씨가 회사(回辭)하기를, 내가 비록 재주가 둔하고 덕이 박하여 그런 마음이 있으나, 오늘날 여러 회원이 이렇듯 나를 옳은 도리로 담책(擔責)을 씌우니, 나의 힘과 생각의 믿는 대로는 바른 일을 아무쪼록 행하여, 후일 여러 회원들을 대하여 부끄럽지 않게 되기를 맹세하노라 하고 떠났다더니, 지금 들은즉, 이 관찰이 도임한 후로 백반 정무에 공평으로 주장을 삼아, 불과 수삭(數朔) 동안에 그 관할 각 군 백성들이 이 씨의 치적을 칭송한다 하니, 과연 독립협회의 충군애국 하자는 목적의 실효를 이에 또 볼지라. 이 씨가 이 직임(職任)에 있을 동안에 이국편인(利國便人)할 일을 더 많이 하여 시종(始終)이 여일(如一)하게 하기를 우리는 그윽이 바라노라.

제1권 제35호
대한광무 2년 5월 19일

이번 아라사, 불란서 두 공관에 조회한 일에 인연하여 깨달을 일이 여러 가지라.

첫째, 어떤 사람은 저의 나라와 백성을 위하여 몇 만 리 타국에 와서 체면을 불고하고 남의 토지를 얻어다가 저희 국기 밑에 속한 바 되게 하려 하며, 어떤 사람은 국은(國恩)을 입어 벼슬을 하면서 인심 좋게 남의 청을 잘 들어 말로라도 허락을 하려 하였는지, 사람의 경계와 의리는 다 마치 한 가지건마는, 이같이 등분이 있음은 다른 까닭이 아니라, 외국에서는 신민이 나라를 위하여 유공한 일을 하였을 것 같으면 그 공로를 포장하여 유명한 공신이 되고, 벼슬을 오래 지탱하므로, 사람마다 아무쪼록 이국편민(利國便民)할 도리를 생각한다.

그러나 우리나라에서는 그렇지 못하여, 향자(向者)에 절영도 일로만 보아도, 대신 몇 분이 아라사의 청구함을 허락지 않으려 하다가 벼슬을 내놓은 이도 있고, 백성이 종로에 모여 공동으로 연설하고 일심으로 작정하여 땅을 회복하며 고문관과 사관들을 해고하기로 외부(外部)에 편지 하였더니, 일이 워낙 옳은 일이기 때문에 정부에서 다행히 백성의 공의를 따라 일은 그대로 시행이 되었으나, 그 벼슬 내놓은 일과 공동 회의한 백성들을 말로라도 한 번 포장하여 주었다는 말은 지금까지 듣지 못 했는 중에, 도리어 그 수일 후에 경무청에서 내부 훈령을 디디어 연설을 엄검(嚴檢)하라는 방을 각처에 부쳤으니, 이것은 곧 나라를 보호하려는 충심 있는 사람은 미워하고, 나라를 해롭게 하는 간세지배(奸細之輩)는 역성함이라.

이런 중에서 어찌 제 몸을 돌아보지 않고 국가를 위하려는 충의가 생기리오. 이것을 보면 국중에 실로 충의로운 사람이 많지 못함을 괴이히 여길 것이 없는지라.

그러하나 이번 이 일에 외부대신이 즉시 답조회 하고 아라사의 청하는 것을 듣지 아니하였으니, 대신의 직분을 다하여 척촌지지(尺寸之地)라도 천단(擅斷)히 못할 줄로 아시는 마음을 보겠고, 또한 전 같으면 무슨 조회가 왔는지, 전국에 무슨 관계 되는 일이 있는지도 모를 백성들이 다행히 신문이 몇몇이 있어 불과 며칠 내에 국중에 반포가 되었으니, 이것도 우선 얼마간 개명한 효험이려니와, 이 소문이 반포되는 날에 백성들이 분기에 띄어 바삐 친구들을 찾아다니며, 길거리와 사랑에서 분분히 하는 말이, 외국 사람들이 대한을 종시 청국 같이 대접하여 대한 땅을 팔라 하였다니, 이런 분한 말을 듣고 시민이 되어 어찌 그저 지낼 도리가 있으리오 하며, 혹은 말하기를, 지금이야 우리가 나라를 위하여 의리를 가지고 한 번 죽을 좋은 기회를 당하였나 보다 하며, 외부에서 어찌 조처하려는지 불가불 알아야 쓰겠다고 하는 사람이 많이 있으니, 이것을 보면 우리나라 사람의 충군 애국할 마음인즉 정부에서 충심 있는 백성을 잘 대접하여 주는 나라 사람들보다 더 장하다 할지라.

이 사람들의 충심이 굳건하여 이후부터는 외국에서 혹 내 나라를 무리하게 대접함이 있어도 기어코 받지 않으려 할 줄을 우리는 믿는 바이니, 지금부터는 정부에서 백성의 충의를 좀 배양하여 주며, 혹 이런 일이 다시 있거든 비밀히 감추지 말고 즉시 국중에 반포하여 정부와 백성이 경사와 근심을 함께 하여 대한국 독립을 태산 반석같이 굳게 만들기를 우리는 간절히 바라노라.

〈외국통신〉

○ 페르시아 국 임금이 구라파 각국 법률 장정 규칙을 본떠다가 자기 나라에 실시하여 아무쪼록 문명 부강케 하려 하자, 그 나라 완고당 양반들이 말하기를, 선왕 때부터 마련하여 지금까지 쓰는 전장 법도와 여러 백년 내려오는 좋은 풍속을 버리고 어찌 외국 법속을 모본하리요 하며, 일향 수구(守舊)만 지키려 하는 까닭에 그 나라가 점점 쇠약하여 장차 여지가 없을 모양이라 한다더라.

제1권 제36호
대한광무 2년 5월 20일

　　지나간 화요일에 외부(外部)에서 대신의 지시(指示)로 본사에 편지하고 신문사 사원 한 분을 청하셨는데, 사원이 외부에 간즉, 여러 관원들이 우선 우리 신문을 사랑하여 국중에 불가불 있을 것으로 아노라고 누누이 치하를 하고, 일변 말하기를, 외부에서 외국과 공문 거래에 비밀히 하는 일을 어떻게 탐문하는지 소상히 신문에 기재하여 세상에 반포하니, 은밀한 공사를 한만(閑漫)히 누설될 염려도 있거니와, 이번 아라사와 불란서 두 공관에서 조회한 것을 신문에 낸 일에 대하여 그 두 공사가 외부에 여러 번 조회하고, 매일신문과 한성신보를 조회 속에 써서 보내며, 이런 비밀한 일을 어찌하여 신문에 내게 하였느냐 하고 무수히 힐문하니 괴로워 견딜 수 없노라고 하거늘, 사원의 대답이, 첫째, 대신이 외국 사람이 아니오, 외부가 외국 마을이 아니거늘, 나라 일을 외국 공영사와는 가만히 의론하며 그 백성은 모르게 할 도리가 어디 있으리오.

　　또한 이같이 어려운 때에 나라를 위하여 일들을 하시면서 이만한 일을 어렵다고 하시니, 설사 남이 군사를 들어 내 나라를 침노할 지경이면 국가를 위하여 의리를 잡고 죽으려는 생각이 어찌 나리오.

　　또한 신문 때문에 괴로운 일이 있다고 나를 불러 가지고 걱정으로 말씀하시니, 우리가 신문을 낼 적에 나라를 위하지 말고 외국을 도와 말을 하여야 옳으리이까 한즉, 관원들의 말씀이, 그런 것이 아니라 지금 아(俄) 법(法) 두 공관에 답 조회를 할 터인데, 어찌 대답하여야 좋을는지 의론차로 청함이로라 하거늘, 사원의 대답이, 그러면 답조회 하시기를, 우리는 대한 신하요, 신문 기자는 대한의 백성인즉, 대한 토지는 신하와 백성에게 같이 관계되는 일이니, 우리가 신문사에 알렸든지 신문사에서 탐지하여 내었든지 다 내 나라를 위하여 하는 일이니, 신민간에 자기 나라를 위하여 하는 일을 귀 공사가 말라고 할 권리가 없다고 하면, 매우 합당할 듯하다고 하였다.

그 외에 재미있는 문답이 많이 있었으되 이로 낱낱이 기재할 수 없거니와, 그 두 공관에서 온 조회를 잠간 본즉 대강 사의(事意)가, 이 일을 본래 대신과 조용히 의론한 바인데 백성에게 먼저 알게 하였으니, 이는 외교상에 실례한 바라. 만일 귀부에서 신문사에 알려주지 아니 하였으면 그 신문 기자를 벌을 주어야 마땅하다고 하였는지라.

이것을 보니, 한편 외국 관인이 우리 신문을 이같이 힘써 보는 것을 감사히 여기는 중에, 그 분들이 자기 나라를 열심히 도와 만국공법과 통상약조에 없는 경계를 가지고 남의 나라 땅을 좀 사려고 여간 염치를 불고하고 은근히 조회도 하며, 말로도 청하여, 외교상에 매우 정답게 하려 한 바이니, 대신이 이것을 깊이 감추고 속살로 다 허락하여 주었더라면 대한도 청국과 같이 남을 대접도 잘한다 하였겠고, 대신도 친구의 나라를 도와 애를 쓰고 일을 하여 공로가 있다고 치하도 받았을 것을, 불행히 일이 누설되어 원수 같은 몇몇 백성이 시비하고 일어나므로 일에 방해가 적지 않게 되니, 외교를 인심 좋게 못하였다고 말할 만도 하다.

또한 우리 신문 기자로 말하더라도, 대한 백성이 되어 이런 소문을 듣거든 이 일이 대한에 이로울까 외국에 이로울까 먼저 생각하여 보아, 대한에 이로울 말은 내지 말고 외국에 이로울 말만 따라가며 내었을 것 같으면 우리도 좋은 사람이라고 도와주려고 하는 친구도 있었을 것을, 그렇지 않고 대한 태극 국기를 열심히 보호하여 이런 크게 관계되는 소문을 탐지 해다가 우리 동포들에게 알려 가지고 남의 일을 방해되게 하니, 그 해 받는 사람이 되어서는 자기 나라를 위하는 충심에 우리를 아무쪼록 벌이라도 주어서 이후에는 이런 해가 다시 되지 않게 하려 함이 마땅한 일이라.

그러하나 아무리 나라를 위하더라도 남의 땅을 공문을 가지고 사려 함도 공법에 보지 못한 말이고, 백성이 저의 나라를 위한다고 벌 주라고 하는 것도 공문 거래상에 못할 말이라.

지금 대한에 관인과 백성이 이만치라도 열려 가는 모양이니, 외국 친구들은 대한을 좀 달리 대접하여, 교제상에 서로 정의 있게 지내가기를 우리는 힘써 바라노라.

〈잡보〉

○ 고양 귀룽구지의 술장사 류가네 집에 그 근동에 사는, 낭청까지 지낸 양반 한 분이 막걸리 몇 사발을 먹고 돈을 아니 주기에, 류가의 자식 아이 말이, 제 아비가 들어오면 외상술 팔았다고 걱정 듣겠다 하므로, 그 내시 양반이 준절(峻截)히 호령하고 가다가 길에서 류가를 만나 꾸짖는 말이, 양반이 설혹 네 집에 가서 술 외상 잔이나 먹었기로서니 네 자식 놈이 당장 돈을 내라 하니, 그런 법이 어디 있느냐 하니, 류가의 말이, 쌀값은 고등(高騰)하는데 남의 빚을 얻어 술을 팔아 장사

하는 터〈賣酒自生〉에 외상만 나가니까, 철모르는 아이가 나리인 줄 모르고 그리 한 것이오니 용서하시고, 댁에서는 넉넉하신 터이오니 전일 외상 돈도 속히 보내어 주시오 하자, 양반 보고 댁이라고 하니 저런 놈은 경무사보고 말하여 징역을 시킨다 하므로, 류가가 황겁하여, 댁이란 말은 양반님 집을 감히 집이랄 수가 없어서 댁이라고 하였다고 애걸하고 헤어졌다.

그런데 며칠 후에 경무청에서 순검과 청사를 보내어 류가를 잡아다가 불문곡직하고 여러 날을 가두고 재판소로 넘기지도 아니하므로, 류가의 형이 서울에 올라와 자아골 어떤 내시 양반의 편지를 얻어 경무사에게 부쳤더니 즉시로 면방이 되었으나, 류가는 그 일로 부비(浮費) 난 것이 사백육십이 량이 들었다 하며, 귀롱구지가 오서(五署) 자내(自內)도 아닌데 여간 양반에 역성드는 일로 외방 백성을 그 군수에게 훈령도 하지 않고 잡아오는 것은, 장정을 좀 어긴 듯 하다고들 말들이 많다더라.

〈외국통신〉

○ 근일에 청국 정부에서 편당들이 여러 갈래가 생겨 매우 소란하고 분주한 모양이나, 실상을 들여다보면 힘쓰는 당들은 하나도 없으므로 정부 일이 탁란(濁亂)한즉, 처처에 토적(土賊)들은 벌떼 이듯 하여 내외를 막론하고 국민 간에 재물만 가졌으면 죽이고 빼앗아 먹기를 심상히 하므로, 장차 나라가 무슨 지경에 이를지 모르겠다고 하였더라.

제1권 제37호
대한광무 2년 5월 21일

　　세상에 옳은 것 밖에 무서운 것이 없다는 말을 이전 글에도 더러 보았고, 혹 높은 의론을 하는 좌석에서도 들어서 그러하되, 참 옳은 것이 제일 무서운 표적인즉 지금에야 우리가 현저히 보겠도다.

　　근자에 우리가 신문을 가지고 옳은 의리를 잡아 거리낄 것이 없이 그른 것을 따라가며 시비를 하고 앉아 본즉, 외면으로는 우리가 세계를 모두 반대하는 모양이라.

　　첫째, 정부 안에 그른 일 하는 관원들과 반대요. 둘째, 관찰사와 지방관 중에 탐학 하는 관리들과 반대요. 셋째, 경향 간 백성 중에 악한 행실과 협잡하는 난류(亂類)들과 반대요. 넷째, 나라 형편은 어찌 되었던지 이전 풍습을 지켜 어두운 대로 지내 가자는 양반들과 반대요. 다섯째, 외국 관인 중에 공법 경계는 어떠하던지 대한의 것을 갖다가 자기 나라 물건을 만들자는 외교관들과 반대요. 여섯째, 외국 거류민 중에 대한 백성을 혹 무죄히 때린다든지, 혹 죽인다든지, 혹 무리하게 대접하는 친구들과 반대이니, 이것을 가지고 보면 우리가 세계를 모두 반대하는지라. 세계를 다 반대한즉 형세가 불가불 외롭고 위태한 법이라, 그러한즉 우리는 무엇을 믿고 이렇게 반대하는가. 다만 믿는 것은 옳은 것 하나뿐이라.

워낙 하나님이 옳은 것을 해롭게 아니 하심을 뚫어지게 아는 고로, 오늘날 이 잔약한 옳은 목적이 우리를 능히 보호할 줄 믿으므로, 열심히 옳은 목적을 위하여 여일히 이 강한 것을 반대하여 왔으므로, 실상을 생각하면, 이 반대되던 사람들이 모두 우리의 편당이 되니, 실로 약한 것이 강하여지는지라.

대저 세상에 누가 옳고 그른 것을 분간이야 못 하리오마는, 잠시 자기 일신상 관계 되는 사사로운 이욕만 생각하여 경계를 잊고 그른 노릇을 행하는 것이라. 그런즉 옳은 말하는 사람을 싫어는 하나 옳은 줄을 모르는 것은 아닌즉, 그때는 옳은 것을 할 생각이 나는 법이라.

그런고로 근일 관민 간에 혹 말들 하기를, 무슨 일이든지 낱낱이 신문에 드러내어 세상에 반포하므로 아무 일도 마음대로 할 수 없다고 걱정하는 사람이 여럿이오, 또한 외국 공영사들도 정부와 공문 거래하는 일을 비밀히 하자고들 한다니, 이는 즉 우리를 옳다고 은근히 인가하여 우리를 피하려는 뜻이라.

이것을 보면 세상에 옳은 것밖에 강하고 무서운 것이 없는지라. 우리는 바라노니, 아무든지 옳은 목적만 가지거든 외롭고 약하다고 분발(奮發)한 의리를 죽이지 말고, 다만 내가 옳은 일만 힘써 행할 것 같으면 세상에 나같이 강한 사람은 없다고 마음을 굳건히 먹어, 물과 불을 헤아리지 말고 옳은 일이거든 끝까지 나아가 봅세다.

제1권 제38호
대한광무 2년 5월 23일

　군사(軍事)라 하는 것은 위로 임금을 보호하는 것이요, 아래로 백성이 의지하는 것이라. 그 백성이 농사를 하든지 장사를 하여 번 돈을 모아 나라에 바치므로, 정부에서 그 돈을 가지고 군사의 월급을 주며 기예를 가르치니, 그 실상 뜻인즉 전혀 백성을 위하는 일이라.

　그런즉 군사마다 각기 자기가 맡은 직책이 무엇이며, 어찌 하여야 그 나라를 보호할지 자세히 알아야, 설사 전장에서 장수를 잃어도 제 목숨이 끊어지기까지는 직분을 지켜 갈 것이지, 만일 그렇지 아니하여 군사가 되고도 월급을 무슨 돈으로 주는지, 누구를 실상 도와야 할는지 모르고, 다만 생각하기를, 월급 몇 푼에 팔려 사환(使喚)하는 일체(一體)로 알고, 총이나 놓고 발맞추기나 배워 기예와 운동만 알면 월급을 공짜로 먹지 않는 줄로 여기다가, 정작 병화(兵禍)가 일어나서 총질이 나는 날에는 서로 뒤나 돌아보아 목숨이나 도망하며, 백성의 물건이나 노략질할 것 같으면, 이는 다만 군사의 흉내나 내는 원숭이라고만 할 뿐 아니라, 평시에는 백성을 보호하여 주마고 거짓말만 하고 하는 일 없이 백성의 돈을 빼앗아 먹다가, 위태한 날엔 임금과 백성을 배반하고 노략하는, 국법에 큰 역적이라.

그런고로 군사를 다만 기예만 가르치지 말고 매일 시간을 정하여 주어 신문을 보게 하여, 우선 내외 시세를 알아야 군사 노릇을 하겠고, 또한 병정을 위하여 따로 몇몇 군데 연설장을 설시하여 시간을 정하고 각기 모여 충군 애국할 목적을 가지고 연설을 하여 들려서, 꼭 어찌 하여야 실상으로 나라를 보호할 도리며, 군사 된 자의 몸이 그 나라에 담책(擔責)이 얼마나 크며, 군사가 되어 나라를 위하여 죽는 것이 세계에 영광인 줄을 알아, 싸움을 당하거든 아무쪼록 다투어 나아가 앞으로 총을 맞아야 영광이지, 되를 돌아보다가 등에 총을 맞으면 세상에 천한 장부가 되는 줄로 참 믿게 할 것 같으면, 그 군사 열 명이 남의 기예만 배운 군사 몇 천 명을 당할지라.

대저 사람이 세상에 나매 필경 한 번 죽는 날은 저마다 있는 것이니, 나라를 위하여 한 번 죽는 것이 영화로운 죽음인 줄로 알 지경이면, 어찌 구차히 살아 의(義) 아닌데 목숨을 하루라도 더 부지하려 할 사람이 어디 있으리오. 저마다 죽기를 즐거이 여겨 무서울 것이 없이 일심으로 나아갈 지경이면, 세계에 이보다 더 강한 군사가 없을지라.

지금 우리나라에 강병(强兵)할 기술(術)은 병정 수효를 늘리는 데 있는 것이 아니라, 당장 있는 병정만 가지고라도 의리로 가르치기에 있는지라. 우리는 바라건대, 군부 관원 되신 이들은 병정들을 아무쪼록 신문을 보게 하며, 연설을 들려, 충군 애국하는 마음이 굳건하여 영화로운 뜻으로 태극 국기를 높이 받들고 일심으로 앞으로 나아갑시다,

제1권 제39호
대한광무 2년 5월 24일

신문을 어느 나라 글과 어느 나라 말로 내든지 신문 내기가 극히 어렵다 함은 종이가 없어서 그런 것도 아니고, 무슨 소문과 무슨 이야기로 폭원(幅員)을 채우기가 어려워 그러한 것도 아니고, 주자(鑄字)를 배겨 내기가 어려워 그러한 것도 아니라, 그 신문 기자가 학문도 있어야 하려니와, 첫째 신문의 목적을 알아야 할지라.

물론 무슨 신문이든지 다 신문 보는 사람을 위하여 내는 것인 고로, 남의 옳고 그른 것을 시비하는 것도, 그 신문 기자가 제 몸을 위하여 기재하는 것이 아니라, 즉 그 칭찬과 시비 듣는 사람을 위하여 하는 말이기에, 여러 동포들이 그 신문이 옳은 줄로 믿고 돈을 내어 신문을 버티어 가며 사서 보는 바이라.

만일 신문 기자가 자기 몸을 위하든지 혹 친구의 말을 듣든지 하고 일호라도 협사(挾私)가 있어서 남을 공연히 칭찬하든지 까닭 없이 시비할 지경이면, 이는 그 신문 기자가 세상을 대하여 옳은 말 하여 주마고 거짓말하고 속으로는 자기 몸을 위함이니, 세상을 속인 죄도 적지 않으려니와, 그 후부터는 누가 그 신문기자를 위하여 돈을 주어가며 그 신문을 사서 보리오. 그때는 그것이 신문이 아니라 세상에 썩은 글이 되고 말지라.

그런고로 신문 기자가 되어 남의 시비 사이에 극히 어려운 줄도 알아 지극히 조심하여야 신문을 내어 썩게 하는 지경을 면할지라. 대한 황성신문 제24호 잡보 중에 말하였으되, 평양시민 최윤기 등 십오 인이 열명(列名)하여 그 신문사에 편지하기를, 매일신문에 증산군수의 애민선정(愛民善政)함을 포장하였으니, 천성과 의리가 옳은 사람이야 응당 이렇게 말하려니와, 강서 군수가 덕화로 다스렸단 말은 어찌 이같이 허황하뇨. 왕화(王化)를 거역한 사람을 아첨하여 두둔하고, 십 분이나 상한 평안도 백성의 마음을 또 상하는고. 이 같은 행실과 말을 내는 사람은 사람이 베이지 아니하여도 신명(神明)의 베임을 면치 못할 것이고, 또한 이런 무의무도(無義無道)한 말이 하늘 아래 어디 있을까 보오.

슬프고 아프도다, 이런 심장 있는 사람들이여. 사람은 속이려니와 네가 가히 하늘도 속이겠느냐. 상천(上天)이 무사하시니 무섭도다 하였으니, 이는 대개 몇몇 시골 친구들이 그 신문사에 편지하고 낸 어리석은 의논이라 족히 시비할 것이 없으나, 무슨 말이든지 편지가 들어오거든 남에게 시비 관계되는 것은 그 신문 기자가 자세히 상고하여 보고 낼 것인데, 경계와 신문 규식을 자세히 몰라 남의 점잖은 신문을 대하여 실례를 하였으니, 이 말을 가지고 시비를 하려는 것이 아니라, 그 신문 기자를 깨우쳐, 이후부터는 각별 조심하여 아무쪼록 남을 무단히 시비하다가 도리어 남의 웃음거리가 되지 않게 하기를 바라는 바이니, 정신 차려 보시오.

본래 우리 신문에 뚜렷이 말하기를, 두 고을 백성들이 서로 반대하여 본사에 편지하였기로, 그 양편을 다 참작하여 기재하는 바에, 첫째 증산군수의 선치함을 말하였으나, 자기가 어사나 관찰사가 아니거늘 인읍(隣邑) 군수들의 치불치(治不治)를 간예함은 자기의 실수라 하였거늘, 이것이 무의 무도하여 하늘 아래 있지 못하겠다고 말이 많고, 평양 백성들의 마음을 상하니 슬프고 아프다고 하며, 이런 말을 내는 사람은 하늘이 무섭다고 하였으며, 심지어 이 말 낸 사람을 신명이 베리라 하였으니, 그 신문에 이 말 기재한 친구는 어찌 이같이 유식도 하며 의리가 있는지. 만일 우리 신문에 증산군수의 치민(治民) 잘함을 칭찬만하고, 원(院: 수령)으로 있을 때에 어사 노릇도 하고 관찰사의 직무도 하며, 혹 경부 각 아문(衙門) 대신의 권리도 다 총찰을 하여야 옳다고 하였더라면, 우리를 공평하다고 하였겠소?

만일 그 백성들이 김 씨를 애매한 사람으로 알 것 같으면, 재판소에서 결정하여 무죄함을 발명치 아니하고 남의 신문만 시비하는지 참 알 수 없는 일이라, 우리는 바라건대 황성신문 기자는 이후부터 이런 말을 한만(閑漫)히 기재하여 남의 웃음거리를 면하도록 하시오,

제1권 제41호
대한광무 2년 5월 26일

각국에 많이 유람하고 온 친구가 말하되, 남의 나라 인민들은 나라를 위하는 마음이 심장에 가득하여, 심지어 구루마 끌고 기계 닦아주며 벌어먹는 자도, 만일 제 나라가 남의 나라와 흔단(釁端)을 열어 싸울 지경이면, 옷을 벗어 팔아서라도 얼마씩 병비(兵費)를 자원하여 보태며, 아무쪼록 제 나라가 이기도록 주선하며, 몸을 스스로 허하여 전장에 나아가 죽기로 맹세하고 외적을 막으려 하니, 이는 애국하기를 제 목숨보다 더 중히 여기는 바이라.

우리나라 인종은 그렇지 못하여, 서로 시기하며 서로 모해하여 제 나라 동포끼리도 다 각각 갈등이 일어나니 어찌 해연(駭然: 몹시 이상스러워 놀라는 모양)치 않으리오. 갑오년 유월로 말하여도, 외국 군병이 왕궐(王闕)을 침노하되 소위 교목세가(喬木世家)라 칭하는 양반들이 태평할 때는 백성의 피만 긁어 호의호식하다가, 그런 급한 때에는 임금을 버리고 목숨을 도망하여 쥐 숨듯 하고, 가속이나 끌고 시골로 도망할 경륜이나 할 따름이지, 임금은 어찌 되며, 종사는 어찌 하여야 보전할까 하고 걱정 한 마디 하는 양반은 보지 못하였고, 만성(萬姓) 인민이 서로 분주하여 구경이나 하였지, 국가가 그 지경 되었다고 눈물 한 점 내는 사람이 있더란 말은 듣지 못하였다.

그런데 지금 정부 속을 열어 보건데, 그때에 임금을 버리고 제 목숨만 중히 여겨 모두 시골로 도망하여 갔던 사람들이 태반이니, 그렇게 의리 없고 잔약한 사람들을 정부에다 두고, 외국 사신들이 웬만한 땅 조각을 조금씩 달라는 것을 분하니, 피가 끓니, 하여 쓸 데 있으리오. 우리나라 신민 가지고는 암만 애쓰더라도 세계에 대접받아 볼 수는 없으리라 하기로, 우리가 대답하기를, 그대가 아무리 외국에 빠져 있다 하여도 인정과 사리는 깨닫지 못한 말이라, 나라를 사랑하는 마음이야 어찌 외국 사람만 있다 하리오. 우리 대한 인민들도 애국하는 마음 있는 증거를 대강 말하노라.

물론 아무든지, 설혹 친형제 간에, 의가 합하지 못하여, 밤낮 싸우고 미워하다가도 동리 사람이 그 형이나 아우를 무리하게 욕하며 때리게 되면, 그 때에는 집안에서 다투던 마음은 없어지고 역성할 마음이 생길 것이요, 동리 사람끼리 밤낮 옹치(*雍齒: 늘 밉고 싫은 사람)같이 지나다가도 외방 사람이 와서 그 동리 사람을 치게 되면, 그 때는 옹치같이 여기던 마음은 없어지고 그 동리 사람에게 역성을 들어줄 것이요, 설혹 정부 관인들이 내치(內治) 상에 일을 잘못하여 원수니 구수(仇讐)니 하고 칭원(稱寃)하다가도, 만일 외교상에 어떤 공영사가 우리나라 대신을 무리하게 대접할 지경이면, 그때는 내치 잘못한 일로 칭원하던 것은 없어지고, 백성이 들고 일어나 죽기로 기약하고 그 대신의 역성을 들 마음은 사람마다 있는 바라. 이것이 애국성이 아니면 무엇이 애국성이 겠소.

금년 봄에 절영도 일절로만 보아도, 한두 대신이 강한 나라 위력을 자겁(自怯)하여 은밀히 허급하여 주려다가, 인민들이 죽기를 기약하고 일어나 말하매 즉시 거절하여 나라 땅을 척촌(尺寸)만치라도 남에게 주지 않았으니, 이것이 애국심이 아니오?

어떤 사람은 말하기를, 아무 대신은 나라 땅을 임의로 베어주려 하였으니 그런 역적이 어디 있으리오 하니, 우리는 그 말이 대단히 그른 말로 아노라. 대저 정부 대신의 위엄과 힘이 어디서 나는가. 반드시 백성으로부터 생기는 법이라. 백성이 약하여 다 각각 제 권리를 찾지 못하면 그 위에 있는 정부를 무엇을 보고 대접하여 주리오.

이전 구습(舊習)에는 백성이 정부가 무엇인지도 몰랐으므로, 갑오 년 같은 변란에도 정부 제신(諸臣)들이 의지할 데가 없으니까 목숨을 돌아보아 피한 것이니, 살기 좋아하고 죽기 싫어함은 천리와 인정의 진실로 그러한 바라. 백성이 글러서 그리 된 일을 가지고 어찌 편벽되이 도망한 사람만 시비하리오.

금년부터는 국운이 크게 열려 각처에 교(敎)와 회(會)가 흥왕하며, 밤낮으로 연설하는 말이 애국 하자는 목적인즉, 우리나라 인민들이 점점 깨달아 지금은 권리 찾을 줄도 알고, 제법 나라를 위하여 죽어볼 생각들이 사람마다 생기므로, 금년 봄에 어떠한 대신은 한 나라 공사가 청하는 것도 어찌할 줄 몰라 벌벌 떨더니, 지금 외부대신 조병식 씨는 고명한 식감(識鑑)으로 이렇듯이 백성들의 의리가 반석같이 굳어 감을 헤아리시어, 지금은 백성을 의지할 생각이 들어가서 아(俄) 법(法) 영(英) 세 나라 사신들이 조회하고, 땅 조각과 광처(鑛處) 구하는 것을 하나도 청종(聽從)치 아니하고 공법 대로만 지켜 가려 하니, 이 어찌 민국에 행복이 아니며 신민들의 충의를 써 볼 때가 아니리오.

이런 대신은 전국 인민이 죽기로써 고명한 이름을 천추에 표양(表揚)하도록 주선할 일이라. 인민의 애국 혈심이 이같이 튼튼하므로 정부의 관인들도 의지가 점점 되어, 지금은 대포가 발 뿌리에서 터진다 하여도 조금도 물러갈 사람은 없을 줄로 우리는 믿노라.

또 공법에 익달(益達)하고 문명을 자랑하는 점잖은 각국 사신들도
백성의 뜻이 이런 줄을 알면, 다시는 경계 밖에 조회를 하든지, 땅 조각
이며 광산을 청구하지 않을 터인즉, 이런 계제를 타서 내치만 잘들 하
시면 외교는 점점 친밀하여 세계에 동등국이 되리라 한데, 그 친구가
말하기를, 외국에 갔다가 오는 길로 바로 시골집에 있다가 지금이야 올
라와 처음 듣는 바이나, 우리나라 인민들이 그렇게 속히 열릴 줄은 짐
작치 못하였다고, 이제는 각 회에 찾아들어 그 조직하는 규모들을 구경
하리라고 하더라.

〈잡보〉

○ 갈린 증산 군수 김인식 씨가 증산에 임(臨)하였을 때에 치민(治民)
을 공평되게 하였다는데, 단탕건(單宕巾: 갓을 갖추어 써야 할 때, 갓을 쓰지
아니하고 탕건만을 쓴 차림새)에 수건만 동이고 마고자(저고리 위에 입는 방한복
의 하나) 하나만 입고 손 지팡이 하나만 들고 몇 십 리씩 돌아다니다가,
농사를 부지런히 하는 백성을 보면 남녀를 물론하고 젊은 부인은 딸과
며느리라 하며 등을 두드려 사랑하고, 연상이자 약하면 누님이니 형님
이니 하며, 늙은 사람은 아주머니니 아저씨니 하여 일들을 부지런히 하
도록 권하여 가다가, 혹 잘못하는 백성이 있으면 손수 상투를 끄르고,
뺨을 치며, 발로 차서 훈계를 하였지, 원으로 있을 동안에 매를 든 일은
없었다 한다.

삼화 땅의 어떤 주막에서 한 백성에게 팔씨름을 청하자, 그 백성들이
김 씨의 모양을 보아도 관인 같지 아니하고 금점 덕대 같으므로, 팔씨
름을 하여 김 씨를 이긴즉, 김 씨가 분함을 참지 못하여 다시 용맹을
가다듬으려 할 즈음에, 어떤 사람이 말하기를, 댁이 팔씨름에 져서 그

리 분해하시오, 하고, 즉시 이긴 사람과 팔씨름을 하여 일합(一合)에 이긴즉, 김 씨가 쾌히 여겨 손뼉을 치며 춤을 추고, 즉시 그 사람의 손을 이끌어 거주와 성명을 통한 후에, 평생에 사생간(死生間) 같이 하기로 의를 맺어 형제라 칭하고, 증산으로 데려다가 사령에 입속(入屬)시키고, 집과 계집을 구처(區處)하여 주고, 아무 험지든지 같이 다닌다 하더니, 이번에 김 씨가 감옥서에 갇힌 데도 그 결의한 박가 사령이 같이 갇혔다 하니, 그런 의객(義客)은 세계에 드믈 듯하다더라.

〈외국통신〉

○ 청국 백성들이 법국 천주교당을 부수고 그 교사를 죽인 까닭에 법국에서 청국을 대하여 배상금 삼천 냥과 천주교당 지을 부비(浮費)와 남령부에서 광동성까지 철도 놓을 일로 청구하였다더라.

제1권 제42호
대한광무 2년 5월 27일

슬프도다, 오늘날 우리나라 정형이여. 어찌하여 이 지경에 이르렀는고. 근일에 당장 당하고 앉은 사정을 보아도 절통(切痛)한 일이 많은지라. 첫째, 우리 대황제 폐하께옵서 백성을 튼튼히 믿으실 수가 없으시어 이전 궁궐을 떠나서 외관(外官)을 따라 대궐을 지으시고, 외국 친구를 의지하여 계신 중이라. 자식들이 부모를 능히 섬기지 못하여 부모가 이웃 사람에게 의지하신 모양이니, 이는 곧 신하와 백성의 면하지 못할 죄책이오.

정부 관인(官人)으로 말할지라도, 아무쪼록 내 나라를 도와 일하려는 충심이 없음은 아니나, 외국 친구가 청구하는 것을 능히 항거하기 어려워 이따금 혹 시행하여 주는 것이 있는 모양이니, 그네들을 대하여 흔히 시비도 하며 탓을 삼아 그러하되, 실상을 생각하면 우리나라 관인 되신 분들도 참 난처한 처지에 있는지라. 설사 외국 사람이 경계 없이 내 나라 것을 달라고 하더라도, 그것이 경계 없는 말인 줄 모르는 것은 아니어서 그러하되, 성의(聖意)를 평안하시도록 하자 한즉, 어찌 외국 친구의 청하는 것을 막아 안으로 흔단이 생기게 하리오.

또한 그 관인이 나라를 위하여 외국인을 반대하다가 설사 시비하는 지경을 당하면 그 백성이 말 한 마디 아니하니, 무엇을 믿고 직분을 굳세게 지켜 가리오, 만일 외국 사람이 내 나라 관인을 대하여 경계 없는 일을 행하든지, 무리한 말을 하거든, 그 백성이 일심으로 들고 일어나 시비할 것 같으면 외국에서 감히 어느 섬을 빌리라거나 혹 어느 땅을 팔라고 관인들을 괴로이 조르지도 못하려니와, 아무리 조르더라도 감히 허락할 생각을 못할 터이니, 이도 그 백성이 나라 일을 남의 일 보듯 하고 있어서 관인이 외국과 경계를 말할 힘이 없이 됨이니, 역시 백성의 책망이오.

또한 근일에만 보아도 외국의 무도한 백성들이 각처에서 대한 인민을 살해하였다는 소문이 사면에 들리되, 외국인은 그 대신 한 번이라도 벌을 주었다든지 배상 한 푼 받았다는 말 들어보지 못하였고, 대한 신민은 외국인을 대하여 말만 좀 실수하여도 명예 손해금을 얼마씩 문다든지, 그렇지 않으면 중벌을 당하고야 마니, 이것을 보면 우리나라 사람은 성명이 매인 데가 없어 만 번 죽어도 호소할 곳이 없는 인생들이 되었으니, 백성이 제 나라를 보호하기는 고사하고 목숨을 보존치 못하는지라. 가만히 생각하여 보면 이 어찌 통곡할 일이 아니리오.

백성들은 의례히 그 관인을 칭원(稱寃)할 것으로 여기니, 이도 또한 어리석은 백성이라. 만일 내 나라 동포가 외국인에게 무단히 피살되었다는 소문을 듣거든, 각기 남이 당한 일로 알지 말고, 일심으로 일어나서 기어이 설치(雪恥)하고야 말려고 할 것 같으면, 그때는 관인된 이들이 외국인을 대하여 경계를 들어 말할 힘도 생기려니와, 외국 백성이 다시는 그런 버릇을 못할 터이거늘, 사람마다 그렇지 아니하여, 내 동리 사람이 당장 곤경을 당하여도 나서서 도와줄 생각은 없고 다만 내가 당한 일이 아니라고 심상히 보는 까닭에, 나중에 내가 그 지경을 당하는 날에는 나를 또한 보아줄 사람이 없어, 필경은 몇 천 명 몇 만 명을 한꺼번에 죽여도 나서서 말 한 마디 하여 줄 사람이 없이 되었으니, 이것도 또한 백성의 탓이라. 이것을 가지고 누구를 책망하며 칭원하리오.

만일 오래 이 지경을 면하지 못할 줄 알 것 같으면, 미리 자처하여 이런 일을 결단코 보지 말아야 도리어 나을지라. 이것을 면할 도리는 또한 어렵지 아니하니, 우리 신문 보시는 동포들은 이 말을 분히 여기거든 오늘 듣는 말을 뼈에 새겨 두고 잊지 말아, 사사은원(私事恩怨)을 다 내어 버리고, 여간 시비곡직(是非曲直)으로 정의를 손상치 말며, 정부와 백성이 합심하여 무슨 일이든지 대한에 관계되는 일은 일심으로 도와 서로 보호하며, 서로 역성하여, 죽기까지라도 단정코 함께 하려고 작정할 것 같으면, 첫째 우리 목숨을 보호할 힘이 생길 것이오, 둘째, 나라 독립을 만년 무강케 만들기 어렵지 않을 터이라.

〈잡보〉

○ 인천, 안산, 부평, 양천, 시흥 등지에 불한당이 매우 심하여 떼를 지어 각 동리 부자에게 다니며 백주에 완완히 쌀과 전재(錢財)를 달라 하는데, 그 말대로 시행하면 가져갈 뿐이오, 아니 주려 하면 칼로 치고 불을 놓으며 부녀를 겁박한다 하니, 참으로 듣기에 대단히 송구한 일이더라.

○ 회장 리승만 씨가 매일신문 사장과 기재원을 겸임하기로 작정이 되다.

제1권 제43호
대한광무 2년 5월 28일

지금은 대한에도 예수 그리스도를 믿는 동포가 많이 있으니, 믿는 형제자매를 대하여서는 우리가 그 교를 가지고 더 말하지 아니 하여도 아시는 바이거니와, 우리가 특별히 믿지 않는 동포들을 위하여 예수교가 나라 문명 부강(文明 富强)과 독립 자주(獨立 自主)의 근본이 되는 줄을 깨닫게 하노라.

대저 예수교의 본의인즉, 인생이 이 악한 세상에서 살 동안에, 육신이 지은 죄를 예수의 용서함을 얻어, 영혼이 지옥을 면하고 천당에 가서 영원한 복을 받자는 뜻이니, 신구약(新舊約)과 교중(敎中) 여러 가지 책을 많이 보면 짐작이 있으려니와, 우리는 다만 이 교가 육신과 관계되는 것만 말하노라.

첫째, 세계에 문명 부강한 나라들을 보면 다 이 교를 숭봉(崇奉)하고, 세상에 잔약하고 야만의 층에 드는 나라들일수록 귀신과 우상을 섬기나니, 지금 청국과 아라비아를 보면 소연(昭然)히 알지라.

성경에 남을 내 몸같이 사랑하라는 말이 있기로, 영국 미국 사람들이 몇 만 리 타국에 와서 어려운 것을 생각지 않고, 전에 보도 못하던 대한 사람을 위하여 말하기를, 우리는 예수를 믿어 이후 영혼이 천당에 갈 터이니, 대한에 있는 형제자매들도 우리와 같이 좋은 곳으로 가 무궁한 복을 함께 받자고 하며 열심히 도를 전하는데, 전에 이런 말을 듣지도 못하던 사람들은 흉도 보고, 욕도 하며, 혹 심한 자는 한편으로 잡아 죽이기까지 하였으되, 종시 그 원수와 반대하는 자들을 위하여 한편으로 학교를 세워 문명한 학문을 교육하며, 병원을 설시하여 자기 돈을 써가며 병을 고쳐주니, 남을 이같이 사랑함은 진실로 예수교를 듣지 못한 나라에는 없는 일이라.

이 마음으로 임금과 신하와 백성 사이에 서로 사랑하며 위하여 주니, 상하 귀천 간에 조금도 흔단이 없어 전국이 화평한 중에, 또한 성경 중에 세상 사람은 다 한 아버님의 자녀라 하는 말이 있어, 영국 여황폐하 같이 세상에 지위가 높으신 제왕이 사사(私私) 백성들과 한 예배당에 함께 엎디어 기도하기를, 우리가 세상에서는 비록 군민(君民) 등분이 있으나 하나님 앞에서는 모두 같은 자식들이라고 하매, 그 전국 백성의 임금 사랑하는 충심이 뼈에 매치어 각기 생각하되, 세상에 우리 임금 같으신 이 없다고 하여, 아무쪼록 자기 임금을 세계에 제일 높이 대접받도록 섬겨서, 오늘날 영국 여황 폐하를 대신한 기호를 대하여 감히 실례하고 견딜 사람은 이 천하에 없을 뿐더러, 그 백성을 항상 이 뜻으로 교육하므로, 각각 자유권(自由權)이 튼튼하여 영(英) 미국(美國)에 하천한 백성이 대신이나 양반 앞에 말을 탄다든지, 혹 담배 먹는다고 스스로 잡혀갔단 말은 듣지 못하였는지라.

성경을 놓고 이런 일을 궁구하여 보면, 태서 제국에 오늘날 문명 개화(文明 開化)라, 자주 독립(自主 獨立)이라 하는 것이 다 이 교 속에서 나온 말이고, 법률과 학문이 거반 다 이 책에서 나온 것이기에, 사람마다 편리하고 공평하다 하여 지금 세상에 통행하는 것이라.

물론 어떤 사람이든지 실상으로 믿기를, 하늘에 지극히 옳으신 한 대주재(大主宰)께서 필경 잘못하는 자는 벌을 주고 잘하는 자는 상을 줄 터인데, 내가 무슨 마음을 먹든지, 무슨 일을 하든지, 그 주재가 먼저 아는 줄로 생각할 것 같으면, 그 사람이 나라에 벼슬할 적에 임금을 속여 충신 노릇을 하려고 한다든지, 백성을 사납게 대접하여 남의 피를 긁어다가 제 몸을 살찌우려는 생각을 낼 이치가 없고, 백성이 되어 악하고 음란한 행실이며 거짓말과 그른 일을 하여 죄를 범할 묘리(妙理)가 있으리오.

그러므로 사람마다 예수교만 실로 믿을 지경이면 군신(君臣)과 부자(父子)와 부부(夫婦)와 장유(長幼)와 붕우(朋友) 사이에 의리와 정의가 있어 일국이 태화세계(太和世界)가 될 터이니, 우리나라 동포들은 힘써 예배당을 찾아가서 전도하는 말도 자세히 듣고, 성경도 많이 보아 모두 진정으로 믿는 교우들이 되어서 나라를 영, 미국과 같이 문명 부강케 만들기를 우리는 진실로 바라노라.

〈잡보〉

○ 남대문 안에 사는 한석진이가 기계와 연모를 다 새로 장만하여 놓고, 자본을 많이 대어 각색 왜떡을 만드는데, 맛과 모양이 일본 사람이 만드는 것보다 못하지 않은지라. 각처에서 와서 사가는 이가 많다 하니, 우리나라 사람도 차차 남이 하는 것을 본받아 작고 큰일 없이 시작들을 하여 보는 모양이니, 참 치하할 만한 일이라. 그러하나 무슨 장사든지 당장 남보다 한두 푼 더 남는 것이 리(利)가 아니오, 아무쪼록 남보다 한 푼이라도 덜 받아 물건을 많이 팔리게 하는 것이 원체 장사하는 학문이니, 남보다 싸게 팔아야 하려니와, 또한 사가는 사람들도 같은 값이거든 외국 사람의 물건보다 내 나라 동포의 물건을 더 팔아주어 돈이 한 푼이라도 외국으로 나가는 것이 적게 하도록 힘들 쓰시오.

〈전보〉

○ 상해에서 발한 전보에 말하였으되, 해삼위(海蔘威: 블라디보스토크)
에 있던 일본 군병들이 본월 이십삼일에 그곳을 청국 관인에게 맡기고
떠나는데, 그곳 백성들이 일본 군병을 따라 의지하고자 하는 자가 여러
백 명이라고 하였더라.

제1권 제44호
대한광무 2년 5월 30일 (月)

무릇 도(道)라 하는 것은 사람으로 하여금 악한 것을 버리고 착한 데로 인도하는 길이라.

그런고로 천하만국에 나라마다 다 각각 종교가 있어 인민을 열심히 가르쳐 본래 타고난 천성을 순량(純良)히 지키게 하여 삼강(三綱)과 오륜(五倫)이며, 인의(仁義)와 예절을 깨닫게 한 후에야 문명한 나라라 칭할 것이요, 그렇지 못하여 인민을 진실한 도(道)로 가르치지 못하면 사람마다 물욕과 사욕(私慾)이 마구 돋아나 강한 자는 약한 자를 침노하여 일정한 규모가 없고, 풍속이 해태하여 야만의 이름을 면치 못하는 고로, 나라에 도가 없으면 그 나라는 반드시 쇠삭(衰削)하여지는 법이라.

옛적에 인도 국 정반왕(淨飯王) 때에 그 나라는 전일한 도(道)가 없음으로 전국 인민이 악한 풍속을 날로 일삼으니, 사람이 서로 잡아먹고, 인의와 예절은 전혀 아지 못한즉 그 나라가 장차 멸망하게 되었더니, 정반왕의 아들 석가모니(釋迦牟尼)라 하는 유명한 사람이 나서 불도(佛道)라 칭하고, 자비한 어진 말과 착한 행실로 전국 인민을 가르치니, 십년이 지나지 못하여 악한 일을 뉘우치고 선한 행실을 닦아, 화(和)에

드는 자 태반(太半)이 되는 고로, 그 나라를 중흥하여 태평하게 다스리
므로, 후세 사람들이 석가모니를 그 나라 성현으로 추존하여 공경하여
내려오는데, 그 나라에 범서(梵書)라 하는 글이 있어 석가모니의 불도를
번역하여 본즉, 불(佛)이란 뜻은 곧 깨닫는다 하는 말이니, 세상 사람의
모든 선악을 깨닫는다는 말이요, 보살(菩薩)이라 하는 말은 그 나라 말
에 학자(學者)를 일컫는 말이요, 석가모니는 그 나라 책력에 사월 팔일
에 세상에 났으므로 전국 사람이 그 날을 당하면 석가모니를 생각하여
공경하는 풍속이 되었더니, 중국 한나라 명제(明帝)께서 사신을 인도 천
축국(天竺國)에 보내어 불경을 얻어다가 국중에 전파하여 착한 도(道)라
고 민간에 가르칠 때에, 한나라 책력으로 사월 초팔일이라 하였으니,
남의 나라 성현의 생일부터 번역을 잘못함이요.

석가모니의 본뜻은 세상 사람이 악한 걸 버리고 착한 길로 가는
경계를 깨닫는 것을 불(佛)이라 하는 것을, 무슨 물건으로 사람의 형체
를 만들어 이름을 부처라 칭하고, 어리석은 인민의 돈 빼앗는 자루를
만들었으니, 이 또한 남의 나라 성현을 욕함이요.

그 나라 말로 학식이 고명한 선비를 보살(菩薩)이라 한 것을, 절마
다 남녀 화상을 그려놓고 그 앞에 정성을 들여 길흉화복을 구한다고 인
민을 속이니, 크게 망령된 일이라. 당나라 한유(韓愈)가 불골표(佛骨表)
라 하는 글을 지어 임금께 올리고, 사찰과 소위 부처를 없이하여 인민
으로 헛된 데 혹하는 폐를 막고자 하였더니, 그 말이 아름답다고는 하
고 마침내 없이하지 못한 고로, 그 화독이 우리나라에까지 미쳐 여러
백년을 내려왔으니, 그 크고 점잖다는 청국을 의지하다가 조금도 맑은
효험은 없고 인민을 병들일 그런 흉조만 물들였으니, 어찌 개탄치 아니
하리요.

지나간 팔일에 성시(城市)를 살펴본즉, 가가호호마다 등불을 켜

달고 심지어 진휼(賑恤)을 타가는 빈곤한 백성이 그 돈을 가지고 황은(皇恩)을 측사하며, 죽 밥 간에 한 끼라도 늘여 먹을 생각은 아니하고 그 돈 중에서 등과 기름을 사가며, 오늘은 식구마다 등 하나씩 켜야 쓴다고 하니, 그 백성들이 아무쪼록 불도의 진실함을 깨달아 석가모니의 탄생한 날을 생각할 것 같으면 도리어 고맙게 여기련마는, 그 사람들에게 물어보아야 불도가 무엇인지, 남이 다 오늘은 불 켜는 날이라 하니까 우리도 켜노라 하지, 무슨 도든지 이치와 근본을 자세히 알아 가히 행함직 하니까 남이 흉을 본대도 나는 풍속을 배반하고 옳은 길로 간다는 사람은 없으니, 어찌 애달지 않으리오.

우리 동양에 공맹교(孔孟敎)와 기타 선교(仙敎)와 불교가 있다 하나 공변된 교가 종교요. 서양에는 천주교, 예수교, 희랍교 등 여러 교가 있으나, 그 이름은 비록 다를지언정, 인민을 가르쳐 착한 길로 인도함은 다 일반이라. 우리나라 사람들이 항상 말하기를, 공맹교가 천하에 제일 행세할 만한 도라고, 남의 나라 도는 속이 어떤지도 모르고 이단이니 천주학이니 하며 흉들만 보는 사람들이, 한껏 공맹도들은 열심히 한다는 사람이 시부표(詩賦表)와 풍월이나 지으며, 걸음 걸을 때면 꽁무니나 내두르며, 실상 행사는 도적질만 힘쓰니, 이는 공자 맹자를 성현으로 대접하기는 고사하고 도리어 욕을 끼침이라.

그 공맹교 하는 제자들이 공자와 맹자가 낫다는 날에는 한 푼짜리 육초도 아니 켜며, 불가 조상 석가모니 낫다는 날에는 밥은 굶어도 집 식구마다 오색 등을 사서 달고 참기름을 정성껏 하니, 그런 정성을 우리나라 대황제 폐하의 탄신 날 그같이 썼으면 오히려 애국하는 신민이라고나 하지요. 금년 사월 팔일까지는 모르고 그리 하였으나, 명년부터는 제발 그런 헛된 일에 돈을 들여가며 각국 사람들에게 치소(嗤笑)받지 말기를 바라오. 내 나라 풍속이라도 흐린 것은 차차 버리고, 남의 나라 풍속이라도 옳고 진실한 일이거든 기어이 본떠다가 우리 것을 만들어, 대한 신민도 차차 세계상에 대접을 좀 받아 봅시다.

〈잡보〉

○ 황해도 장연군 인민들이 서로 의론하기를, 우리가 죄를 범하더라도 어떠한 죄에, 어떠한 율(律)을 당하여야 옳은지 알 수 없으니, 지금부터 나라에서 작정한 법률 세칙을 국문으로 번역하여 공부를 철저히 한 후에, 관장이 자기 임의대로 백성에게 원통한 일을 행하거든 죽기로써 싸워 가면서라도 법 밖의 일은 아니 받겠다고 하였다니, 우리나라 백성들이 모두 장연 백성 같이 열릴 지경이면 개명이 속히 될 터이라. 우리는 장연군 인민들을 대하여 간절히 치하하노라.

제1권 제45호
대한광무 2년 5월 31일 (火)

(대운동회 관광이라)

이달 이십팔일에 각 외국어학교 학원들이 동대문 안 훈련원에서 대 운동회 한다는 말은 전호에 이미 기재하였거니와, 당일에 대소 관인과 외국 공영사와 각 학교 교사와 내외국민을 많이 청하였고, 본회에도 청첩이 왔기로 사장이 회석에 참예하였다.

본일 오후 두 시에 운동회 총독 학부대신 조병호 씨가 개회하고, 사무원장 아어(俄語) 학교 교사 밀루고푸 씨와, 영어 학교 교사 할라팍스 씨와, 한어 학교 교사 호문희 씨와, 사범학교 교사 헐벗 씨와, 영어 학교 교사 허치션 씨와, 법어(法語) 학교 교사 마탈 씨와, 일어 학교 교사 나까시마 씨와 사무원, 일어 학원 한구석 손관수 양씨와, 사범학교 학원 마희율 우병길 양씨와, 영어 학원 윤기익 서한문 양씨와, 법어 학원 방승현 박기홍 양씨와, 아어(俄語) 학원 윤희찬 백진규 양씨와, 한어 학원 방대영 조중완 양씨와, 지휘 심판원 영국 의사 불턴 씨와, 일본공관 서기 일치익 씨와, 영국 부영사 오틔열 씨와, 미국 부영사 센스 씨와, 청국 영사 당소의 씨와, 영국 교사 탄어 씨가 각기 맡은 사무를 직장(職掌)하고 분주히 주선하였다.

그때에 훈련원 대청을 각각 국기로 둘러치고 교의(敎椅)를 늘어놓아 외국 부인네들과 내외국 관인들이 앉게 하고, 대청 앞에 양편으로 붉은 차일을 높이 치고, 교의를 벌려 놓고, 사방으로 색 기를 벌려 세우고, 말장(抹杖: 抹木. 가늘게 다듬어 무슨 표가 되도록 박는 말뚝)을 꽂고 줄을 늘여 잡인을 못 들어오게 하고, 그 안에 태극 국기를 높이 달고, 또한 각 학교의 기호(旗號)들을 전후좌우에 세웠고, 서편으로 국기를 어긋매끼여(*어긋나게 맞추다) 세워 출입하는 문을 내었고, 학도들이 좌우에 서서 잡인을 엄숙히 금하는데, 당일 관광하는 자들이 너른 들에 가득하더라.

처음으로 쇠뭉치 던지는 장원이 영어 학원 이호성 송헌주, 법어 학원 이인규 제씨요, 사백 보 달음질 장원에 영어 학원 이호성, 아어 학원 태석현, 한어 학원 조대승, 법어 학원 림시업 제씨요, 체구가 작은 사람으로 일백 보 달음질 장원에 법어 학원 이긍만, 영어 학원 김익동, 아어 학도 현응건 제씨요, 철구를 던져 과녁 맞추는 데 장원 법어 학도 조규현, 사범 학도 우병길, 일어 학도 장지풍 제씨요, 널리 뛰기는 장원 영어 학도 이호성, 법어 학도 이긍만, 영어 학도 조용순, 일어 학도 박응엽 제씨요, 이백이십 보 달음질 장원 법어 학도 이인규, 영어 학도 송헌주, 아어 학도 태석현 제씨요, 체구가 작은 사람으로 높이뛰기 장원에 영어 학도 김익동, 법어 학도 조희선 이긍만 제씨요, 일백 보 달음질 장원에 영어 학도 이호성, 법어 학도 이종선, 아어 학도 이규룡 제씨이다.

높이뛰기 장원 영어 학도 이호성, 법어 학도 이인규, 영어 학도 이원상 제씨요, 씨름 장원 법어 학원 이인규, 일어 학원 박응영, 사범 학원 김병염 제씨요, 줄다리기 장원 사범 학원 십 인이요, 나귀 달리는 장원 한어 학원 조중완, 법어 학원 진학유, 일어 학원 홍순희 제씨인데, 운동을 다 필한 후에 영어 교사 허치션과 이상 장원한 학도들을 차례로 호명하여 각색 물건으로 상급을 줄 새, 학원들이 상급을 받는 대로 손뼉을 치며 기쁜 마음을 이기지 못하더라.

상 주기를 필한 후에 각 학원들이 일제히 모여 애국가를 부르는데, 듣는 자로 하여금 충의를 격발하더라. 애국가를 파한 후에 대황제 폐하를 위하여 일시에 만세를 부르고, 오후 여덟 시에 회를 파하였는데, 모든 손님들과 관광하는 자로 흠앙(欽仰)치 않을 이가 없더라.

추후에 들으니, 보조금 모은 것이 합계 칠백여 원인데, 상급으로 이백사십여 원이 들었는데, 당일 잡비를 제하고 남는 돈은 기민(饑民) 구휼전(救恤錢)으로 보조한다더라.

〈잡보〉

○ 일전에 남대문 안 청인의 전에서 대한 사람 하나가 무슨 물건을 사다가 값이 상지(相持)되어 아니 산다 한즉, 그 청인이 그 사람의 우산을 빼앗고 기어이 사가라 하고 무수히 욕을 보이는데, 친위 삼 대대 이 중 이소대 병정 리순원 씨가 청인의 무리함을 분히 여겨 청인을 꾸짖고 그 우산을 빼앗아서 그 임자에게 도로 주어 보내었다 하니, 우리는 그분을 위하여 매우 치하하노라.

제1권 제46호
대한광무 2년 6월 1일 (水)

　　나라에서 법률을 만들어 경향간에 재판소를 설치한 뜻은 전국 인민을 위하여 서로 다투고 칭원하는 폐가 없도록 함이라. 만일 인민들이 무슨 시비가 있는 것을 재판소에서 공결(公決)하여 주는 법이 없으면 잔약한 부인들과 세력 없는 사람들은, 강하고 세력 있는 사람들에게 무리한 일을 받아 목숨과 재산을 보전할 수 없을 터이니, 그리고 보면 나라는 장차 어느 지경에 이를지 모를지라.

　　그런고로 법률(法律)이라 하는 것은 곧 사람의 혈맥과 같은지라. 혈맥이 골고루 통하지 못하면 목숨을 보전하지 못할 것이고, 법률이 공평히 시행되지 못하면 나라가 망함을 면하지 못할지니, 국가에 인민 된 자 이에서 더 큰일이 어디 있으리오. 우리나라 백성들이 법률이 무엇인지 알지 못하고 한갓 흐린 풍속만 좋은 줄로 알고, 밥이나 먹으면 세상으로 알고 지내며, 동포 형제 된 자가 강하고 권리 있는 자에게 잡혀가 무리한 욕을 당하며 매를 맞고, 재산을 빼앗기는 걸 보아도 남의 일이니까 내게 상관없다고 말 한 마디도 아니하고 있다가, 필경은 그런 일이 제 몸에 돌아와 세력 좋은 사람이 집을 빼앗는다든지, 소위 법 맡은 관원이 경계 없이 위엄으로 압제하며 재산을 빼앗게 되면, 그제야 겨우 입을 벌려 법이 틀리느니, 경위가 없느니, 재판을 잘못하여 주느니 하며 밖으로 다니며 한갓 칭원(稱冤)이나 할 따름이니, 이러고야 어찌 무리한 일로 압제받는 것을 서럽다고 하리오.

우리나라 대황제 폐하께옵서 갑오년 경장(更張)한 후로 법률을 여러 번 개정하여 전국에 반포하신 칙령이 일월같이 밝으신지라. 그 여러 가지 법률 세칙을 보게 되면 모두 인민을 위하여 공평하게 보호하여 모든 백성의 목숨과 재산을 지탱하게 하였지, 한때 국록을 먹고 법 맡은 관원들이 자기 욕심대로 권세와 위력을 빙자하여 백성을 무리하게 압제하며 사사로운 청촉을 들어 편벽되이 천단하라고 하신 조목은 없는지라.

근일에 각 재판소에서 행정 하는 것을 듣고 보건대, 모든 일을 권위로만 시행하여 백성의 칭원이 하늘에 사무치니, 어찌 상천(上天)이 무심하리오. 일전에 고등에서 홍재욱 씨의 집 일절로 공개재판이라고 방청객 누천 명을 들이고 판사 마준영 씨가 재판하는 것을 보아도, 송사하는 백성의 억울한 말은 한 마디도 못하게 하고, 편벽되이 한 편만 억지로 옳게 만들어, 아무쪼록 홍 씨를 지우려고 설명만 하니, 원고 피고가 다 대한 백성은 일반인데, 어찌 그렇듯이 무리하게 편벽된 송사를 하는지, 방청인 누천 명 듣는 재판을 그같이 위협으로 하는 재판관이 예사 다른 재판에 원고피고만 세우고야 무슨 짓을 하는지 알 수 있으리라.

도리어 생각하면, 사사로이 비기지욕(肥己之慾)만 돌아보고 나라 법률은 시행치 아니하는 재판관이야 인류에 비하여 말할 것 없거니와, 그런 법 밖에 일로 압제를 당하고도 말 못하고 당하는 인물들은 도리어 그 사람만도 못한 물건이 될지라. 우리나라 백성들은 이런 일을 듣고 보아 조금 치라도 분한 생각이 나거든, 지금 이후로는 물론 아무든지 그렇게 무리한 일을 당하는 사람이 있거든, 남의 일이라고 하지 말고 다 각각 제일로 알아, 목숨을 내버려 가면서라도 나라에서 정한 법률 밖에 일을 받지 말기로 작정하고, 법에 범할 일은 극히 조심하여 가면, 첫째, 국가 법률을 지키는 어진 백성이 될 것이오. 둘째, 동포 형제를 사랑하는 의리 있는 사람이 될 터이니, 이 말을 허수히 알고 한 사람이 무리한 일을 당하는 것을 남의 일이라고 그저 있으면 그런 못된 짓하는 사람들의 뜻을 받아줌이니, 그 뜻이 점점 자라면 이후에 내게 그런 해가 오지 말란 바 없을 터인즉, 대소 인민들은 다 각각 목숨과 재산들을 보호할 방책들을 잃지 말도록 하시기를 우리는 간절히 바라오.

제1권 제48호
대한 광무 2년 6월 3일 (金)

세계에 통상하는 뜻이 각기 내 나라 백성의 상무(商務)를 확장하여 각색 물건으로 남의 나라 돈을 바꾸어다가 내 나라를 부요하게 하자는 것이기에, 각 처에 항구를 열어 외국 상민이 들어와 장사하도록 만들며, 내 백성을 인도하여 외국에 가서 장사하도록 주선하는 것이 지금 세계에 제일 급선무라.

그러한즉 우리나라에서 지금 새로이 항구를 여는 것이 각국에 통상하는 본의로 말하면, 정부에서 백성의 상무를 흥왕하게 하려는 뜻이 간절한지라. 그 백성이 되어 이같이 좋을 일이 없을 듯하나, 당금(當今) 우리나라 형편을 가지고 말하면, 항구를 더 열수록 백성에게 도리어 해되는 일이 많았지 이로울 것은 적은지라.

첫째, 가까운 인천항으로만 말할지라도, 개항한 지 거의 이십년 동안에 부상대고(富商大賈)는 모두 외국인이라. 항구에 출입하는 물건을 수운(水運)하기도 다 외국 사람의 배로 하고, 우리나라 상민들이 윤선(輪船)을 가지고 선상(船商)하는 이 있단 말은 듣지 못하였으니, 무슨 물건이든지 실어 들이고 내기에 선가(船價)는 다 외국 사람의 이(利) 되는 배요, 항구 바닥에 큰 회사와 굉장한 가가(假家)들은 대한 사람으로서는

생각도 못하는 배요, 항구에서 서울까지 철로를 또한 외국 사람이 놓는
바이니, 이것만 보아도 개항하여 큰 이(利)는 다 남을 주고 앉았는지라.

그 중에 우리나라에게 이(利) 되는 것을 볼진대, 전에 없던 해관이
생기어 개항한 후로 일 년에 세납이 몇 천원 몇 만원 씩 들어오고, 전에
없던 물건이 많이 생기어 백성이 먹고 입고 쓰기에 편리한 것이 여러
가지므로, 이로 낱낱이 말할 수 없으나, 우선 서양목으로만 보아도 전
에는 무명을 입으므로 짜기 어렵고 무거워 몸에 편리치 못하고, 값이
비싸서 사서 입기 어렵던 것이, 통상한 이후로 서양목이 생기어 몸에
가볍고 값이 싸서 전국 백성이 대단히 편리하게 쓰는 것이 여러 가지
요.

벌이가 없던 백성들이 개항한 후로 물건 출납에 짐을 져서 나
르기와 상민(常民) 내왕에 밥장사하기에 차차 돈벌이가 생기고, 외국
상회에서 큰 자본을 갔다가 국 중에 펴놓아 철로를 놓으므로 직업
없이 놀든 백성들이 모군(募軍: 공사판 따위에서 삯을 받고 품을 파는 사람)
서기에 직업이 생기니, 이로 비교하여 이해를 얼른 말하자면, 개항
을 많이 할수록 나라에 이로울 듯한지라.

그러나 실상을 생각하면 그렇지 않은 것이, 첫째, 해관에 들어
오는 세(稅)로 말하더라도, 외국 상민이 물건을 수입 수출하므로 그 세
를 외국 상민이 내는 바인즉, 외국 사람의 돈을 모아 우리 정부에 바치
는 듯하나, 실상인즉 정부에서 본토 백성의 돈을 모아 드리는 것이라.
왜 그런가 하니, 설사 외국 상고(商賈)가 저의 나라 물건을 일원을 먹여
여기 갔다 놓고 십전(十錢)을 리(利) 남기면 팔 터인데, 관세가 오전(五錢)
일 것 같으면 자기 돈을 질러 세를 물리치는 일은 없은즉 필경 일원 십
오 전을 받고야 그 물건을 팔지라. 그런고로 외국 장사가 관세는 그 물

건 사는 토민에게 받아서 그 나라 정부에 무는 것인즉, 실상은 세를 받아 정부에 들어오는 것이 나라에 이로울 것이 없고, 외국 물건이 많이 들어와 백성이 편리하게 쓴다 하니, 이도 실상인즉 우리가 해를 크게 받고 앉았는지라.

설사 서양목이 우리나라 사람들에게 매우 이롭다고 하는 말로만 말할지라도, 사람마다 값 적고 편리한 물건을 사 쓰는 이치인고로, 서양목 나기 전에 시골에 앉아서 길쌈하여 살아가던 촌민들은 지금 다 살 수가 없이 되었다. 다만 무명 짜는 것만 그럴 뿐 아니라 이전에 소위 각색 공장(工匠)이라 하던 것이 그나마 차차 없어져, 사람마다 돈을 가지고 외국 물건을 사 쓰기로만 주의하는 고로, 하향 궁촌에 간곤한 백성이 땀을 흘리고 농사하여 번 여간 푼돈까지라도 모아다가, 외국에서 들 기계를 가지고 물건 제조하는 사람을 주고 앉았으므로, 나라 진액(津液)이 해마다 외국으로 빠져 나가는 고로, 이 가난한 나라가 점점 빈한하여 백성이 주려 죽는 자가 지금도 불소한지라.

그런즉 외국 물건이 백성에게 편리는 하나 그 중 해됨이 더욱 어떠하뇨. 또한 외국 상회에서 불소한 돈을 가져다가 철로를 놓으니, 우리나라 백성의 장사거리가 생긴다 함으로 말할지라도, 외국 사람은 만 원을 들여 철로를 놓을 것 같으면, 그 나라에서 그 자본에 몇 갑절을 남길 가량을 보고야 일을 시작할 터이니, 외국 사람의 손으로 철로를 몇몇 군데 설시하고 보면, 몇 해 안에 나라 형세는 어찌 되겠소. 대저 개항한다는 문적(文蹟)이 반포되는 날부터 대한에 있는 외국 사람들은 매우 반가이 여겨 다투어 먼저 가서 조계도 널리 정하고, 장사도 먼저 하려 하는데, 대한 사람들은 개항함이 이로운지 해로운지 모르는지라.

이 백성을 가지고 항구를 많이 여는 것이 도리어 외국인의 상무만 흥왕하게 만드는 것이니, 우리는 바라건대, 이때를 당하여 정부에서 바삐 백성을 인도하여 아무쪼록 상무를 힘쓰게 하며, 백성도 또한 상무의 대관(大觀)됨을 깨달아 내 나라 돈을 한 푼을 허비하거든 외국 돈을 두서 푼씩 끌어들이기로 상하가 합심될 만하거든, 각처에 개항을 많이 하여 항구에 세입이 해마다 늘게 하는 것이 대한 신민의 마땅한 직책일까 하노라.

제1권 제49호
대한광무 2년 6월 4일 (土)

　　삼국 때에 관운장은 욕낙(慾樂)과 충의(忠義)가 겸비한 장사라. 유현덕과 장익덕(張翼德)으로 도원에서 의(義)를 맺자, 사생을 같이하려 하늘께 맹세한 후 단단한 혈심(血心)으로 한나라 종사를 보전하려 하다가 조조에게 잡힌바 되매, 조조의 일세의 간웅으로 관운장의 위인을 짐작하고, 아무쪼록 그 뜻을 돌이켜서 천하를 도모하려 하여, 날마다 연락(宴樂)을 베풀고 금은주옥(金銀珠玉)과 미녀 옥첩(玉牒)으로 관 씨의 마음을 현혹케 하며, 달래며, 꾀이되, 마침내 굳은 의를 변개치 아니하고 조조의 간교한 꾀를 벗어나, 안량(顏良) 문추(文醜)를 베어 한때 후대한 온정을 갚고, 본국에 돌아와 천신만란(千辛萬難)을 무릅쓰고 한 나라 황실을 붙들어 가려다가, 불행이 여몽(呂蒙)의 해를 입어 세상을 버렸으니, 사람이 한때 나고 죽는 것은 왕후장상이라도 임의로 못하는 이치라.

　　관(關) 씨의 충의는 동양 사적에 소연(昭然)한 바이기로 자세히 설명치 않아도 다 아려니와, 어느 나라든지 명현(名賢)과 충의를 표양(表揚)하여 죽은 후에 사당을 세우고 천추(千秋)를 지내도록 향화(香火)를 그치지 아니함은, 후세에 인신된 자로 그 아름다운 뜻을 본받게 함이라. 나라를 둔 자 떳떳이 행할 일이나, 그러하나 충의 있는 장사의 화상(畫

像)을 만들어 놓고 그 앞에서 복을 빈다던지, 화를 제어하여 달라 함은 크게 어리석고 망령된 풍속이라. 청국 사람들이 관운장의 사당을 여러 곳에 지어놓고 복을 비는 행습이 점점 심하여, 집집마다 그 화상을 그려놓고 한갓 사특한 마음으로 치성(致誠)하는 풍속이 되매, 인민들이 무슨 일이든지 그 실상을 준행할 생각은 않고 그런 헛된 일만 숭상하매 그 나라가 어찌 온전하리오.

그 한 가지만 보더라도 청국 정부에서 정도로 백성을 인도치 못함은 소연(昭然)히 알지라. 지금 보건대, 그 나라가 장차 여지가 없을 모양이니, 관운장은 본디 그 나라 지방에서 난 사람인즉 그 나라 백성이 어떻게 위하든지 족히 시비할 바가 없거니와, 우리나라는 무슨 일로 관왕묘를 여러 곳에 지어놓고 어리석은 인민들로 손재(損財)케 하느뇨. 이 또한 청국의 여습(餘習)이로다.

사람이 세상에 나서 사농공상 간 무슨 생업을 지켜 가든지 부지런하면 의식이 넉넉할 것이고, 사람을 사랑하며 경계와 법률 밖에 일만 아니하면 관재(官災)며 기설(旣設)이 돌아올 묘리가 없을 터이거늘, 관왕묘에 치성한다는 사람을 보게 되면, 평일 행사는 아무렇게나 하다가도 치성하는 날에 술잔과 포 조각을 가지고 가서 그 앞에서는 매우 공경하고 정성 있는 체하며 복을 비니, 관운장은 본디 천추의 의리 있는 장사라. 조조의 간사한 꾀로 국재를 기울여가며 달래어도 굳은 마음을 돌이키지 아니한 이가, 간세한 무리의 조각 포와 잔술에 팔려 복을 줄 리가 있으리오.

또한 관 씨도 한때 세상에 사람으로 나서 한나라를 도와 충의를 세우고 죽을 따름이지 사람의 길흉화복을 임의로 판단하는 권리는 없는지라. 진실로 관 씨의 영혼이 지금껏 명명히 있어 세상 사람의 길흉화복을 능히 판단하는 권한이 있을진댄, 자기에게는 술 한 잔 포 한 조

각을 아니 갖다 주면서라도 임금에게 충성하고 부모에게 효도하며 동
포들을 사랑하여 옳은 일 하는 사람에게 복을 지시하려니와, 바깥에서
는 아무 짓을 하든지 관왕묘에 가서는 정성을 있는 체하며 술잔 놓고
아당하는 무리들은 단정코 재앙을 내릴지라.

그렇지 않고 자못 친소에 구애하여 화복을 편벽되이 천단할 지경
이면 뉘라서 관 씨를 천추에 의리 있고 옳은 사람이라 하리오. 사람이
한번 죽어 육신과 영혼이 서로 나눠지면 세상일은 다시 간섭하지 못함
은 자고급금(自古及今)으로 천지의 소연한 바라. 관운장도 한때 사람인
줄은 분명히 알 터인즉, 죽은 후에 세상 사람들을 어찌 잘되고 못되게
하는 권한이 있으리오.

아무든지 무슨 일을 공평하고 정직하게 하면 그런 헛된 일을 믿
고 빌지 아니 하여도 복이 자연히 돌아올 것이고, 아무 일이든지 정도
는 버리고 사특한 길로 들어가 행사는 밤낮으로 괴악하게 하면서 관왕
묘에 찾아가 잘 되게 하여 달라고 치성 재계(致誠 齋戒)를 일삼으나 화패
(禍敗)는 날로 떠날 때가 없을 터이니, 이 어찌 어리석은 풍속인 줄을
깨닫지 못하리오. 우리 신문 보시는 이는 사리를 무한 궁구하여 그런
헛된 일에 돈 한 푼이라도 내 버릴 생각들을 마시오.

제1권 제52호
대한 광무 2년 6월 8일 (水)

　덕국(德國: 독일)이 교주를 빼앗은 후로 만국 공보를 보니, 대저 청국에 유명한 학사들이 그 나라 망하는 것을 애달프게 여겨 충분한 의리를 논설한 것이 많아 이로 낱낱이 말할 수 없는지라. 우리나라 신민 중에 이런 책을 보시는 이는 적이 생각이 있을 터이나, 우리가 그 중에 한 마디를 번역하여 내노니 깊이 생각들 하시오.

　그 책에 하였으되, 거의 이십칠팔 년 전 일본 명치 처음에 일본서 총준(聰俊)한 학도들을 뽑아 외국에 보내어 각색 학문을 공부시킬 때, 그 학도들이 돌아올 기약이 되기 전에 졸연히 공부를 그치고 자기 나라로 도로 돌아가려 하거늘, 괴이히 여겨 졸지에 돌아가려는 뜻을 물은즉, 대답하되, 우리가 본국에 있을 때에는 세계의 형편을 도무지 모르고 다만 본방 인정과 세태만 생각하고 지내다가, 지금 여기 와서 여러 날이 되매 날마다 듣는 것이 세상 공론이라.

　그 공론을 들은즉 사람마다 말하기를, 청국은 필경 태서 각국이 나눠 가지고야 말리라 하거늘, 우리가 한 친구에게 어찌하여 청국을 나눠 갖겠다고 하는가 하고 그 연고를 물었는데, 그 대답이 청국에서 종시 옛 법만 지키고 개명하기를 좋아 아니하므로, 필경 나라가 흥왕하고 백성이 문명할 날이 없을 터이기에, 청국은 마침내 서양 제국 물건이 되고야 말리라 하니, 우리가 이 말을 가지고 생각하여 본즉, 우리나라에 국정을 잡은 자 또한 옛것만 좋아하고 새 법을 싫어하여 종시도 진보할 도리가 없는지라. 구라파 제국이 청국을 먹으려 하는 뜻이 있으니, 만일 일본이 이 모양대로 있으면 어찌 홀로 보존하기를 바라리오.

그러므로 우리가 학업 마치기를 기다리지 못하고 바삐 돌아가 국가를 도와 법률과 풍속을 고쳐 일신케 만들어 가지고, 만국 공회에 참예하여, 일을 당하거든 공법을 들어 제어할 것 같으면 일본이 거의 청국 같이 되기를 면하리라, 하고 즉시 행장을 수습하여 돌아갔으므로, 지금 일본 정부에 유명한 중흥 공신들이 다 이런 생도 중에서 걸출한 무리들이라. 인하여 일본은 구라파 각국들과 권리를 다투고, 청국은 각국에 분배하는 물건이 되니, 향일의 구라파 사람들이 청국을 필경 나누고야 말리라고 하던 말이 적실(的實)히 의심 없는지라. 이러한 형편을 당하고 앉아서도 오히려 옛 법만 지키고 지내려 하니 어찌 애달프지 않으리오, 하였는지라.

이 글을 보면 대한 사정에 대하여 또한 위급함이 어떠한가. 대저 사람이 제 나라에 앉아 있고서는 이런 말을 깨닫기가 어려운지라. 방금 대한 시세가 정부에서 학도를 뽑아 외국으로 보내어 공부시켜 가며 재주 닦은 사람들을 한편 내어 써서 국가를 혁신케 만들기는 기다릴 수 없으니, 우리는 바라건대, 우리 대한 동포들은 아무쪼록 외국으로 많이 가서 세상의 시세 형평을 알아다가 개명에 유조할 일을 많이들 하시오.

워낙 백성만 개명하면 정부는 자연 발라지는 법이니, 정부에서 일하기만 기다린다든지, 남이 개명하게 만들어 주기를 바라고 있다가 청국 모양으로 되지 말고, 일본 같이 진보하여 나가기로 일심(一心)들 하시오.

제1권 제54호
대한광무 2년 6월 10일 (金)

〈충신과 역적을 분간하는 논(論)〉

원래 어느 나라 어떠한 백성이든지, 국가를 위하는 자 충신이오, 해하는 자 역적인 줄은 아무리 무식한 우부우맹(愚夫愚氓)이라도 다 아는 바이거늘, 우리나라에서는 중간에 와서 충(忠)과 역(逆)이 실상 본의를 잃어버려, 충신 노릇 하고 싶은 사람이 어찌 하여야 충신이 될는지 모르고, 부지중에 국가를 해롭게 하는 일을 행하는 자가 얼마쯤 있기로, 우리가 특별히 어찌하여야 충신이며 어찌하면 역적인 이유를 대강 설명하노라.

첫째, 시골 부민(富民)을 학정 하여 몇 천량 몇 만량씩 소위 원납(願納)을 시켜다가 대궐을 짓는다던지, 종친부를 설립한다든지 하는 것이 본의인즉, 임금과 종반(宗班)을 위하여 낸 계책이니 충신이라 할듯하나, 실상인즉 원납을 인연하여 백성이 나라를 사랑하는 충심이 적어지고 원성이 창천(漲天)하여, 필경 위를 원망하며 이 나라에 태어난 것을 한탄하는 사람이 얼마쯤 있었으니, 이는 도리어 임금을 크게 해롭게 주의한 일이라. 그 사람을 누가 충신이라 하겠는가.

둘째, 시골의 돈냥 가진 백성을 적어다가 각 읍 수령이며 오위장(五衛長), 도사(道師), 감역(監役)을 차(差)함으로 내어 벼락감투를 쓰이고,

돈을 빼앗아다가 국재(國財)를 보탠다고 칭하고 사사 낭탁(囊橐)을 채우
며, 그 중에 협잡질과 도적질한 자들은 더구나 말할 것 없거니와, 특별
히 벼슬을 팔아 돈을 국고에 넣은 자로만 말하더라도, 그 무리가 국가
를 이롭게 한 듯하나, 실상인즉 돈 바치고 내려간 원들이 자기 바친 돈
을 몇 갑절씩 빼려고 하는 고로, 불가불 그 백성에게 글겅이질을 할 수
밖에 없은즉, 그 아래서 부대껴 생업을 보전치 못하는 백성들은 나라를
원망하며, 난을 기다리고, 또한 시골 앉아 의식을 걱정 아니 하는 백성
은 감투 쓰이고 돈 내라는 까닭에 견딜 수가 없은즉, 그 백성은 또 누구
를 원망하리오. 그런고로 이런 일하는 사람은 국재를 도와 나라를 이롭
게 하는 듯하나, 실상은 임금을 해롭게 하는 역신(逆臣)이오.

셋째, 각 처에 금광을 널리 열어 백성의 전답을 값도 주지 않고
파서 전토를 없이 하며, 인삼 매매를 검(檢)하여 상민의 업(業)을 막으
니, 뜻인즉 아무쪼록 나라에 재물을 보용(補用)하려 함이나, 실상인즉
나라를 크게 병들도록 함이니, 그런 사람은 또한 어떻다 칭하리오. 대
개 그 백성을 해롭게 해다가 임금을 위하자 하는 뜻은 곧 내 살을 베어
내 배를 불리자 함이니, 어찌 나라를 위하는 충심이라 하리오. 그런고
로 어떤 사람이든지 실상으로 그 백성을 편리케 하는 이가 실로 그 임
금을 사랑하는 충신이라.

내게 권리가 있다고 그 백성을 일호라도 학대하여 민원이 나지
말게 하며, 또한 내게 권리가 없어 충신의 사업을 할 수가 없으니 이후
에 지위가 돌아오면 임금을 위하여 죽겠다고 생각지 말고, 다만 조그마
한 일이라도 공변되게 국가에 유조한 일이거든 따라가며 행하되, 만일
어떤 사람이든지 백성을 탐학하거나 혹 법률을 어기어 국가를 해롭게
하는 자 있거든 기어이 반대하여, 법외의 일과 악한 행실을 못하도록
애쓰는 사람이 참으로 임금을 사랑하여 충심 있는 백성으로 아노라.

제1권 제55호
대한광무 2년 6월 11일 (土)

세상에 사람 하나 살기에 불가불 있어야 쓸 것이 여러 가지라. 첫째 먹을 음식이오. 둘째 입을 의복이오. 셋째 거처할 집이오. 넷째 일용할 집물(什物)이라. 이 네 가지 중에 하나라도 없어서는 사람이 살 수 없는 줄은 저마다 아는 바이나, 이 네 가지 외에 더욱 없지 못할 것이 한 가지 있으니 이는 곧 법률이라.

만일 법률 한 가지만 없으면 내가 당장 좋은 음식을 가졌으되 내 입에 들어가기 전에는 내 음식이라고 할 수 없고, 화려한 의복을 몸에 입었더라도 나보다 주먹심 넉넉한 자 앞에서는 그 옷이 내 것인 줄을 꼭 믿을 수가 없고, 고루거각을 내 손으로 지었더라도 내 몸이 거처할 날은 없을 터이다. 편리한 기계와 완호한 물건이 아무리 많아도 내가 세상에 제일 힘 있고 강한 사람이 아니면 하나도 내 물건이라고 말할 도리는 없으므로, 사람마다 자연 짐승같이 흩어져 다니며, 서로 치고 빼앗아 나보다 강하고 힘 있는 자를 만나기 전까지는 세상 물건이 모두 내 것이라 하다가, 나보다 더한 자를 만나면 그 사람이 모두 제 것을 만들되 내가 아무 말도 못하고 의례히 그 사람의 것이 될 줄로 알 터이니, 오늘날까지 잔약하고 세력 없는 자는 목숨과 재산을 보호하여 오기는 다만 나라에 법률 한 가지가 있는 때문이라.

그러한즉 나라에 법률이 우리에게 어떻게 요긴한 것인가. 겸하여 임금이라 신하라 백성이라 하는 말이 또한 법으로 하는 말인즉 임금께 더욱 관계가 크게 되는지라. 본디 법이 오래면 폐단이 생기는 이치가 있어서, 우리나라가 중간에 와서 법률 맡은 관원들이 법률의 본의는 잊어버려 자기만 위하여 만든 줄로 알고, 사사이욕(私事利慾)의 팔이 권리를 임의로 쓰므로, 심지어 말하기를, 윗사람은 법에 좀 어기어도 관계치 않다 하는데, 어리석은 백성들이 이 말을 곧이들어 법을 관인의 물건으로만 알고 국법에 어기는 일이 많이 있어서, 백성이 원통함을 품고 하늘을 부르짖어 거산(擧散: 집안 식구나 한 곳에 살던 사람들이 모두 뿔뿔이 흩어짐)할 지경에 이르렀도다.

그 법을 어긴 자로 말할 지경이면, 첫째 법률로 백성의 부모 되신 임금을 멸시하는 역적이오, 둘째 국중에 법 믿고 사는 동포를 해치는 전국의 원수요, 셋째 제 부모처자와 자기 몸을 보호하여 주는 법률을 없이 하니, 즉 제 손으로 제 목숨을 끊는 세상에 어리석은 필부라, 천하에 용납지 못할 죄인이거니와, 그 국법을 어기는 자를 보고 가만히 있는 백성으로 말하자면 법을 어긴 자보다 나을 것이 없는 것이, 첫째 법을 범하여 나의 임금을 능멸하는 역신을 보고 말 한 마디 아니하는 이는 그 임금께 불충함이오. 둘째 동포를 해롭게 하는 원수를 그저 두어 잔약한 동포가 원통함을 받게 하니, 이는 인정과 의리에 틀닌 천장부(賤丈夫)요. 셋째 제 목숨과 부모처자가 믿고 사는 법률을 능히 보호하지 못하여 생명과 재산이 의지할 데가 없이 되는 것을 분히 여길 줄 모르니, 이는 곧 인간이 한 마리 미련한 버러지라. 어찌 세상에 사람값에 가며, 나라에 백성 된 본의가 있으리오.

근일 독립관에서 유지하신 여러 회원들이 이 악습을 깨닫고 일심으로 국법을 보호하려 하여 재판관에게 위법함을 들어 재판을 청하고,

시비하며 힐문하므로, 대신과 회원 사이에 편지 내왕함과 시비의 분별됨을 우리 신문에 소상히 기재하였은즉, 신문 보시는 동포들은 다 자세히 아실 터이나, 우리나라에서 이런 일이 있을 줄을 어찌 뜻하였으리오. 진실로 전국이 함께 기쁜 경사라. 하방(下方)에 무죄한 백성들이 탐장(貪贓)하는 관리의 사나운 압제를 받아 천신만난(千辛萬難)을 지나고 유리거산(流離擧散)에 이른 불쌍한 백성들이 이런 말을 들으면, 지금은 거의 도탄을 면하고 태평성대를 다시 만날까 하여 오죽 기뻐하리오.

대개 이번 일을 의론할진대, 전후 사상을 본즉, 과연 법부대신이 새 장정(章程)을 모르고 한 일이니, 바로 말하자면 법부대신이 법을 모르고 누가 알리오 할 터이나, 실상을 생각하여 보면, 자래로 우리나라에 대소 관인이 각자 맡은 직책을 투철히 알고 나서야 벼슬을 하였단 말은 일찍 듣지 못한 바니, 유독 이 대신만 법률 모른다고 나무랄 수 없는지라.

그러한즉 법률을 모르는 까닭에 잠시 법 밖에 일을 행하려다가 다행히 국중에 개명한 인민이 얼마쯤 있어 일심으로 반대하매, 대신이 즉시 그 허물을 깨닫고 간절히 사과하여 다시는 법에 어기는 폐단이 없을 줄로 언약하였으니, 대신이 속히 깨달으심을 치하할 만하도다. 자금 이후로는 백성이 더욱 조심하여 법에 범함이 없게 하여야 마땅하거니와, 독립관 회원들로 말할 지경이면, 대신을 미워하며 회원을 편호하여 한 일이 아니라, 즉 임금을 사랑하며 전국 동포와 자기 몸들을 위하여 공정한 의리에서 난 일인즉 국가에 다행한 복이라. 우리가 또한 대신의 잘못함을 신문에 들어내어 시비하였으나, 이도 또한 전국을 위하여 한 의론인즉, 외면으로는 대신과 백성 사이에 서로 반대함이 동포 정의를 손상할 듯하나, 실정인즉 대신도 의지하는 법률을 보호하려 함이니, 곧 이는 대신을 사랑하는 뜻이라. 그런고로 어떤 사람이든지 법 밖에 그른 일을 하는 이는 언제까지든지 백성과 상극이 될지라.

그러하나 그 사람이 개과천선하여 올바른 목적을 찾는 날은, 즉 백성의 사랑하는 동포라. 그런고로 이 일에 대하여 관민 간에 조금이라도 원혐이 없을 줄을 우리는 믿는 바이어니와, 이 일이 전국에 한 본보기가 되었으니, 백성이 되어 범법하는 관원을 다만 칭원(稱冤)만 하지 말고 국법을 자세히 알아 법률 밖에 일은 행하지 못하게 할 것 같으면, 탐관오리가 어디서 용납되리오.

다만 독립관에서만 이런 일을 할 권(權)이 있다고 생각하지 말고, 경향 간에 백성들이 합심하여 이 일을 본떠 가지고 아무쪼록 우리를 보호하여 주는 이같이 요긴한 법률을 탐탁히 지키어, 그 법률이 능히 우리를 극진히 보호하여 줄 만큼 되도록 힘을 쓰시오.

제1권 제56호
대한광무 이년 6월 13일 (月)

본보 제48호 논설에, 우리나라에서 지금 새로 항구를 더 여는 것이 아직은 불긴(不緊)하다 하였더니, 그 후 독립신문 영자 보 육십오 호에 논설로 내었는데, 말하였으되, 무명 짜서 생업 하는 사람은 불과 몇만 명이요, 양목을 입어 이 보는 사람은 천백 만 명이니, 여간 해 받는 사람을 위하여 전국이 이로울 일을 폐할 것 같으면 없이 할 것이 여러 가지인데, 우선 전에 없던 활판을 가지고 순식간에 신문을 몇 천 장 몇 만장씩 판출하여 국중에 크게 유조함이 되거늘, 판각(板刻)에 글자를 삭여 생애 하던 각자(刻字) 장이를 생각하여 활판을 없이 하여야 옳을지라.

그런고로 타국 물건이 전국 인민 중수(重數)에 유무익(有無益)만 볼 것이지, 여간 몇몇 백성에게 해 되는 것은 말하지 아니할 것이오. 또한 항구를 많이 열면 항구 가까이 사는 촌민들이 쓰고 남는 물건을 출포(出浦)하여 중가(重價)를 받을 터이요, 외국인의 돈이 많이 들어와 생애 없는 사람이 벌이가 생길 것이거늘, 만일 지금 모양으로 탐관오리들이 백성의 피를 긁어다가 헛되이 써버리며 협잡군의 충복이나 하다가는, 개항은 고사하고, 대한이 힘이 넉넉하여 이왕 열었던 항구도 닫치고 외국 사람을 다 내어 쫓는 수가 있더라도, 필경은 전국이 타국에게 먹히는바 될 터이니, 차라리 자유로 열어주어 이후에 청국 같이 주리 틀려가며 빼앗기는 것보다 나을 것이다.

또한 흉년이 들더라도 타국 곡식을 각처에 실어 들이기가 편리하겠다고 하였고, 또 육십육 호에 논설하여 말하였으되, 타국 물건 수입하는 관세(關稅)를 물건 사 쓰는 토민에게 물리는 것이라 하더라도, 토민들이 세를 물고도 본방 물건보다 얼마큼 싸기에 사서 쓰는 바이거늘, 이 나라에서 이로울 것이 없다 함은 잘못 생각함이오.

타국 물건이 값이 싸서 전에 물건 제조하던 사람들이 생애를 잃는 다 하니, 이는 곧 전에 영국에 처음으로 비단과 포목 짜는 기계소를 창설할 때에 길쌈하는 상민들이 저희 생애가 없게 된다고 기계를 없이 하여 달라고 정부에 말하던 뜻과 같은지라. 물론 아무든지 물건을 가지고 타국에 가서 그 값을 본 곳에서보다 덜 받을 것 같으면 물건을 수출할 사람이 없겠고, 또한 본 곳에서 같은 값을 주고 같은 물건을 살 수 있으면 외국 가서 물건을 수입할 사람이 어디 있으리오. 그러므로 대한 사람은 수입 수출에 다 이를 보고 앉았는지라. 이것을 모르고 개항을 마자 함은 곧 나라를 닫쳐 버리고 일천팔백칠십육 년에 외국들과 통상 약조 하기 전 모양으로 되려 함이라. 약조한 모든 나라들이 다 이 통상에 이익을 받는데, 어찌하여 대한은 홀로 이(利)를 못 보는가 하였는지라.

이 논설을 보니, 학문상과 경제상에 밝고 확실한 의론이어서 매우 재미있게 읽었거니와, 이 몇 가지 조목 중에 우리 신문에 낸 말을 자세히 모르고 변론한 것이 좀 있는 듯하기로 대강 설명하노라.

첫째, 서양목이 생긴 후로 길쌈하던 사람이 업(業)을 잃었다 함으로 말할지라도, 우리가 당초에 서양목으로 전국이 이(利)를 보지 않는다 함이 아니라, 대한 백성들은 다만 돈 주고 사서 쓰려고만 하여, 서양목이라도 내 손으로 짜볼 생각은 없은즉, 당장 돈이 있으면 사서 쓰는 것이 제일 편리는 하나, 내 손으로 만드는 것은 없고 편하고 쉽다고 남의 것을 사기만 하면 나중에 그 돈은 어디서 나겠소.

남의 물건 사 쓰기 편리한 것만 생각하고 돈 들어가는 것은 돌아보지 아니하면, 그 편리가 얼마나 오래 갈 테요. 우리가 이 말을 가지고 우리 동포들을 깨우쳐 (미완)

제1권 제57호
대한광무 2년 6월 14일 (火)

(전호 연속)

차차 외국 물건 제조하는 법을 배울까 함이거늘, 무명 짜는 사람의 생애(일)를 위하여 전국이 이(利) 되는 것을 폐하리오 라고 한 말은 아마 우리 뜻을 자세히 모르고 한 듯하다.

둘째, 외국 상민의 돈이 많이 들어와 토민의 벌이가 많이 생긴다 하였으니, 우선 제물포 철도 놓는 것으로만 보아도 그 이해를 소상히 판단할 것이, 처음에는 모군(募軍) 삯을 매일 여덟 량 넘게 주던 것이 차차 떨어져서 지금은 엿 량 돈사(*돈사: 예전에 돈을 몇 냥으로 셀 때에 남은 돈을 이르던 말)를 주어도 모군을 청하고 들어가려 하니, 만일 외국 자본전이 늘 이 모양으로 들어오다가는 필경 대한 사람들은 몇 푼짜리가 못 될지라. 곡가는 점점 올라가고 사람값은 떨어지면 이것이 대한에 이(利)가 되겠소? 이것은 다름이 아니라 상리가 점점 외국 사람의 장중(掌中)에 들어가므로 돈이 귀하여지고 사람이 천하여 가는 까닭이니, 몇 천 명 모군 군이 당장 전량 벌어 쓰는 것을 이(利)라고 할 수 없소.

셋째, 탐장하는 관리가 백성의 피를 긁어다가 헛되이 써버리니, 이 모양으로 지내다가는 대한이 타국의 다 삼키는 바가 될 터이니, 차라리 우리 손으로 개항하는 것이 낫다 하는 말은 우리가 참 옳은 말로 여기는 바라. 대한이 늘 이 모양으로 지낼 줄로 알 것 같으면 우리라도 항구를 하나인들 남겨 두기를 바랄 이치가 없고, 다만 어느 나라 사람이든지 불계하고, 어서 바삐 토지를 개척하고 인민을 교육하여 나라를 개명케 만드는 것만 다행히 여길지라.

그러하나 우리가 주야로 노심, 노력하여 말이나마 이렇게 애쓰고 하는 것은, 아무쪼록 항구라도 아직은 좀 남겨두고, 우선 관민이 거의 통상에 관계되는 것을 깨달아 타국과 이해를 비교할 줄 알 만하거든 열자 함이거늘, 나라를 닫히고 통상하기 전 모양으로 지내련다 함은 또한 우리 뜻을 모르고 한 말이라.

넷째, 몇 천 명 해(害) 되는 것을 생각하여 전국이 이로울 일을 폐하자 하는 것이, 당초에 영국에서 비단 짜는 기계를 설시하였을 적에 길쌈하는 백성이 기계를 없이 하려 한 뜻과 같다 하였으니, 이는 또한 비유를 좀 잘못한 줄로 우리가 아는 것이, 당초에 우리가 시골 길쌈하는 백성을 위하여 서양목을 포구에 들이지 말자 함이 아니오. 또한 영국에 즉조 기계를 설시하였을 때에는 모두 본국 사람이 만들어 짜는 것인즉, 길쌈하는 상민 몇 만 명이 해를 보더라도, 그 이(利)와 해(害)는 그 나라 안에 있는 것이거니와, 우리나라 양목으로 말하면, 모두 외국에서 들어다가 국중에서 썩히고, 그 대신 돈이나 다른 긴요한 재물들이 나가니, 영국 기계 설시한 것과 대한서 양목 입는 것을 어찌 비교하리오.

다섯째, 우리나라 사람들은 물건을 수입 수출하는데 다 이(利)를 보고 앉았다 하니, 이는 우리가 알 수 없는 줄이, 대한 상민이 물건을 외국으로 실어내며 외국 물건을 대한으로 실어드리는 줄로 아시오? 대한 사람이 아니하면 수입 수출에 이(利)보는 사람은 따로 있을 터이니, 그것이 누군지 생각하여 보시면 필경 외국 사람이라 할 듯하오.

여섯째, 각국이 다 이 통상에 이(利)를 보는데 대한 사람은 어찌하여 이(利)를 못 보는고 하였으니, 이는 아마 서양 친구들이 다 알 듯한지라. 대한 상민이 외국에 가서 크게 장사하는 사람들을 더러 보았소? 홀로 이(利) 못 보는 까닭은 인민이 상리의 긴요함을 깨닫지 못한 연고라. 그런고로 이왕 개항한 것도 있고, 철로 놓는 것도 있으니, 그것을 보고 본떠 우리 손으로 상무도 흥왕하게 만들고 철로도 놓을 만치 되어 가지고 더 여는 것이 늦지 않다 함이오.

만일 내 나라 이해는 불계하고 어서 개항하는 것만 좋다 할 지경이면, 구태여 항구 넷만 더 열 것이 아니라 각처 포구라 하는 것은 모두 열어 놓고, 또한 항구에 따로 조계를 정할 것이 아니라, 태서 제국과 같이, 외국 사람이 도성 안이나 내지에나 임의로 살게 함이 더 편리하지 않겠소? 지금까지 이렇게 못하는 것은 외국과 대한의 백성이 같지 아니하여, 타국인을 내지에 살게 하면 본방 사람에게 이롭지 못함이 있을까 염려하여, 특별히 조계를 정하여 외국사람 사는 땅을 정하여 주는 뜻이니, 이것만 보아도 백성은 교육하지 못하고 항구만 급히 여는 것이 대한 백성에게 이롭지 못할 줄을 소연히 알 일이더라.

제1권 제60호
대한광무 2년 6월 17일 (金)

(국문이 나라 문명할 근본)

본래 국문을 우리나라 세종대왕께옵서 지으시어 국민 남녀가 편리하게 쓰기를 주장하심이니, 후세를 기리 생각하신 선왕의 유택(遺澤)이 진실로 무궁하신지라. 백성이 되어 성은(聖恩)을 사모하는 도리로만 말하여도, 이 글을 공경하여 만들어 쓰는 것이 마땅하거늘, 하물며 이같이 편리한 것을 지금껏 폐하였던 모양이니 어찌 애석하지 않으리오.

이는 다름이 아니라 우리나라 사람이 자래로 헛되고 괴리한 것을 숭상하여 실상을 일삼지 아니하며, 항상 시기하는 마음이 있어 내가 아는 것은 남이 모르게 하려는 까닭에, 성경현전(聖經賢傳)을 이런 쉬운 글로 번역하여 무식한 백성들을 삽시간에 알아듣게 할 생각들은 아니 하고, 저같이 어려운 한문을 공부하여 십여 년을 종사한 후에야 비로소 문리를 깨달으면 큰 선비라고도 칭하며, 학자라고도 칭하나, 실상인즉 성인의 말씀은 궁리치 아니하고 한문만 공부하니, 경서를 읽는 선비들도 성인의 본의는 다 잃어버린지라.

만일 그렇지 아니하여 사서삼경(四書三經)을 국문으로 번역하여 널리 가르쳤으면 국중 남녀 귀천이 함께 교화에 젖어 모두 공자님의 제자가 되었을 터이니, 오늘날 유교가 이같이 쇠하지는 아니하였을지라.

세계에 새로 발명한 학문으로 말할지라도, 나라가 개명하다 칭하는 것은 다만 글 읽은 사람 몇 천 명 몇 만 명으로만 인연하여 하는 말이 아니라, 전국에 남녀노소와 상하귀천을 통계하여 비교한 연후에 혹 문명국이라, 반개화국이라, 야만국이라 칭하는 법이기로, 덕국 같은 나라에는 남녀 간 오륙 세 된 아이가 학교에 다니지 아니하면 순검이 잡아다가 억지로 학교에 넣고 그 부모를 벌세우는 법이 있으니, 이런 법이 다 그 나라를 문명케 하려 함이라.

지금 우리나라의 관민이 다 이같이 어두우므로, 이 어두운 것을 열게 하자면 교육이 아니고는 할 수 없을 터인즉, 만일 한문으로 교육하려다가는 지금부터 시작하여 부지런히 공부들을 한 대도 신문이나 책을 볼 만치 공부하자면, 그 중에 재주유무를 다 통계하고 말하면, 소불하(少不下) 십년은 하여야 될 터이니, 십 년을 글만 공부하여 가지고 학문을 새로 배우기와, 불과 몇 시동에 언문을 깨쳐 가지고 만 권 서책을 못 볼 것이 없이 즉시 학문을 배우기에, 더디고 속함이 어찌 비교하리오. 국문은 진실로 세계에 드문 글이라. 이 글을 썼으면 글씨 못쓰고 책 못 보는 사람이 온 나라에 몇이 되지 않을지라.

근자에 청국에 유명한 선비들이 말하기를, 한문이 과히 어려워서 이 어두운 백성들을 깨우치자면 이 글 가지고서는 할 수 없다고 하여, 새로 서양 글자와 우리나라 국문을 참작하여 구차하게 글을 만들어 가지고 국중에 통용하기를 원하는 사람이 여럿이니, 그 사람들은 한문이 자기 나라 글이로되 그 폐단을 생각하고 이런 의론을 창론 하거늘, 하물며 국문은 우리나라 글일 뿐더러, 이같이 쓰고 보기에 쉽고 편한지라, 어찌 소홀히 여기리오.

우리가 항상 부러워하던 것은 외국 사람들이 길에 혹 타고 가던지 걸어갈 때라도 책이나 신문을 보며 다니고, 진고개 일본 사람의 가가(假家: 가게)를 지나가며 보면, 남녀 간에 노방(路傍)에 앉아 신문을 가지고 보며, 자기 나라 시세와 외국 형편을 서로 의론하여, 혹 나라 일을 걱정도 하며, 남의 나라를 논란도 하거늘, 우리나라 사람들은 길에 가며 전후좌우를 돌아보아도 모두 일 없이 늘어앉았으되 글자 쓴 종이 조각 들고 보는 사람은 없고, 혹 고담(古談) 책이나 볼 따름이다.

그러나 지금은 그만하여도 길에 지나가며 보자면, 순검막과 가로상 전방에서 신문을 보는 자 많아서, 이전에는 청국이 무슨 나라인지 모르고, 대국이라 하면 비로소 세상에 제일 부강한 나라로만 여기던 사람들이, 지금은 신문지를 들고 앉아 말하기를, 청국이 말 못 되었으며, 우리나라가 매우 위급한 때라고들 의론하는 백성이 있으니, 이는 다행히 대한에 국문이 있는 까닭이라. 이런 요긴한 글을 설시하여 써서 우부우맹(愚夫愚氓: 어리석은 백성들)이라도 다 개명한 학문을 배워 전국이 어서 문명에 나아가기를 우리는 간절히 원하노라.

제1권 제62호
대한광무 2년 6월 20일 (月)

갑오년 경장한 후로 반상을 불구하고 인재를 택용하여 아무 임직(任職)이든지 사무에 가합(可合)한 사람을 캐어 쓰게 하므로, 남북촌에 사색(四色)이 뚜렷한 명사의 자제들이 사랑마다 모여 의론하기를, 우리가 이전에는 지벌(地閥)만 가지고 사람은 어떠하든지 돌림벼슬이라도 의례히 차례로 돌아오므로, 그 중에서 자연 먹고 살 도량이 되어 세상이 어찌 변하는 것을 모르고 지내었더니, 지금 별안간 개화(開化)라 칭하고 인재만 빼어 쓴다 하니, 우리도 전습을 저버리고 세태의 변함을 따라 시무(時務)에 합당한 학문을 배워, 첫째 조상의 유업을 잃지 말며, 둘째 부모처자의 생명을 보전하여야 쓸 터인즉, 이런 때를 당하여 어찌 이전 어리석은 태도를 저버리지 아니 하리오 하였다.

그리하고 정치학을 배우느니, 법률을 공부하느니, 외국말을 알아야 쓰겠느니 하여, 그때에는 아무 사랑에 가보아도 국사를 의론하여 아무쪼록 문명 진보하기를 토론하며, 오백년 흘러오던 교만과 게으른 태도가 점점 없어져 가는 모양이더니, 근일은 세태와 인심이 졸지에 변하여 상하귀천이 모여 수군거리는 것을 보면, 소위 점잖다 칭하고 관인 지위에 참례하는 사람들은 돈 있는 사람들을 꾀어 무슨 벼슬이나 시켜 주마고 어음과 녹지(錄紙: 남에게 보이려고 일의 대강만 적은 쪽지) 내왕(來往)

하기를 성사(聖事)로 알고, 미천한 사람들은 순검이나 병정이나, 하다못
해 나라 역사하는 역군(役軍)이라도 몇 원씩 청전(淸錢)은 의례히 주어가
며 할 줄로만 생각이 들어, 관민 상하를 물론하고 갑오 이전 풍속을 스
스로 회복하니, 인정과 세태의 변함이 어찌 이같이 신속하리오. (미완)

〈잡보〉

○ 요사이 별순검 여러 명이 소안동 전 내부대신 박영효 씨의 집 근
처에 우립(又立)하여 있다는데, 어떤 사람이 그 집에 있는 일본사람 항
옥 씨를 찾아갔더니, 항옥 씨의 말이, 근일에 무슨 죄인을 잡으려는지
모르거니와 별순검들이 앞뒤로 떠나지 아니하는 까닭에 대한 친구들이
공연히 자겁하여 찾아오는 이가 없은즉 심히 적막하다고 한다더라.

○ 근일 풍설을 들은즉, 박영효 대신이 환국하였단 말이 낭자하니,
우리는 참 믿을 수 없는 말로 여기노라.

제1권 제63호
대한광무 2년 6월 21일 (火)

　　근일에 들은즉, 어떤 사람이 혹 전하는 풍설이 있는데, 국가에서 이전 과거 보이는 법을 회복하여 알성과(謁聖科)를 보인다고들 하니, 이런 말을 들으니 과연 유지한 자의 개탄할 바라.

　　본래 우리나라에 과거 보이는 법이, 당초에 인재를 뽑아 국가에 쓰일 만한 재주를 들어 쓰자는 본의거늘, 중간에 이르러 그 본의는 잃어버리고 그 중에 협잡이 생겨, 소위 내시(內侍)와 사알(司謁)과 춘계방(春季傍) 관원들의 농락한바 되어 전국에 거폐(巨弊)가 생겼더니, 그 법이 없어진 후로 그 폐단이 덜리므로 선비 된 자들은 적이 시무(時務) 상에 눈을 열어 실상 직업을 도모하며, 간세한 무리들은 작가(作家)할 길이 막혀 의뢰할 곳이 없더니, 지금 졸지에 이런 의론이 일어남은 협잡하던 무리가 생애를 잃고 적막히 지내다가, 요사이 시세의 대강 변함을 보아 저희끼리 사사로이 창론(唱論)한 말이라.

　　비록 이런 의론이 있으나 우리 대황제 폐하의 홍대(弘大)하신 성의와 재조하신 여러 군자의 고명하신 식견으로 이런 폐단이 다시 기어코 생기지 않게 하실 줄을 우리는 깊이 믿는 바이나, 풍설이나마 지어내는 자가 있으니, 그 사람들을 대하여 한마디 설명하고자 하노라.

　　설사 지금 과거법(科擧法)을 복설(復設)하여 이전 같이 협잡함은 없

어지고 공정히 인재를 택한다 하더라도, 이때 시세가 과거에 뽑히는 인
재 가지고는 국가에 효험이 없을 터이니 깊이 생각하여들 보시오.

첫째 문과(文科)로 말하면, 경향 간에 문 닫히고 들어앉아 내외국
형편이 어떠한지 모르고, 다만 몇 천 년 내려오는 지나(지금 청국) 사기
(史記)나 공부하던 사람을 문필로 취해다가 조정 관직을 채워 정부 일을
하게하면, 외교와 내치 상에 들어 일이 있으면 시부표(詩賦表)를 가지고
각국 공영사들과 담판을 하여 보겠소? 태서 제국에 사신을 가면 한문
을 가지고 행세 하겠소? 중추원에 들어가서 한당송(漢唐宋) 사기(史記)를
인증하여 시무(時務)를 의론하겠소? 다만 그 사람들의 학문과 지식이
아무쪼록 저같이 어두운 동양 정치를 본떠 필경 다 망하여가는 청국을
따라가려 할 터이니, 그 지경에 이르면 이같이 위급한 형세에 나라는
어찌 되겠소. 그때는 그 사람들을 나무랄 터이니 이 어찌 소경을 시켜
큰 집을 지키게 하고, 도적을 맞은 후에 그 소경을 나무람과 다르리오.
이는 소경의 책망이 아니라 그 소경을 맡긴 자의 책망인즉, 기어코 시
세 모르는 사람에게 나라 일을 맡기지 못할 터이오.

둘째, 무과(武科)로 의론하더라도, 활을 쏘아 과거를 시키니, 설사
활로 백발백중하는 재주가 있은들, 이것을 가지고 남의 대포와 탄환을
능히 대적하겠소? 이런 말을 하는 사람들은 국가의 위망은 생각지 않
고 사사(私事) 관계만 위하여 다만 협잡길이나 열려는 의향이니, 장차
국가 독립을 어찌하려 하오. 청컨대 이런 망령된 의론을 내는 이들은
부디 무근지설(無根之說)로 인심을 현황케 말며, 또한 시무 상에 유지하
신 이들은, 이같이 허망한 말을 신청하여, 세계에 문명한 학문을 힘써
배워 우리 대한을 개명 진보하려는 굳건한 마음을 조금치라도 변하지
마시오. 필경은 실상 학문을 배워 가지고야 세상에 행세할 날이 분명코
있을 터이오. (완)

제1권 제64호
대한광무 2년 6월 22일 (水)

우리가 항상 외국 사람의 풍속과 인정을 이끌어 말을 많이 하므로 보시는 이들이 혹 재미롭지 않게 여길 듯하나, 세계에 문명한 학문과 굉장한 사업을 가만히 궁구하여 보면, 실상은 모두 남과 비교하여 남보다 낫게 하여 보자는 생각을 말미암아 된 일이라.

자래로 우리나라에서는 남의 나라와 통하지 아니하여, 남의 좋은 것을 본받고 나의 좋은 것으로 남을 가르치며 좋고 언짢은 것을 비교하여 승벽을 다투어 볼 계제가 없고, 다만 좋으나 언짢으나 내 것만 알고 지내었으므로, 세상에 내 것밖에 다른 것은 없는 줄로 여기고 지내다가, 지금은 남들과 상통하고 보니, 태서 각국이 서로 부강 문명을 다투어 비교하던 나라들과 혼자 문을 닫고 되는 대로 지내는 나라와 함께 놓고 보니, 그 등분이 어떠하뇨.

이것을 보면 지금부터는 좋든지 언짢든지 내 것과 남의 것을 항상 서로 비교하여야 쓸지라. 우리가 항상 하는 말은 보기에는 소홀한 듯하나, 말하는 사람은 주야로 마음을 괴롭게 하여, 자기 학문대로는 극진히 애쓰고 하는 말이니 부디 뜻을 깊이 머물러 보시오. 외국 친구들의 항상 하는 말이, 조선 인종은 크고 먼 일은 도모하지 못한다 하거늘, 우리가 분 내어 묻되, 이 사람들이 전에는 그런 사업을 듣고 보지 못하였으므로 당초에 생각을 못하였거니와, 차차 보고 들어 마음만 나면 못할 이치가 없을 터인데 큰일을 못하리라 함은 무슨 말이뇨 한즉, 그 친구들의 대답이, 조선 사람들은 학문이 없어서 남을 시기하고 의심하므로 길고 오래 갈 일은 뜻도 못 먹고, 모두 당장 눈앞에 조그마한 이(利)를 생각하여 길이 큰 이(利)를 잊어버리므로, 저마다 제 손으로 제 목을 따는 사업이라 어찌 큰일을 하리오 하거늘, 우리가 그 말을 분히 여겨, 아무쪼록 우리 대한 사람이 조선 인종이라는 소리를 듣지 않도록 하여 힘쓰고 도모하는 바이러니, 근자에 민간 사회상에 되어가는 일을 혹 보니 과연 외국 친구의 말이 학문 있고 옳은 의론이라. 진실로 부끄러운 바로다.

대개 외국 사람들은 여러 사람들이 모여 가지고 거창한 일들을 국중에 한량없이 하거늘, 우리나라 사람들은 여럿이 합심하여 한 가지 큰일을 성사한 것이 드무니, 이는 다른 까닭이 아니라, 첫째 시기요, 둘째 의심이라. 남과 모이는 자리에서 나보나 나은 이를 보면 아무쪼록 그 사람의 학문과 행실을 배울 생각은 없고 뒤로 다니며 쏘삭이질 하여 아무쪼록 그 사람을 못 박이도록 만들고, 내가 그 명예와 이익을 취하려고 하며, 남보다 나은 사람은 남을 가르쳐서 나의 좋은 것을 남과 함께 할 생각은 없고, 청기와장이와 같이 아무쪼록 남을 모르게 하여 나 혼자 하려고 하니, 이는 서로 시기하는 악습이요.

둘째, 사람이 둘이 모이면 둘이 다 각심(各心)이오. 셋이 모이면 셋이 다 각심이 되어, 한 일을 의론할 적에 각기 마음은 따로 감추고 말만 좋게 하다가 헤어져서는, 그 일이 좋은 것이면 성사 여부는 어찌 되었던지 돌아다니며 자기가 혼자 한 줄로 말하여 요공(要功: 자기가 베푼 공을 남이 칭찬해 주기를 바람)이나 하며, 좋지 못한 일이면 아무리 비밀히 의론하였더라도 고변(告變: 정권을 뒤엎으려는 행위를 고발함)을 한다든지, 친구를 대하여 그 일을 발각을 시키든지 하여, 같이 의론한 일을 아니 되게도 하며 의론한 사람을 망하게도 하니, 그러고야 도적질인들 어찌 여럿이 합심하여 크게 하여 볼 수가 있으리오. 이것은 남을 의심하는 근원이라.

그런고로 사람이 여럿이 모일수록 의론이 여러 가지로 되며 마음이 다 다른지라. 이 두 가지 마음을 가지고는 나라를 문명 부강하기는 고사하고 사회상 적은 사업들도 되지 못할 줄 분명히 아는 바니, 우리는 바라건대, 신문 보시는 이들은 이 말을 범연히 보시지 말고, 각기 나의 마음과 행한 일을 생각하여 아무쪼록 조선 인종(人種)이 워낙 그렇다고 하는 말을 듣지 않도록 주선들을 하여 봅시다.

제1권 제66호
대한광무 2년 6월 24일 (金)

고금 사기를 보건대, 어느 나라에든지 임금이 아무리 밝으시더라도 혹 불행하여 간악한 계집과, 음흉한 환관과, 간세한 소인의 물리(物理)가 일시 상총(上寵: 임금의 총애)을 얻어, 임금의 총명을 가리고, 충성으로 간하는 길을 막아 방자히 국권을 조롱하면, 밝은 임금도 점점 어두워지고, 충직한 신하는 차차 물러가므로 필경은 나라가 위태한 지경에 이르는 법이니, 이것은 우리가 특별한 증거를 설명치 아니하여도 다 아실 터이라.

그러한즉 나라를 근심하는 자가 어찌 여기 더욱 밝히지 않을 자이리오. 겸하여 국가에 일이 없고 백성이 평안한 때에도 나라 위망이 이에 달렸거든, 하물며 이때에 강한 이웃이 흔단(釁端)을 만들며 계제(階梯)를 엿보는 때에 어찌 더욱 조심치 아니하리오. 근년에 요사한 계집이 화복을 판단한다고 칭하고 궁궐에 무단히 출입하며, 내시 사알(司謁)과 별입시 위명(威名)한 무리가 용상을 호위하고 지존을 가까이 하므로 벼슬 출척(黜陟)이 태반이나 이 무리로 말미암아 나는지라. 나라가 어찌 위태하지 않으리오.

이에 우리 대황제 폐하의 밝으신 성덕으로 그 동안에 여러 번 정제(政制)를 고치실 방책을 마련하셨으나, 아첨하는 무리의 감언이설이

천청(天聽)에 믿기 쉽고, 충정(忠正)한 신하는 가깝지 못하므로, 관제도 여러 번 고쳤고 중추원도 몇 번 변개하였으되 실상 효험은 일호도 없어, 근일에도 하룻밤에 갈리는 참봉(參奉: 조선 시대에 여러 관아에 속했던 종 9품 벼슬), 차함(借銜: 실제로 근무하지 아니하면서 이름만을 빌리던 벼슬)이 무수히 나니, 이는 임금을 보좌하는 자의 직분을 다스리지 못한 책망이라.

그러나 이번에 새로 조직한 의정부 관제를 받들어 본즉, 권한과 규칙에 얼마 미비함이 있는 듯하나, 대체로 규칙과 목적은 독립협회와 같은지라. 세계에 문명한 나라가 다 이 법을 가지고 되었으니 그 공평함과 소상함은 이루 다 말하지 못하거니와, 독립관에 가 보면 대개 짐작함이 있을지라. 여러 사람이 모여 각자 말하는 권리를 가지고, 한 가지 목적에 대하여 무수히 토론한 후에, 가(可)와 부(否)를 투표하여 투표의 많고 적은 수효를 따라 일을 결정하니, 일호인들 사정(私情)과 편벽됨과 흐리고 어두운 일이 있으리오. 이 법을 가지고 국사를 조처하면 전국에 공평한 이익이 어떠하리오.

그러하나 백성이 이같이 어두워 지금 당장에 평균한 권리를 주어도 별로 좋은 줄을 모르고 저의 권리를 찾지 못할 터인즉 특별히 유익함이 없을 터이나, 아직 이만치만 정부가 조직되어도 실시만 될 것 같으면, 기어코 간세한 무리가 국정을 농락한다든지 참봉 주사(主事)가 차함으로 난다던지 의회에 결정치 못한 일을 나라 일로 알고 행하려할 도리는 없을 터이라.

그러하나 이 관계가 반포되는 날에 백성이 하는 말이, 이것은 또 누가 거짓말을 하여 가지고 칙령을 물어내어 쓸데없이 말만 한다고 하는 사람이 여럿이니, 자래로 정부에서 행하여 내려온 일을 보고 말하자면, 정부에서 무슨 좋은 명령을 내리던지 백성이 믿을 수가 없은즉, 이런 말하는 사람을 나무랄 수는 없으나, 만일 지금도 이런 일을 설시 하여는 놓고 전과 같이 시행은 아니 하려 하면 이는 즉 임금을 욕보이는 신하이니, 우리는 이 일에 밝히 주목하여 아무라도 이 칙령을 어기는 자는 전국에 역신(逆臣)으로 알겠노라.

제1권 제67호
대한광무 2년 6월 25일 (土)

이 사이 풍편에 전파하는 소문을 들은즉, 어떠한 사람들이 독립관을 걸어 상소하려 한다는데, 대개 그 목적인즉 독립관 주의가 민심을 합하여 당(黨)을 모으려 함인즉, 그저 두었다가는 필경 국가에 큰 해가 될 터이니 진작 파하여 후환을 없이함이 마땅하다는 뜻이라고들 하는지라.

이 소문을 들으니 어리석은 소견에 얼마쯤 겁이 나서 염려하되, 독립회가 철파(撤罷)되면 국중에 한낱 회(會)가 있어 적이 남의 나라에 꺼리는 바 되다가, 그나마 없어지면 남의 뜻만 채워주고 앉아 그만치나마 서기지망(庶幾之望: 거의 될 듯한 희망)은 없어질 터이오. 또한 이 회를 없이하는 날에는 세계 각국에서 대한 정부를 어떻다고 하리오.

일변 분한 마음을 억제치 못하겠고, 또한 이 회가 파하는 지경이면 회원 중 유표(有表)한 몇몇 사람은 몸이 위태할 염려가 얼마쯤 있는지라. 그 회를 위하여 매우 두려워하던 차에, 마침 그 회원 중 몇 분이 우리를 찾아 왔거늘 황망이 묻기를, 지금 어떠한 사람들이 독립관을 걸어 상소한다니 회는 부득불 혁파되려니와 이름난 아무 아무는 어찌 하려느뇨 한데, 회원이 이 말을 듣고 흔연히 대답하되, 지금이야 아마 독립관 기초가 튼튼하여질 계제가 생기나 보다, 어떤 친구든지 우리를 헐어서 말만 좀 하여줄 것 같으면, 그제는 세상에 우리 목적을 반포할 기회가 생길지라 어찌 희한치 않으리오, 하는지라.

우리의 어리석은 소견이 처음에는 얼마 나더니 회원의 대답을 들으니 새로 딴 생각이 나는도다. 당초에 독립관 회원들이 죽을 사(死) 자로 맹세함은, 이때 나라가 위급한 형세에 당하여 국가를 위하여 의리를 잡고 한번 옳게 죽어 보자는 작정이기로, 이 압제 중에서 살던 백성들이 제법 들고 일어나 정부를 반대하기를 마치 태서 각국 중 개명한 정부의 백성과 방불한지라.

회원들의 근본 뜻인즉, 정부를 투철히 일심으로 반대하려 함이 아니어 그러하되, 오늘날 이같이 됨은 각자 죽을 사자 하나가 속에 깊이 박혔으므로 세상에 옳은 것밖에는 두려울 것이 없는 고로, 그동안 한 일을 보면, 전에 우리나라의 백성들이 생각도 못하던 바라. 정부에서 그 말이 옳은 줄로 생각할 것 같으면, 두 번 하기를 기다릴 것이 아니라 즉시 실상으로 행하여 백성의 옳은 충의를 배양하며, 세계에 옳은 정부를 만들어 가지고 하는 것이 당당하고, 만일 그 말이 옳지 않은 줄로 알 것 같으면, 그 백성을 내리눌러 시비곡직(是非曲直)은 어디로 갔든지 전에 없던 일이니 다시는 못하게 만들어, 법률과 장정과 권리에 없는 일이라도 거리낄 것이 없이 마음대로 행할 것 같으면, 정부와 백성 사이에 정의 상하는 말도 아니하겠고, 피차 괴로울 일도 없을 터이거늘, 지금껏 독립관과 몇 분 대신 사이에 왕복한 편지와 부지중 되어가는 일을 보건대, 정부에서 백성의 말을 옳게 여기시는지 그르게 여기시는지 알 수가 없는 줄이, 말과 글로는 옳다고 하시고도 행하는 일은 조금도 고치는 것은 없고 여일히 구습을 이으니, 백성이 정부를 시비하며 반대하는 것이 어언간 행습(行習)이 되어, 정부의 위엄도 없고 백성의 잘하고 잘못함도 드러나지 못하므로 아무것도 될 수는 없는지라.

이즈음에 상소하려는 자 있다 하니, 그 사람은 과연 혈기 있는 대장부라. 이 상소가 되기를 우리는 기다리는 바이거니와, 누가 상소를 하든지 독립관에서 취당(聚黨: 동아리를 불러 모음)한다든지, 나라에 해롭겠다는 말로 상소 목적을 삼다가는 필경 낭패할 줄 분명히 아는 바니, 부디 다른 조목(條目)을 얻어, 특별히 죄목이 될 만한 것을 잡은 연후에 시비를 차리시오.

대저 취당한다 함으로 말하더라도, 당(黨)이 여러 가지라. 좋게 말하자면, 그 당이 커져서 전국이 다 같은 당이 될수록 나라가 강하고 이로울 것이오, 좋지 않게 말하자면, 아직까지도 은밀한 것은 못 보았고 크고 적은 일을 세상에 드러내어 공정으로 결정하므로 일호라도 은밀한 뜻이 있다고는 못할 것이다.

이 당이 나라에 후환이 되겠다 함으로 말할지라도, 아직까지 우리 보기에는 이 회가 강하여질수록 나라에 후환 될 것이 아니라 그른 일하는 자의 후환이 될 줄로 세상이 다 믿는 바니, 누구든지 이런 말로 경홀히 상소를 하였다가 세계에 미친 사람 노릇을 마시오.

제1권 제69호
대한광무 2년 6월 28일 (火)

　우리가 그만만 하여도 우리나라 사람의 인정을 시험도 많이 하여보았고 격려도 적지 않게 하였은즉, 이 인정을 가지고는 합심하여 무슨 일이든지 하여볼 수 없을 줄 황연(晃然)히 깨닫겠도다.

　대저 외국 사람들은 여럿이 모일수록 그 회가 강하고 튼튼하며, 여럿이 의논할수록 일이 확실하고 규모 있게 되는 법이거늘, 우리나라 사람들은 여럿이 모일수록 회가 약하고 패가 되며, 여럿이 의논할수록 일이 문란하고 낭패되기가 쉬우니, 이는 다른 까닭이 아니라, 외국 사람은 거반 다 공부 속이 있어서 무슨 일을 의논하든지 회를 조직할 적에 아무쪼록 그 일이 성사하도록 주선하여, 자기 학문과 생각대로는 그 목적을 보호하고 버티기에, 밖에서는 비록 서로 혐의가 있고 교분이 두텁지 못하더라도, 일 의론하는 자리에서는 그 주의하는 목적이 같은즉, 자연 화목하고 합심하여 죽을 자리라도 같이 들어가자는 마음이 생기므로, 설사 나와 원수 되는 사람이 한 회에 참례하였더라도, 회석에서는 그 사람과 나의 목적이 같은즉, 밖의 사람이 나의 원수 되는 자를 해하려 하면, 내가 그 회중 목적을 위하자니까 나와 원수 되는 자를 위하여 죽겠다는 뜻이 있는 고로, 그 회가 강하고 목적이 튼튼하며, 의론이 확실하여, 설사 밖에서 그 회를 미워하여 없이 하려는 자 있더라도 감히 생의(生意)를 못한다.

　　그러나 우리나라 사람은 각기 아혹하고 어두운 생각만 품어, 그 속에서 서로 편당을 모아 패패끼리 나누어, 회중 목적은 어찌 되었든지, 그 의론하는 일의 성사 여부는 물론하고, 그 중에 터럭만치라도 있는 권세와 이(利)를 낼 것이나 만들자고 시기와 암심(暗心)이나 부리며, 흔단을 지어 일에 저희(沮戱)나 하다가, 정작 남이 내 회를 없이 하려 한다거나, 크게 관계되는 일이 있을 때에는, 서로 미루고 앉아 속으로 얼마쯤 다행히 여기는 생각이 있으므로, 남이 그 회를 해롭게 하지 않더라도 필경 자중지란(自中之亂)이 일어나 제 살을 제가 베어 먹다가, 나중에는 목적도 잃어버리고 회도 다 망하고 말 것이거늘, 하물며 그 회를 미워하여 혁파하게 만들려고 애쓰는 자 있으면 오직 기뻐하리오.

　　그때는 만심환희(滿心歡喜)하여 한 둘이만 짜고 몇 천 명 몇 만 명 회에 들어가, 몇몇 편당의 의향만 알아 가지고, 기회를 타서 한두 사람을 티격 부쳐 놓고 엄연히 물러 앉아 싸움 구경이나 하고 있으면, 저희끼리 부드드하다가 기진하여 자빠질 터인즉, 그때는 그 회가 서푼짜리 힘이 없으므로, 회를 혁파하든지 회원들을 어찌 조처하든지 조금도 어려울 것이 없이 마음대로 할지라. 그 지경이 되면 그 해는 누가 받느뇨. 필경 편 가르고 흔단(釁端)내던 사람들이 받을지니, 진 소위 제 살을 베어 먹음이라, 어찌 애달프지 않으리오.

　　지금 청국이 땅이 넓고 인구가 많아서 세계에 당당한 황제 국으로, 임금이 수모를 당하며 백성이 천대받아, 외국이 토지를 분배하며 정부를 핍박하되, 신하와 백성이 분한 마음과 보호할 방책은 못하고 도리어 시원히 여기고 앉았으니, 필경 그 해는 임금으로부터 하천한 백성까지 다 함께 당하고 있어, 오늘날 이 대한 구석에까지 와서 사는 청국 백성들이 무슨 처지를 당하고 있소. 과연 세계에 불쌍한 인종이라.

그러하나 지금 우리나라 사람들이 또한 이 지경을 당하고 있으니, 더욱 개탄할 바이거늘, 이 중에서도 분개한 생각은 없고 구습을 종시도 고치지 못하는 사람들이 많은 듯하니 이를 장차 어찌 하리요. 우리는 천만 번 부탁하노니, 젊은 자질들과 어린아이 두신 부형들은 부디 힘써 권면하여 외국에 보내어 남의 나라 풍속과 인정도 배우며, 학교에 보내어 외국 문자도 보이며, 신문도 읽히고, 연설도 쫓아다니며 듣게 해서, 젊은 사람들이나 자라서 이후에 이같이 수모나 받지 말게들 인도하여 주시오.

제1권 제70호
대한광무 2년 6월 29일 (水)

　　우리가 강산에 유람을 다니더라도 어떤 데는 가보면 산천이 청결하고 여염(閭閻)이 즐비한데, 동구에 들어가면 도로가 평탄하고 동리를 둘러보면 사람의 거처가 깨끗하고 의관이 선명하면, 첫째 그 촌이 부요(富饒)한 줄도 알겠고, 촌민의 근실(勤實)한 것도 짐작하려니와, 자연 거기 사는 사람이 한층 더 높이 보여 대접할 생각이 저절로 나고, 어떤 곳은 가보면 동리 들어가는 길부터 더러워 괴악한 냄새가 도처에 촉비(觸鼻)하고, 집집이 문 앞에 대소변이나 받아 놓고, 집이라고 들어가 보면 발 들어놓을 자리가 변변치 않고, 사람이라고 앞에 오는 것이 추하고 냄새나 날 지경이면, 그 촌민을 대하기는 세로에(*고사하고) 접하여 말하기를 싫어할지니, 이는 인정의 자연한 바라.

　　그런고로 외국 사람들은 세계 각국에 널리 유람을 다닐 적에 어느 나라를 가든지 그 나라 내정의 선불선(善不善)과, 백성의 개명 여부를 알자면, 도로와 도성과 궁실과 의관을 보아 말하는 법이라. 그런즉 그 사람들이 널리 돌아다니다가 대한에 들어와 보고서는 정부를 어떻다 하며, 백성을 어찌 대접하리오.

　　서양 친구들이 대한에 처음으로 와서 인천항에 하륙하여 대한 사람 사는 동리를 지나자면 괴악한 냄새가 나는 때문에, 수건을 내어 코를 막는 것이 제일 먼저 하는 일이라고들 하니, 우리가 외국 사람이 되어 가지고 볼 지경이면, 이 좋은 산천을 이 모양으로 만들어 놓고 이 중에서 사는 사람들을 대접을 하겠소 아니 하겠소.

이것만 보아도 우리가 우리 손으로 타국 사람에게 수모를 받게 만들어 놓고 앉았으니, 어찌 남을 칭원할 수 있으리오. 또한 외국인의 말은 말고 우리 경계로만 말할지라도, 첫째 악취를 마시며 더러운 데 거처함이 위생에 크게 해롭고, 둘째 도로를 닦지 못하고 누추한 물건을 사면에 헤쳐 놓으므로 내왕에 편리하지 못하고, 셋째 그런 부정한 중에서 사는 것은 사람의 모양이 틀리는지라. 몇 층 누각과 좋은 의복 음식은 졸지에 남과 같이 할 수 없으나, 성의 있고 부지런만 하면 거처를 정결하게 만들기는 어려울 것이 없을 터이고, 정결하게 만드는 것이 남을 위하는 것이 아니라 곧 내 몸과 내 집안 식구와 내 동리 사람과 내 나라를 이롭게 하는 것이니, 우리 신문 보시는 이들은 부디 척념(惕念)하여 차차 고쳐 진보할 도리를 힘써 봅세다.

대개 정부에서 백성에게 세(稅)를 거두어 가지고 첫째 할 일이 길 닦고 다리 놓아 주는 것인즉, 우리나라 정부에서 실상 그 목적을 잊지 않을 것 같으면 시골 농민을 위하여 치도(治道)하여 주는 것이 마땅하거늘, 도리어 서울 장안에만 국재(國財)를 들여 치도함은 서울 백성이 국은(國恩)을 편벽되이 입음이라. 여기 사람은 나라에 세 한 푼 내지 않고 시골에서 농사하여 바친 돈으로 순포(巡捕)를 세워 보호받고, 길을 이만치나마 닦아 놓고 다니니, 실정을 생각하면 적이 짐작이 있을 것이거늘, 좁은 골목 하나도 백성이 닦았다는 말은 듣지 못하였고, 도리어 대로 방에서 어른 아이 없이 얼굴을 들고 내왕하는 사람을 마주 보며 대소변을 보니, 이는 나라에서 이같이 궁핍한 국재(國財)로 닦아놓은 길을 중히 여기지 아니하니, 도리에도 틀릴 뿐더러 대체 이것은 세상에 제일 천하고 더러운 야만의 풍속이라, 우리나라에 이런 악습이 있음은 과연 전국의 부끄러운 일이라.

자금(自今) 이후로 이 말 들으시는 이들은 어디서든지 이런 야만의 풍속을 행하는 자 있거든 아무쪼록 금지하며, 어린아이들이라도 아주 못하도록 가르쳐 이 행습이 절금(切禁)되게 하며, 좁은 골목 안에 사는 사람들은 나라에 세 바치는 대신으로 혹 몇 푼씩 출염(出廉)도 거두며 사람도 내어, 골목을 닦고, 개천을 치고 다리를 놓으며, 혹 밤에 불도 달아 놓을 것 같으면, 돈이 많이 들 것도 아니고 대단히 힘들 것도 없을 터인데, 그 유조함은 우선 수도가 좋으므로 집이 쉬 상하지 않고, 냄새가 아니 나므로 병이 없어질 터이고, 밤중에 나가더라도 편리함이 한량없을 터이고, 사람의 지체가 한층 높아 보일 것이니, 이런 이로울 일이 어디 있으리오.

부디 힘을 써 차차 진보하여 전국을 일신(一新)하게 만들어 놓고, 이후 외국 사람이 유람하러 오면, 대한이 듣던 말과 대단히 달라서 매우 개명한 백성이라고 칭송하여 대접을 달리 하도록 만들어 봅세다.

제1권 제71호
대한광무 2년 6월 30일 (木)

　　본 신문 제 육십육호 논설에 간세한 무리가 일시 상총(上寵)을 얻어 국정을 조롱하면 국가가 위태하다 함과, 칙령을 물어내어(*물어내다: 집안에 있는 일이나 말을 밖에 퍼뜨리다) 일을 설시(設施)는 하여 놓고 실상 행하지는 아니하면 임금을 욕되게 하는 역신(逆臣)이라 한 말을, 밖에 앉아 있는 점잖은 양반들이 보고 시비하는 이가 많다는데, 대개 시비하는 말인즉, 이 논설이 너무 과하다고도 하며, 혹 위태한 말이라고도 하며, 혹 무식하다고도 한다니, 이같이 시비하는 자들은 주의(主義)가 어찌 들어가서 그러한지 모르거니와, 과연 세상에 한심한 인생들도 많도다.

　　사람이 되어 염량(炎涼)이 적으나 있는 자는 남의 말을 논란할 적에, 첫째 그 말이 옳은가 그른가, 혹 거짓말인가 참말인가 생각하여 본 연후에, 시비(是非)와 진위(眞僞)를 가지고 남을 책망도 하고 칭찬도 하여야 듣는 사람이 그 책망을 어렵게도 알고, 그 칭찬을 기쁘게도 듣지, 만일 공연히 시비와 진위는 어찌 되었든지 덮어놓고 내 생각에 틀린다고 남을 나무란다든지, 내 비위에 맞는다고 남을 추켜세우다가는 항상 자기만 미친 사람이 되기 쉬운 법이라. 이 사람들이 우리 논설을 논란은 한다는데, 논란하는 뜻이 분명치 않기로, 그 점잖은 양반들을 위하여 이 말을 하는 것이니 생각들 하여 보시오.

　　첫째, 우리 논설에 한 말이 너무 과하다고 한다니, 과하다는 뜻을 우선 알 수 없는 것이, 간세한 무리가 국정을 조롱하면 나라가 위태하다는 말이 너무 과히 옳다는 뜻인지, 과히 그르다는 뜻인지, 어떻게 과하다는 말이며,

둘째, 위태한 말이라고 한다니, 이 말로 인연하여 나라가 위태하겠소, 이 신문 보는 이가 위태하겠소. 필경은 이런 말하는 자가 위태하다고 할지라. 그러하나 우리는 본디 옳은 의리만 지키면 세상에 강하고 튼튼한 줄로 믿는 바인즉, 위태할 것이 조금도 없으려니와, 설사 뜻밖에 혹 위태한 지경에 이르더라도 죽는 것보다는 더 위태할 일은 없을 터이니, 사람이 옳은 말과 옳은 일과 옳은 마음을 지키다가 죽을 지경이면, 몸이 죽는 날은 세상에 영광이 빛날 터이나, 다만 그 말과 의리를 세상에서 옳지 않게 여길 지경이면 할 수 없거니와, 옳게만 여길 것 같으면 그런 계제를 타서 죽지 못하는 것이 어리석은 사람이라. 국가 흥망에 관계되는 일이 있어도 자기 몸의 위태함과 이해상관 되는 것만 생각하고 말하지 아니하면 이 어찌 사람의 도리라 하리오.

셋째, 이 말이 무식하다고 한다니, 어느 구절이 무식하게 되었는지 모르거니와, 그 유식한 분들 좀 봅시다. 전후 체통과 사리를 다 보고 점잖고 유식하게 자기 몸이 위태할까 혹 남이 시비할까 혹 염려될까 혹 해 날까 이것저것 다 생각하고 보니, 도무지 말 한 마디나 일 한 가지 한 것이 없어 나라 형세가 이 지경에 이르렀으니, 생각하면 부끄럽고 두려운 마음이 생길 것이거늘, 도리어 이런 말을 내어 고담준론이나 빼고 앉았으니 대저 주의가 어떻게 들어가 그러하시오.

간세지배(奸細之輩)가 국권을 농락하여야 나라가 튼튼하겠다고 하였더라면 좋겠소? 칙령을 어기어 임금의 말씀을 중대히 여기지 않는 자가 충신이라고 하였더라면 옳다고들 하겠소? 이 말에 대하여 더 시비할 경계가 있거든 본사로 와서 대답 좀 하시오.

제1권 제72호
대한광무 2년 7월 1일 (金)

근자에 외국 신문도 보고, 동(東)으로 오는 소문도 들으니, 일본에
서 주야 근심하는 것이, 동양 형세가 점점 위태하여 들어가고, 서양 형
세는 대단히 성하여 동으로 퍼져 나오는데, 청국이 이 위급함을 깨닫지
못하고 조금도 들치는 기상이 없는 중, 대한이 또한 한 모양으로 종시
변통함이 없어서, 내정은 조금도 나아가는 표적이 없고, 외교는 더욱
친밀하여 가는 것이 없으므로, 동양이 장차 무슨 지경에 이를는지 모르
는지라.

그런고로 근일에 일본 개진당(開進黨)에서 들고 일어나 정부를 대
하여 떠들며 하는 말이, 당금(當今) 목하(目下)에 동양 시세가 이같이 위
태한데, 동양 삼국이 깨닫고 합심하여 주야 애쓰고 방어할 도리를 힘써
야 적이 서로 보전할 보람이 있을 터인데, 대한과 청국은 종시 한 모양
이니, 우리가 우리만 정신 차리고 있다가 이웃 나라가 다 결단나면 어
찌 혼자 보전하기를 바라리오.

아무쪼록 정부에서 힘을 써 주선하여 이웃 나라를 잠을 깨어 가
지고 다른 방책을 차리게 하여 기어이 지탱하는 것이 옳다 하여, 의론
이 분운한 중이라니, 어찌들 하려는지는 우리가 모르거니와, 우리가 항
상 하는 말이, 정부에서 이런 위급한 형세를 짐작하시고 조금 달리 차

리시면 좋겠다고 한 말이 다만 한두 번뿐이 아니로되, 듣는 이들은 도리어 말하는 사람을 극심히 여기고 지냈으므로, 지금은 외국에서 이런 말을 내어 다시 대한을 도와주련다는 의론이 일어난다니, 이런 대로 지내다가 남의 도움을 받는 것이 편한 줄로 여길 사람이 얼마쯤 있을 듯하나, 대저 우리나라 일을 우리 손으로 잘하여 가야 좋겠소, 남이 더러 도와주던지 해(害)하여 주던지 마음대로 하라고 내버려두고 도라 앉아 구경이나 하여야 쓰겠소, 생각들 좀 하여 보시오.

제1권 제73호
대한광무 2년 7월 2일 (土)

　　외부협판 유기환 씨가 덕국(德國) 영사에게 봉욕(逢辱)하였다는 말
은 전보에 이미 기재하였거니와, 다시 그 사실을 들은즉, 그날 광경이,
유 씨가 영사관에 이르자 영사가 제지당하고, 도로 가라 하며, 이왕에
왕래하던 종이를 가지고 어깨를 때리며 등을 밀어 내어 쫓고 문을 닫거
늘, 유씨가 마지못하여 돌아 왔다니, 유씨는 몸이 일국에 대신이 되어
외사(外使)에게 이같이 무리한 광경을 받음은 전국을 욕보임이라.

　　행위를 어찌하다가 이런 수욕(受辱)을 당하였는지 유씨도 책망이
없다 할 수 없거니와, 덕국 영사로 말할 지경이면, 자기 나라를 대표하
여 남의 나라에 와서 양국 교제를 담책(擔責)한 사람인즉, 자기 행신(行
身)은 돌아보지 않더라도 자기 나라를 생각하면 중대한 체통이 있은즉,
남의 나라에 심상한 하인배라도 대하여 이 같은 행위를 못할 것이거늘,
하물며 대신을 대하여 이런 무지한 하등인의 행실을 드러냄은 곧 그 나
라 정부를 대접하지 않음이라.

　　촉처(觸處)에 생각할수록 분하고 절통한 것이, 첫째 백성이 백성
노릇을 못하여 정부가 어찌 되든지, 나라 토지가 어디로 가든지 안 체
를 아니 하려는 까닭에 정부가 힘이 없어, 외국 사람들이 자세히 그 정

형을 들여다보고 그 정부에 일하는 몇몇 관인만 꾀이든지, 위협을 하든지, 수단대로 저의 장중에만 넣으면, 적게 말하자면, 광산 할 땅이라도 얼마 생기겠고, 포대 묻을 섬이라도 차례가 갈 터이오, 크게 말하자면, 그 나라 내정이라도 얼마간 간예 하겠고, 재정과 군권이라도 뒤에 앉아서 한 목 볼 권리가 돌아갈 것이니, 그 중에서 수단만 좀 부리면 자기 나라에 큰 이(利)가 되겠고, 자기의 공로가 적지 않을 것이니, 왜 그런 일을 아니 하려 하리오.

만일 정부와 백성이 열려서, 관인이라도 내가 권리를 가졌으니 나 혼자 다 잘 하겠다고 생각하지 말고, 백성이라도 나라 일을 잘 잘못 간에 관인들이 혼자 할 것이라고 알지 말고, 크고 작은 일을 서로 합심하여 할 줄로 의견이 들어갈 것 같으면, 정부와 백성이 힘이 있어 이런 일이 당초에 나지 않을지라. 지금 가까운 동양으로만 말하더라도, 청국과 대한에만 이런 거조가 근래 무수히 생기는 것은 나라가 적어 그런 것도 아니요, 백성이 없어 그런 것도 아니라. 정부 관인들은 이 중에서도 말하기를, 백성은 동양이 다 떠나가도 아무 말도 말고, 탐학이나 잘 받고 들어 엎드려 있으라 하며, 나라 형편 되어 가는 것을 걱정하는 사람을 보면 망령되이 조정을 의론한다고 시비나 분분히 하므로, 소위 순직한 백성들은 저의 집을 다 떠가든지 나라를 어찌하던지 알 묘리가 있느냐고 하는 때문에 이런 일이 생기는 것이오.

일본은 조그마한 나라로되 이런 걱정이 생기지 않는 것은, 백성이 나라 일을 재 집안 일로 여기는 까닭이라. 연전에 일본에 유(留)하던 어느 나라 공사가 길을 지나다가 일본 학도를 잠깐 때린 일로 백성이 들고 일어나 기어이 공사를 내어보내려 하므로, 공사가 무수히 사죄하고 정부에서 간신히 정돈시켰으니, 일개 학도와 관계되는 일로 백성이 이같이 열심 하거든, 하물며 토지나 광산을 달라 하면 그 백성들이 어떻게 하리오. 이것을 생각하는 고로 남이 감히 이런 거조를 낼 생각을 못하는 바이니, 이것을 보면, 이번 봉욕한 것도 또한 백성의 책망인 줄 황연히 깨달을지라. 그런즉 어찌 하면 좋겠소?

제1권 제76호
대한광무 2년 7월 6일 (水)

(별보(別報))

종로에서 만민이 공의(公議)하고 윤참정 집에 갔다고 한 말은 본보에 올렸거니와, 재작일 정오에 다시 모여 연설하기를, 덕국 영사가 외부대신 서리 유 씨를 후욕하였다 하니, 이는 한갓 유 씨만 당한 일이 아니라 전국이 다 같이 당한 욕이라. 타국 사람이 길로 지나다가 평등 백성을 후욕(詬辱)하더라도 동포된 분의(分義)에 거연히 보고 있지 못할 일이거늘, 하물며 외부대신은 대황제 폐하의 몸 받은 중임(重任)이오, 이천만 동포의 총대(總代)한 관직이라. 정부에서는 이런 일을 어찌 조처하려는지 먼저 물어보아야 할 것이다.

만일 전국이 욕되지 않게 조처하면 다행이거니와, 그렇지 아니하면 우리가 목숨을 아끼지 말고 그런 무리한 영사는 일시라도 우리나라에 둘 수 없다 하여 가부를 취결할 때, 정부에 물어볼 것 없이 즉시 조처하자 하는 사람이 삼분의 일 수는 되고, 정부 조처를 기다려 하는 것이 백성의 도리에 합당하다 하는 사람이 삼분의 이 수가 되는 고로, 다수를 좇아 총대 위원을 선정하여, 글을 닦아 정부에 보낸 후, 또 윤 참정 용선 씨와 리 감독 용익 씨 등이 독립협회와 상하의원 되는 일을 방해한 일로 연설하는데, 우리나라가 경장한 후로 구식은 폐지하고 신식을 시행하지 아니하는 사이에, 탐관오리는 돈 빼앗기에 한낱 좋은 빙자

거리를 삼고, 자횡(自橫)하는 습(習)을 뉘라서 금지하리오.

백성이 도로에 함함(顧頷: 몹시 굶주리어 부황이 남)하여 원성이 하늘에 사무치되, 정부에 당노(當老)한 대신들은 남의 일 보듯 하고 안연히 앉아 자위(自衛), 신모(身謀) 하기만 일삼으니, 구중궁궐에 계신 대황제 폐하께오서 어디로조차 충성되고 바른 말을 들어 간휼(奸譎)을 제척하시고 현량(賢良)을 선용(善用)하시리오.

국세 이렇듯 쇠약하더니, 다행이 독립협회가 생겨 국중에 바른 말하는 담임이 되어, 금춘 이래로 어진 방침을 들어 성상의 총명을 보좌하고, 밝은 의견으로 정부 제신(諸臣)의 미처 깨닫지 못하는 것을 찬양(讚揚)하므로, 간세배가 뜻을 펴지 못하니, 내정이 얼마큼 바르게 되어가는 모양이고, 강한 이웃들이 틈을 열어 보는 데 독립협회 있는 것을 군함 몇 백 척과 정병 몇 만 명 있는 것보다 더 꺼리는 모양인즉, 이는 곧 민국의 행복이오, 자주 독립을 실상으로 할 기초이거늘, 슬프다, 윤, 리 등은 무슨 주견으로 이렇듯 소중한 회(會)를 저해(沮害)하여 무슨 일을 따로 하려는지.

우리 백성은 믿고 바라는 것이 다만 독립협회이려니, 지금 이 말을 들은즉 모골이 송연하고 분의가 소름이 끼치는지라. 그 주의를 물어 보아 자세한 말을 들은 후에, 만일 적확(的確)한 일이거든 종당 의처(議處)하리라 하고 총대 위원을 뽑아 보냈다 하는데, 그 총대 위원들이 즉시 윤 씨의 집에 간즉, 윤 참정이 출입하고 그 손자만 있는 고로, 대강 사류(事類)를 말한 후, 종로에 나아와 그 뜻을 만민에게 포고하였다 하며, 본사로 찾아와 이 말을 신문에 기록하여, 윤 참정은 진실로 이런 일이 없거든 발명서를 보내어 만민의 아혹한 뜻을 풀게 하라고 하며, 또 말하기를, 이 말은 증거가 소상하니 재판이라도 청하면 자연 귀정(歸正)되리라고 하기에, 우리는 그 사실을 듣는 대로만 기록하노라.

제 3 부

뎨국신문

제1권

제1권 제1호
대한제국 광무 2년(1898년) 8월 10일 (水)

(고백)

본사에서 몇몇 유지한 친구를 모아 회사를 조직하여 가지고 새로 신문을 발간할 새 이름을 제국신문(帝國新聞)이라 하여, 순 국문으로 날마다 출판할 터이니, 사방 첨군자는 많이 주의들 하여 보시오.

대개 제국신문이라 하는 뜻은 곧 이 신문이 우리 대황제 폐하의 당당한 대한국 백성에게 속한 신문이라 함이니, 뜻이 또한 중대하도다. 본래 우리 대한이 개국한 지 사천여 년 동안에 혹 남에게 조공(朝貢)도 하고, 자주(自主)도 하였으나, 실로 대한국(大韓國)이 되고 대황제 존호를 받으시기는 하늘같으신 우리 황상 폐하께오서 처음으로 창업하신 기초라. 우리 일천이백만 동포가 이같이 경사로운 기회를 즈음하여 나서 당당한 대한제국 백성이 되었으니, 동양 반도국 사천여 년 사기에 처음 되는 경사라.

우리가 이같이 경축하는 뜻을 천추(千秋)에 기념하기 위하여 특별히 〈제국(帝國)〉 두 글자로 신문 제목을 삼아, 황상 폐하의 지극하신 공덕을 찬양하며, 우리 신민의 무궁히 경축하는 뜻을 나타내노라.

그러나 그 동안 국중(國中)에 신문이 여럿이 생기어 혹 날마다 발

간도 하며, 혹 간일(間日)하여 내기도 하며, 혹 일주일 동안에 한두 번씩
내기도 하는데, 그 중에 영어 신문이 하나이고, 국한문으로 섞어 내는
것이 하나이고, 일어로 섞어 내는 것도 있으되, 그 중에 국문으로 내는
것이 제일 기요(紀要)한 줄로 믿는 고로, 우리도 또한 순 국문으로 박을
터인데, 논설(論說)과 관보(官報)와 잡보(雜報)와 외국통신과 전보와 광고
등 여러 가지를 내어 학문상에 유조(有助)할만한 말이며, 시국에 진적(眞
的)한 소문을 들어 등재하려 하는바, 본사 주의인즉, 신문을 아무쪼록
널리 전파하여 국가 개명(開明)에 만분지일이라도 도움이 될까 하여 특
별히 값을 간략히 마련하고, 날마다 신실히 전하여, 보시는 이들에게
극히 편리하도록 주의하오니, 사방 첨군자는 많이 사다들 보시기를 깊
이 바라오.

제1권 제3호
대한제국 광무 2년 8월 12일 (金)

(고백)

대한제국 광무 2년 서력 1898년 8월 10일은 곧 본사 신문이 처음으로 나는 날이라.

이 날은 본사에서 특별히 경축하는 날인즉, 몇 해를 내려가면서 특별히 기념할 날인데, 다만 본사 목적이 아무쪼록 흥왕하여 국중에 유조한 사업을 이루려 함인즉, 이 신문이 흥왕하고 나라가 개명되어 한 가지 사업을 이룬 후에, 오늘날 구구히 내는 글 조각을 모아 두었다가 몇 해 후에 내어놓고 볼 지경이면, 어언간 국민의 소상한 사기(事記)가 몇 권 될 터이니, 그 때에 상고하여 보면, 그동안 변혁된 일도 많겠고 새로 진보한 사적도 적지 않을지라.

오늘 우리가 눈앞에 보고 기록하는 사실을 몇 십 년 몇 백 년 후에도 또한 소상히 보고 앉아 신기하게 여길 일도 있겠고, 우스운 말도 많을 터이니, 후일에 보면 어찌 그렇지 않으리오. 그런고로 외국에서도 후일을 길게 생각하는 학문가에서들은 흔히 처음 나는 신문과 회보와 월보 등 문자를 구하여 거두어 두었다가, 모아 책을 매어, 여러 해 후에는 혹 세전(世傳)하는 물건도 만들고, 혹 중가(重價)를 받고 팔기도 하는지라. 우리나라에서도 지금 처음으로 나는 신문이 몇몇이 있으니 또한 다 귀한 것이라.

방금 대한이 동서양 개화 세계의 인정으로 말하자면, 아직 열리지 못하여 어두운 일과 고칠 풍속이 많이 있으나, 필경은 개명되는 날이 있을 터이니, 그때에는 이 종이장이 단정코 볼 만한 사적이 될지라.

대저 천지가 열린 후로 세월이 물 흐르듯 지나가는 중에, 거연(居然)한 인생이 역려과객(逆旅過客)같이 지내니, 사람마다 일생 백 년 동안에 눈으로 변하는 것을 몇 가지 못 보는 때문에 저마다 세상이 얼마 변치 않는 줄로 알고, 오늘 눈앞에 보이는 산천과 성곽이 다 태고 적과 같은 줄로만 짐작하며, 혹 심히 어리석은 자는 거처하는 집과 몸에 입는 의복이 다 조상 적에 마련하여 유전하여 내려오는 법이라 하여 나날이 변하여 가는 줄은 모르니, 어찌 애달지 않으리오.

설사 조상의 유전하는 법으로 말할지라도, 중간 몇 대 전 조상의 법은 각근(恪勤)히 지키고, 몇 십 대, 몇 백 대 전 조상의 법은 어찌 지키지 아니하리오. 태고 적으로 말하자면, 풀로 옷을 만들어 입고 나무 열매를 먹고 살았으며, 중간으로 말할지라도, 불과 삼백년 전에 노끈으로 결은 갓과 초립(草笠)을 쓰고 지내었으며, 지금 우리 머리에 동이는 망건이 또한 생긴 지 겨우 오백여 년쯤 된지라. 이것을 가지고 좋은 예법이라고 이렇게 숭상들 하니, 어찌 이다지도 어리석으뇨.

실로 옛적을 좋아할진대 태고 적 일을 행함이 옳을지라. 지금 우리나라 사람들이 저마다 옛 풍속이 좋다고는 하건마는, 실로 옛 풍속을 따라 풀로 옷을 지어입고 길에 나아가라고 하든지, 중고 적 풍속으로 노 갓을 쓰고 망건으로 머리를 동이지 말고 다니라 하면 누가 좋다 하리오. 그러한즉 당장 머리에 쓰고, 몸에 입고, 발에 싣는 것만 가지고 옛적부터 있던 것이라고 숭상하는 사람들이 어찌 어리석지 않으뇨.

서양 사람들이 이전에 만들어 놓은 서책 중에 몇 십 년 전 사람들이 입던 의복을 사진박아 둔 것이 있는데, 지금 사람들이 보고 이전 사람의 지각을 흉보며 어리석게 여기나니, 이로 볼진대, 세계에 어디든지 사람의 일이 때와 풍속을 따라 날마다 변하여 가는 줄을 깨달을지라. 기왕 변하는 줄을 알 바에는 어이하여 옛 법 고치기를 인색히 여기리오.

본 신문의 주의인즉, 첫째 우리나라 법도와 풍속을 날마다 고쳐 몇 해 안에 나라가 태서 문명제국과 동등이 되어 남에게 수치를 받지 않기를 바라노니, 이같이 만들어 놓은 후에는, 광무 2년 8월 10일부터 기록한 문자를 가지고, 오늘날 행하는 풍속과 사적을 흉보며 어리석게 여겨 태고 적 사기처럼 봅시다.

제1권 제4호
대한제국 광무 2년 8월 13일 (土)

　　본사 목적이 아무쪼록 우리나라에서 행하는 법률과 풍속을 고쳐 개명에 나아가기를 주장하는 바는, 어제 논설에서도 대강 설명하였거 니와, 대개 사람이 한 가지 목적을 굳건히 지키고 남까지 그 목적을 따 라 행하게 하자면, 그 말과 행하는 일이 사면(四面)에 다 둥글게 하고서 는 될 수가 없은즉, 반드시 모지고 발라야 될지라.

　　그러나 말을 모지게 한즉 귀에 거슬리고, 의론이 옳은즉 듣기 실 은 법이라. 만일 재미있고 귀에 순하게 들리는 말만 하자는 즉 우리의 목적은 잃어버릴 터이니, 불가불 남이 듣기 싫고 원수같이 여길 말을 할 수밖에 없으니, 청컨대 신문 보시는 첨군자는 우리가 하는 말을 싫 게만 여기지 말고, 그 일을 생각하여 옳고 그른 것을 짐작하여 보시오.

　　대저 근년에 우리나라에서 행하여 내려온 일을 생각하여 봅시다. 사람마다 권세의 강약과 지벌(地閥)의 귀천만 따라 아래를 누르기와 위 에 아첨하기에 성사하여, 공변되고 강직한 의론은 들어보지를 못하였 으므로, 어언간 법률과 경계는 없어졌은즉, 법률과 경계가 없어지면 필 경 강하고 권력 있는 자가 임의대로 할 터이니, 강하고 권력 있는 자가 임의대로 할 지경이면 그 해(害)는 누가 받느뇨. 반드시 잔약하고 권력 없는 자에게로 돌아갈지라.

　그런즉 권력 있는 자는 누구며 잔약한 자는 누구뇨. 다 일체로 대한 백성이라. 이 백성 중에 권력 있기로 말하자면, 크든지 적든지 저마다 한두 가지 권세는 다 있고, 잔약하기로 말하자면, 저마다 다 잔약한 것이, 설사 하천한 사람을 존귀한 자에게 비교하면 얼마쯤 잔약하다 하나, 하천한 사람 중에 어리고 약한 자와 비교하면 얼마쯤 강한 사람이고, 양반을 상사람에게 비교하면 매우 권력이 있다 하나, 양반 중 높은 벼슬 가진 자에게 비교하면 얼마 권세가 없는 사람인즉, 이것을 미루어 보면 사람마다 얼마쯤 권력이 있는지라.

　적으나 크나 제게 있는 권력을 가지고 거리낌이 없이 함부로 써서 같은 대한 사람이 서로 멸시하며 서로 압제하니, 실상 생각하면 그 중에서 해(害) 받지 않은 사람이 없는지라. 각기 그 해를 받으므로 자연 꺼리며 원망이 생기어 서로 사랑하며 서로 보호하여 줄 생각은 없나니, 백성이 서로 원망하고 인정이 없은즉 그 해는 전국이 다 당하고 있나니, 그러므로 대한이 오늘날 세계에 그 중 천하고 업신여김을 받는 나라이라.

　그 연유를 궁리하여 보면, 나라에 법률과 경계가 서지 못한 때문이고, 법률과 경계가 서지 못함은 공변된 의론과 강직한 시비가 없는 때문이고, 공변된 의론과 강직한 시비가 없음은 저마다 제 몸을 돌아보아 위를 꺼리는 때문이라. 그러한즉 우리는 불가불 몸을 돌아보지 않아야 할 터이고, 몸을 돌아보지 아니하면 모진 의론이 세상에 설 터이고, 모진 의론이 세상에 서는 날은 법률과 경계가 나설 터이니, 법률과 경계가 나선즉 아무리 강하고 권력 있는 자라도 욕심대로 행하지 못하고, 아무리 잔약한 자라도 무리한 압제를 받지 않고 다만 법률 안에서 경계대로만 행할 터인즉, 그때에는 남을 해롭게 하며 원망하고 미워하는 악습이 막히고, 대한 사람이 대한 사람을 참 사랑하는 마음이 생겨, 정부는 백성을 보호하여 주며, 백성은 정부를 도와 같이 문명에 나아 갈 터이니, 그때는 우리가 오늘날 한 가지 목적을 지키고, 남에게 원수같이 미움 받아가며 듣기 싫고 모진 말을 하는 효험은 대한 전국이 다 받(지 않)을 터이라.

제1권 제5호
대한제국 광무 2년 8월 15일 (月)

근래 조야(朝野) 사이에 의론이 분분하여 논란과 시비가 조석으로 일어나는바, 전에 없던 민회(民會)가 각처에 생기며, 신문이 여럿이 나서 국세(國勢)와 민정(民情)을 걱정하며 분개하게 여기기를, 각기 제 집 안일 같이 아는 자가 한 둘이 아닌즉, 진실로 나라에 큰 행복이라. 여항에 엎드려 있는 백성으로 하여금 흥기를 일으키는도다.

그러하나 나라를 근심하는 자는 모두 정부를 나무라며 책망하여 모든 허물을 당국한 관인(官人)들께로만 돌려보내니, 정부를 시비하는 자들로 말하자면, 특별한 제세안민지책(濟世安民之策)을 품어 그 지위와 권리를 맡기면 투철히 남보다 나을는지는 우리가 장담할 수 없은즉, 편벽 되게 그 사람들만 옳다고 할 수는 없으나, 관인(官人) 중에 혹 백성이 지각없이 정부를 나무란다고 걱정하는 이도 있으며, 그 중에서 심하게 말하는 분은 백성이 정치를 의논할 권리가 없거늘, 한만(閑漫)히 정부를 논란함은 크게 불가하다고 하니, 이런 말하는 관인들은 우리가 투철히 옳지 않다 하노라.

연내로 이 백성이 정부 대접하는 체통을 극진히 지켜, 나라에 무슨 폐단이 있든지, 백성이 무슨 해를 받든지 도무지 상관을 아니 하고, 다만 점잖게 말하기를, 그 위에 있지 아니하여 그 정사를 의논함은 합당치 않다(不在其位, 不謀其政) 하고, 우리 대황제 폐하의 사랑하시는 일천이백만 적자(赤子)의 목숨을 정부 안의 몇 백 명 관인의 장중(掌中)에 매달아 놓고 앉아 털끝만치라도 간예(干預)함이 없이 지금까지 내려왔은즉, 만일 정부에서 그 백성을 대황제 폐하의 적자로 접대하여 각기 그 담책한 직분을 다 하였을 것 같으면 지금인들 이 백성이 무슨 말을 하리오. 시비하기는 새로에(*고사하고) 정부 관인을 실심으로 사랑하여, 한 사람이라도 그 관인을 대하여 한 마디라도 무리하게 반대하는 말을 내이지 못하게 만들지라.

그러나 지금 나라 된 형편을 가지고 생각들 하여 보시오. 국부병강(國富兵强)하여 임금을 태산반석지고(泰山盤石之高)에 뫼시고, 백성을 태평안락(太平安樂) 지역에 두었다 하겠소? 누가 말하든지 정부가 위태하고 백성이 도탄에 들었다 할지라. 그런즉 국민이 이 지경에 이르기는 어떤 사람들의 손에서 이렇게 되었소? 외국 사람의 경계로 말하자면, 전국 흥망이 백성의 손에 달렸다 하려니와, 우리나라 사정인즉 그렇게도 말할 수 없고, 다만 권세와 지위를 가지고 백성들에게 상관 말라던 정부 관인 몇 분에게로 돌아갈지니, 어찌 그 시비하는 백성만 나무라리오.

그 중에라도 백성이 되어 관인을 경계 없이 시비만 할 것 같으면 그렇다고도 하려니와, 지금까지 백성들이 경계 없이 덤벙대었다고는 못 할 것이, 그동안 되어 내려온 일을 의론하여 봅시다. 아라사 고문관 사관(士官)을 해고하여 재정과 군권을 회복하였고, 정부를 반대하여 절영도를 남의 손에 가지 않게 하였고, 신문을 내어 세상에 반포하자 원수(怨讐)니 구수(仇讐)니 하다가도 남이 정부를 대하여 실례를 하는 날엔 일심으로 역성하여 시비가 분분하므로, 외국 공영사도 이 무세(無勢)한

종이조각을 꺼리기를 군사 몇 만 명보다 어렵게 여기고, 의회원이 설시되어, 아직 실시는 못되었으나 미구에 시행이 될 터이오, 정부안에 간세지배(奸細之輩)를 죄를 들어 물리쳤으므로, 이상 몇 가지 사건이 홀로 백성의 힘으로만 되었다 함은 아니나, 실상 백성의 효험이 없다 할 수도 없은즉, 이런 백성은 국정을 의론할수록 나라가 강하고 백성이 이로울지라.

그런즉 그 시비하는 백성을 걱정하지 말고, 다만 생각을 밝히 하여 남이 말할 듯한 일은 먼저 행하고, 각기 그 맡은 직책만 닦아 아무쪼록 백성에게 정부를 시비할 계제(階梯)만 주지 마시오.

제1권 제6호
대한제국 광무 2년 8월 16일 (火)

　　근일 일기가 어이 이리 고르지 못한지, 지루한 장마 날이 사람으로 하여금 괴로움을 견디지 못하게 하는도다. 하늘에 비바람은 아무리 측량키 어렵다 한들 어찌 근일 일기 같이 헤아리기 어려우리오.

　　만일 장마가 지려거든 한 번 시작하여 며칠이나 몇 달을 한결같이 내리고 개이든지, 그렇지 아니하면 정한 시(時)가 있어서 하루에 몇 차례씩 여일히 오고 그만 두든지 할 것 같으면, 사람이 한두 번 지내어 보고 적이 짐작이 나서, 비가 올 듯한 때는 미리 예비를 마련하여 아무리 바쁜 일이 있더라도 출입을 아니 하든지, 면치 못할 일이 있으면 우비를 차리고 나서서 마른 의관과 신발을 적시지나 아니하고 얼마 후 개기나 기다릴 터이거늘, 요새 장마는 그렇지도 아니하여, 근년에 드문 비가 불시에 퍼부어, 각처에 소문을 들으면, 어느 곳에서는 아무날 밤에 사람 몇 십 명이 물에 떠내려갔다고도 하며, 아무 고을에서는 집이 몇 호가 잠기고 전답이 얼마씩 수침(水浸)하였다고도 하여 참혹한 기별이 각처에서 들리는데, 이런 큰 비가 오다가도 별안간 그치고, 천기가 명랑하며, 햇빛이 청신하여 오랜 장마에 곤뢰(困賴)한 사람들이 소성(蘇醒)한 기운이 나므로, 아마 지금은 비가 지나가고 날이 드러났나 보다고 하여 적이 기뻐하더니, 난데없는 구름이 지나가며 별안간에 악수(惡

水)가 쏟아져서 시내가 넘치며, 길이 막히어, 날이 갠 줄로 믿고 우비 없이 나선 사람과 예비 아니 하고 있던 자들은 졸지에 어찌할 줄을 모르고 일에 낭패되는 것도 많거니와, 해 받는 자가 적지 않도다.

그러하다가도 즉시에 그치고 서늘한 바람이 일어나며, 만리장공(萬里長空)의 구름은 흩어지고 만호장안(萬戶長安)에 달빛이 조용하므로, 그제는 단정코 비가 멀리가고 맑은 하늘을 보아 피곤한 인정을 거의 위로할까 사람마다 믿었더니, 경각 사이에 운무(雲霧)가 자욱하고 음풍(陰風)이 일어나며 지척을 분간키 어렵게 되고, 비가 다시 쏟아지니, 졸연히 청명한 일기를 볼까 싶지 않은지라.

그러나 잠시간에 걷혔다가 다시 오기도 하며, 혹 가는 비도 내리고 혹 소나기도 퍼부어, 하루에도 몇 번씩 시(時)를 따라 번복하니, 간난(艱難)하고 어려운 사람들은 시량(柴糧)과 의복 범절에 항상 군핍히 지내다가, 이런 때를 당하여 더욱 견딜 수 없는지라. 형세나 넉넉한 사람들은 출입을 하더라도 우장과 마른 신발을 갖추어 들리고 다니므로 그다지 어려울 것은 없거니와, 그 중에 어려운 사람들은 우장(雨裝) 제구(諸具)도 변변치 않거니와, 구비되어 있더라도 손수 가지고 다니자니 어렵고, 이를 하인 시켜 들리고 다닐 수도 없고, 차라리 들어 앉아 있자니 하루 이틀이 아닌즉 갑갑하기도 하거니와 생계가 망단(望斷: 바라던 일이 실패함)한지라. 설령 풍우 불패(不敗)하고 나가더라도 이런 장마 중에 벌이가 변변치 못한즉, 이리 저리 하여 어려운 사람만 더 골난지라.

일기가 이러하고 본즉 사람이 믿을 수가 없어, 당장 큰 비가 오더라도 좀 있으면 그치리라 하며, 해가 나고 하늘이 맑아지더라도 즉시 비가 또 오리라고 하여 있다 일이 어찌 될지 알 수 없다고 하므로 확실히 미쁘게 여기지 않나니, 이것은 근일 장마가 고르지 못하여 사람이 잠시 괴로이 지내는 사실을 대강 설명함이거니와, 만일 나라에 법령이 이 같을 지경이면 믿을 사람도 없으려니와 그 백성은 어찌 되겠소.

〈잡보〉

○ 덕국 영사가 대한 외부에 말하고 서울과 원산 사이에 철도를 놓겠노라고 인가를 청구한다더라.

○ 일본에 머무는 아라사 공사가 일본 정부에 말하기를, 아라사와 일본이 다시 대한 일을 간섭하자고 하였다는데, 그 간섭하려는 일은 무엇이며, 대한에 관계되는 일을 일본 정부에 묻는 것은 무슨 이유가 있는지, 본사에서는 아직 듣는 대로만 등재하노라.

제1권 제7호
대한제국 광무 2년 8월 17일 (水)

(자유 대(對) 압제)

자유(自由)라 하는 것은 사람이 제 수족(手足)을 가지고 기거(起居)와 운동을 제 마음대로 하여 남에게 제어함을 받지 않는 것이고, 압제(壓制)라 하는 것은 제 몸과 제 뜻을 가지고도 남에게 눌려서 하고 싶은 노릇을 임의대로 못하는 것이니, 능히 일신상 자유를 지키는 자는 가히 사지(四肢)가 구비하여 온전한 사람이라 일컫겠고, 능히 제 권리를 지키지 못하여 남에게 압제를 받는 자는 사지가 온전치 못한 사람이라고 이를 만하도다.

그런즉 세상 사람이 저마다 자유 하기를 좋아하지 누가 압제 받기를 즐겨 하리오. 그러므로 태서 제국에 몇 백 년을 두고 내려오며 큰 시비와 굉장한 싸움 된 사기(史記)를 궁구하여 보면, 모두가 자유와 압제를 인연하여 생긴지라. 당초에 미국이 영국에 속방(屬邦)으로, 영국 정부에서 압제를 심히 하므로 미국 백성이 자유 보호하기를 목숨보다 중히 여겨 죽기를 맹세하고 영국을 반대할 때, 영국 군사의 대포와 탄알을 맞으며 나아가 몇 만 명씩 죽어가며 싸워, 필경 자유를 찾은 후에, 지금까지 그 싸움을 평정(評定)하여, 영국 압제를 면한 날이 미국 사람들이 제일 크게 여기는 명일(名日)이다.

구라파 각국으로 볼지라도, 몇 십 년씩 두고 백성이 일어나 정부를 뒤집기도 하고, 백성을 무수히 멸망시킨 일도 있어 이루 말로 다할 수 없으며, 근년에도 토이기와 희랍이 서로 병기를 가지고 시비함과, 금년 미국과 서반아의 전쟁이며, 연전 일청(日淸) 교전도 다 궁구하여 보면 자유와 압제를 말미암아 일어난 일이니, 이것을 보면 이 두 가지 목적이 세계에 크게 관계되는 바이다.

그러나 우리나라에서는 자유라 압제라 하는 것이 무엇인지도 모르고 지내었으므로, 제 사지를 가지고도 임의로 못 써서, 아래 사람은 입이 있어도 말을 못한다는 글도 있고, 백성이나 관속이 되어 아무리 원통한 일이 있은들 관장을 걸어 정소(呈訴)하는 것이 풍화에 관계된다고 하는 풍속도 있고, 노속(奴屬)이 되어 상전의 손에 죽어도 살인이 없다는 법도 있고, 남의 재산을 백주에 창탈(搶奪)하면서도 양반이 하는 일을 어찌 상놈이 감히 거역하느냐 하며 무죄한 백성을 죽도록 때리기도 하여 억지로 누르므로 원통한 백성이 호소할 곳이 없으니, 이상 몇 가지는 진실로 야만의 행습이라.

사람이 인정이 있으면 어찌 차마 다 같이 난 인생을 억지로 위협하여 남에게 속한 권리와 생명과 재산을 압제로 빼앗으리오. 이것은 다른 까닭이 아니라, 그 나라 정치가 항상 압제하는 뜻이 많은 연고라. 이 압제하는 정치 밑에서 굴레 쓰고 지낸 백성을 서양 각국에서 저마다 자유권 지키던 백성과 함께 놓고 본즉, 제 나라에서 털끝만치라도 자유권을 잃지 않던 사람들이 남의 나라에 가서야 더구나 일러 무엇 하리오. 목숨을 버릴지언정 남에게 굴하지는 아니 하려 할 터이오. 제 나라에서 밤낮 압제만 받던 사람은 외국인을 대한들 무슨 생기가 있으리오. 아무리 분하고 부끄럽고 원통한 일을 당하더라도 의례히 당할 일로 참고 넘기기로만 주의 한즉 어찌하여 남에게 수모를 면하리오. 대한 백성이 외국인에게 욕 보고 매 맞고, 심지어 목숨을 잃는 폐단이 종종 생김을 어찌 괴이히 여기리오. 백성이 이 지경이므로 그 정부가 또한 남의 나라 압제를 받나니, 이것을 보면 백성이 마땅히 자유를 지켜야 할지라.

그러나 자유를 능히 지킬 줄 모르는 사람에게 개명한 백성과 같이 권리를 줄 지경이면 도리어 큰 해가 있을지라. 어린아이를 장성한 어른과 같이 맘대로 다니라고 할 것 같으면, 위태한 줄을 모르고 떨어질 곳과 빠질 데로 들어가려 할지니, 불가불 그 염량(炎凉: 사리를 분별하는 슬기)이 나기까지는 압제하여야 할지라.

지금 우리나라 사람은 다만 자유를 지키지 못할 뿐 아니라 좋은 줄도 몰라서, 재하자(在下者)는 유구무언(有口無言)이라고 하면 경계에 합당한 줄로 아니, 이 백성에게 어찌 자유가 당하리오. 만일 이것을 보고 제 몸과 제 수족을 가지고 임의로 못하는 것을 분히 여겨 온전한 사람 노릇들을 하고 싶거든, 외국 사람의 인정과 학문을 좀 배워 자유권 지킬만한 백성들이 되어 봅시다.

제1권 제10호
대한제국 광무 2년 8월 20일 (土)

돈이라 하는 것은 세상에 통행(通行)하여 사람마다 가지고 물건 있고 없는 것을 바꿔 쓰기를 주장함인즉, 어느 나라에서든지 그 돈이 불가불 신(信)이 있어야 할 것이고, 신을 세우고자 하면 불가불 값진 물건으로 만들어야 될지라. 그러기에 외국에서들은 은과 금으로 돈을 만들어 첫째, 무슨 물건을 매매하든지 돈 값이 물건 값과 상적(相敵)하게 해서, 어떤 사람이 물건을 팔고 돈을 받든지 돈에 든 쇠 값이 물건 값어치가 되게 만들어 놓은 까닭에, 백성이 그 돈을 믿어 통용하기에 보배로 여겨 돈이 천하여지지 않는 법이라.

만일 금이나 은이 아니고 다른 물건으로 그만치 값지게 만들면 운전하기에 대단히 편리하지 못할 줄이, 가령 대은전(大銀錢) 한 푼을 가지고 스물 닷 량짜리 물건과 바꿀 것을, 엽전이나 당오전을 가지고 그 물건과 바꾸자면, 쇠 무게가 은전 일원보다 몇 갑절이 될 터인즉, 한두 원 어치 물건이나 매매하자면 별로 관계가 없으려니와, 몇 십 원이나 몇 백 원 어치 물건을 흥정하자면 무게가 몇 짐이나 몇 바리씩 될 터이니, 어찌 이로 운전인들 할 수 있으리오.

돈보다 물건이 도리어 가벼운 것이 많을 터인즉, 돈이 물건보다 무거워서 몇 십리 몇 백리에 가지고 다닐 수 없을 지경이면, 구태여 돈

하여 무엇 하리오. 겸하여 한두 푼짜리 돈만 가지고는 큰 장사하는 사람은 돈 세기에 볼 일을 못 볼 터이니, 그런고로 그 중 보배로운 쇠를 찾아 은과 금으로 원 위화(原位貨)를 만들어, 첫째 세상에서 믿음직하게 여기고, 둘째 쓰기에 편리하게 하며, 구리와 백동으로 적은 돈을 만들어 원 위화를 도와 적은 물건 매매하는데 쓰게 만들어 보조화(輔助貨)로 쓰게 하며, 그래도 오히려 무거워 행용(行用)하기에 덜 편리할 염려가 있는 고로, 따로 지전(紙錢)을 만들어 몇 백만 원이라도 운전하기에 극히 편리하게 만들어 쓰는 법이라.

그러나 은, 금으로 돈을 만들고 따로 쓸데없는 종이 조각을 그 돈과 같이 바꾸는 것은 무슨 연고인가 하니, 당초에 정부에서 지전을 만들 적에, 가령 그 나라에 돈이 백만 원이 있을 것 같으면 지전도 그 수와 같이 만들어 세상에 통행하게 하여, 아무든지 지전을 가지고 은전이나 금전을 바꾸려고 할 경우에는 탁지부에서 즉시 바꾸어 주는 까닭에, 아무 나라 사람이든지 그 종이 조각을 은이나 금과 같이 알고 받는 법이라.

만일 그렇지 않으면 정부에서 아무리 쓰라고 하여도 백성이 쓸 리가 없나니, 그러므로 정부에서 돈을 신(信)이 있게 하려는 까닭에, 항상 밑져 가며 주전(鑄錢)하여 아무쪼록 값진 돈이 되도록 만드는 법이거늘, 우리나라에서는 아무 것이든지 가지고 나라에서 쓰라고 하고, 남들이 쓰면 의례히 돈인가 보다 하여, 혹 권리 있는 자가 비기지욕(肥己之慾)으로 칙령을 묻든지, 공문을 맡아 가지고 제게 이롭도록 주전하여 쇠천을 쓰다가 당백(當百)을 쓰라고도 하며, 엽전도 만들고 주석, 구리, 백통을 권력자가 하는 대로 바꾸고 변하므로, 한 번 변할 때마다 그 권리 있는 사람을 인연하여 전국 백성이 모두 해(害)를 받되 이것을 모르며, 또한 지금껏 일본 은전과 지전을 무슨 까닭으로 쓰는지도 모르고 남이 쓴다고 저도 쓰므로, 오늘날에 이르러 일체로 해를 받고 앉았으니 어찌 애달프지 않으리오.

당초에 우리나라에서 일본 화폐를 통용하기는 그 나라 은행소가 여기 있어 아무 때든지 그 돈을 바꿀 도리가 있음이라. 그동안 세상에 일본 돈이 많이 행용(行用)하더니, 근자에 일본 정부에서 금전을 새로 만들어 쓰고 전에 쓰던 은전을 졸지에 막으니 대한에 나와 놓인 은전은 쓸데없이 된지라. 이 때문에 장사가 그 돈을 백 원 이상은 받고 물건을 바꾸려 아니하고 다만 지전만 받으려 하므로, 각색 물건이 졸지에 고등(高騰)하여 내외국 상민이 장사도 할 수 없고, 시가가 오르므로 앉은 백성이 살 수 없어 민심이 흉흉한 중, 겸하여 그동안 주전한 돈이 모두 보조화뿐인즉, 원 위화 없는 돈을 이 어두운 대한 사람 외에 누가 받으려 하리오.

어차어피(於此於彼: 어차피)에 대한 백성만 큰 해를 당하고 있은즉, 이 폐막을 막으려면 우리나라 정부에서 지금 만드는 보조화를 그만두고, 밑져 가면서 원 위화를 돈답게 만들어 외국 장사들이 믿고 쓰게 만들며, 한편으로 은행소를 설시(設施)하여 외국에 지점을 두어, 대한 돈이 외국에 가서라도 넉넉히 통용할 만하게 만들면, 우선 이런 큰 폐단도 막힐 것이오, 대한에 상업이 또한 흥왕할러라.

제1권 제11호
대한제국 광무 2년 8월 22일 (月)

경인철도에 관계되는 말을 일전 신문 잡보 중에 대강 설명하였거니와, 재작년 사월에 미국 철도회사에서 대한 정부에 인가를 얻어 역사를 시작하자, 대한에 관계있는 통상 제국에 시비(是非)가 적지 아니하였으나, 우리가 알기까지는, 그때 정부와 백성이 그 일을 과히 반대를 아니 한 것은 다 까닭이 있는지라.

그 까닭을 말하자면, 첫째 대한이 외국과 통상하여 부강에 진보하기를 주의하자는 즉, 인구가 거의 삼십만 명가량이나 되는 이만치 큰 도성에 철도 하나가 없은즉 상무가 졸연히 흥왕할 수가 없고, 둘째 백성이 철도가 무엇인지 모르므로 국민에게 개화 실적을 보일 도리가 없고, 셋째 제물포 같은 요긴한 곳은 물건 출입이 제일 많은 목인즉 물건 수운(輸運)하기에 부비(附費)가 적지 않은지라.

대강 이 몇 가지로만 보아도 불가불 철도가 있어야 쓸 터이나, 우리나라에서 홀로 놓을 계제는 못 되었은즉, 필경 외국 사람의 힘을 빌어야 될 터인데, 대한과 통상 약조한 모든 나라가 대한에 대하여 다 각기 다른 뜻이 있는 줄은 세상에 염량(炎凉: 사리를 분별하는 슬기)있는 사람 되고는 다 짐작하는 바라.

그 나라에서들 대한에 철로 놓기를 원하는 것은 다만 상리(商利)

만 위하는 뜻이 아닌즉, 삼천리강산에 제일 긴요한 항구 목을 그 관계되는 나라 손에 쥐이고 앉았으면 동양 형편은 장차 어찌 되겠소. 그러하나 세계 각국에 사적을 보든지, 형편으로 보든지, 인정으로 보든지, 대한과 통상하는 나라들 중에 미국이 제일 대한에 관계가 적은 줄이, 본래 미국은 세계에 독립을 사랑하는 나라이라, 국부병강(國富兵强)하여 자주를 굳게 하고, 남의 독립을 항상 도와주어 정치상 시비에 도무지 관계를 아니 하고 다만 전도(傳道)하기와 통상하기를 주장인 고로, 대한에 대하여 또한 다른 뜻이 없는 줄은 세상이 다 믿는 바이라.

그러므로 경인 철도를 특별히 미국인의 상회사(商會社)에 인가하여 땅을 빌려주었는데, 그 약조(約條)의 사의(事意)가 대개, 정부에서 땅을 주어 그 회사의 자본 전으로 철로를 놓아 십오 년 동안을 회사에서 주장하고, 십오 년 후에는 정부에서 새로 사되, 양편에서 총대 위원을 하나씩 내어 두 위원이 합당한 값으로 절가(折價)하여 매매하되, 만일 두 위원이 서로 다투어 한 값을 정하지 못하거든, 두 사람이 또 한 사람을 뽑아 전권을 주어 정가(定價)하고, 만일 십오 년 후에 정부에서 사지 못하면 매양 십년씩 퇴한(退限) 하여 필경 정부에서 사기까지 그 회사에서 맡아 관할하되, 다른 회사로는 넘어가지 못하게 작정할지라.

그때 우리가 이 말을 듣고 분함을 이기지 못하여 탄식하며 말하기를, 어찌하여 우리는 우리나라 땅을 가지고 철도를 놓던지 그대로 썩히던지 우리 손으로 못하고 남에게 권리를 주고 앉았는가 하였으나, 한편으로 생각한즉, 다행히 미국 사람에게 관계가 되었은즉 다른 염려는 없을 뿐더러, 겸하여 약조가 과히 미흡하지 않은지라. 우리나라에 아직은 백성이 어두워서 내 나라 권리를 잃든지 땅을 다 파가든지 모른다는 것이 제일 학문으로 알건마는, 십년 안이면 결단코 개명이 되어 사람값에 가는 백성이 많이 생길 터인즉, 십오 년만에는 결단코 우리나라 물건을 만들기로 기약한 바이라.

그런데 근일에 들은즉, 그 회사에서 무슨 이유가 있는지 역사(役事)를 필한 후에 철도를 장차 팔 터인데, 다른 나라 사람들이 많이 고본(股本: 자본)을 내여 회사를 다시 조직하고, 지금 주장하는 미국 사람은 그 새로 조직하는 회사에 한 사원이 되려 한다 하니, 그럴 지경이면 이름은 비록 미국 사람이 주장이라 하나 실상 권리는 다른 나라 사람에게로 넘어가는 것인즉, 우리가 당초에 듣던 약조와는 대단히 틀니는 일인즉, 그 회사에서 이렇게 만들 리는 없을 듯하나, 만일 소문과 같을진대 그 회사에서 우리의 얼마쯤 믿던 본의를 크게 저버림일러라.

제1권 제12호
대한제국 광무 2년 8월 23일 (火)

　　본사 신문 기자가 하루는 우중에 잠시 한가한 겨를을 얻어 북창
(北窓)을 열고 서안(書案)을 대하여 서책을 열람하며, 동양 형편이 점점
위급하여 가는 것을 생각하고 탄식하기를 마지아니하며, 만국 공보를
보다가 우연히 크게 감동함이 있어 분기가 충발하므로, 책을 땅에 던지
고 책상을 물리치고 일어나 좌우를 둘러보니 천지가 막막하여 의논할
곳이 없는지라. 인하여 붓을 들고 울분한 뜻을 대강 설명할 때, 우선
그 책에 등재(謄載)한 바를 두어 마디 번등(翻謄)하노라.

　　월전(月前)에 청국 복건성 감찰어사 문제 씨가 나라 형세의 위급
함을 보고 충분(忠憤)함을 이기지 못하여 시폐(時弊)를 들어 상소하였는
데, 대개 그 상소 사의(辭意)에:

　　〈신이 대대로 국은(國恩)을 입으므로 성덕에 감격하여 항상 갚기
를 도모하였더니, 근일 들은즉, 아라사가 여순 구와 대인 만을 달라고
청구하므로 조정에서 허락하기를 의논한다 하오니, 듣기에 놀랍고 분
하여 그 연고를 아지 못할지라. 연전에 대만(臺灣)을 비운 후로 각국이
다투어 욕심을 내더니, 수년 안에 덕국(德國)이 교주(交洲)를 빼앗고, 한
달이 못되어 아라사가 또 여순 구를 웅거하니, 이는 아라사가 호랑이

마음이 있어서 항상 천하를 다 삼키려 하여, 일본을 눌러 청국 땅을 회복하여 주고 청국에게 은혜를 베푸는 체하는 것을, 청국이 심복으로 믿고 맹세를 하며 철로를 주어 차후에 도와줌이 될까 바랐으니, 이는 다 아라사의 큰 휼계(譎計) 중에 빠짐이라.

시베리아에 철도가 필역(畢役)되면 청국을 다 먹으려 하는 뜻이 굳건하여 졸지에 두 섬을 달라 하오니, 만일 허락하면 다른 나라가 어찌 그저 있으리까. 그때는 청국이 아무리 커도 편시간(片時間)에 망할 터이오니, 나라가 망하면 신이 어찌 홀로 사오리까. 그런즉 나라가 망한 후에 속절없이 죽을 바에는 차라리 망하기 전에 죽어 목숨으로써 국은을 갚는 것이 나을 터이오니, 원컨대 황상 폐하는 땅을 아라사에 허락하시기를 중지하시고, 특별히 신에게 국서를 주시어 아라사에 보내시면, 신이 친히 그 군신을 보고 이 일을 담판하여 통곡하며, 피를 내어 아라사 군신이 감동하게 하여, 만일 두 섬을 달라지 아니 할 지경이면 천하에 다행한 일이오, 만일 그렇지 아니하면, 즉석에서 죽어 세계로 하여금 청국의 군사는 약하나 신하의 절개가 굳고 선비의 기운이 장한 줄을 탄복하게 할 터이오니, 신이 죽은 후에는 땅을 주시지 말고 즉시 사신을 각국에 보내어 세계에 반포하고, 영국과 합세하여 아라사를 막을 지경이면 일본이 또한 좇을 터이니, 영국과 일본으로 더불어 맹서하고 아무쪼록 십년만 보전하여, 그 동안에 내치를 잘하고 군사를 교련하여 부강으로 나아갈 지경이면, 신이 비록 보지 못하오나 한이 없겠나이다.〉

하고, 그 외 우수한 사의(辭意)가 모두 충곡(衷曲: 心曲)에 극진한 말이라 사람으로 하여금 감동의 눈물이 내리게 하는지라. 이것을 보면 청국은 망하여도 아직까지 사람이나 있다고 할지라.

대저 우리나라가 지금 목전에 청국보다 더 급한 형편을 가지고 앉아서, 대신 이하로 한 달 동안에 몇 번씩 갈리는 벼슬에 국은을 입는 관인이 한둘이 아닌데, 그분들이 속으로는 다 나라 일을 걱정하여 밤낮 침식을 불안히 지내는지는 모르거니와, 당장 눈으로 보고 귀로 듣기에는, 저마다 주선하는 일이 나라는 어찌 되든지 아무쪼록 하루라도 벼슬이나 더 가지고 지내며, 월급 푼이나 더 얻어먹는 것이 제일 긴급한 일로 주장을 삼고 있다.

그러나 지금까지 보아도, 이같이 급한 국세(國勢)를 들어 목숨을 잊어 버리고 좋은 방책으로 황상께 아뢰었다든지, 상소를 하면 하였단 말은 들어보지 못하였고, 다만 나라에 실낱만치 생기는 힘은 독립관 하나가 있어 잘 되나 못 되나 나라 일을 가지고 의론도 하며, 걱정도 하여, 그동안 외국에 관계되는 일에도 효험이 없달 수 없은즉, 신민이 되어 아무쪼록 이것을 보호하여 나라에 독립 기초가 되게 하는 것이 마땅하거늘, 도리어 없이 하기를 도모하여 애쓰고 주선하며, 심지어 권세로 위협도 하며 얽어 상소도 한다니, 이런 사람들은 아무쪼록 나라 일을 걱정하는 사람이 없도록 만들어 놓고, 삼천리강산이 위태할 지경이면 홀로 어디 가서 충신 노릇들을 하려는지, 말이 이에 이르니 분발하여 그만 그치노라.

제1권 제13호
대한제국 광무 2년 8월 24일 (水)

지금 우리나라의 형편이 이같이 말 못된 것과, 당장 긴급히 할 일이 많이 있으되, 하나도 잘 되어가는 것은 없고 다만 폐단과 낭패만 생기어, 나라 일이나 사사(私事) 사업이나 점점 못되어 가는 것을 실상 생각하여 보면, 그 까닭인즉 다만 나 하나 때문이라.

나라 일로 말하더라도, 정부에 공평한 법률과 좋은 관제(官制)를 마련하여 개명(開明)에 진보하여 국가 독립을 굳게 하며, 백성을 도탄에서 건져서 함께 태평 안락을 누릴 방책이 있고도 되지 않는 것은 나 하나 때문이오.

간세한 무리가 권세를 얻어 가지고 국법을 천단(擅斷)히 하며 생령을 해롭게 하는 것도 나하나 때문이오.

협잡(挾雜)과 난류(亂流)가 생겨 공정한 일이 세상에 행해지지 못하는 것도 나 하나 때문이오.

권세와 지위를 다투어 정부 안에 어지러운 일이 종종 일어나는 것도 나 하나 때문이오.

관장(官長)이 되어 백성을 탐학(貪虐)하여 남을 살 수 없이 만들다가, 심지어 민요(民擾)도 만나고 중벌(重罰)도 당하는 것이 또한 나 하나 때문이오.

개화(開化)가 되어 옛 법을 내버리고, 남의 문명한 학문을 따라 실상 유조한 일을 행하였으면 백성이 편안하고 군사가 강하여 세계에 상등국이 될 것을 알면서도 못되는 것이 또한 나 하나 때문이오.

나라에 벼슬하는 이가 옳은 일을 알고도 짐짓 그른 일을 행하여 내 나라에 수치를 끼치고 세계에 웃음거리가 되게 하는 것도 나 하나 때문이오.

사사(私事) 일로 의론하더라도 회사를 조직하여 크게 유조한 사업을 이룰 것을 알기는 하면서도 잘 되지 않는 것도 나 하나 때문이오.

공회(公會)를 열고 공변된 의론을 세울 적에 편벽된 일이 항상 생겨 폐단이 되는 것도 나 하나 때문이오.

지금 서양 형세가 점점 동으로 뻗어 나와 나라의 위태함이 조석에 있으되 걱정하는 사람이 몇이 못 되는 것도 나 하나 때문이라.

대개 나 하나 때문에 나라에 좋은 일은 하나도 되지 못하고 한갓 해롭고 저희(沮戱)되는 폐막만 생기는 것을 이루 다 말할 수는 없으나, 이 몇 가지만 가지고 미루어 보더라도, 온 나라일이 다 그릇되어 가는 탓인즉 모두 다 나 하나 때문이라.

그런즉 나라 일이 잘 되어 가자면 나 하나가 세상에 없어야 문명개화(文明開化)도 되고 부국강병(富國强兵)이 될까. 그렇지도 아니 한지라. 만일 나 하나만 없고 보면 아무것도 될 수 없은즉, 다만 나 하나가 학문만 있었으면 다 잘 될 것을 내가 학문이 없어서 이렇게 되는 것이니, 일반 학문도 힘쓰려니와, 이 신문 보시는 이들은 깊이 생각하여 전후 폐막을 황연히 깨달아, 지금부터는 학문 없는 나 하나만 너무 생각지들 마시오. 나는 누구인가 하니, 세상 사람이 다 각각 자기 몸을 내라고 하더라.

제1권 제15호
대한제국 광무 2년 8월 26일 (金)

　일전에 매일신문을 본즉, 전 주사 김익노 씨가 독립협회를 걸어 상소를 하였더니 백퇴(白退)가 되었다 하며, 그 상소 초본을 번등(翻謄)하였는데, 그 일편을 보니 이런 계제를 타서 장부의 흉격(胸膈)에 있는 말을 한 마디 아니 할 수 없어 두어 마디 설명하노라.

　그 상소 중에 첫째 말이, 임금은 배와 같고 백성은 물과 같아서 물이 배를 싣기도 하며 능히 엎지르기도 하는 터인데, 우리나라에서 지금 불행히 이 일을 당하였다고 하였으니, 참 근사한 비유라. 지각 있는 사람의 말 같으나 조금 덜 생각한 것을 들어보오.

　물이 능히 배를 엎지른단 말까지는 생각한 모양이나, 거기서 한층 더 생각하여 보오. 물의 성품이 근본 한결 같아서 공연히 충동이지 않는 이치는 김익노 씨도 짐작할 터이니, 반드시 비나 바람이 있어 물을 요동한 후에야 물결이 흔들리는 것은 김익노 씨가 모르오? 그런즉 지금 우리나라 형편이 바람 자고 비 그쳐 고요한 때라고 하겠소? 김익노 씨 대답 좀 하시오.

　모진 비 악한 바람이 사면에 들이쳐서 이같이 위태한 중에 앉아서도 풍우를 가릴 염려는 아니 하고 도리어 걱정하는 사람을 없이하려고 하니, 김익노 씨의 충심은 어느 나라를 위하려 함인지 알 수 없고,

또 말하기를 백성이 취당(聚黨: 동아리를 불러 모음)하여 하고 싶은 바를 행함이 무소부지(無所不知)하나, 나라에서 능히 그 칼날을 거스르지 못하시리니 이는 백성만 있고 나라는 없는 때라 하였으니, 대한 백성이 취당하여 김익노 씨에게 크게 해로운 일을 생각하여 보시오.

황상 폐하께 상소하고 정부 안에 장정(章程) 규칙(規則)을 실시하게 하여 주시기를 빌었고, 정부에 편지하여 외국 사람을 해고하고 토지를 찾게 하여 달라고 청원하였고, 오늘날까지 정부 명령을 일호라도 거역한 것이 없었으니, 장정 규칙 시행하자는 것이 나라가 없는 것이라 할 지경이면 김익노 씨는 나라에 장정 규칙을 아무쪼록 없이 하는 것이 자기의 직책으로 아는 뜻을 보겠고, 또 말하였으되, 전 참정 조병식 씨의 일로 말하여도 사람은 비록 그 사람이나 벼슬인즉 황상께서 맡기신 바이거늘, 백성이 위력(威力)으로 갈게 함은 이하능상(以下陵上)이라 하였으니, 이는 김익노 씨가 다만 참정의 지위만 높은 줄 아는 말이지 하늘 같으신 황상 폐하는 받들지 않는 말인 줄이, 황상께서 맡기신 벼슬은 중하고 황상께서 국민을 위하여 만드신 법률은 쓸데없단 말이오?

또 말하였으되, 향일 청년회의 음휼(陰譎)한 모계(謀計)와 이번 옥사에 몇 사람이 다 독립회와 창자를 연하여 가만히 이상한 뜻을 둔다 하였으니, 김익노 씨는 반드시 청년회 속을 자세히 알아 청년회가 어디 있으며, 그 익명서를 누가 썼는지 속을 자세히 짐작하는 모양이오. 또한 독립협회에서 지금까지 하여 나려온 일은 다 세상에 광고하고, 무슨 일을 의론하든지 관민이 모인 곳에서 정정 방방히 처사하는 줄은 세계에 독립협회 이름 들은 사람은 다 아는 바이거늘, 무슨 은밀한 말을 들었는지 알 수 없고, 또 말하였으되, 이같이 하기를 마지아니하면 반드시 임금도 없고 신하도 없어 장차 백성의 독립국이 될 터이니 어찌 애석하지 아니 하오리까 하였으니, 이대로만 하여 가면 나라가 독립 될 줄은 김익노 씨도 짐작은 하는 모양이나, 나라 독립 되는 것을 애석히 여긴다 함은 진실로 자기 본의가 이러한지. 나라가 독립이 되지 말고 남의 종노릇이나 하는 것을 좋게 여기는 것을 들어 어찌 감히 황상 폐하의 독립을 창업 하옵신 천지에서 입을 벌리는지 알 수 없고, 겸하여 독립이 되면 임금이 없다 함은 김익노 씨의 학문이 이러한지, 세계 독립국에 임금이 없고 남의 속국의 임금이 있는 줄로 아시오?

또 말하였으되, 독립협회를 두는 것이 범을 기르는 것과 같다 하였으니, 이는 깊이 염려한 말이라. 범의 굴에서 범을 기르는 것이 뉘게 환(患)이 되리오. 반드시 남에게 환이 될지니, 이와 같이 대한에서 대한 백성을 힘 있게 기르는 것이 뉘게 환이 되리오. 필경 대한을 눌러 약하게 만들려는 사람에게 환이 될지니, 김익노 씨는 대한이 아무쪼록 힘이 없어 독립이 못 되도록 바라는 나라에는 충심이 가득하더라.

제1권 제16호
대한제국 광무 2년 8월 27일 (土)

본사 신문 기자가 재작일 일본 후작 이등박문(伊藤博文) 씨가 입성
하는 위의(威儀)를 관광하고, 우선 이등 씨가 무난히 도착함을 치하하며
한편 마음에 감동함이 있어 두어 마디로 논설하노라.

당일 대한에 머무는 일본 관민이 집집마다 저희 국기를 달고, 도
로를 정결히 수리하여 놓고, 대소 관민이 나아가 영접하는 자 무수하
며, 남녀노소가 길에 좌우로 벌려 서고, 수비(守備) 장관이며 추종(追從)
제원(諸員)의 경례가 가장 정제한데, 반가운 마음과 공경하는 예모가 사
색(辭色)에 나타나는지라.

대한 관민의 영접하는 절차와 옹위(擁衛)한 순검의 위의(威儀)가 또
한 정제한데, 관광하는 남녀노소가 길에 가득한지라. 당일 이등 씨의
명성이 장안에 파다하여, 사람이 무수히 말하기를, 어떤 사람은 명망이
저러 한고, 하니, 이등 씨의 이번 유람에 영화로운 이름을 대한에 끼치
는도다.

대저 사람이 세상에 나기는 다 같이 생겼거늘, 어떠한 사람은 본
방(本邦)에 유람하되 초초한 행색과 구구한 태도를 면치 못하고, 어떤
사람은 타국 지방에 생소한 자취를 부치되 위의가 저 같으면, 그 이름

을 듣는 자 저마다 관광하기를 원하여 보는 자로 하여금 그 위엄을 탄복케 하는가. 이는 진실로 그 연고가 있음이로다.

첫째, 사람의 우열(優劣) 등분에도 달렸다 하려니와, 대관절 그 사람이 이루는 사업에 있도다. 저 구구한 장부들은 나라 일을 하든지 사사 업을 주의 하든지, 평생 동안에 밤낮 주선하고 경영하는 것이 다만 자기 일신상 관계에 지나지 못하므로, 그 사람의 평생 애쓰고 분주히 한 일을 볼 지경이면, 불과 자기 몸이나 혹 몇 사람 이롭게 하자는 주의뿐인즉, 꿈같은 백년을 걱정과 근심으로 구구히 지내다가, 부운류수(浮雲流水)의 자취가 걷힌 후에 어느 구석에서 아무가 낫던 줄을 알 사람이 없으니, 세상 일이 참 우습고 또한 슬프도다.

그러하나 저 영웅준걸의 이름을 날리는 자들은 이와 같지 아니하여, 몸이 비록 한미(寒微)한 중에 있을 때라도 그 뜻을 항상 민국(民國)에 두어, 일생 경륜이 나라를 건지고 백성을 보호하는 데 있어, 목숨을 초개같이 여기고, 한 몸의 부귀를 부운(浮雲)으로 돌려보내어, 흉중에 가득한 배포가 세상을 바로 잡는데 있으므로, 일조(一朝)에 그 지위와 계제(階梯)를 당한즉 국가에 큰 공업을 이루고, 만민에 그 이익을 끼치므로, 자연 그 영귀(榮貴)로운 이름이 세계에 나타나서 천추만세에 앙망(仰望)하는 바 되나니, 이런 사람은 가위 몸이 썩어도 죽지 않았다 할지라. 어찌 흠탄(欽歎)치 아니하리오.

만일 이등 씨가 평일에 한 사업이 저 녹녹한 장부의 경륜과 같았으면 세상에서 누가 이등 씨의 이름을 일컬으며, 오늘날 대한에 누가 왔다 가는지 알기나 하리오마는, 이등 씨가 그 임금을 도와 좋은 사업과 큰 공뢰(功賴)를 많이 이루고, 자기 나라를 위하여 공효(功效)가 타국에까지 미치니 오늘날 영귀(榮貴)가 과연 어떠하뇨. 아지 못할 바라. 우리나라에 누가 외국에 가서 이같이 대접을 받는지 진실로 믿지 못할 바로다.

　　그러한즉 우리나라 관민들은 이런 좋은 계제와 기회를 만나서 다만 일신상 경영들만 말고, 길게 영귀할 큰 욕심을 좀 내어 큰 사업들을 이루고, 대한독립을 창업한 공신들이 되어, 오늘날 이등박문 씨의 영귀를 부러울 것이 없이 되어 봅세다.

제1권 제17호
대한제국 광무 2년 8월 29일 (月)

경인철도를 정부에서 미국 사람의 회사에 허락한 것은 다 까닭이 있었다고 그 연유를 전 신문에서 좀 설명하였거니와, 그 철도와 운산 금광 한 자리를 미국 사람에게 허락한 이후로, 대한과 통상 약조한 여러 나라에서 다 같이 얻으려 하여, 그동안 정부 대신과 외국 공령사 사이에 조회 내왕도 여러 번 되었고, 시비도 무수히 일어나, 심지어 대신이 외국 영사에게 봉욕(逢辱)까지 하고, 근일에 금광 몇 자리를 외국에 허락하기로 약조하고 타첩(妥帖)이 된 모양이나, 일전 관보에 본즉, 정부에서 전 탁지부 고문관 백택안 씨로 철도 감독을 내어 장차 서울서 원산을 지나 경흥까지 철도를 놓고, 원산서 평양을 지나 중남포까지 놓고, 경흥서 의주까지 놓을 차로 백택안 감독을 보내어 지형을 살피고 오라 하여, 위에 아뢰고 재가까지 물었으니, 전국 일천이백만 동포에게 이같이 반가운 소식이 없는지라.

진실로 독립 자주의 실상 사업인즉, 정부와 백성이 마땅히 일심으로 되도록 주선하여야 쓸 터인데, 정부에 재정이 넉넉지 못한 줄은 사람이 다 아는 바인즉, 이 일에 무슨 방책이 있는지는 알 수 없거니와, 백택안 씨는 본래 우리나라 재정에 관계하여 유조한 일을 많이 하던 사

람인데, 이번 이 중임을 맡았으므로 아무쪼록 주선하여 실상으로 성사
되도록 힘쓰기를 깊이 바라노라.

그러나 이 같은 사업은 백성이 다만 정부만 믿고 돌아보지 아니
할 수가 없는지라. 만일 이런 곤핍한 정부만 믿고 무심히 지내다가 필
경 외국 사람의 손으로 갈 지경이면 국민의 사정은 더욱 어찌 되겠소.
정치상 관계는 고사하고라도, 이렇게 간난(艱難)한 민정이 더욱 어려울
지라.

철도라 하는 것은 상무(商務)에 제일 관계되는 것이라. 국중 상무
에 제일 관계되는 권리를 외국 사람이 가지고 앉으면 그 큰 이익은 어
디로 돌아가리오. 국중에 큰 이익을 외국 사람에게 주고 앉으면 그 나
라 안에 있는 백성의 사정은 또한 어찌 되겠소. 그런즉 이때에 불가불
백성이 일심 합력하여 아무쪼록 대한 사람의 힘으로 놓는 것이 크게 관
계되는 목적 세 가지가 있으니,

첫째 국가의 독립 자주하는 실상을 잃지 않아 큰 권리를 굳
게 지키는 것이오.

둘째, 내 나라 상무를 내 손으로 흥왕하게 만들어, 나라가 부
요할 사업을 이루어 그 이익이 후생에까지 미치게 함이오.

셋째, 고금에 우리나라에 없던 일을 시작하여 국민이 다 편
리하고 자기에겐 큰 장사가 될 터이니, 우리나라 사람이 이런 좋은
사업을 이루어 볼 기회는 실로 처음이오, 또한 마지막인지라. 전에
는 몰라 못하였거니와, 이후에는 알고도 남의 손에 다 넘어 간 후
에는 할 계제가 다시는 없을 터이니, 이런 계제를 잃고 좋은 재물
들을 아깝게 썩히지 마시오.

외국서도 이런 일은 한두 사람이 하기 어려운고로, 흔히 여러 사

람이 회사를 조직하여 여러 힘을 모아 가지고 하는 법이니, 우리나라에서도 재물 가진 이 여럿이 규칙 있게 회사를 조직하여, 일을 알고 신실한 외국 사람을 고빙하여 주선할 지경이면 과히 어렵지 아니할 터이니, 그때는 정부에서도 반가이 인가할 터이고, 외국의 시비도 막히리라.

제1권 제18호
대한제국 광무 2년 8월 30일 (火)

〈대한 사람 봉변한 사실〉

재작일에 수교(水橋) 앞에서 대한 사람이 무고히 일인(日人)에게 봉변한 말은 어제 신문에 대강만 올렸거니와, 당일 수교 앞에서 장사하는 일인 목곡(木谷)의 집에 온 일인(日人)이 송도에서 그날 들어왔다는데, 그 일인이 수교에서 배를 사서 껍질을 벗길 때 옆에 앉은 대한 사람 하나가 침을 잘못 뱉어 일인의 옷에 떨어진지라.

일인이 장동 사는 강홍길을 집탈(執頃)하여 가지고 배 벗기던 칼로 강가를 찔러, 다행히 중처(重處)는 상하지 아니하였으나, 바른 편 손을 찔러 유혈이 낭자한지라. 옆에서 보던 사람들이 대단히 분하여 바삐 지소에 가서 그 썩어빠진 대한 순검에게 말한즉, 순검의 생각에, 만일 그 지소를 떠나면 순검막을 다 떠가는 줄로 알고, 지킨 자리에서 요지부동이거늘, 마지못하여 일인의 집 문 앞에 서서 방황한즉, 어언간 사람이 수백 명이 모인지라.

칼질한 일인은 그 집으로 들어가 숨고, 일본 순사 하나가 그 소문을 듣는 대로 한숨에 달려와 그 집 문을 막고 서서 대한 사람을 들어오지 못하게 하며, 그 모인 사람들이 다 헤어지면 양척(兩隻: 원고와 피고)을 다 잡아다가 법대로 다스려주마 하거늘, 모인 백성들이 크게 분하여,

남의 나라 사람에게 칼질한 놈을 우리 보는 데서 처결하여 주어야 헤어지겠노라 하여 시비가 분분한즉, 그 집안에 있는 일인들이 트집을 할량으로 저희 손으로 유리문을 깨트리며, 집 위에 돌을 던져 소리를 내며, 백성을 쫓아 보내려 하되, 종시 헤어지지 아니할 듯하자, 일본 총순 하나가 또 따라와 칼집을 휘두르며 묶어 선 사람들을 물리치려 할새, 그제야 어찌 되어서 다 죽은 대한 순검 하나가 와서 일인의 명령을 받아 모인 사람들을 다 물러 가라고 기운을 내어 크게 소리를 지르되, 분한 백성들이 종시 물러가지 아니하니, 마지못하여 일본 두 순사가 칼질한 일인과 칼 맞은 사람을 앞세우고 경찰소로 가니, 때가 마침 황혼이라, 모인 사람들이 내 나라 백성을 남의 나라 법소(法所)에 잡혀 보내는 것을 분히 여겨 소리를 지르면서 따라간즉, 일본 순사들이 군도(軍刀) 집을 저으며 사람을 무수히 때려 넘어뜨리므로, 장차 위황(危慌)한 광경이 일어날지라.

　순사가 격노(激怒)하여 돌아서서 사람들을 쫓아오다가 아희 하나를 잡아끌고 가니, 아희가 겁이 나서 크게 울며 아니 가려 하나 억지로 끌거늘, 백성들이 그 아희를 빼앗으려 하여 군도 집에 맞으며 무수히 승강할 때, 옆에 일본 상민 하나가 내달아 저희 순검을 도와 아희를 덜미 잡고 몰아가거늘, 사람들이 소리를 지르며 일본 경찰소 앞에 이르러, 장차 무슨 분경이 일어날 듯한지라.

　몇몇 유지한 사람들이 백성들에게 대하여 무수히 실수를 말라 하고, 경찰소에 명첩을 들여보내고, 순사를 대하여 당장 처결하여 주기를 재촉한데, 순사의 말이, 있다가 조용한 때에 오라하며 나가라 하거늘, 마지못하여 나온즉, 백성들이 뛰며 대단히 황황(遑遑)하여 일본 영사관 앞에 모여, 사람을 몇을 들여보내어 영사를 보고 수백 인명이 문밖에 모여 있다는 말과, 무죄한 사람이 칼을 맞고 아희도 죄 없이 잡혀 간힌 연유를 말하고 속히 조처하여 주기를 청구하자, 고마운 영사의 말이, 자기 나라 경찰 관리가 다 공평하니 옳게 조처하여 줄 터인즉 물러가 기다리라 하거늘, 어찌 감사한지 몰라, 다시 말하기를, 공평히 한다니 감사는 하나, 이 일은 좀 이 저녁으로 우리 보는 데 처결하여 달라 한 즉, 그 정다운 영사가 문을 닫고 들어가는지라.

이것을 보니, 두 나라 교제가 어찌 정다운지 탄식하고 나와 공론 을 분운(紛紜)히 할 새, 이 순사가 하나씩 나와서 말마디나 하는 사람을 차례로 잡아 가두고 무수히 난타하여 유혈이 낭자한지라. 그 밤에 수백 명이 대한 경무청에 가서 들어가 호원(呼冤)하려 한즉, 그곳에 있는 순 검들은 다 살아서 위엄도 내고 소리도 크게 질러 감히 가까이 오지 말 라 하거늘, 백성들이 소리 지르기를, 이 나라 백성이 이 나라 경무청에 와서 호소하려 하는 것인데 어디로 가란 말이오, 서양이나 일본, 청국 으로 가면 좋겠소? 관원에게 들어가 분한 말 좀 하겠소, 한즉, 들어 가 거라 하더니, 무엇이 위태한지 여럿이 들어오지 말고 하나만 들어와 말 하라 하거늘, 수인(數人)이 들어가서 어떤 관원 한 분을 보고 설명한즉, 그 관원이 고성으로 순검의 성명을 알라 하고, 일본 경무청이 도성 안 에 있는 것이 어찌한 까닭이라고 분기 대단하거늘, 백성의 말이, 여기 서 이 백성에게 대하여 큰 소리를 말고, 진고개로 가서 큰 소리를 좀 하시오, 일본 경무청이 도성 안에 있는 것을 뉘게다 말합니까, 도리어 백성에게 말하시오?

관원의 대답이, 이는 우리가 어찌 할 수 없고 정부에서 한 일이라 하며, 이 일은 속히 한성판윤에게 기별하여, 일본 영사에게 조회하고 속히 조처하여 주게 할 것이니 나가 기다리든지, 다시 만나든지 하면 좋겠노라 하거늘, 사세를 생각한즉 더할 수 없는지라. 다시 말하되, 그 일은 그리 하려니와, 본래 경무청은 그 나라 백성을 보호하자는 것인데, 내 나라 백성을 능히 보호하지 못하여 남의 경무청으로 잡혀가게 함은 무슨 까닭인지 알기를 원하거니와, 이런 경찰소는 없어도 무방한 것이 아니오, 한즉, 관원의 대답이, 그것은 홀로 어찌할 수 없는 것이, 순검이 누가 그 직책을 알고 다니는 이가 없노라 하거늘, 백성의 말이, 그러면 순검들도 아무쪼록 원수 같은 신문들이나 좀 보게 하시오. 하지마는 이 일에 잘못한 순검도 떼어 먹지 마시오, 그것도 불쌍한 대한의 생명이오.

누구는 그 순검보다 나아서 제 직책 알고 다니는 사람 어디 있소. 남의 사람과 상지(相持)되어 불쌍한 내 나라 생민(生民)만 곯을 지경이면 그도 또한 분한 일이니, 그 순검 좀 살려두고, 나 남 없이 각각 그 직책이나 알게 부디 신문을 보이시오, 하고 나온 후에 경무청 문 앞에서 모여 분한 말로 설명들 할 새, 순검 하나가 나와 상관의 명령으로 전하는 말이, 여기서 모이지 말고 헤어지면 좋겠다고 하거늘, 백성의 말이, 여기 모이면 경무청을 어찌하오? 나라가 위태할 터이오? 이 백성들이 각처에 있다가 저의 몸이 위태하니까 한데 모여 저희 끼리나 보호하려는 것을 어찌 헤쳐서 각기 따로 가서 남에게 매 맞고 칼질 받으란 것이니, 장차 나라를 어찌하잔 말이오. 왜 저희들을 없이 하려 하오. 왜 백성들 연설 못하게 하고, 백성들이 모여 저희 몸을 보존하고, 나라에 힘이 생기면 외국 사람에게 방해가 될까 두려워 그리하오?

순검이 백성들이 낸 돈으로 매삭 칠팔 원씩 먹고 이 백성 보호하려는 것이 직책이 아니라, 백성을 약하도록 만드는 것을 직책으로 아오? 하며 말하기를, 우리가 이런 일을 밤낮 모여서 의론하여야 쓸 터이니, 이 나라 경무청에서 또 잡아 가두더라도 내일 다시 모여 의론들 하자고 하고 울분함을 이기지 못하여 헤어졌으니, 백성들이 모여서 생명(生命)들을 차리시오.

제1권 제19호
대한제국 광무 2년 8월 31일 (水)

〈기원절 경축〉

내일은 우리 대한 기원절(紀元節)이기로 본사에서도 경축하는 뜻으로 특별히 신문을 하루 정지하고 모래 다시 발간할 터인데, 오늘 미리 축사를 올리노라.

우리 대황제 폐하 만만세,

황태자 전하 천천세,

일천이백만 동포 천천세,

태극 국기 독립 자주 천만세.

외국 친구들이 흔히 말하기를, 조선 사람은 분하고 부끄러운 줄을 모른다고들 하거늘, 우리가 그 말을 믿지 않았더니, 지금이야 과연 짐작할 일이 있도다.

일전에 독립신문에 본즉, 어떤 서양 사람의 편지를 내었는데, 대강 그 편지 사연이 대한 전국을 대하여 실례되는 말을 하였는지라. 첫째 독립협회가 모두 미친 사람의 광기를 부리는 것이고, 대한 독립이 실상은 없이 가당치 않은 높은 이름만 자칭함이고, 정부 대신 이하로 그 중 하등인(下等人)까지라도 모두 똑같지 않으면 더 괴악해서, 나라 개명은 영구히 못해 볼 터이니, 독립관에서들 일을 할 터이면 대신들을 시켜서 외국 고문관의 지휘대로나 행하게 하지 않느냐고 하고, 그 외 무수한 말이 모두 남의 나라에 대단히 실례되는 말이라.

　　본래 외국 문자들을 보면, 항상 우리나라 정치와 인정을 말하는 데 이르러서는 분하고 부끄러운 적이 한두 가지가 아니나, 그것은 다 그 실상을 들어 말한 것인즉, 그런 것을 가지고 우리에게 무리하게 한 말이라 할 수 없으나, 이 외국 사람의 편지는 전혀 남의 나라를 향하여 민국(民國)을 망령되이 비방한 말이라. 아무 사람이던지 이 나라 백성이 되고야 어찌 분한 마음이 없으리오. 외국 인정과 같고 보면, 이 말이 신문에 나서 국중에 퍼지는 날에 당장 큰 시비가 일어났을지라.

　　일전에 미국의 어떤 관인이 대한과 미국 사이 상업을 인연하여 몇 가지 조목을 신문에 내었는데, 그 중에 서양 교중(敎中) 친구들에게 조금 관계되는 말이 있는지라. 교중 친구들이 이것을 보고 여럿이 반대하여 신문사에 편지하고 그 불가함을 설명한 것이 한 사람뿐이 아닌즉, 이것은 피차 한 나라 사람이 무슨 정치상이나 민국에 크게 관계되는 것은 아니어서 그러하되, 오히려 그저 있지 않거든 하물며 외국 사람이 내 나라 민국을 대하여 종작없이 실례하는 것을 보고, 지금까지 신문사에 편지하고 반대한 마음에 하는 사람이 없은즉, 어찌 분하고 부끄러운 마음이 있다 하리오.

　　그러하나 신문사에 날마다 들어오는 편지를 보면 분하고 원통하다 하여 남을 시비하는 것뿐인즉, 이것을 보면 분한 줄 아는 마음이 없는 것은 아니나, 어떤 일이 참 분한 것인지를 모르는 때문에, 길에서 외국의 무리한 사람이 내 나라 동포를 무단히 욕보이는 것을 보면, 그런 데는 분히 여길 줄 모르고, 다만 자기 몸에 닥치는 일이 있어야 비로소 분하고 원통하다 하니, 그런고로 오늘날 대한에 대하여 남이 무슨 무리한 말을 하든지, 무리한 일을 행하든지, 탄하여 시비 한 마디 하는 사람이 없다.

그러나 외국 사람들은 다만 제 몸에 닿는 것만 분하게 여길 뿐 아니라, 자기 집안이나 회사나 동리나 나라에 관계되는 일에 일호라도 남이 까닭 없이 건드리면 일심으로 반대하여 설명하며 시비하는 고로, 오늘날 어디를 가든지 행세하고 대접 받아, 세계상에 아무든지 그 나라 국기를 대하여 무리하게 실례하고는 배길 사람이 없나니, 이로 볼진대 그 사람들은 과연 마땅히 분히 여길 일에 분을 낸다 할지라.

우리는 바라건대, 이 신문 보시는 동포들은 차차 나라 일에 분들을 내어 분하고 부끄러운 줄을 참 아는 사람들이 되어 봅세다.

〈잡보〉

○ 재작일에 정부에서 이등박문 씨를 외부(外部)로 청하여 연회를 하는데 기생이 십여 명이오, 악공이 차례로 가진 풍악을 아뢰며 즐겁게 놀 새, 그 연회에 각부 대신 협판과 일본 공영사와 수비대 장관들이 참례하였는데, 음식이 나오자 이등 씨가 안경을 벗어 상 위에 놓았더니 졸지에 간 곳이 없는지라. 정부 대소 관원들이 크게 무색하여 거행하던 하인들을 경무청으로 잡아 가두고 사실(査實)하는 중이라니, 우리나라 일은 끝까지 외국에 수치되는 말만 들리니, 백성들을 교육이나 좀 시키시오,

제1권 제20호
대한제국 광무 2년 9월 2일 (金)

태조 강헌 지인 계운 성문 신무(太祖 康獻 至仁 啓運 聖文 神武) 대왕 폐하께옵서 고려 충숙왕(忠肅王) 후 사년(四年) 을미 십월 십일일에 영흥 흑석리 사저에서 탄강(誕降)하옵셨는데, 그때 송도(松都)가 서울이고, 한양이 동경(東京)이고, 평양이 서경(西京)이라.

고려조 말년을 당하여 정사가 쇠잔하고 백성이 어지러울 때, 태조 대왕 폐하께옵서 처음에 호반(虎班)으로 고려조에 벼슬하사, 항상 전장에 나아가 도적을 쳐 멸하시고 큰 공을 여러 번 이루시어, 벼슬이 수문하시중(守門下侍中)에 이르셨더니, 고려 거짓왕 신우 무진년에 요동을 칠 때, 시중 최영(崔瑩)이 주장하여 태조대왕 폐하를 억지로 우군도통사(右軍都統使)를 배임하여 요동을 치시게 하거늘, 태조께옵서 위화도(威化島)에 계셔서 천의와 인생을 살피신즉, 고려 국운이 더 지탱할 수 없이 되고 민심이 모두 배반하여 군사가 전장에 나아갈 마음이 없는지라.

거기서 의(義)를 일으키시어 군사를 돌이켜 들어오시니, 그때 사기(史記)를 보면, 하늘이 가르쳐 보이신 이상한 징조도 많았거니와, 백성과 군사의 마음이 일제히 대왕께 귀순하는지라.

고려 거짓 임금 신우와 그 아들 창(昌)과 공양왕을 내친 후에 민심이 크게 대왕께 부치는지라. 명(明)나라 홍무(洪武) 이십오 년 임신(壬申) 칠월 십육일에 천명이 모두 주(主)께 돌아오므로, 송도 수창궁(壽昌宮)에서 즉위하시니, 곧 대한 개국 원년이라.

갑술(甲戌)년에 도읍을 한양으로 정하시어 만년 무강(無疆)의 터를 닦으시고, 성자(聖子) 신손(神孫)이 계계승승(繼繼承承)하사, 지금의 황상 폐하께 이르러 다시 독립을 확장하시고, 황제 존호를 받으시매, 특별히 개국 기업하신 먼저 성인의 공덕을 더욱 빛내신지라.

공업(功業)이 황해와 태산 같으시니 이날이 일국에 큰 명일이라. 우리가 특별히 두어 줄 글로 선왕의 기업(基業)하신 공업(功業)과 지금 황상 폐하의 중흥하옵신 공덕을 아울러 빛내어, 그날을 자자손손이 천추만세까지 전하여 이씨(李氏) 세계에 무궁하신 복록을 하늘께 축수하노라.

제1권 제21호
대한제국 광무 2년 9월 3일 (土)

　　그저께 독립협회에서 기원절 경축회를 지낸 대강은 전호에서 말하였거니와, 당일 독립문 앞에 차일을 높이 치고, 국기를 벌려 세우고, 교의와 의자를 베풀어 놓고, 사방으로 말장을 꽂아 울타리를 만들고, 앞에 푸른 솔가지로 홍예(虹霓: 무지개)를 틀어 문을 내고, 붉은 글자로 기원경축(紀元慶祝) 네 자를 써서 현판을 달고, 그 문으로 출입하게 만들었는데, 각 학교 학원들은 쌍쌍이 국기를 받치고 차례로 들어가 사방으로 나누어 자리를 정하고,

　　회원과 손님은 서로 섞여 앉은 후, 오전 열한 시에 회장 윤치호 씨가 개회할 때 연회의 대지(大旨)를 설명한 후, 회원 정교 씨가 기원절을 기념하는 뜻으로 연설하고, 부회장 리상재 씨가 대한 전진할 목적을 연설하고, 황상께옵서 특별히 내리신 풍악을 화답하여 경축가 삼장을 기쁘게 부르고, 각 학교 학원들이 기원가를 높이 부른 후에, 무관학도 이백여 명이 군복을 갖추고 나팔을 불며 구령을 따라 정제히 늘어서서 높은 소리로 애국가를 부르고,

　　황상 폐하와 인민과 독립협회와 군민을 위하여 만세를 부르고, 그 후에 회원과 손님들이 일제히 대한독립을 위하여 만세를 부르고, 대황제 폐하를 위하여 만세를 부르고, 황태자 전하를 위하여 천세를 부

르고, 각색 음식을 골고루 나누어 정제히 대접하고, 오후 두시쯤 되어 대한 손님 접대하기를 마친 후 폐회하고, 오후 세시 반쯤 되어 외국 손님들을 대접할 때, 독립관 앞에 또한 그와 같이 정결히 포진하고, 여러 접빈 위원이 손님들을 정답게 영접하여 좌처(坐處)를 차석 있게 정할 때, 외국 부인네와 각국 공령사와 장관과 군인이며, 점잖은 진신(縉紳: 지위가 높고 행동이 점잖은 사람)과 신상(紳商: 상도를 지키는 훌륭한 상인. 상류층의 상인)들이 합계 구십삼 인인데, 외국 부인이 열여섯이오, 대한 부인이 넷이오, 일본 관민이 합 이십오 인이오, 청국 관인과 상민이 합 넷이오, 아라사 사람들이 둘이오, 불란서 사람이 여덟이오, 덕국 사람이 둘이오, 그 나머지는 거반 선교사와 고문관들인데, 합계 아홉 나라 사람이 모인지라. 회장이 개회한 대지를 설명할 때 외국 친구들이 오신 것을 감사히 치하하며, 황상폐하께옵서 어악(御樂)을 주신 것은 또한 우리가 충군애국 하는 목적으로 모인 줄을 통촉하심이라.

특별한 천은(天恩)을 감축하게 여기는바, 우리가 지난 오백여년 동안보다 독립이 굳고 나라가 흥왕하기를 바란다고 하니, 손님들이 일제히 손뼉을 치고, 그 후 사범학교 교사 힐법 씨가 자유 목적으로 연설할 때, 대한이 흥왕하고 독립자주(獨立自主)를 무궁히 누리기를 사람마다 바라는 바, 자유라 하는 것이 사람마다 제 마음대로 하는 것인 줄로 아는 이가 혹 있으나, 그렇지 않은 줄이, 비유컨대 시골 한 아이가 있는데, 그 어른이 돈을 주어 서울을 보내면, 그 아이가 좋은 곳에 와서 돈을 가지고 제 마음대로 술이나 먹고 괴악한 짓이나 하면, 그것을 당연한 자유라 하겠소? 그것은 자유가 아니라 할지라. 그러나 사람을 어깨까지 땅에 묻고 머리만 내어놓고 그 앞에 각색 음식을 갖다 주면 손으로 만지지 못하고 능히 먹겠소? 다만 보고 냄새만 맡을지라. 그런즉 자유를 하자면 그 수족을 결박하고 마땅히 할 일을 못하게 만들어도 못

되겠고, 또한 제 마음대로 그른 일이라도 행하게 하여도 못 될 터이니, 다만 법률과 경계대로만 올케 하는 것이 자유라. 오늘날 이 회에 모인 친구는 어느 나라 사람이든지 다 이 회가 흥왕하고 대한독립이 굳게 되기를 바라는 줄로 나는 믿노라 하매, 모두 손뼉을 쳐서 그 말이 옳은 줄로 여기는 마음들을 나타냈다.

그 후 풍악을 나눈 후에 독립관 안으로 손님을 청하여 들이니, 그 안에 이미 각국 국기를 빛나게 걸어놓고, 교의와 의자를 포진한 중에, 각색 과실과 좋은 음식을 많이 예비한지라. 정제히 대접한 후 빈주(賓主)가 서로 감사한 뜻을 수차례 치하하고 나와 풍악을 듣다가, 다섯 시 반쯤 헤어진 후, 회원들이 저녁에 풍류를 잡히고 애국가를 노래하며 대궐 앞으로 지나서 협회 사무소로 들어 왔는데, 당일 외국 손님들도 다 기꺼운 뜻으로 연회를 지내었거니와, 독립관 근처와 장안 큰길에 애국가와 만세 부르는 소리가 사면에 들리더라.

제1권 제24호
대한제국 광무 2년 9월 7일 (水)

제작일 독립신문을 본즉, 어떤 사람이 편지하고 말하였으되, 독립신문이 다른 신문과 다른 것이 없거늘 신문 값이 남의 것보다 많은 것이 무슨 까닭인지 알 수 없다고 하였으되, 그 신문에 이 편지에 대하여 설명하였는데, 그 의론이 명백하고 유리한 말이로되, 우리 생각에는 신문 값을 인연하여 편지한 사람의 말을 족히 대답할 것이 없을 듯하도다.

대저 우리나라 사람이 아무리 무식하고 경계 없다 한들, 누구든지 이 백성 중에서 신문을 낼 적에 이익을 바라든지 장사차로 내는 줄로 여기는 사람이야 어찌 머리에 골이 있다 하리오. 우리 신문 보시는 이들은 대개 신문의 목적이 나라를 개명하고 공평한 의론을 세상에 세우려 하는 주의를 짐작들 하는 줄로 우리는 아는 바로라.

남들도 적으나 지각 있는 사람은 독립신문이 생긴 후로 우리나라에 유조한 일을 얼마쯤 행하였는지 이루 다 말하지 아니하여도 알지라. 그러하나 근래에 새로 설시된 신문들은 다 후진이 되어 각기 문명에 주의를 힘쓰는 고로, 아무쪼록 널리 전파하여 여러 사람의 이목을 새롭게 하려 하는바, 우리나라 사람들이 열리지 못하여 신문 보는 것이 별로 요긴한 줄로 아는 이가 몇이 못 되므로 널리 보게 하자는 주의를 행할 수 없는 고로, 국문으로 박아서 폭원(幅員)을 적게 만들고, 값을 간략히 마련하여 그저 주는 것과 다름이 없이 하여, 상하 남녀 귀천 물론하고 저마다 보게 하니, 국민을 위하여 불소한 돈을 허비하여 가며 일하는 것은 실로 우리나라에 자래(自來)로 없던 일이라. 마땅히 생각들이 좀 있을 터인데, 도리어 값을 교계(較計)하는 사람이 있으니, 이런 사람은 그저 보라고 하여도 아니 볼 사람으로 아노라.

　그러하나 독립신문 제 일백삼십일 호에 다섯 가지 조목을 내어 설명하였는데, 하였으되, 첫째 독립신문은 개명(開明)을 주장함이고 장사하려는 의사는 아닌 고로, 자본이 없어서 신문 값을 받아 겨우 지탱하노라 하였으니, 모르는 사람들이 그 말을 들으면 아마 다른 신문은 장사를 주의하는가 보다고 할 염려가 있기로 설명하는 것이거니와, 값을 많이 받는 신문이 장사하는 주의가 아닐 적에야, 값 적게 받는 신문이야 더구나 장사하는 뜻이 아닌 줄은 분명한지라. 그런즉 독립신문도 아무쪼록 값을 적게 하여 못 볼 사람이 많이 보도록 주선하는 것이 더욱 개명에 유조한 줄로 아노라.

　둘째 조목에 말하였으되, 독립신문은 이삼 삭 혹 오륙일에 정지(停止) 아니 하고 신실히 하는 까닭에 값을 내려서 스스로 천히 아니 하노라 하였으니, 우리 제국 신문은 시작한 후로 매 일요일과 기원절 외에는 아직 정지하지 아니 하였으나, 그 동안 여러 호가 나지 못하였은 즉 특별히 대답할 말은 없으나, 우리가 알기에는, 독립신문이 값을 더 받는 것은 학문과 소문이 다른 신문보다 나은 까닭인가 하였더니, 이 말을 듣건대, 그런 것이 아니라 그 신문이 나이 많고 정지 아니 하는 까닭에 돈을 더 받는 듯하도다.

　또한 우리는 신문을 아무쪼록 천하고 흔하게 만들어 귀천 간 모두 보아 속히 개명되기를 주의함이거늘, 그 신문은 천히 아니 하노라 하였으니, 그 신문은 아마 극히 귀하게 되기를 힘쓰는 듯하도다.

셋째, 독립신문은 하루살이 같은 소문은 내지 아니하며, 오늘 내고 내일 정오(正誤)하는 일이 드물다 하며,

넷째, 종이가 좋고 출판하는 모양이 정결하여 어디 내어놓든지 부끄럽지 않다 하였으니, 우리 생각에 그 말은 아니 하였으면 좋을 듯한 것이, 그 말이 아니라도 보는 이들이 다 생각이 있어 공의(公議)가 자재(自在)할 터인즉, 스스로 칭찬하는 것은 오히려 점잖지 못한 듯하도다.

다섯째 조목에 하였으되, 외국 통신과 전보는 가장 신속하다 하며, 외국 신문과 잡지 이십여 개가 들어온다고 하였으니, 이 말이 모두 실상 세상에 다닐 만한 의론이나, 신문 보는 이들은 신문 한 장에 긴요하고 유조한 말만 있기를 위하지, 그 신문사에 만 권 서책이 쌓인 것을 누가 그리 긴하게 여기리오.

이 다섯 가지 조목 중에 혹 누가 의혹 있게 여길 말이 있기로 대강 말하거니와, 우리는 바라건대, 독립신문이 이런 좋은 학문과 외국 통신과 전보를 가지고 국가에 유조할 말을 많이 내어, 값이 많을수록 널리 보게 되기를 깊이 믿노라.

제1권 제25호
대한제국 광무 2년 9월 8일 (木)

　　나라에 성(城)이라 하는 것은 옛적에 창과 활이나 가지고 싸울 때에 도적을 막고 백성을 보호하는 데 없지 못할 것이거니와, 지금 세상에는 전장에 쓰는 군기가 온통 전과 달라서, 총 한 자루가 한 번에 열여섯 방씩 놓아 십여 리 가량을 나아가 사람을 상하고, 대포가 이천 근 가량 무게 되는 철환을 사오십 리 가량을 보내어, 한 개가 떨어지는 곳에 적은 철환이 몇 만 개씩 터져서 큰 동리를 두려빼는(*한 곳을 중심으로 그 부근이 뭉떵 빠져 나가다) 힘이 있고, 심지어 연기 없는 화약을 만들어 총을 암만 놓아도 연기가 없는 탄환까지 있으니, 지금은 성이 쓸 데 없는 것이 된지라. 오히려 성이 전과 같이 도적을 능히 막을 줄을 믿고 있는 것은 참 어리석은 일이라, 남이 오죽 치소(嗤笑)하리오.

　　지금은 난리로 말하더라도 성이 없어도 무방할 뿐더러, 근래에 성으로 인연하여 백성에게 크게 편리치 못한 일이 많은지라. 이십여 만 명 가량 되는 인구가 사는 장안에 저녁이면 문을 닫아 출입을 통치 못하니, 이같이 게을리 편한 데 젖은 백성이기에 견디지, 만일 국가에 일이 많고 백성의 상업이 흥왕할 지경이면, 이런 분주한 세상에 밤낮 시각을 다투고 이해를 비교하여 화륜거와 마차가 쉴 겨를이 없을 터인데, 성문에 막혀 출입을 통치 못하니 그 폐막(弊瘼)이 어떠하뇨.

그러므로 갑오년부터 성문을 닫지 않게 마련하여 내외 국민이 함께 편리함을 얻더니, 중간에 차차 옛 법이 생기면서 성문을 도로 닫히기 시작하는데, 이 백성들은 과히 어려운 줄을 모르고 이전에 닫던 문인즉 의례히 닫힐 줄로 알거니와, 외국 사람들은 그 폐단을 막으려고 외부에 조회하고, 자기 나라 백성이 편리토록 주선하여, 외국 사람들은 상하를 막론하고 깊은 밤이라도 문을 열어 무난히 통섭(通涉)하게 하니, 이로만 보더라도 외국 관인의 그 백성 위하는 마음과 대한 관인의 그 백성 위하는 등분이 크게 다른지라.

근일에 종종 말을 들으면, 외국 하등인이라도 출입할 때에는 파수 순검이 시각을 머무르지 못하고 닫힌 문을 열어주되, 만일 우리나라 사람이 문 여는 때를 타서 외국인을 따라 들어오려 하면 기어이 막고 아니 들이며, 문 앞에 가까이 오지도 못하게 하므로, 그 백성의 생각에, 나는 이 천하고 성명도 없는 대한 백성이니까 의례히 못 들어오거니와, 만일 외국에 호적을 하였든지, 외국 복색을 입었든지, 외국 사람의 하인 노릇을 할 것 같으면 의례히 닫은 문을 쾌쾌히 열고 출입을 임의로 할 터이라고 하며, 혹 분히 여기는 사람이 있어 순검에게 묻기를, 나는 어찌하여 들이지 않나뇨, 하면, 순검의 대답이 또한, 너는 대한 백성인 고로 정부에서 들이지 말라는 명령이 있다고 하니, 그 말 듣는 백성이 적지만 분기 있는 사람이면 어찌 이 나라 백성 노릇하기를 원통히 여기지 않으리오. 차라리 외국 사람의 종노릇하기를 달게 여길지라. 실상을 생각하고 보면 진정 눈물이 나고 간담이 상할 일이라.

여보시오, 우리 동포들은 다른 생각들 말고 오늘부터 백성 노릇들 좀 하여 백성 대접을 좀 받읍시다. 우리는 아무리 천하고 못된 인생인 듯하나 대한 황제국 보호하는 직책을 얼마씩 짊어진 사람이니, 우리가 우리 정부에 외국 백성들과 동등 대접을 받아야 우리 정부가 또한 세계에 외국 정부와 같이 대접을 받는 이치니, 이런 일을 참 분히 여기고 남과 같은 사람 노릇들을 하여 보시오.

또한 정부 관인 되신 이들로 말할지라도, 내 나라 백성을 남의 나라 백성과 같이 만들어 놓아야 내 지위가 자연 높아지는 법이라. 그런즉 우선 이런 일부터 속히 조처하되, 뜻 없이 쓸데없는 문을 닫혀놓아 수치만 되게 하지 말고, 아주 열어놓아 내외 국민이 함께 편리하게 하는 것이 마땅한 일이더라.

제1권 제26호
대한제국 광무 2년 9월 9일 (金)

〈만수성절(萬壽聖節) 경축〉

내일은 우리 황상 폐하 탄신이기로 이 날을 경축하여 본 신문을 하루 정지하고 오는 월요일 다시 발간할 터인데, 오늘 미리 성수(聖壽) 만세를 축수하며, 아울러 황태자 전하와 전국 인민을 위하여 천세를 부르노라.

　서양에 큰 학문가의 평론들을 상고하건데, 천하의 인구 수효가 매 백 년 동안에 갑절씩 느는 법이라. 그런즉 사람의 먹고 사는 물건이 또한 인구 수효와 같이 늘어야 백성이 곤핍하고 살 수 없는 정형을 면하지, 그렇지 못하여 사람은 점점 번성하고, 먹고 살 식물은 태고적 나무 열매나 먹고 살던 때와 같이 하려고 한다든지, 쌀 한 말에 몇 푼씩 하던 세월이나 생각하려 하면, 근본적으로 하늘이 토지와 만물을 내어 사람이 넉넉히 살게 마련하려는 본의를 저버리는 앙화(殃禍)는 반드시 사람이 받는 법이니, 그 앙화는 필경 굶어죽는다든지 큰 재앙이 생겨 인구가 줄어지며 생령이 천하여지는 법이라. 어찌 두렵지 아니하리오.

　태서 제국에, 백성의 호적을 상고하여 식물이 번성한 것을 비교하건데, 식물의 느는 것이 사람 수효 느는 것보다 더 많은지라. 그럼으로 백성이 부요하고 나라가 강하여 오늘날 서양 제국이 세계에 으뜸이 되는지라. 구라파로 볼지라도, 오십년 동안에 매년 식물과 인구의 느는 것을 비교하건대, 서력 일천팔백삼십일 년부터 일천팔백사십 년까지 사람 수효는 이백오십일조 명인데 식물 수효는 오곡이 일백일조 톤(*한 톤이 우리나라 근수로 거의 이천 근 가량이라――원주) 이고, 고기가 팔백팔십 만 톤이고, 사탕이 오십사만 톤이고, 커피차가 이십일만 톤이더니, 그 사이 해마다 느는 것은 이루 다 기록할 수 없거니와, 일천팔백팔십팔 년에 이르러 인구가 사백사조 명인데, 오곡이 이백사십일조 톤이고, 고 기가 십사조 톤이고, 사탕이 오조 톤이고, 커피차가 구십이만 톤이니, 이 오십년 사이에 인명이 갑절이 더 늘고 식물은 갑절이 되고도 얼마 남는지라.

　　이런 것은 그저 보아 넘기지만 말고 따로 써놓고 궁구하여들 볼 것이거니와, 오늘날 이것 보는 이들은 어찌하여 구미 각국 사람들은 부 유하게 되었는지 깨달을지라. 그 지방에서 식물이 이같이 느는 것은 저절 로 생긴 것이 아니라, 사람 나는 대로 부지런히 일하여 각기 먹고 남을 만치를 만들어 내어 가며, 정부와 백성이 해마다 기록하여 비교하기를, 마치 살림살이 잘하는 집안에서 매 식구가 부지런히 벌어들이며, 매삭 매년에 모아 들이는 입수(入手)와 써 없이하는 부비(浮費)를 비교하여, 절조 있게 쓰며 남는 것을 모아 풍족히 지내는 살림까지, 나라들을 다 스려서, 구미 각국이 세계에 거부 노릇들을 하거늘, 우리나라에는 물건 을 새로 내기는 새로에(*고사하고), 하늘이 준 금 은 동철도 캐어 쓸 줄 모르고 봉해 두었다가 지금 와서 남들 다 내주며, 물건 나는 수효를 알 기는 새로에(*고사하고) 사천여 년이 되도록 정부에 관할 받는 인구가 얼 마나 되는지도 모르고, 삼천리 옥토를 사분지 삼 가량은 썩혀 내버리 고, 어리석게 하는 말이, 인구는 많아지고 땅이 좁아서 살 수 없다고만 하며, 또 하는 말이, 하늘이 록(祿) 없는 백성을 내지 않는 법이니, 어찌 하던지 죽지는 아니하리라고 하면서 수족을 매어놓고 앉았으므로, 다행히 조상이나 잘 맞이한 자는 남의 것으로나 지내다가 그만두고, 그렇지 못한 자는 굶어도 죽고 얼어도 죽으면서도 남의 잘사는 도리를 배우라 하면 그것은 죽어도 싫다 하니, 이것을 번연히 들여다보는 사람이야 어찌 기막히지 않으리오.

　　이것을 보면, 천불생무록지인(天不生無祿之人: 하늘은 록이 없는 인간은 내 않는다)이란 말은 옳으나, 하늘이 록을 주어 사람을 내기는 하고도, 사람이 제 록을 못 찾아 먹으면 앙화가 있기 분명한지라. 천여불취면 반수기앙(天與不取, 反受其殃: 하늘이 주는 것을 받지 않으면 반대로 그 화를 당한다)이란 말을 한문 선생님들 못 보았소. 이것 하는 이들은 오늘부터 이 예의지방(禮義之邦) 의관(衣冠)들 벗어 내던지고 튼튼한 수족과 아까운 천조물을 다 썩이지들 마시오.

제1권 제28호
대한제국 광무 2년 9월 13일 (火)

북촌서 부인네들이 여학교 설시할 뜻으로 리, 김 두 소사(小事)가 입학 권면하는 말과 학교 설시하는 주의로 통문을 지어 돌렸다는 말까지는 본 신문에 이왕 내었거니와, 이런 일을 대해서는 다만 보아 넘기기만 할 것이 아니기로 대강 다시 설명하노라.

그 통문에 하였으되, 세상에 남녀가 다를 것이 없거늘, 어찌 남자가 벌어다주는 것만 먹고 심규(深閨)에 앉아 남의 압제만 받으리오. 문명한 나라에서들은 여자가 어려서부터 학교에 다니며 각종 학문을 배워 학문이 남자만 못하지 않은 고로 남녀가 동등권이 있으되, 슬프다, 우리는 그렇지 못하여 세상 형편을 모르고 병신 모양으로 지내었으니, 유지하신 동포 형제들은 여아(女兒)들을 우리 새로 설립하는 학교에 보내어 각 항(項) 학문을 공부시키라고 하였는지라.

우리나라 부인네들이 이런 말을 하며 이런 사업 창설할 생각이 날 줄을 어찌 뜻하였으리요. 진실로 희한한 바이로다. 서양 글에, 여인이 다 학문이 넉넉하기 전에는 그 나라가 흥왕할 수 없다는 교훈이 있으니, 동양 학문과는 크게 틀니는 말이라. 우리나라 학문가에서 이런 말을 들으면 크게 놀랄 터이나, 어찌하여 그러한지 그 연유는 오늘 다 설명할 수 없은즉, 그 말은 아직 정지하고, 이 여학교 설시한다는 사건에 대하여 우리 의견을 좀 말하려 하노라.

들은즉, 이 일 주선하는 부인네가 이 뜻을 의논한 지가 이미 오래여서 합의한 지 거의 삼백여 인이라 하니, 참 감사한 일이거니와, 이 중에 어떤 부인이 지식과 문견이 넉넉하여 남의 나라 문명한 학문으로 교사 노릇할 만한 이가 있는지 마치 믿을 수 없는지라. 만일 혹 지식 있는 교사가 없어서 규칙과 목적이 분명치 못하면, 그 이름은 아름다우나 실효가 없이 될 염려가 있는지라.

왜 그런고 하니, 학교는 설시하고 그 중에서 이전 학문이나 가르쳐서 칠거지악(七去之惡)이 있으면 사나이가 마땅히 버린다던지, 여자는 안에 처하여 밖을 말하지 못한다는 등속의 교훈이나 배우게 할 지경이면 오히려 가르치지 않는 것만도 못할 터이고, 또한 규칙이 없이 사람을 모아 놓으면 자연 행실은 배울 것이 없고 난잡한 지경을 면치 못할 터이니, 기위(旣爲) 설시하는 바에는 힘을 좀 더 썼으면, 외국에 학문 있는 부인을 맞아다가 교육하는 일과, 모든 사무를 주장하게 주선하여 학도들을 개명할 학문도 가르치고, 행동과 사람 교제하는 법이며, 남의 나라 사람의 생각하는 의향을 배우게 하면, 이렇게 주선한 부인네들은 참 큰 사업한 사람들이 되겠고, 나라에 흥왕할 근본이 될 줄로 믿노라.

〈잡보〉

○ 황상폐하께서와 황태자 전하께서 양요리를 진어하시다가 별안간 다 토하시고, 인하여 옥체 미령하신 중이라는데, 상궁들이 괴이히 여겨 그 음식을 맛보니 무슨 약기가 있어 즉시 토한지라. 궐내가 횡횡하여 그 음식 주관하던 숙수(熟手) 열네 명을 잡아 결박하여 놓고 궐문 열기를 기다려 경무청으로 내렸다 하니, 과연 그러면 이런 놀라운 변고가

어디 있으리요, 일국 신민이 크게 황송한 중이라. 어떠한 역적배가 감히 대내(大內)를 가까이 하여 천만 불측한 대변을 행하였는지, 상하 신민이 일심으로 사핵(査核)하기를 시각인들 감히 지체치 못할 일이거니와, 황상폐하의 옥체 강건하옵시기를 하늘께 축수하노라.

  ○ 작일 오후에 종로 이하로 각 시정 인민들이 황상폐하 옥후 미령하옵신 황송한 변고를 듣고 일제히 철시(撤市)할 새, 경무청에서 방 부치기를, 철시 일관(一款)은 신중해야 하니 자세히 정절(情節) 알기를 기다리라 하였더라.

제1권 제29호
대한제국 광무 2년 9월 14일 (水)

　　우리가 한성신보(漢城新報)에 대하여 감사함을 치하할 계제가 없어 항상 서어(齟齬)함을 면치 못하더니, 지금 이런 좋은 기회를 만나 한 마디 치하함이 없지 못하겠기로 대강 말하거니와, 이 신보가 우리나라에 설시된 지 다섯 해 동안에, 긴요한 소문과 양국 교제에 관계되는 말이며, 개명(開明)에 유조한 사건을 들어 국중에 보고하여 주었으므로 우리가 깊이 감사히 여기노라.

　　그러하나 그 신문에 대하여 두어 마디 변론함을 마지못할 일이 있도다. 본월 십일일 한성신보 중에 하였으되, 성내에서 발간하는 신문 중에 일본 사람에게 소간(所幹)한 사건을 간간 그 사실을 잊고 혹 붓으로 희롱하여 타국 관례의 행위를 손상코자 하는 바, 팔월 십륙 일 발간한 제국신문에 회동벽문 일인의 전당 집에서 대한 병정을 무수히 구타하였다고 한 말은, 결단코 구타한 사실은 없는 것을 제국신문에 짐짓 내었다 하며 무수히 발명하고, 또 그 아래 말하였으되, 이런 조그마한 일을 바늘로 기둥을 만들어 기재하였다고 하였으니, 당초에 바늘도 없었으면 무엇으로 기둥을 만들었으리오. 이것만 보아도 바늘만치라도 구타한 사실이 있는 것은 가히 짐작하겠도다.

또 하였으되, 일본 경찰 관리를 시비하는 것은 무슨 마음인지, 하였으니, 우리가 일본 관리를 시비한 것도 없거니와, 설사 시비를 하였다 하더라도 본래 신문이라 하는 것은 춘추필법으로 통 세계에 어떤 사람이든지 지위와 권리를 거리끼지 않고 혹 실수와 그른 행위 하는 자는 평론하는 권리가 다 같이 있는 고로, 근일로만 말하여도 팔월 십구일과 이십삼일 한성신보에 경부철도 사건을 인연하여 대한 정부를 모두 시비하였으니, 이것은 또한 무슨 뜻인지, 워낙 일본 신문은 대한 정부를 시비하는 권(權)이 있고, 대한 신문은 유독이 일본 관인을 시비하는 권이 없을 리는 만무한 줄로 우리는 확실히 믿노라.

겸하여 남의 신문을 시비하는 것은 또한 무슨 뜻인지, 이 사건에 대하여는 우리가 시비 들을 만한 증거가 확실치 못하기로 자복은 못하거니와, 제국신문 기자 이승만이라고 성명을 들어 책망하였으니, 이승만이가 이런 일에 책망 듣는 것은 나라를 위하여 대단한 영광으로 아노라. 또 말하기를, 제국신문 기자가 그날 신문 채울 말이 없어 스스로 꾸며 한 폭을 그림 그렸다고 하였으나, 스스로 그림 그린 것이 아니라 적확(的確)한 사실을 비추어 사진 박은 것으로 우리는 생각하노라.

또 말하였으되, 지난달 이십구일과 삼십일 제국신문에 기재한바 대한 사람이 봉변한 사건에 대하여, 수교(水橋)에서 배 사먹던 일인이 대한 사람이 침을 뱉어 무리하게 함에 놀라서 우연히 물리치려 하다가 가졌던 칼에 다쳐 약간 피가 흘렀다 하였으니, 그것은 매우 소상한 듯하나, 그 아래 말하기를, 여러 사람들이 성군작당(成群作黨)하여 일본 영사관 앞에 모여 크게 작정하려 하는 것을 위급하게 여겨, 일본 경찰관이 그 격동하는 자들을 잡으니 무리가 점점 흩어졌다고만 하였고, 그 사람들을 잡아 들여다가 어찌 하였단 말은 없으니, 그 말을 좀 자세히 들었으면 좋을 듯하나, 그날 우리 신문에 그 사람들을 잡아 들여다가 무수히 때렸다고 하였거늘, 그 말은 발명치 아니하였으니 더 듣지 아니하여도 소상히 짐작할 일이다.

또 하였으되, 일본 사정을 모르는 고로 일본 영사의 행동에 대하여 시비할 뿐더러, 이따금 이웃 나라 관원과 관청을 향하여 외람히 조롱하고 꾸짖는다고 하였으니, 어느 날 몇 호 신문에 어느 일본 관인을 무슨 일로 꾸짖었는지는 자세히 설명치 아니하였은즉 우리가 스스로 깨닫기 어렵거니와, 을미년 납월분(臘月分: 12월분)에 한성신보에서 우리나라 대황제 폐하께 대하여 무리한 말로 크게 실례한 까닭에, 우리나라 신민들이 그 신문을 아니 본 일이 있었는 줄은 세상이 거반 아는 바니, 이는 대한 사정을 자세히 알고 한 일인지, 우리는 일본에 대하여 이같이 심하게 한 적도 없거니와, 근자에 두 나라 교제가 점점 친밀하여 가는 터인즉, 구태여 적은 허물을 인연하여 피차 틈이 나게 되는 것은 본사에서 진실로 원치 아니하는 바로다.

대저 대한과 일본과 청국은 서로 친밀히 지낼 수밖에 없는 형편인데, 이 형편을 일본에서 더욱 밝히 깨닫고 힘써 주선하여, 아무쪼록 대한 인민이 속히 개명하여 세계에 동등 백성이 되기를 일심으로 바라는 터이기에, 심지어 어떤 일본 관인이 대한 군사를 대하여 말하기를, 너희가 세계에 강한 군사가 되어 후일 일본에 후환이 될지라도 너희가 강하게 되기만 바란다고 하였다는 말까지 있으니, 설사 일본 사람들에게 조금 관계되는 일이 있더라도, 대한 백성이 되어 일호라도 이전 수치를 면하고 남과 동등 권리를 찾으려고 하는 것은 동양 삼국이 함께 바라는 공변된 큰일이고, 아래 백성들의 잠시 격분한 일로 정의를 손상하는 것은 사사(私事) 조그마한 일이라.

　연내로 일본 하등인들이 그 큰 목적을 잃고 대한 백성들을 혹 무리하게 대접한 일이 전혀 없었다고는 못할 터이라. 이런 행위가 없어지지 않고 본즉 백성끼리 항상 울분한 마음을 품어 교제가 손상할 염려가 있는 중, 지금은 대한 백성들도 차차 이런 행위를 받지 아니할 생각들이 생기는 터인즉, 일본 외교관원들이 더욱 그 아래 백성들을 단속하여 이런 폐단이 막혀 한 나라 사람같이 친밀히 지내게 하는 것이 동양 삼국의 큰 목적을 생각하는 의리로 믿고 바라노라.

제1권 제30호
대한제국 광무 2년 9월 15일 (木)

　　태서 제국에서들은 문명 부강(文明 富强)을 서로 다투어 한 발걸음이라도 먼저 나가기를 힘쓰므로, 밤낮 분주히 시계를 들여다보며 잠시도 쉴 겨를이 없이 해와 날이 가는 줄을 모르고 지내는 바, 그 중 제일 힘쓰는 교육으로 말하더라도, 각 학교에서 일 년 동안을 날마다 골몰히 지내다가, 괴로운 여름이 되면 학교를 닫고 쉬는 겨를을 주어 사시 중에 질병이 가장 심한 때를 겨우 지내고, 가을이 되어 상냥한 바람이 나며 사람의 정신이 깨끗한 때가 돌아오면 일제히 학교를 다시 열어 여일히 공부를 시작하는 법이라.

　　남들은 하우(夏虞) 씨의 촌(寸)만한 그늘을 석숭(石崇)의 거만재(鉅萬齋) 같이 중히 여겨 한 조각도 버리지 않거늘, 우리는 몇 백 년 광음(光陰)을 쓸데없이 던져두고 편안한데 젖어 세상에 할 사업이 없다고 소일거리 없는 것을 근심하며 지내었으니, 오늘날 이 같이 군핍한 지경을 당한 것을 누구를 탓하며 원망하리오.

　　지금은 아무리 싫어도 일들 좀 할 수밖에 없이 된지라. 근년에 다행히 학교가 몇이 설시되어 여간 국재(國財)를 허비하는바, 금년 여름 동안을 각 학교가 다 방학하였다가 가을철을 당하여 다시 개학하기를 의논하는데, 각 외국어 학교들은 본월 십오일에 개학하려 하며, 배재학당에서는 이십일에 시작하려 한다 하니, 그 외 각 관립과 사립학교들도 다 차례로 개학할 듯한지라. 이 몇몇 학교와 학원들은 반드시 나라 형세를 대강 짐작들 할 터이니, 다 각기 분을 내고 뜻을 굳게 하여, 충애의 목적을 지키고 공부를 힘써 하여, 국가가 바라는 뜻을 져버리지 않기를 간절히 부탁하노라.

지금 우리나라 형편을 어찌하면 좋을지 그 방책을 지각 있는 사람에게 물으면 대답할 것은 다만 교육 한 가지뿐이라. 그러하나 근래에 정부에서 교육시킬 줄은 도로 다 잊어버린 모양이니, 진실로 유지한 자의 탄식하는 일이라. 나라를 참 걱정하고 자질들의 앞길을 염려하는 이들은 먼저 교육을 시키기를 주장삼는 것이 마땅한 일로 아노라.

일전에 어떤 젊은 친구를 만나 무엇을 하느냐고 물은즉, 대답이, 우리네가 무엇을 할 것이 있느냐고 하거늘, 다시 묻기를, 왜 학교에 아니 다니느냐고 한즉, 대답이, 학교에 가야 배울 것도 없거니와 학교에 갈 생각은 아직 없노라 하거늘, 또 묻되, 지금 우리나라가 태평하여 아무 일도 없는 줄로 아느냐 한즉, 대답이, 아직 도성 안에 난리가 없은즉 큰 걱정은 없는 줄로 아노라고 하는지라.

우리가 탄식하고 그 친구더러 이르기를, 지금 대한 형세를 어떻다고 낫낫이 들어 말할 겨를은 없으나, 대개 지금이 대단히 위급한 가을로 알고 어찌하여 그런 까닭이나 좀 알 도리들을 하라. 향토에 묻혀 농사나 힘쓰는 사람들과 조시(朝市)에 나서서 생애에 골몰한 사람들은 오히려 용서할 도리나 있거니와, 오백여 년을 국록을 먹고 입으로 양반의 자식이라 하는 사람들이 이때 국세가 어떠한지, 임금이 무슨 걱정에 계신지 모르고야 어찌 세상에 용납되기를 바라리오. 우선 도리 상에도 대단히 틀리거니와, 사사 정형으로 말하더라도, 차차 양반 살려주려 할

사람이 적어서 불구에 장차 불쌍한 인생들이 될 줄을 우리가 장담하는
바이니, 우리 말을 듣고 걱정되는 마음이 생기거든 완고한 생각을 내버
리고 즉시 학교에 가 무엇이든지 공부하여 눈을 좀 열고, 오늘은 바람
이 어디서 부는지, 비가 얼마나 왔는지 짐작하는 사람들이나 되라고 하
였으니, 이 말을 교목세가(喬木世家)에서들 자세히 좀 들었으면 적이 유
조함이 될까 하노라.

제1권 제33호
대한제국 광무 2년 9월 19일 (月)

　슬프도다, 우리의 처세함이여! 동양 경계로 말하여도 삼강오륜(三綱五倫)에서 벗어난 사람들이오, 서양 경계로 말하여도 의리가 틀린 사람들이라. 차라리 아프리카 인종 같은 야만이나 되었으면 오히려 용서나 하련마는, 우리 입으로 동방예의지국이라 하는 나라에 나서 성인의 경서도 읽고 인의예지(仁義禮智)와 효제충신(孝悌忠信)을 안다는 사람들이 되어, 이때 서양에 문명개화(文明開化)도 짐작을 하는 처지에, 목하 당장 당하고 앉은 정형을 볼진대 어디다 비할 데 없는 사람들이 되고 있으니, 어찌 세상에 용납되기를 도모하리오.

　　자식이 부모를 돌아보지 아니하여 남이 내 부모를 살해하는 천만고에 없는 변고가 있었으니, 이것을 오륜(五倫) 있는 나라라 하겠소? 간세한 흉역배(凶逆輩)가 막중한 존엄지지(尊嚴之地)에 가까이 하여 천지간에 없는 흉계를 감히 행위 하였으니, 이것을 삼강(三綱) 있는 나라라 하겠소? 이 두 가지보다 더한 사변이 통천하에 어디 다시 있으리오. 이것이 모두 전국 신민의 죄악이라, 하늘이 어찌 무심하리오. 진실로 두려운 바이로다.

　　혹이 말하기를, 임금이 그 백성을 믿지 못하여 외국 사람을 청하여 대궐을 보호하는 일이 세계에 나라 되고서야 어디 있으리오. 이는 신하도 없고, 군사도 없고, 백성도 없음이니, 상하가 함께 부끄러운 큰 괴변이라. 이런 일은 마땅히 신민이 일심으로 수선하여 결단코 시행이 못되도록 하는 것이 도리에 합당한 일이라 하나, 실상 그 정경을 생각하여 보면, 우리나라에는 신민이 없다고 할지라. 부모가 자식을 의탁하지 못하는 것은 다 자식의 죄요, 전국에 부끄러운 일이 생기게 하는 것도 또한 신민의 죄라. 자식이 부모를 어찌 섬기면 부모가 그 지경까지 갔으며, 신민이 임금을 어떻게 섬겼으면 국가에 이런 변이 있었으리요.

전국 인민이 모두 탐학만 주장삼아 큰 고기는 중고기를 잡아먹고, 중고기는 작은 고기를 잡아먹어 서로 멸망하기를 자취하매, 천도(天道)가 소밀하고, 윤강(倫綱)이 근처 의리를 다 잊어버리고, 상하가 모조리 비기지욕(肥其之慾)만 탐하니, 이 백성과 이 인정으로는 장차 무슨 광경이 있을는지 모를지라. 연전에 외국 고문관을 해고시킬 적에 당당히 말하기를, 지금은 우리나라 사람이 외국에 교훈을 받지 않아도 능히 지낼 만하다고 하였더니, 그 동안에 한 사업들이 무엇이오. 속으로 벼슬이나 팔아먹고, 한 달에 몇 번씩 대신이나 도둑하고, 청원하여 갈리기에 골몰히 지내었으니, 아무리 생각하여도 이 사람들의 힘으로는 따로 설 수가 없는 모양이라.

우리는 생각건대, 외국 사람들을 고용하지 말도록 주선하기는 고사하고, 대소 관인들과 지방관들이며 병정 순검까지라도 모두 외국에 학문 있고 개명한 사람들을 청하여 사무를 맡겨 나라가 개명하게 만들고, 백성 교육이나 시켜 탐학이나 면하게 할 도리가 있으면 오히려 나을 듯하도다.

이것은 세상에 사람이 할 일은 아닌즉, 그 후에는 세계에서 야만으로 대접할 터이니, 야만이야 누가 책망인들 하며, 삼강오륜이 있고 없는 것을 누가 부끄러이 여기리오. 참아 절통하여 하는 말이니 짐작들 하여 보시오.

〈잡보〉

○ 재작일 하오 다섯 시에 민영환, 민상오 양씨가 입성하여 바로 대궐로 들어갔다가 어제 새벽에야 본 집으로 나왔는데, 민영환 씨가 작년에 구라파 육국(六國) 전권공사로 가서 나라 일을 그릇되게 하고 임금의 명을 욕되게 하여 면관(免官)까지 되었다가, 미국으로 가서 해를 지내고 학문을 많이 배워 가지고 왔으니, 이제는 민영환 씨가 진심하여 국은을 갚기를 우리는 믿노라.

제1권 제34호
대한제국 광무 2년 9월 20일 (火)

〈독립협회에서 외부 문 앞에 개회한 대개〉

재작일에 독립협회에서 각 부에 총대위원을 보내어, 이번에 외국인을 고용해서 궁궐을 호위하려 한다는 사건에 대하여 그 사실을 질문한 일은 대강 전호에서 말하였거니와, 당일 회중에서 말하기를, 정부 대신들이 이번에 불러온 외국인들을 고용하지 않기로 작정하고 기어이 민심을 따라 조처하기로 담당하노라 고들 하시나, 기왕 지낸 경력을 보건데 정부 말씀을 믿을 수가 없는 중, 이 일을 또한 우리가 이번 철도와 광산일과 같이 알고 있다가는 속으로 합동조약이 되면 정부에서 우리에게 언약하는 말이 쓸데없이 될 터이니, 만일 외국 사람으로 대궐을 보호하게 되면 이는 곧 정부와 군사와 백성이 세계에 큰 욕을 자취함이니, 이 일을 광산 철도 사건에 비할 것이 아니라.

우리가 마땅히 외부에 가서 등소(等訴: 等狀)하여 확실한 결실을 보고 헤어지는 것이 옳다 하여, 당일 오후 다섯 시 즈음하여 회원이 일제히 외부로 가서 문 앞에 개회하고, 총대위원을 추려 보내어 대신께 그 연유를 말하게 하고, 한편 총대위원을 궁내부 시종 장봉환 씨에게 파송하여 장 씨를 청하였는데, 회원들과 관광하는 자가 대개 수삼천 명 가량이더라.

총순 최태연 씨가 경무사의 말로 회중에 전하되, 무슨 일이든지 총대위원을 보내어 말하여도 좋을 것이거늘 무리를 지어 이같이 함은 정부를 위협하는 모양이라고 하였는지라. 회원들이 격분하여 대답하되, 우리가 총대위원을 보내기는 이왕 여러 번 경력이 있으나 마침내 효험이 없을 뿐더러, 이런 전국에 관계되는 일을 인연하여 정부에 분소(分疏)함인바, 손에 촌철(寸鐵)이 없고 정제한 규모를 잃지 않거늘 위협이란 말은 부당한지라, 우리가 난민이 아니니 의심 내고 두려워할 것이 없다고 회답하고, 마침 장봉환 씨가 회에 이른지라.

외국인을 청하여온 전후 사실을 물은즉, 장 씨의 대답이, 대개가 당초에 황상 폐하께옵서 처분을 내리시어 외국 고문관 구레 씨와 상해를 다녀오라 하옵시기로, 구레 씨에게 그 이유를 물은즉, 구레 씨의 대답이, 대한 사정을 보건데 외국인을 고빙(雇聘)해다가 대궐을 호위하는 것이 좋은지라 속히 가자고 하거늘, 다시 묻되, 우리가 장차 시비를 들을 터이니 어찌하려 하나뇨 한즉, 대답이, 외국에도 거반 이런 일이 있으니 염려 없다 하거늘, 이 일을 궁내 대신께 설명하고 자기가 당장 가진 시종 직임을 길러 주어야 하겠노라 한즉, 궁내대신 말이, 염려 말고 갔다 오라 하기에, 즉시 떠나 상해에 이르러 외국인을 모아 약조를 정할 새, 일 년 고용으로 매삭에 칠십 원씩 작정하고, 대한정부 위원 구레라고 약조 끝에 쓰는지라.

자기가 말릴 권리가 없어 안동(眼同)하여 돌아올 뿐이노라 하거늘, 그 즈음에 경무사가 총순을 회중에 보내어 전언하기를, 장봉환에게 물을 말이 있으니 본청으로 보내기를 청하노라 하였거늘, 회중에서 장 씨를 총순에게 맡겨 보내고 외부대신을 보려한즉, 외부 참서관 조생협 씨가 나와 전언하되, 대신이 마침 궐내에 있어 또한 이 사건에 대하여 의논하는 중인데, 결단코 외국인으로 하여금 궁성을 호위하게 아니할 터이니 염려 말고 물러들 가면 내일 만나 말하려니와, 회원들이 이렇게 모여 있는 것을 매우 불안히 여기노라 하거늘, 회원들의 대답이, 우리가 물러가기는 급하지 아니하니 마땅히 확실한 결말을 보고야 헤어지려 하노라 하였더니, 조 씨가 들어가 그 말을 전어통으로 대신께 전한즉, 이윽고 서리대신 박제순 씨가 친히 회에 나와 말씀하되, 내일 상오 십이 시에 정부에서 이 일을 인연하여 회의할 터이니, 정부의 제공(諸公)이 다 이 일을 아니 되도록 결정할 듯하나, 설혹 자기 뜻과 같지 못하게 취결이 될지라도 외부에서 합동은 아니할 터이니 그리들 믿고 물러가라 하는지라.

회원들이 내일 오후 두 시에 모여, 세 시에 외부 문 앞에 다시 개회하고, 정부 회의 취결되는 것을 듣기로 작명(作命)한 후, 회중에서 대신께 말하기를, 우리가 나라 일에 대하여 제때 잠을 못 자고, 배고프고 목마른 것을 생각지 않고, 풍우 불패하고 애쓰고 힘써 일들을 하는바, 이 일에 대하여는 우리가 누구를 시비하는 것도 아니고, 외국 사람들을 일호라도 미워하는 마음이 없고, 다만 국민이 세계에 큰 욕이 되지 아니할까 하는 일이거니와, 백성이 모아서 정부에 바치는 돈을 일 년에 몇 백 원씩 들여가며 군사와 순검을 기르는 뜻은, 궁궐을 보호하며 국가에 불우(不虞)를 방비함이거늘, 외국인으로 궁성을 보호할 지경이면 군사와 순검은 다 무엇 하시렵니까, 군사들이 만일 군기를 던지고 우리는 쓸데없는 병정들이니 물러간다 하면 장차 어찌 하시렵니까, 정부 대신은 다 무엇을 하시기에 이런 일을 모르십니까, 실로 통곡할 일이라 하고, 인하여 정회하였으니, 우리는 생각건대 장봉환 씨 말에 대하여 아혹한 일이 많도다.

첫째, 황상의 처분이 계셔서 데려 왔노라 하니, 우리 황상폐하께서 이런 일을 장 씨에게 비밀히 명령하셨을 리가 만무하고, 둘째 궁내대신이 총대위원을 대하여 당초에 몰랐노라고 분명히 말하였거늘, 장 씨가 궁내대신에게 말하였다 하니, 대신이 거짓말 할 리가 없을 듯하고, 셋째 지금 대한에 의정부가 있어 회의한 후에 아뢰어 재가를 물어 반포된 후에야 정부일로 시행하는 터이거늘, 외부 고문관 구레 씨가 어찌 자의로 대한 정부를 대신하여 천단(擅斷)히 약조하고 자기 이름을 썼을 리가 있으리오. 진실로 믿지 못할 말이로다.

제1권 제36호
대한제국 광무 2년 9월 22일 (木)

근자에 청국 황제 폐하께서 정신을 가다듬으시고 다스리기를 도모하신단 말은 이왕 여러 신문에 말들 하였거니와, 자래(自來)로 청국이 옛 법을 지키기에 결단(決斷)이 나서, 외국과 통상한 이후로 남에게 땅을 해마다 빼앗기면서도 어리석게 남을 업신여기며 시기하는 버릇을 고치지 못하여, 외교와 내치를 도모하지 못하므로 국세가 날로 쇠잔하여 가는지라.

일본이 동양 형세를 염려하여 갑오년에 이르러 군사를 들어 청국을 쳐서 대한을 독립시키고, 대만을 빼앗으므로, 마땅히 시세를 깨닫고 동양 삼국이 서로 보호하여 서양 형세를 막을 도리를 생각할 것이거늘, 도리어 일본을 미워하며, 대한을 시기하여, 영국도 믿고 아라사도 의지하더니, 이번에 덕국(德國)이 교주(橋州)를 웅거하고, 영국이 위해위(威海威)를 차지하고, 아라사가 여순구 대련 만을 점령한 후로 청국 황제 폐하께서 시세와 형편을 밝히 깨달으시어, 근자에 일본과 친밀하여 영국을 합동하고, 대한과 화평하여 동양을 보존할 생각이 간절하시므로, 국중에 학교를 많이 설시하고 학도를 일본으로 보내어 각색 학문을 교육하시기로 급무를 삼으시니, 그동안 조칙(詔勅)하신 말씀을 들은즉, 황제의 뜻이 어떠하신지 가히 짐작하겠도다.

수삭(數朔) 전에 청국 어사 몇이 상소하여 말하되, 근자에 신문지에 기록한 것을 본즉, 정부 일을 기탄없이 논란하여 관인을 왕왕 비방하니 도리에 대단히 틀린 일이라. 정부로 하여금 압제하여 이런 버릇을 없이 하는 것이 가타고 한즉, 비지(批旨) 내에, 현금 국세가 이렇듯 쇠잔하니 바른말과 어진 계칙으로 국가 정치를 가르쳐 베풀며, 관리의 불법 행위를 드러내어 세상에 알게 하는 것을 아름답게 여기고 캐어 쓰자 함은 가(可)커니와, 바른말 하는 길을 막자 함은 스스로 부끄럽지 아니한가 하며, 이런 말을 다시는 내지 말라고 엄칙 하셨다.

월전(月前)에 조칙을 내리시어, 각처 신문 기재생들로 하여금 무슨 말이든지 거리끼지 말고 신문에 내라고 하시고, 또 조서하사 국중에 반포하시기를, 전국 신민이 나라에 충의가 있다고 상소하는 자는 많되, 일 하는 것은 모두 충의에 반대되는 것뿐이오, 큰일을 당하여서는 실심으로 나서서 돕는 자는 없고, 짐을 권하여 하라는 일은 다만 제사 지내며 기도 하자는 일과 성현들 위하자는 말뿐이니, 자래로 지내온 일을 생각하여 볼진대, 기도하고 제사 지내고 성현들 높이는 일만 하여 가지고는 타국이 우리 토지를 침범하는 데는 조금도 효험이 없고, 점점 종사(宗社)만 위태하여 가니, 지금부터는 짐을 참 충의로 도우려 하는 자는 나라에 유조한 일만 말하고, 제례와 기도례와 존성(尊盛)하는 이야기는 말라고 하셨고, 근자에 대한과 화친 조약을 정할 차로 전권대신을 보낼 새, 총리아문에서 대한 황제께 올릴 국서를 지었는데, 청국 황제 어휘 쓴 수삼 자 아래 우리 성상 존호를 썼는지라.

청국 황제께서 자세히 열람하시고 인하여 가라사대, 지금 한국은 독립한 나라이고 속국이 아니라, 어찌 짐의 이름 아래 한국 황제를 등서(謄書)하리오. 마땅히 타국과 동등으로 대접하는 것이 옳을 뿐더러,

짐은 헛 문채(文彩)로 쓸데없이 문자 상에 존대함은 기뻐 아니하고, 다만 사실상에 존대한 영광을 주장하노라 하셨다더라.

이것을 보건데, 청국 황제는 동양 형편이 어떻게 급하며, 청국 종사가 어떻게 위태하며, 전국 신민이 무엇에 병들었는지 그 근원을 깨달으시어, 허무한 귀신이나 섬기고, 옛 성현이나 높이고, 실상 없는 글자나 가지고 남을 업신여기는 것이 전국에 큰 병의 근원인 줄로 깨달으시고, 또한 청국 신민이 동양의 큰 형세는 짐작하지 못하고 대한이 독립하는 것을 시기하던 악습을 미워하시며, 충간하는 길을 열어 옳은 말을 캐려 하시니, 위에서 이같이 밝으시면 간세지배(奸細之輩)는 자연 물러갈 것이고, 완고한 풍습은 속히 변할 것이고, 충의로운 선비가 뜻을 얻어 나라가 개명에 나아가기를 또한 용이히 할 터이니, 여간한 토지를 남에게 잃는 것이 과히 근심 되지 아니함이라. 백성만 개명되면 지금 잃은 토지라도 장차 회복할 희망이 있으니, 이는 진실로 아세아에 큰 행복이라.

청국 황제 폐하를 위하여 만세를 축수하노라

제1권 제38호
대한제국 광무 2년 9월 24일 (土)

우리나라 상민들이 이전에 물건을 도고(都賈) 하는 법이 있어서 다른 사람은 제 돈을 가지고도 임의로 장사를 못하게 하였으니, 이는 국가의 상업을 흥왕하게 하자는 본의와 크게 반대되는 일이라. 육주비전(*六注比廛: 조선시대의 서울의 종로에 있던 여섯 전)이라 하는 것이 국중에 큰 전(廛)인데, 각 전에 매인 시민이 여러 백 명씩 되는지라. 각처 상민들에게 세를 받아 도중에 유지하였다가, 나라에 국상이 나던지 무슨 큰일이 있을 때면 수용하는 물건을 진배(進排)하고, 그 여섯 전에 딸린 시민들이 의례히 난전(亂廛)을 쳐서 그 중에 부치게 하므로, 필묵 한 자루도 사사로이 팔다가 시민의 눈에 보이는 때는 다 잃어버리는 고로, 제 돈을 가지고 제 나라 땅에서 장사도 임의로 못하게 할 뿐더러, 각색 잡세(雜稅)에 걸려 심지어 망건 뒤막이 한 감도 사사로이 팔지 못하였으니, 나라에 상무가 흥왕치 못한 것을 어찌 괴이히 여기리오.

다행히 갑오년에 이르러 육주비전을 다 혁파하고 도고하는 법을 없이하여, 아무든지 자유로 세 한 푼 물지 않고 무슨 물건을 어디 가서 팔든지 거리낌이 없으니, 상민들에게 편리함은 더 말할 것이 없는지라. 그러나 우리나라 사람들이 장사하는 법을 몰라 다만 한두 푼이라도 남을 속여 당장 떼는 것이 이익으로 알므로, 상업이 종시 흥왕하는 기상이 없으니 진실로 애석한 바로다.

　　외국 사람들은 상업학교가 있어 상무(商務)를 공부하고, 여러 사람들이 모여 회사를 조직하고, 각기 고본금(股本金: 자본금)을 내어 자본전(資本錢)을 넉넉히 하여 가지고, 한두 사람이 생애에 못할 이익을 도모하며, 또 상업회의소가 있어 각처 상민들이 모여 각기 발매한 물건과 이익 남긴 것을 서로 비교하여 판 것과 사들인 것을 밝히 알아 가지고 무슨 물건이든지 시세를 맞춰 장사하므로, 첫째 신(信)이 주장이고, 둘째 시세를 밝히 아는 것이고, 셋째 물건 값을 남보다 적게 받고 많이 팔려 하는 것이 장사하는 학문이거늘, 우리나라 사람들은 첫째 신(信)이 없어 남을 믿지 못하므로 내 돈을 가지고 남과 회사 할 생각이 없고, 둘째 시세를 모르므로 돈 있는 사람이 싼 물건을 보고도 많이 사기를 겁내며, 셋째 물건 값을 남보다 덜 받는 것이 이익 되는 줄을 모르기 때문에 항상 추한 물건을 먼저 내놓고 값을 몇 갑절씩 에누리 하니, 이는 다 상무에 크게 해되는 근원이라.

　　근자에 회사를 조직한다는 것을 종종 보건데, 항상 비기지욕(肥己之慾)만 가지고 남을 해롭게 하여 세를 받는다든지, 물건을 도고(都賈)하려 하니, 무슨 일이든지 저만 이롭자면 일도 아니 될 뿐더러 남만 해를 당하는 법이라. 근일에 종로에서 시민들이 모여 한 회사를 조직하고, 조병식 씨로 회장을 정하고 이름을 중앙총상회사라 칭한다는데, 대강 들은즉, 그 회사 주의가 상표를 만들어 각색 물건을 그 상표를 가지고야 매매하게 하련다니, 상표 없이 파는 물건은 반드시 금할 터이고, 상표를 그저 주지는 아니할 터이니, 실상인즉 도고나 세받는 뜻과 얼마 다름이 없는지라. 그런즉 이름은 비록 상회사(商會社)라 하나 속인즉 도고하는 뜻이니, 차 소위(此 所謂) 이리를 양의 가죽으로 씌운 모양이라, 남을 해롭게 하자는 생각은 항상 속에 있으니, 전국 상무에 크게 방해로운 일을 어찌 회사라 칭하리오.

　　우리는 국중 상민들을 위하여 생각건대, 이 일 주선하는 이들이 이런 경영들을 말고 외국사람 장사하는 법을 배워 공평한 생각으로 회사를 조직하되, 각 항구에 수입 수출을 자세히 비교하여 아무쪼록 내 나라에 들어오는 돈이 외국으로 나가는 돈보다 많게 되도록 주선하면 부국(富國)할 술업(術業)이 이에 있으니, 이것이 곧 나라일 하는 사람이니, 국가에 유조하고 자기에게 이로울 일을 하는 것이 참 사업이다. 나라를 위할 마음이 있는 사람들은 일신상 이익을 위하여 일호라도 국민에게 방해가 될 일을 경영하지 말기를 바라노라.

제1권 제39호
대한제국 광무 2년 9월 26일 (月)

　나라에 백성 되기는 경향(京鄕: 서울과 시골)이 일반이거늘, 우리나라에서 자래(自來)로 시골 백성 대접한 것을 보면, 이익과 경계와 인정이 다 틀리는 바라. 진실로 공평치 못한 일이로다.

　대저 우리나라에 일하는 백성은 시골 농민이라. 서울 장안에 앉은 이십오만 명 동포를 위하여 일생 동안에 밤낮 땅을 파서 이룬 곡식을 가지고 서울 장안에서 먹고 앉았으니, 그 사람들을 고맙게 여겨 잘 대접하고 편안하게 보호하여 줄 도리를 생각할 것이거늘, 도리어 업신여기고 천대하며, 관장(官長)이라고 내려가면 견딜 수 없도록 만들고 밤낮 빼앗아 오니, 이러고야 어찌 임금의 교화를 널리 펴 나라가 다스려지기를 도모하리오.

　세(稅)라 하는 것은 백성이 모아 정부에 바쳐, 그 돈을 가지고 백성을 다스려 달라 함인즉, 첫째 정부 관인의 월급을 주고, 순검 병정을 설시하여 백성을 보호하고, 학교를 설립하여 백성을 교육시키며, 도로를 수리하여 길에 등을 달아 백성의 내왕을 편리케 하자는 본의라. 그 돈을 백성을 위하여 써 달라 하는 것이거늘, 우리나라에서 세를 받아 백성을 위하여 써줄 것인 줄은 모르고, 다만 서울 장안에서 벼슬길 따라다니는 사람들을 위하여 쓸 것으로 알았으므로, 학교를 설시하며 등을 밝혀 주기는 생각도 없던 것이거니와, 길 닦고 다리 놓는 일로만 보더라도, 시골로 내려가며 보면 관행(官行) 길이라야 조금 나은데, 그 관행 길을 백성에게 세받은 돈으로 닦는단 말은 들어보지 못하였고, 의례히 백성들을 시켜 수리하게 하였으니, 시골 백성들은 즉 서울 사람을 위하여 난 인생들이라 어찌 불쌍치 아니하리오. 하물며 서울 백성들은 나라에 세 한 푼 물지 아니함은 또한 무슨 까닭이뇨.

선조대왕 때에 임진 난리를 지낸 후 도성 안에 사는 백성이 얼마 못되므로, 사람이 모여들게 하기 위하여 몇 해 동안을 한하고 도성 안에는 세를 없이 하였더니, 그 후 인하여 지금까지 세를 물라는 이도 없고 물 생각도 아니 하니, 설사 정부에서 이 백성들을 압제하여 도로를 수리하게 하며, 학교를 설시하라 하며, 개천을 치고 다리를 놓으라 하여도 한 마디도 피할 대답이 없거늘, 종시도 시골 백성은 여일히 박대하며 학정하고, 보호하여 줄 일에는 돌아보지 아니하되, 서울 장안에는 시골 농민들에게 세 받은 것을 가지고 순검의 보호를 받으며, 몇몇 학교를 세워 학도를 가르치며, 이만치나마 길을 닦아 내왕을 편리케 하면서도 길가 상민들에게 길에 불이나 켜라 하여도 그것도 잘 아니하며, 순검이 경찰을 잘못한다, 법관이 재판 처결을 공평히 못한다고 말하기가 진실로 의미 없는 일이라.

정부에서 속히 세칙을 공평이 마련하여 땅을 측량하며, 호수(戶數)를 자세히 계교(計較)하여 저저(這這)이 세를 받을 지경이면 외국 사람들도 또한 세를 아니 물려고 못할 터이니, 일 년 세납이 적지 않을지라. 그 돈을 받아가지고 학교를 확장하며, 각처에 길을 닦으며, 등을 달아 내외 국민이 함께 편리함을 얻게 하면, 다만 국민 개명상에 유조할 뿐만 아니라, 국가에서 백성 다스리기를 경향이 다르지 않게 하는 본의에 마땅한 일이니, 이런 일은 속히 주의하기를 바라노라.

그러나 정부에서 세를 받아 가지고 백성을 위하여 써주지는 않고 합당히 쓰지 못할 지경이면, 도리어 받지 않는 것이 낫겠고, 만일 그 백성을 위하여 써줄 것 같으면 경계상으로 말하여도 마땅히 물 것이고, 겸하여 세를 내는 것이 정부를 위하여 무는 것이 아니라 곧 저의 몸과 집안 식구를 위하여 내는 것으로 알지라. 중인(衆人)에게 속한 길을 닦고 등을 켜는 것이 누구를 위하는 것이라 하리오. 정부를 위하는 것이라고는 못할지니, 합당히만 쓸 것 같으면 백성들이 이런 돈은 내기를 싫어하지 않을 줄로 우리는 아노라.

제1권 제40호
대한제국 광무 2년 9월 27일 (火)

우리가 이왕에 정부 관인들이 나라 일에 조금도 힘을 아니 써 무슨 사업할 생각들을 아니 한다고 말도 많이 하였고, 여간 방책도 베풀었거니와, 이번에 본즉, 우리나라 사람들이 지금 무슨 사업을 하려는 것이 도리어 걱정이라. 아무 생각도 말고 무슨 경영도 말고 가만히 있는 것이 오히려 해는 없을 터이니, 아무 사업도 경영치 말고 공부들이나 하는 것이 제일 상책으로 깨닫겠노라.

기왕 다른 신문에도 다 말한 바이거니와, 중추원 설시하고 관제를 마련하기는 4년 전부터 시작한 것이라. 고문관을 두고 매삭 삼백 원씩 내버리며 한 일들은 규칙 만들고 관원들 내기로 분주히 지내다가 필경 고문관 보내기에 정부 돈 수삼만 원을 남 좋은 일하고, 그 후에 의정부와 중추원을 설시한다고 나라 돈만 없이하여 가며, 한 달 동안에 몇 번씩 그 마을 관원이 갈리는 대로 그 중에 사업한다는 이는 관제(官制)라, 규칙이라, 생각가는 대로 고치고 빼고 새로 마련하기로 소일거리 삼아하고, 날마다 의관을 몇 십 원씩 갈고 내기로, 정부에 대단히 긴급한 사무도 알 겸 매일 관보를 채우므로, 대신 이하로 심지어 미관말직까지라도 조금 길만 있는 사람은 중추원 의관 아니 하여본 사람이 몇이 아니 되는데, 그 의관들에게 의회 규칙과 관제를 물을 지경이면 대답할 사람이 몇이 못 되는지라.

그러나 이 일이 실상으로 시행이나 한 번 되기를 기다리던 차, 일전 중추원에서 처음으로 회의가 된다 하기에 매우 반가이 여겨 그 결사를 탐지하더니, 급기 첫 번으로 가부를 물어 취결한 조건인즉, 이전 야만의 잔약한 법률을 다시 회복하여 보자고 상소하자고 하여 다 옳다고 가결하여 상소를 올렸다니, 처음에는 외국에 상하의원 규칙을 따라 의회원 모양으로 한다 하더니, 이번에 그 실상을 본즉, 개화한 세상에는 없는 의회록(議會錄)이라. 이런 의회록은 세계 의회원 이름을 욕되게 하는 말이니 어찌 나라에 수치요 세계에 불행이 아니리오.

당초 의회원이라 하는 것은 무슨 일이던지 회의하여 많은 수를 따라 결정한 후, 위에 아뢰어 재가를 물어내는 권(權)이 있거늘, 상소하는 것은 의회 권리를 잃는 것이라. 아무 백성이라도 상소하는 권이 있으니 구태여 의관들 월급 주고 의회원 설시하여 무엇 하리오. 공부자(孔夫子) 말씀에도, 도(道)를 지키는 것이 관제(官制)를 지키는 것만 같지 못하다 하셨으니, 이는 신하된 자로 하여금 관제에 한정된 권리를 잃지 않게 하심이거늘, 그 권리를 내어 버리고 직책을 행치 못함은 도리어 신자의 도리가 아니니, 어찌 의관 되신 이들의 부끄러운 일이 아니리오.

그러할 뿐더러, 상소 목적이 잔학한 형벌을 다시 쓰자 함인즉, 형제 처자는 죄가 서로 미치지 아니 한다는 경서를 보지도 아니 하였는지 모르겠고, 그 목적에 불가한 것은 다른 신문에 이왕 많이 설명하였거니와, 우리 대황제 폐하께옵서 천지와 태묘에 서고(誓告)하시고 없이 하신 괴악한 형벌을 다시 행하자 함은 곧 임금을 욕하는 죄인이라. 이런 일을 중추원에서 취결할 줄 어찌 뜻하였으리오.

삼사년을 두고 대소 관인 중에 그 중 삼십여 원(員)을 퇴(退)한 의관들이 처사하는 것이 또한 세계에 수치 되는 일인즉, 전국에 학문 없는 것은 가히 짐작할지라. 이 분들이 이 목적을 틀닌 줄로 알고야 어찌 행하였으리오. 그 분들의 생각에는, 이 일이 되어야 법강(法綱)이 설 줄로 아는 것이니, 지금 이런 의견만 속에 가득한 신민들에게는 의회원이 참 쓸데없는 것이니, 지금은 아무 사업들도 생각 말고 아직 그저 지내되, 나라 형편인즉 급히 할 일이 많으니, 우리는 생각건대, 정부 관인들이 몇 달 동안씩 차례로 외국에 유람하고 돌아와 몇 달은 벼슬 다니고, 몇 달은 외국에 가 있어, 남의 나라 사람들의 인정을 알아야 자연 학문도 생기고, 권리도 알고, 일할 줄도 가량(假量)이 나설 터이니, 그 후에 무슨 사업이든지 설시하여야 실효가 있을 줄로 믿노라.

제1권 제41호
대한제국 광무 2년 9월 28일 (水)

근일에 중추원에서 상소하여 옛 법률을 다시 쓰자고 한 사건에 대하여 본사에서도 대강 그 불가함을 설명하였고, 여러 신문에도 많이 말하였거니와, 이 사건을 인연하여 큰 문제 하나가 생긴지라. 혹이 말하되, 우리나라에 갑오년 이후로 형벌이 너무 가벼워 투살(妬殺)한 자나 모살(謀殺)한 자나 강도나 심지어 역적까지라도 다 교(絞)에만 처하고, 더 중한 형벌이 없고, 도륙(屠戮)하는 벌이 역적에게 미치지 아니하므로, 그 후로 역적이 많이 생겨 변란이 자주 일어나며 법에 범하는 자가 점점 많으니, 이는 백성을 사랑하는 것이 아니라 도리어 백성을 몰아 형벌에 빠지게 하는 뜻이라, 어찌 인의에 화(化)하여 교화(敎化)가 행하고 풍속이 아름다워 백성이 법을 범치 말아 형벌을 쓰지 않기에 이르리오.

하물며 이번 흉범(凶犯)은 만고에 처음 된 죄인이라. 촌촌이 찢으며 절절이 베어도 인신(人臣)된 자의 마음을 쾌히 할 수 없는지라. 마땅히 처자를 죽여 천지신인이 함께 분함을 씻고, 당(堂)을 없이하여 풀을 베고 뿌리를 제하는 것이 옳은즉, 지금에 마땅히 상앙(商鞅)의 법을 써야 백성을 가히 어거(馭車)하리라고 하는지라.

이 말에 대하여 몇 마디 설명하지 아니치 못하겠도다.

첫째, 새 법률이 경(輕)하여 역적(逆賊)이 자주 생긴다 함으로 말할지라도, 갑오 이후 죄범을 몇이나 잡아 새 법률로 다스려 보았소? 법률로 다스려 보지도 못하고 법률을 나무라는 것은 옳지도 않을 뿐더러, 실상인즉 정부가 외로워 권세가 흔들리기 쉽고, 법률이 있는 고로 죄인을 능히 다스리지 못하는 때문이라. 정부가 튼튼하여 내치를 밝게 하며, 외교를 잘하여 외국으로 가는 죄범을 다스릴 권리가 있게 되면 어찌 형벌을 행하지 못하게 될 리가 있으리오.

형벌을 행하지 못할 바에는 쓸데없이 죽인다든지 도륙을 한다든지 마련만 하면, 그 죄인이 어려워 할 리가 없은즉, 법률이 경(輕)한 때문이 아니라 경한 법률이라도 쓰지 못하는 때문인 줄로 알 뿐더러, 외국에서들은 교(絞)하는 법도 차마 악착하다 하여 전기로 사람을 죽이는 기계까지 있으되 백성이 법 범하기를 두려워하는 것은 무슨 까닭이뇨. 다름이 아니라 다만 매 한 개라도 법대로만 행하는 까닭이거늘, 형벌을 경하게 하는 것이 백성을 범법하게 한다 함은 대단히 무식한 말이오. 형벌을 중히 할수록 백성이 법을 더 범하여 나라가 망하기까지 이르는 것은 더 말하지 아니하여도 다 아는 바요.

인의(仁義)를 말하니, 잔학한 형벌 쓰는 것이 인의라 할 수 있소? 흉역(凶逆)을 촌촌이 찢어도 신민의 마음에 쾌할 것이 없은즉, 그 처자를 죽여 분을 씻자 함으로 말하더라도, 처자를 다 죽인들 신민의 충분(忠憤)에 또한 무엇이 쾌하리오. 죄범(罪犯)의 처자는 고사하고 친척과 그 동리를 소멸한들 애매한 인명만 잔해하였지 상쾌할 것은 없는지라. 풀을 베고 뿌리를 제하려거든 작죄(作罪)한 정범(正犯)이 외국에 가서 있다든지, 외국에 입적하고 형벌을 당하지 않는 폐단을 먼저 막을 도리를 행하는 것이 상쾌할 일이라. 세계에 없는 잔학한 법을 혼자 써서 백성은 외국으로 다 보내고 홀로 외로운 정부가 되면 경중(輕重) 간에 법률을 시행할 데가 없을 터이니, 이 어찌 나라를 위하는 방책이라 하리오.

상앙(商鞅)의 법을 써야 한다는 말이 매우 옳으나, 상앙의 법이 중한 줄로만 알고 어찌하여 그 법이 행해지게 되었는지는 모르는 말이라. 상앙의 법을 행하려거든 세 길 나무를 동문에 세우고 그것을 옮기는 자는 백금을 주마하여 놓고, 옮기거든 백금을 즉시 주어야 가위 상앙의 법이라 할지니, 법률을 밝히려고 애쓰는 이들은 지금 있는 법이라도 어기지만 말면 교화가 행하여져, 백성이 땅을 그어서 감옥이라 하여도 들어가기 싫어할 줄로 우리는 믿노라.

제1권 제42호
대한제국 광무 2년 9월 29일 (木)

우리가 이때까지 대한 독립(獨立)을 보호하여 남이 알거나 모르거나 어언간 애쓰고 힘들인 것이 또한 적달 수는 없으나, 일본에서 군사를 죽이고 재물을 허비하여 가며 빼앗아 준 독립이라 하는 말에 들어서는 은근히 부끄럽고 분한 마음을 금치 못할지라. 세상 사람이 이목구비(耳目口鼻)는 다 같이 생겼거늘, 남은 하늘이 다 같이 주신 독립권을 찾고 지키노라고 몇 백만 명씩 목숨을 버리며, 몇 십 년씩 싸워가며 잃지 않으려고 하는 것을, 우리는 피 한 점 흘리기는 고사하고 남과 시비 한 마디 없이 남이 찾아다 주는 것도 지키지 못하게 되어서야 세상에 어찌 인류에 비하리오. 지키지도 못할 지경이면 차라리 죽어 없어져야 마땅한 인생들이라 할지니, 목숨을 버리더라도 지켜가야 사람 노릇을 할지라.

그러나 사사(私事) 살림으로 말할지라도, 제 손으로 애쓰고 자수성가(自手成家)한 세간은 기어이 제 평생을 보전하여 가거니와, 남의 덕으로 힘 안 들이고 얻은 재물은 실상 귀한 줄을 모르기 때문에 항상 지탱하지 못하는 법이라. 지금 우리나라 독립(獨立)이 이렇게 위태하되 백성이 걱정할 줄을 모르는 것은, 마치 남이 얻어준 재물을 아낄 줄 모르고 마구 허비하여 내버리는 것과 다름이 없으니, 언제든지 대한 사람이 피를 흘리고 독립을 굳게 하여 세계에 광고한 후에야 독립이 참 대한 물건이 되는 날로 우리는 믿노라.

그러나 우리나라에서는 이때껏 독립을 위하여 피 흘릴 계제가 없었는지라. 이 형편을 가지고 외국과 피 흘릴 시비까지는 할 수 없는 처지인즉, 다만 내 나라 사람 끼리나 하여야 될 터인데, 정부 이하로, 심지어 하등인까지 모두 저마다 바람 부는 대로 물결치는 대로 따라 가기로만 주장이고, 일호라도 모진 편으로는 아니 가려 하므로, 도무지 편당도 없고 아무 일도 되지 않았는지라.

우연히 독립관(獨立館)이 설시된 후로 정부를 시비도 많이 하고 반대도 무수히 하였으니, 이는 대한에 처음으로 한 목적을 가지고 한 길로 가려는 편당이라. 정부에 분기 있는 관인이 몇몇 있었을 것 같으면 반대가 크게 일어났을 터인데, 남의 목적을 따르지도 않고 반대도 아니하며, 망신을 당하고 벼슬을 내어 놓았다가도, 다시 벼슬에 구애하여 머리를 숙이고 그대로 다니며, 그 일을 또 하고, 혹 무슨 시세를 보고 협회를 걸어 상소도 하고 혹 없이 할 주선도 좀 하다가, 얼마 후에는 도로 협회에 연조금도 내며 혹 회에 참예도 하니, 이러고 본즉 싸움과 시비를 아무리 하려 한들 대적하는 사람이 있어야 아니 하리오.

어언간 회에 권리(權利)만 자라서, 남의 나라에서는 민권을 세우자 하면 몇 십 년씩 두고 정부와 싸워서 되는 것을, 독립협회에서는 불과 몇 달 안에 벌써 민권을 제어하기 어렵게 되었으니, 이도 또한 관인네들이 처음부터 고식지계(姑息之計)만 생각한 까닭이고, 한편으로는 지금 시세가 백성을 마구 압제하기도 어려운 때문이라.

근일 국가에 변고가 백출하여 위태함이 조석에 있거늘, 일이 되어 가는 것을 보면 일호도 취소되는 것은 없고, 촉처(觸處)에 해(害)나는 일만 생기어 점점 틀려만 가니, 가위(可謂) 기회를 재촉하는 때라. 하물며 근일에 들은즉, 독립관을 걸어 상소도 하고, 혹 없이 할 도리도 생각하는 이도 있다 하니, 듣기에 매우 희한한 말이라. 이제야 아마 계제(階梯)가 생기는 모양이라. 그러하나 이전 몇 번 같이 물때(*아침저녁으로 조수가 들어오고 나가는 때) 차리다가는 양편에 다 효험이 없을 터이니, 부디 복구례(復舊例) 하여야 나라가 잘 되겠다고, 목적을 단단히 잡고 한 편당이 되어 시비를 넉넉히 할 만하게 차리기를 바라노라.

양편에서 이런 좋은 때를 잃으면 다시 이런 때가 있을는지 믿을 수 없은즉, 나라가 개화를 하든지 복구를 하든지, 이번에 아주 끝을 내게 하되, 한 가지 조심할 것은, 어느 편에든지 총소리만 나게 하는 날은 대한에 흔단을 기다리는 이웃나라에서는 대한 일을 귀정(歸正)낼 터이니, 부디 이 지경까지는 가지 말고, 아무쪼록 피를 내어 가면서라도 독립권을 굳게 하여 대한 독립을 대한 사람의 손으로 찾았다고 세계에 광고하고, 남이 얻어준 독립이라는 사기(史記)에 수치를 씻어 자자손손이 전하여 나려가며, 우리 조상 적에 피 흘리고 얻은 독립이라고 천추만세에 무궁히 전하게 되기를 열심으로 바라노라.

제1권 제43호
대한제국 광무 2년 9월 30일 (金)

이전 파사국(波斯國: 페르시아. 이란)에 유명한 임금이 몇몇 신하를 데리고 산에 올라 산영을 하더니, 우연히 산중에 들어 음식은 예비치 못하고 시장하여 심히 곤(困)하신지라.

사신을 명하여 산영(山營)한 바 행중(行中)에 있는 짐승 하나를 불에 익혀 요리를 하려 할 새, 신하가 황급히 고기를 익혀 다 먹게 된 후에 당장 내오려 하다가 본즉 고기에 소금을 치지 아니한지라. 가만히 추종(追從)을 불러 분부하여, 급히 촌에 내려가 소금 한 줌만 얻어 오라 한즉 즉시 소금을 얻으러 가려 할 차에, 임금이 그 신하가 이르는 말을 들으시고 불러 명하시기를, 돈을 보내어 소금을 사오는 것이 옳으니 그저 얻으러 보내지는 말라 하시는지라.

신하가 아뢰되, 소금 한 줌이 별로 민간에 폐될 것이 아닌즉, 그저 얻어 와도 과히 관계가 아니거늘, 구태여 돈 주고 사올 것이 있사옵나이까 한즉, 왕의 말씀이, 지금 세상에 큰 폐단 되는 것이 당초에는 다 이 같이 조그마한 기미(幾微)에서 생긴 것이라. 내가 백성에게 소금 한줌을 토색(討索)하면, 내 아래 지방관 된 신하는 백성에게 소를 끌어오는 폐단이 생길 터이니, 일호인들 어찌 소홀히 하리오, 하였으니, 이 말이 고금에 유명한 교훈이라, 어찌 본받지 않으리오.

　　근일에 법을 의론하는 자들이 말하기를, 금번 사변에 범한 흉역(凶逆)은 전국 신민이 모두 분히 여기는 바라. 도륙(屠戮)은 못하나 역적을 참(斬)하는 것이 법에 없을지라도 이번에는 불가불 행할 수밖에 없다고 한다면, 이도 또한 충분(忠憤)에 격한 말이라. 기왕 죽일 죄인을 교(絞)하나 참(斬)하나 별로 다른 것이 없을 듯하나, 법률에 없는 것이라도 이번에 단행 하겠다 하는 말은 우리가 크게 위태하게 여기노라.

　　지금 시작은 바늘 끝만치 작으나 이후 폐단이 태산같이 막기 어렵게 될 염려가 있을 뿐더러, 당초에 우리 대황제 폐하께옵서 이 법을 없이 하시기는 그 폐단을 통촉하신 바이거늘, 지금 다시 행하는 것은 관대하신 성의만 저버리는 것이고, 죽는 죄역에게는 참(斬)하나 교(絞)하나 조금도 다를 것이 없고 다만 법률이 문란히 되는 폐단만 생기는 것일 뿐더러, 죄인을 참하여 황상 폐하께 유조할 일은 일호도 없고, 만일 법률이 문란하여 폐단이 백출(百出)할 지경이면, 그 해는 임금께와 백성에게로 일체로 돌아갈 터이니, 일시 신민의 충분(忠憤)한 마음을 인연하여 법률에 없는 일이라도 행한다 하는 말은 대단히 두렵게 여기노라.

　　사람이 분한 일을 보면 법률과 경계를 돌아보지 아니하고 분대로 하고 싶은 것은 인정에 자연스러운 바이나, 무슨 일을 당하든지 그 일이 분한즉 법에 없는 일이라도 행하자 함은, 비유컨대, 남이 내 부모를 살해하려 하기로 내가 그 사람을 쳤다 하는 것과 같으니, 의리상으로 말하면 당연하나, 법률로 말하면 내가 더 큰 죄범이라. 그런즉 분할수록 법대로만 하여야 의리와 법률상에 온전히 옳은 사람으로 우리는 아노라.

　　이번에 법부대신이 독립협회에 한 답장 끝에, 성인(聖人)이 가라 사대 위에서 그 도(道)를 잃었으므로 백성의 흩어짐이 오래다 하셨다고 인증하였으니, 이는 파사국 임금의 말씀과 같은 뜻이라. 우리는 생각건대 법부대신이 이 말을 한 것은 법관이 그 도를 잃지 않겠다고 하는 뜻인 듯하도다. 우리가 이 말 하는 것을 가지고 임금을 위하여 충분(忠憤)한 생각은 적고 법률만 의론한다고 말 할 이가 있을 듯하나, 법률을 바로 세우자 하는 것이 또한 누구를 위함이라 하리오. 우리는 간절히 바라건대, 위에서 권세 가지신 분들이 항상 파사국 임금의 말씀을 생각하여 적은 일일수록 후배 생각하는 것이 참 임금을 근심하고 백성을 사랑하는 신하인 줄로 믿노라.

제1권 제44호
대한제국 광무 2년 10월 1일 (土)

세상에 사람이 무슨 일을 하든지 크나 적으나 각기 바라는 경륜이 있는 고로, 몸이 곤뇌(困惱)하며 마음이 괴롭되 일할 생각이 게으르지 아니하여 걱정과 근심을 위로하고 지내는 바이라. 만일 후일 바라는 경륜이 없고 보면 애쓰고 일할 사람도 없으려니와, 괴로운 세상에 어찌 하루인들 더 살아 고생을 하루라도 더할 생각이 있으리오.

슬프다, 우리나라 사람들의 바라는 것이 모두 하루살이 경륜이라, 몇 달 몇 해는 도무지 생각도 아니 하고, 다만 오늘이나 어찌 지내면 내일 일은 모른다고 하여 꿈같은 일생을 되는 대로 지내기로만 주장이니, 진정 애달픈 바로다.

위선 나라 일로 말하여도, 이십년 전에 외국들과 통상할 적에 오늘 일을 미리 걱정하였을 것 같으면 나라 일이 이 지경은 아니 되었겠고, 일본의 개명을 소불하(少不下) 삼분지 일은 따라갔을 터이거늘, 그때부터 하루 걱정만 하여 내려왔기에 지금까지 하루 걱정을 면치 못하는 바이다. 사람의 일신상 일로 말하여도, 벼슬 다니는 이는 한 달 월급 얻어다가 한 달 지내고, 내달에 벼슬 떨어지면 어찌할 경영은 없는 고로, 중대한 나라 벼슬 다니기를 남의 종질하듯 하다가 필경 내놓는 날은 할 수 없는 사람이 되고, 농사하는 사람이 올해 가물거나 장마가 들면 어찌할 경영은 없는 고로, 수한(水旱)을 심히 타는 벼 한 가지만 심어 놓고 목숨을 매달고 있다가, 흉년이 지면 기아를 면치 못하고 공장(空腸)이가 된다.

이 다음 일을 염려치 않는 때문에 물건을 만들 적에 아무쪼록 속을 흉하게 하여 남을 속여서 팔고, 그 후에는 다시 사는 사람이 없으므로 물건 제조라는 것은 점점 없어져, 근래 우리나라 사람의 손으로 만들었다는 등과 초 모양을 수년 전에 만들었던 것과 비교하여 보면 점점 못되게 만든다. 장사가 또한 그 모양이므로, 수년 전까지도 소위 큰 장사라 하던 것이 모두 다 줄어들고, 큰 전당국(전당포)이라 하던 것이 날마다 지탱할 수 없이만 되고, 길에 나서서 힘들이고 벌어먹는 사람들은 닿는 대로 벌어다가 지내되, 몸이 혹 병이 들었든지 일기가 좋지 못하여 벌이를 못하는 날은 온 집안이 다 굶고 앉았으니, 상하가 모두 당장 걱정이 급한즉 후일을 생각할 겨를이 있으리오.

후일을 생각할 겨를이 없이 되는 것도 또한 저희가 만들어 된 것이라. 공부할 만한 사람을 만나 학당에 다니며 공부나 하라고 하면, 첫째 묻는 말이, 무엇이 생기느냐 하거늘, 몇 해 공부하여야 효험이 있다고 하면, 의례히 하는 말이, 몇 해를 어찌 기다리겠느냐고 하는지라. 그 사람이 하는 것을 물으면 필경 대답인즉, 차라리 놀지언정 그것은 아니 하겠다고 하니, 사오년 전부터 공부를 여일히 힘쓴 사람과 그때부터 오늘 내일 하고 지낸 사람과 지금 좀 비교를 하여 보오. 공부한 사람은 제가 어디를 가든지 일신상 계책이 있고, 공부 없는 사람은 세상이 밝아갈수록 참 할 수 없는 인생이 될지라.

우리 신문 보는 이들은 각각 경영이 무엇이오. 몇 해 후에는 나라가 강하고 백성이 문명하여 머리를 들고 세계에 어디를 가든지 대접받는 사람이 되기를 바라오? 그렇지 않으면 외국 사람을 다 내어 쫓고 문 닫고 들어앉아 태고적 모양으로 지내기를 바라오? 그것은 못 될 줄로 다 짐작할 터이니, 그러면 무엇을 바라오? 나라는 어찌 되었던지 내 몸이나 편하기를 바라오? 나라가 위태하고 백성이 편하기는 바랄 수 없는 것인즉, 부디 무슨 일을 하든지 어공어사(於公於私)에 내일 일과 후년 일과, 자기 일생 후 자손 대에 될 일들을 염려하여야 뒤에 바라는 것이 있을 터이니, 후일 바랄 것이 있자면 학교 설시하여 가르치는 것과 학교에 들어가 공부하는 것밖에 없는 줄로 아노라.

제1권 제45호
대한제국 광무 2년 10월 3일 (月)

　동촌(東村)에 불이 일어 풍세는 사납고 화광(火光)은 충천한데, 온 동리가 일어나서 저 집 식구 잠 깨우라고 소리치며 떠드는 중, 무심히 들어앉아 불길이 미칠 줄을 아득히 모르고서 안연히 지내 가며, 점점 불이 가까우므로 기둥이 쓰러지고 기와가 터지며 서까래가 부러지고 대들보가 상할 번하되, 그 집안 사람들은 일시에 나가서 문밖을 내다보고 급한 형세를 알아 화를 면할 생각은 못하고, 동편 벽이 뜨거우면 서편으로 옮겨 앉고, 북녘으로 연기가 들어오면 남녘으로 피해 가서, 무당과 소경이나 데려다가 굿하고 경 읽기로 무사하기를 도모하고, 잠 깨라고 흔들어 주는 사람은 내어 쫓지 않으면 기어이 몰아 말도 못하게 하고 아직 편안히 지내는 것만 좋다고 할 지경이면, 그 이웃 집에서들은 옆집이 타면 저의 집이 또 위태할 터인 고로, 소리를 지르고 흔들며 일어나라고 깨우다가 못하여 필경 급한 지경에 이르러서는 그 집을 헐어 넘어뜨려 불이 붙어도 저의 집까지는 미치지 않게 차릴 터이다.

　그때는 앞뒤에서 엿보고 있던 사람들은 계제를 타서 다 각기 이(利)를 조금씩 보려 할 터이니, 그 때는 동리에 큰 싸움이 일어날 사세인 고로, 이 정형을 짐작하는 사람들이 더욱 애쓰고 그 집 사람을 흔들어 정신을 차리라고 애를 쓰는 터이거늘, 너희는 애쓰고 하고 싶은 대로 하라고 치지도외(置之度外)하고 나는 나대로 지낸다고 한즉, 이웃 사람인들 오죽 애달프고 답답하리오. 어언간 불길도 차차 가까우려니와, 동리에서 필경 그저 두고 보지는 아니할 터이라.

지금 동양 형편이 어찌 이와 다르리오. 세계 각국에 전보 왕래와 담판하기와 조회 왕복이며, 약조를 정한다, 군함을 끌고 다닌다, 철로를 사면에 놓아 길을 통한다, 신문에 날마다 떠드는 말이, 동양 형세로 혹 좋은 방책도 말하며, 혹 시비도 무수히 하여 사면에서 들리는 바이거늘, 대한과 청국은 흉년만 아니면 세계에서 제일 조용한 구석이라. 우리나라 사람의 생각으로 말하면, 내일은 어찌 되었던지 오늘이나 조용하고 편하면 그만이라 하나, 지금은 더 편하고 싶어도 점점 가까워 오는 불기운을 어찌 편히 앉아 면하리오.

일전 신문에 청국에 무슨 사변이 있다는 말을 전보를 보고 그대로만 내었으나, 자세한 소문을 듣지 못하여 기다리던 차에, 지금 들은 즉, 청국에 민주당파 대신들이 권세를 다투어 청국 신민들이 개화(開化)하자는 편당을 미워하여 서태후를 권하여 정치를 잡게 하자, 지난 달 이십일일에 서태후가 섭정하시고, 이십삼일에 근정전에서 대례를 행하시려 하며, 저의 황제가 근자에 세계 형편을 깨달으시고 개명(開明)에 주의하시는 것을 미워하여 황제를 가두고, 개화당 중에 장음환 씨를 잡을 뜻으로 군사를 풀어 백성의 집을 에워쌌으나 마침내 잡지는 못하였다 하며, 이홍장(李鴻章) 씨는 관작(官爵)을 회복하였으나 뒷일을 염려하여 나서지 못한다는데, 한성신보(漢城新報)에 하였으되, 영국과 아라사가 이 변란을 보고 크게 경계하여, 아라사는 벌써 영구로부터 군함 여덟 척을 떼어 건너가고, 그 외 일곱 척과 수뢰정 네 척이 산동 지경에 대어 있고, 일본과 영국 동방 함대들은 속히 해상 운동을 시험할 터이라 하였으니, 만일 이 말과 같을 진대, 동양에 어찌 편한 구석이 있으리오.

만일 일만 터진다면 다만 동양만 조용하지 못할 뿐 아니라 서양에도 흔단이 여러 가지로 생길 터이니 또한 편안할 수는 없는지라. 세계 정치가와 학문가에서들은 항상 이런 일이 벌어지게 될까 염려하여 아무쪼록 동양에서 형편을 짐작하고, 속히 개명이 되어 미리 방비할 계책을 차리게 하기로 주선하던 것을, 오늘날 청국이 불을 먼저 일으키는 모양이니 지구상 형세가 대단히 위험한지라. 이렇게 되고 보면 청국 인종이야 어찌 세계에 용납함을 얻으리오.

대한 동포들은 정신 좀 차리시오. 세상이 이렇게 떠드는 터이니 문 닫고 아직 편히 지내려고만 말고, 당장 가까워 오는 불을 막을 도리를 도모들 하시오. 이것은 돌아보지 않고 그 속에서 조그마한 권리나 다투다가 미구에 집만 무너지고 보면 권리를 어디 가서 말이나 하여 보겠소. 부디 눈을 열고 동리에 화광(火光)을 좀 내다보시오.

제1권 제46호
대한제국 광무 2년 10월 4일 (火)

일전에 오서(吾署) 경무관이 오서 자내(自內)에 호구조사 하는데 살피지 못함으로 견책을 당하였단 말은 이왕 신문에 내었거니와, 당초에 호수 적간(摘奸: 부정이 있는지를 캐어 살핌)하는 법을 먼저 고쳐야 될 것이, 오서 안에 문패 부치는 것을, 한 집에 두세 살림 사는 집도 그 집 주인의 식구만 문패에 올리고, 그 외 몇 살림은 성명도 없고 인구 수효도 문패에 쓰지 아니하며 호적도 없게 마련이니, 오서 안에 남의 협호(夾戶: 본채와 따로 떨어져 있어서 딴 살림을 하게 되어 있는 집채)에 든 사람과 행랑살이하는 인구들이 못되어도 문패에 오른 인구의 삼분지 일가량은 더 될지라.

이 호수는 당초에 빙거(憑據)할 것이 없은즉, 순검이 아무리 적간한들 이로 기록할 수 없은즉, 마땅히 다른 정밀한 법을 마련하여, 남의 집에 부쳐든 식구라도 낱낱이 문패를 달고 누락되는 인구가 없게 하며, 각기 호적을 소상하게 하여 이 문패가 없던지 호적 아니 한 백성은 마땅히 벌이 있게 마련하던지, 더 나은 방책이 있으면 정밀하도록 마련하여 놓은 후에야 수효를 바로 알지라.

그동안 인구가 연전보다 얼마 늘었을 터인데, 이번에 조사한 것은 얼마 줄어든 모양이라니, 이는 다름이 아니라 도성 안에 집이 무수히 헐렸는데, 문패 수가 집과 더불어 함께 줄어지므로, 헐린 집에 있던 인구는 빙거(憑據)할 표가 없는 까닭이라. 이것을 가지고 경무관과 순검만 책망하면 어찌 억울치 않으리오.

연전에 한성부에서 오서 자내에 지휘하여 각 동리에 열 집씩 한 통을 만들고, 매통에 통수 하나씩 내는데, 관직 있는 재상도 많이 맡겨 그 동리의 사정도 자세히 알고, 국민을 위하는 사업상에 유지한 이로 하여금 각각 맡은 동리에 들고 나는 백성과 나고 죽는 것을 낱낱이 기록하여 인구 조사하기에 편리하도록 마련하니, 유지한 이들이 한성부에서 시작한 사업을 매우 칭찬하더니, 지금까지 그 이름은 있으나 애달픈바 한성부에서 시작에는 힘을 쓰고 뒤에는 더 힘을 아니 쓰므로 근자에는 다 잊어버린 모양이라. 누가 통수였는지도 모르게 되었으니 진실로 애석한 바라. 이런 방책을 주의하여 규칙 있게 하여야 국중에 큰 일이 차착(差錯)이 없을 줄로 우리는 아노라.

또한 백성으로 말하더라도, 나라에 백성이 되어 그 나라 인구 수효에 들지 못하고, 그 정부에 호적이 없을 지경이면, 이 사람은 세계에 메인 데가 없는 백성이라. 남의 나라에 가서라도 호적을 그 정부에 드리면 그 나라 백성이 되고, 그 정부 보호를 받는 터이거늘, 제 나라 정부에서 호적도 없고서야 보호받을 염의(廉義: 염치와 의리)가 있으리오. 남의 협호에 있더라도 호적과 문패는 빠지지 않고 소상히 하여 국가 개명에 도움이 되게들 하기를 바라노라.

세계 각국이 각각 그 백성의 수효와 호수와 다방면에 대해 자세히 알아 학교에서 어린아이들을 가르치는 법이니, 이는 마치 집안 살림을 부모 된 이가 그 자손에게 어려서부터 소상히 일러 주어, 집안 세간과 전답과 식구 수효를 자세히 알도록 하는 것과 같으니, 이것이 나라에 큰일이거늘, 우리나라에서는 외국 사람이 내 나라 지방의 대소와 인구 의 다소를 물으면 대답할 말은 모른다는 말뿐이니 어찌 부끄럽지 않으리오. 정부와 백성이 일체로 이런 일에 힘들을 써 소상히 알도록 하시오.

제1권 제47호
대한제국 광무 2년 10월 5일 (水)

우리가 신문을 시작한 후로 정부 관인을 대하여 무수히 옳은 길로 우리 생각까지는 권도하기도 하며, 경계와 법률을 들어 책망도 많이 하였으나, 우리말을 시비하는 이들이 여럿이라. 의론하기를, 신문을 이렇게 과격히 내는 것은 도리 상에 합당치 못하니, 정부 관인을 함부로 시비하는 것은 대단히 불가타 하여 항상 논란이 일어나는지라.

우리가 이에 대답하지 아니하였거니와, 근일에 독립협회에서 법부대신 신기선 씨를 보고, 법률을 고치려 하는 사건에 대하여 대신께 질문한즉, 대신의 대답이, 법률을 좀 더 밝히기로 나라 일이 더 잘 될 것이 무엇이오 하였다니, 대신의 말씀이 이같이 될 줄이야 어찌 뜻하였으리오. 진실로 부끄러운 일이라.

일국의 대신으로서 말이 이러할 때야 그 마음도 또한 이럴 터이니, 마음이 이러하신 이가 법관이 되고야 나라에 법률이 바르게 되기를 바라리오. 대신의 마음과 일과 말이 이러하고도 말하는 우리를 나무라니, 세상에 옳고 그른 것을 분간할 만한 염량(炎涼: 사리를 분별하는 슬기)이 있는 친구들은 생각들 하여 보시오.

한문에도, 착한 일을 적다고 행하지 아니치 말며, 악한 일이 적다고 행하지 말라(勿以 善小而不爲, 惡小而爲之) 하였거늘, 법률을 좀 더 밝히 하면 나라 일이 더 될 것이 없다 함은 참 알 수 없는 말이라. 대신의 생각에 대한이 지금 세계에 문명국이 되어 영 미국들과 같이 된 줄로 여김인지, 영 미국도 밤낮 애쓰고, 상업을 흥왕하게 하며, 군사를 해마다 확장하며, 학교를 늘려가며, 각색 학문과 법률학을 밤낮 공부하는 터인즉, 대한이 지금 영미와 같이 되었더라도 이같이 분주한 세상에 전국 신민이 마음을 일호라도 게을리 먹어서는 못쓸 터이거늘, 이 말을 볼 진대, 다 잘 되었으니 더 할 것 없다 하는 뜻인 것 같기도 하고, 혹 달리 생각하면, 나라 일이 이렇게 된 때에 이 법률 한 가지나 밝힌들 무슨 효험이 있으리오 하는 뜻인 것 같기도 한지라. 이같이 생각하였을 리는 없을 듯하나, 만일 이럴 지경이면 이는 크게 실망되는 일이라.

황상 폐하께서 법관을 시키신 것은 나라에 법률 밝히기를 바라시는 것이고, 백성이 월급을 모아 주는 것은 또한 법률을 밝히 하여 백성의 생명 재산을 보호하여 달라고 함이라. 이같이 중하신 성의를 받들고, 이같이 정대한 인민의 뜻을 인연하여 그 벼슬에 있고, 그 록을 먹으니, 그 마음인즉 그 일을 싫어하고서야 어찌 직분을 닦는 신하며, 도리를 지키는 관원이며, 의리 있는 친구라 하리오. 신 대신이 이렇게 뜻하였을 리는 없을 듯하나, 대저 백성이 저렇듯 떠드는데 덮어놓고 그저 있는 것은 참 우리가 신 씨를 위하여 크게 부끄러이 여기노라.

만일 이 백성을 압제하여 나는 어찌하든지 너희는 아무 말도 말라 하여 누를 권리와 경영이 있으면 마땅히 압제를 힘쓰든지, 죄상이 있으면 법에 나아가 율문(律文)을 비추어 죄상을 자복하든지, 죄가 일호라도 없을 것 같으면 스스로 재판을 청하여 발명을 하든지 할 터인데, 종시 무슨 귀정(歸正)을 아니 내는 것은 과연 대신의 의향이 어떠함 인지 알 수 없거니와, 우리는 생각건대, 신 대신이 반드시 쾌활한 기운 으로 그 위(位)를 사양하고, 인연(因緣)이 없다고 물러가, 정부에 수치 되고 법률에 방해되고 백성에게 괴로운 일이나 되지 않고, 아무쪼록 남 이나 법률에 일호라도 더 밝힐 뜻으로 애쓰고 힘들어 일하게 하면 좋을 듯하더라.

제1권 제48호
대한제국 광무 2년 10월 6일 (木)

민권(民權)이 즉 국권(國權)이라 하는 말이 참 학문 있는 말이라. 일전 한성신보(漢城新報)에 좀 말 하였으나, 그 자세한 뜻을 해박하게 알 아듣지 못할 듯하기로 본사에서 더 대강 설명하노라.

대저 세상 사람이 다 같이 일신상 자유권(自由權)이 있어 하늘이 정하여 준 권리가 얼마씩 자재(自在)하거늘, 열리지 못한 나라에서는 위에서 세력 가진 이들이 백성의 자유권을 뺏어서 자기 일신상 권리를 만들어, 아래 있는 사람들은 저의 권리를 잃어버려 제 입을 가지고 당연히 할 말을 못하며, 제 수족을 가지고 마땅히 할 일을 못하므로, 어언간 그 나라에 경계가 없어지고 법률이 서지 못하여 나라가 필경 잔약하게 되는 법이라.

백성이 일신상 자유권을 찾지 못하여 나라가 잔약하여 지는 것은, 다름이 아니라, 압제정치 하는 나라에서는 정부 관인이 한 백 명쯤 될 것 같으면, 저의 힘자라는 대로 백성을 압제하여 놓았으므로, 백성 몇 천만 명은 그 백 사람에게 저의 권리를 다 잃어버리고 매여 지내니, 그 나라에서는 그 백 사람의 권리가 대단히 크다 하나, 열린 나라에서는 정부 관인이나 그 아래 몇 천만 명이나 경계와 법률에 들어서는 다 마찬가지이므로, 그 두 나라를 함께 통하는 날에는 압제교육 받은 백성은 남을 대하여서도 머리를 숙이고, 그 동등인(同等人)을 자기 관인과 같이 대접하고, 자유권을 잃지 않은 백성들은 남의 나라 관인 보기를 또한 저의 동등인으로 대접하는 때문에, 대한 정부에서는 외국 백성들을 위하여 내나라 백성의 집을 값도 몇 푼씩 아니 주고 억지로 헐어서 길을 닦아주되, 대궐문 앞에 있는 외국 상민의 집 몇 칸 되는 것은 정부에서 수만 원 가량을 주고 헐려고 몇 달을 두고 애를 써도 감히 기왓장 하나를 손대지 못하면서, 정부와 백성이 분히 여길 줄을 모르니, 이 나라 사람들은 천성이 본래 분한 마음이 없어 그러한가? 그런 것이 아니라, 상하 간 어려서부터 압제정치로 교육한 까닭에 분한 기운을 항상 억제하여 버릇한 까닭이라.

이는 오히려 사소한 일이거니와, 대저 정부 관인의 권리가 어디서 생기느뇨. 대신 이하로 관인 몇몇이 빈들에 나가서 서고 그 옆에 아무도 없을 지경이면 그 관인들이 무슨 권리가 있겠소. 마땅히 백성이 있어서 받들어 준 후에야 권리가 있을 터이니, 관인을 받쳐주는 백성이 권리가 없어서 남이 하라는 대로 눌려 지내어 백성 명색이 초개같을 지경이면, 그 백성의 관인된 이들을 그 백성에 비하면 대단히 세력이 있는 사람이지만, 남의 나라 민권 있는 백성의 관인과 비하면, 이 백성의 관인된 이들은 빈들에 따로 선 것과 같아서, 외롭고 약하므로 보호하고 도와 줄 사람이 없은즉, 이런 나라에는 그 관인 몇만 위력으로 압제하든지 달래어 꼬이던지 하려면 하기도 쉬우려니와, 저의 장중(掌中)에 드는 날은 그 나라는 모두 무인 지경이라. 그때는 정부 명색도 없이하고, 전국을 다 차지하려 하여도 어려울 것이 없고, 정부는 그저 두고 나라 이익을 다 빼앗으려 하여도 또한 용이한지라.

권리 없는 백성은 말 한 마디도 못하려니와, 민권 있는 나라에는 남이 군함을 가지고 들어와 정부를 압제하고 그 나라를 빼앗으려 하더라도, 그 나라의 백성이 수효대로 나서서 저의 권리는 일호라도 잃지 않으려 하는 까닭에, 구라파 안으로 보더라도, 대한보다 삼분지 일이나 적은 나라가 능히 독립을 지탱하는 것은, 그 나라 정부 관인 네의 힘이 능히 강한 나라 군사와 군함을 저당할 만하여 그러한 것이 아니라, 그 백성이 능히 저의 권리를 잃지 않으려 하는 때문이라.

근년에 우리나라 일로 보드라도, 연전에 정부 대신들이 마음대로 하며 백성들이 나라 일을 의론하지 못할 때에, 외국 공령사가 그 대신들과 약조하고 금광과 철도를 얻어가되 백성이 말 한 마디 없었으므로, 외국 사람들이 생각하기를, 정부 대신 몇만 친하였으면 큰 이익을 얻겠다고 하였으므로, 과연 나라에 위험한 때를 지낼지라.

만일 그때 대신 네가 혹 나라를 다 팔아 먹었은들 누가 말하리오. 다행히 하늘이 도와 백성의 권리가 실낱만치 생긴 이후로 나라 일을 의론하며, 대신 네를 시비도 하며, 벼슬을 내어 놓게도 하므로, 정부에서는 마음대로 못하게 되는 것이 원수 같아 그러하되, 외국에서는 생각하기를, 대신이 그런 일을 허락하여도 백성이 들고 일어나므로 일도 잘 되지 않을 뿐더러, 대신은 허락하고 싶어도 마음대로 못하는 것이니, 대한에 크게 해로울 일이나 경계에 틀리는 사건은 되지 않을 줄로 단념할 터이니, 이것이 즉 정부에 권리와 힘이 생기는 것이다.

신문으로 말하여도, 정부를 시비하여 나라 일을 의론한다고 원수로 여기지 말고 널리 생각들 하여 보시오. 외국 사람들이 대한에 대하여 혹 공법을 어긴다, 대신을 욕보인다, 백성을 혹 무리하게 구타한다, 이런 행위에 대하여 대한 사람에게 시비 한 번 들어본 적이 없더니, 신문이 생긴 후로 대한백성 명색에게 처음으로 책망을 좀 들으매, 이것을 큰 변괴로 여겨 혹 신문을 벌주자는 의론도 있었고, 혹 남의 나라 관인을 논란한다는 시비도 있었고, 혹 어떤 외국 관인은 말하기를, 서양 사람이 청국과 대한에 와서 만국공법이라고 시행하여 본 적이 없거늘 대한백성에게 공법이 무엇이냐고 하더라는 말까지 있으니, 이는 다 압제 정치에 백성이 권리를 모르는 까닭이라.

그러하나 우리도 하늘이 주신 권리를 찾는 것이야 세상에 누가 감히 말리리오. 근자에 외국 신문들을 보면 말하기를, 대한에 백성이 차차 열려 백성의 권리가 조금씩 생기는 모양이라고 하니, 세계에서 대한을 이전 조선 같이는 대접을 아니 하는 터이라. 대한 백성이 대접을 받으면 어느 나라 지체가 높아지며, 대한 백성이 권리가 생기면 어느 나라가 힘이 있으리오. 이것을 보면, 민권이 즉 국권이라 하는 말을 밝히 알아들을지라. 이 말을 알아듣는 이들은 백성의 권리가 아무쪼록 더 생기도록 힘써, 서양 제국이 대한을 대하여 만국공법을 시행하기 싫어도 억지로 좀 시행하도록 만들어 봅세다.

제1권 제55호
대한제국 광무 2년 10월 14일 (金)

크다, 백성의 충애하는 마음이여! 이번 상소(上疏)한 일이 단군 이후 사천여 년 사기에 전무한 처음 일이라, 이 교육 없는 백성이 일제히 학교를 닫고, 전방을 철시하여, 만민이 합동하여 가지고 들고 일어나 창론(暢論)하기를, 나라에 법률이 밝지 못하면 백성의 생명과 재산을 보전할 수가 없는지라. 지금 우리 정부에서 법률을 밝히지 못하여 위로 궁중에 천만고에 없는 사변이 생기고, 아래로 백성이 도탄에 들어 국세가 점점 위태하여 가니, 신민이 되어 이런 때에 국세를 돌아보지 아니하여서야 어찌 세상에 머리를 들리오, 하고 일제히 황상 폐하께 상달하여 능히 일곱 대관을 물리치니, 이는 세계 만국이 크게 놀랄 일이라.

대한 백성이 이런 충애와 학문이 있을 줄을 어찌 뜻하였으며, 압제 정치로 지내 내려오던 대한국 황상께서 그 백성의 뜻을 따라 정부를 변혁할 줄을 어찌 꿈이나 꾸었으리오. 이는 진실로 천심이라. 대한이 흥왕할 장본(張本)을 가히 보겠다고 탄복함을 마지않을지니, 과연 동양에 만행(萬幸)이오 일국에 경사(慶事)라.

우리 대황제 폐하의 지극하신 덕이 세상에 나타날지니, 이천만 적자(赤子)의 큰 영광이로다. 혹이 말하기를, 신민이 되어 군부(君父)의 명령을 거역하고 기어이 저의 뜻을 억지로 좇은 후에야 물러가는 것이 어찌 도리라 하리오. 허나 이렇게 말하는 사람은 첫째, 나라가 소위 그 도리라는 것으로 이 지경이 된 것은 모르는 말이라. 우리가 이 같으신 성군을 모시고도 소위 도리라는 것을 찾다가, 국록 세신이 충직한 말과 옳은 도리로 한 번이라도 거슬러 간하여 성덕을 나타나게 못하고, 다만 앞에서 순종하고 아첨하기만 일삼아서, 무슨 처분이 내리시던지 아뢰기는 다만 지당하옵시다고 하고, 나와서는 돌아앉아 공론하며 비방하는 신하들 때문에 나라가 이 지경에 이르매, 허물은 모두 위로 돌려보내니, 지극하신 성덕이 나타나지 못하고 민원이 창천(漲天)한지라. 그러므로 신민의 도리를 지키려거든 옳은 도리로 충간(忠諫)하는 것이 임금을 참 사랑하는 신민의 직분이라.

혹이 말하기를, 그러면 한두 사람이 작간(作奸)하는 것이 옳거늘, 여러 천 명씩 모아 가지고 궐문지척(闕門之尺)에 무단히 헌화하며, 밤낮을 지내고, 저자를 걷으며, 학교를 닫치니, 이 어찌 지존을 위협하며 국체를 손상하는 난민의 경계가 아니뇨, 하니, 이는 무식한 말이라. 지존을 위협이라 하는 사람은 임금의 어지신 덕을 가리는 말이니, 우리 대황제 폐하께서 민정을 강잉(強仍: 어찌할 수 없어서 그대로 함)하여 좇으신 것이 아니라, 신하들의 허물을 통촉하시고 민정을 디디어 법강을 밝히시려 하심이거늘, 어찌 일호라도 백성이 그른 것을 보시고야 억지로 좇으실 리가 만무한 일이오.

철시(撤市)한 사건으로 말할지라도, 어떤 사람이 권력으로 백성을 위협하여 시킨 일이 아니라, 워낙 목적이 옳은 고로 일제히 합동하여 각기 자의로 한 것인즉, 그도 또한 천심이라. 사람이 시킴으로 되지 못할 바이거니와, 이 사람들이 주야를 지낼 적에 일호반점이라도 사사 이익을 취한다든지, 한두 사람의 일신상 관계를 위함이 아니라, 몇 천 명

몇 만 명이 한 가지로 바라는 것은 다만 국법을 밝히 하여 성군의 덕을 찬양하며, 인민을 도탄에서 건져서 나라를 태평무강(太平無疆) 지역에 둘까 함이기로, 각기 충곡(衷曲)에서 나는 마음으로 나무 장사와 콩나물 장사며 군밤 파는 아이까지 그 어려운 돈을 보조하였으니, 세상에 나라를 사랑하는 인민으로 하여금 족히 감동하는 눈물이 내리게 하는지라.

각 군에 통운(通運)을 돌리고 상소 부비(浮費)를 억지로 거두라 하며, 미전 시정(市井)들을 잡아다가 호령하며 복합(伏閤)하는 데 쓰게 거적을 바치라고 하는 상소군들과 어찌 함께 말인들 하리요. 관민이라 하는 것은 하나라도 법을 범하는 것이 난민(亂民)이지, 법대로만 행할진대 많이 모일수록 공변되고 밝은 의론이 생기는 것이라. 일전에 어떤 백성들이 김홍륙의 시신을 종로로 끌고 나올 적에, 어떤 백성 하나가 말하기를, 기왕 죽은 몸을 찢으며 때리는 것은 야만의 생각이라 하였다고 그 사람을 즉각에 타살하였다니, 비록 충분(忠憤)한 마음이나, 이것이 실상 난민이라. 인화문 밖에 모였던 백성 중에 이런 무리가 몇이라도 있었으면 각국 공관에 벌써 보호병이 들어왔을 것이로되, 세계 문명국에서 몇 백 년을 두고 고쳐 내려온 규칙을 가지고 일호도 어기는 것이 없이 정정방방(正正方方)히 행하는 까닭에 세계에서 모두 칭찬을 하며 미쁘게 여기는 것이라, 참 갸륵한 일이로다.

혹이 또 말하기를, 그러면 일곱 신하를 다 내어 쫓았으니 그 직임을 맡을 사람은 누구냐, 아무리 생각하여도 그보다 별로 나은 사람이 없을 듯하다고 하는지라. 이 말이 근리(近理)한 듯하나, 지금 세상에 한두 충량지신(忠良之臣)을 얻어 나라를 바로잡자는 것이 아니라, 누구든지 벼슬을 다닐 적에 충직한 마음만 가지고, 기왕 만들어 놓은 법률과 장정만 어기지 말며, 전국 명예에 손해되는 일은 없이 하여 문명 진보에 주의를 힘쓰면 가히 쓸 사람이라. 학문이 넉넉지 못하더라도 세상 공론을 드디어 행할 지경이면 나라 일이 취서(就緒)가 될 것이니, 기어이 옳은 일을 알고서라도 백성이 청원(請願)한다든지, 남이 하라는 것은 기어이 어기고 자기가 혼자 다 잘하려는 사람은 필경 나라를 위태하게 할 신하인즉, 우리는 바라건대, 새로 나는 대신들은 세상 공론을 중히 여기고, 민회(民會) 목적 좇기를 부끄러이 여기지 말아, 임금과 백성의 바라는 뜻을 저버리지 않기를 간절히 부탁하노라.

제1권 제56호
대한제국 광무 2년 10월 15일 (土)

근자에 국가에서 외국 사람에게 빚을 얻어 조삼(造蔘)하는데 쓰게 마련한다는 말이 있어 누차 본보 잡보 중에 내었거니와, 폐일언하고, 지금 우리나라 형세로는 외채를 지는 것이 대단히 위험할 뿐더러 또한 슬기롭지 못한 일이라. 빚 쓰기를 좋아하는 자들은 말하기를, 사람이 오죽 못생기고 신(信)이 없어야 남이 돈을 빌려주지 아니하며, 나라가 오죽 작고 가난하여야 외국이 차관을 허락지 아니하리오. 그런고로 서양 각국에 국채 아니 진 나라가 몇이 아니 되는 중, 나라가 부강할수록 국채가 많은 법이라. 근년에 기록한바 각국의 차관을 대강 내어보니,

영국　　　삼십삼억 삼천구백삼십사만 구천팔십오 원
포르투갈　오억 오천만 원
서반아　　이십육억 육천만 원
이태리　　일억 일천만 원
희랍　　　일억 오천만 원
단국　　　사백만 원
서전　　　육천만 원
노르웨이　삼천만 원

덕국	이억 삼천사백이십육만 사백팔십 원
서사	육백만 원
불란서	칠십일억 일천만 원
벨기에	사억 만 원
토이기	오억 만 원
일본	삼억 이천오백만 원
인도	사억 오천만 원
애급	사억 만 원

이것을 보건데, 세계에 부강한 나라일수록 국채가 많으나, 그러하나 항상 증표를 만들어 그 나라 부민(富民)들로 그 표를 사가지고 언제든지 그 표를 인연하여 돈을 갚되, 혹 외국 사람도 그 표를 사게 하여, 그 돈을 얻어 가지고 국민에게 크게 유조한 일을 하여 헛되이 쓰지 아니하고, 혹 나라에 큰 싸움이나, 혹 피치 못할 때에 외채를 얻되 갚을 도리를 미리 마련하거니와, 지금 우리나라 사정으로는, 국중 백성에게서 거두어들이는 돈을 가지고도 합당히 쓰지 못하여 정부 관원의 월급 예산한 것을 가지고 어떻게 잡짓들을 하였던지, 나중에는 심지어 임금이 시키는 벼슬을 하고도 외국 고문관이 차하(*치러 주거나 뒤를 대어 주는 것)하지 아니하면 월급을 못 먹었으니, 이런 관원들에게 외채를 얻어 놓고서 뒷일을 장차 어찌 하리오.

차관을 얻어다가 쓰기는 필경 외국 고문관, 사관, 보호군 등속을 청하여 다가 상여금이라, 여비금이라, 회환비라고 인심 좋게 주어 보내며, 역사(役事) 하기와 굿하고 기도하기에 몇 만원씩 써버리니, 이런 일에 쓰자고 나라를 전당잡힌다든지, 해관(海關) 문서를 잡히는 것은, 마치 가대(家垈)와 전답을 전당잡혔다가 갚을 도리는 없이 한만히 허비하는 것과 같아, 변리만 점점 늘어나면 필경은 송곳 세울 땅도 없게 되는 법이니, 그런 사람을 빚 주는 뜻인즉, 그 사람의 신(信)을 중히 여긴다 든지 교제를 위하여 주는 것도 아니요, 변리를 취하기 위하여 주는 것 도 아니라. 다만 바라는 뜻은, 그 사람이 언제든지 손 털어 쥐고 일어설 때에 돈 대신 차지할 물건이 있는 때문이라.

그런즉 우리나라에서 이후 갚을 생각은 없이 외채를 쓰는 것이 어찌 위험한 일이 아니리요. 그러나 빚 쓰기를 주선하는 이들은 필경 말하기를, 주전(鑄錢)과 조삼(造蔘)하기에 빚을 쓰면 갚을 도리가 뚜렷하 다 할 듯하니, 갚을 도리를 우리도 모르는 것은 아니나, 연전에 청인에 게 빚 얻어서 조삼한 이들은 도리를 몰라서 이때까지 얼마 갚지 못하였 소? 그때 삼은 지금 삼만 못하여 낭패가 되었소? 삼은 필경 다를 것이 없건마는 그 일에 상관된 이마다 사리는 돌아보지 않고 제 욕심만 채운 때문이라. 이런 사람들의 손에 외채를 얻어 드리는 것이 어찌 망발이 아니리오.

그럼으로 지금은 부디 차관할 생각을 말고, 먼저 정부가 바로 되 고 백성이 나라를 위할 줄 안 연후에, 전표(錢票)로 국채를 내어 사업을 도모하여야 비로소 부국할 방책을 도모하지, 어찌 되었든지 당장 계제 (階梯) 있다고 차관 얻기를 주선하는 사람은 후일 국가의 위태함을 돌아 보지 않는 사람으로 우리는 알겠노라.

제1권 제57호
대한제국 광무 2년 10월 17일 (月)

　　군부대신 민영환(閔泳煥) 씨가 단발하고 복장을 갖추고 나서며 군
부 관원들은 일제히 단발하라 하므로, 군부 관원 중에 걱정하는 자 많
아 말하기를, 구명도생(救命圖生)에 관계하여 이 벼슬을 다니다가, 지금
머리를 깎으라 하니 벼슬을 내놓고 갈 수도 없고, 단발하기도 난처하다
고 걱정을 무수히 하는 이도 있고, 벼슬을 버리고 간다는 이도 많다 하
니, 이런 군인들은 속히 물러가는 것이 국민에게 크게 다행한 일로 아
노라.

　　대저 군사라 하는 것은, 앞으로 나가는 것이 첫째 목적인 고로,
각국 군대에 구령하는 것이 모두 앞으로 나가라고 하여, 전장에 나가서
총알을 앞으로 맞아야 군인의 영광스러운 죽음이지, 뒤로 맞으면 세계
에 천한 죽음으로 여기는 법이라.

　　몸이 나라의 군인이 되어 이 목적을 모를 지경이면, 평시에는 하
는 일 없이 나라의 재물만 허비하고, 기예와 운동으로 남의 흉내만 내
다가, 난시(亂時)를 당할 지경이면 그 나라 국기를 보호하여 죽을 생각
은 반 점도 없고, 제 목숨 보호하기를 그 나라보다 중히 여겨, 급한 때
에 가서는 뒷걸음질을 한다든지 창을 거꾸로 잡을 지경이면, 이런 군인
은 국재(國財)에 좀 벌레요, 기예에 원숭이요, 전장에 반역이라. 차라리

없는 것이 나을 터이니, 군사가 되어 앞으로 나가는 것이 제일 목적인 줄 알아야 할지라.

그러나 근년에 군부 관인들이 군사 대접한 것을 보면, 앞으로 나갈 생각은 없게 만들어 놓은지라. 첫째 머리 깎는 것으로만 보아도, 대신 이하로 장관들은 자기 마음에 싫다고 깎지 아니한 자 많고, 병정만 단발을 시키니, 머리 터럭을 베기 싫어 군사들더러만 깎으라 하는 장관들이 전장에서 앞으로 나가 먼저 죽으려는 생각이 날 이치가 있으리오. 필경 위험한 자리에는 군사를 보내고, 편하고 살 곳은 장수된 자가 가려고 할 터이니, 장수가 그 군사를 죽을 곳에 넣으려고 하는 눈치를 알고야 그 장수를 위하여 죽는 것을 영광으로 여길 군사가 어디 있으리오.

반드시 장수된 자 먼저 나라를 위하여 죽는 것을 영광으로 여겨야 군사가 또한 나라를 위하여 목숨을 버리는 것을 영광으로 알 터이니, 나라를 위하여 죽는 것을 영광으로 안 다음에야 의리 아닌 일과 천장부(賤丈夫)의 행위로 구구히 목숨을 도모하리오. 의리상에 들어서는 세상에 두려울 것이 없은즉, 세계에 강한 군사가 될지라. 지금 군부대신이 서양 문명한 나라에 두 번째 다녀 돌아왔은즉, 개명한 학식도 아는 것이 많으려니와, 제일 세계 형편과 개명한 사람들의 생각하는 법을 자세히 짐작하는 줄로 우리는 믿는 바라.

근자에 종종 들으면, 민씨가 아주 전과 온통 달라서 주야 나라일 되어 가는 것을 걱정하며, 손(賓)을 대하여 하는 말이, 이전에는 벼슬이 무엇인지 몰라 나라 일을 못하고 국록만 먹었더니, 지금이야 나라 일하는 것이 벼슬 다니는 사람의 직책인 줄 아니, 이제는 주사를 다니더라도 월급 값을 하고 나라 일을 좀 하겠다고 한다더니, 군부대신을 피명 (被命)하매 우선 나라에 군사 된 자들로 하여금 몸을 나라 일에 버리는 뜻을 보게 하니, 군인의 앞으로 나갈 생각이 이로 조차 생겨, 지금부터 는 대한 병정도 저의 몸이 월급에 팔려 다니는 사람들이 아닌 줄을 깨 달아, 장졸의 마음이 합일하여 차차 강병이 될 줄로 깊이 믿노라.

제1권 제58호
대한제국 광무 2년 10월 18일 (火)

　　대한에 각색 신문들과 회(會)가 여러 개 생긴 후로 인민이 날로 개명(開明)에 진보(進步)하여, 근자에 정치상과 사회상에 되어가는 형편을 가지고 외국에서들은 칭찬도 많이 하며, 시기하는 자도 또한 없지 않으려니와, 이전에는 저마다 생각하기를, 나라에 나 혼자 백성이 아니거늘, 내게 득실 없이 홀로 애쓰고 걱정할 것이 있느냐고 하던 대한 백성들이, 지금은 의례히 말하기를, 백성이 저마다 나라 일을 돌아보지 않을 지경이면 나라가 필경 위태할 지경이니, 나라가 위태하면 제 몸이 어찌 편하기를 도모하리요 하고, 각각 저의 몸과 집안일은 잊어버리고 주야 나라 일에 애쓰고 걱정하는 자 날로 많이 생기니, 우리나라가 흥왕할 장본을 이에 가히 볼지라. 본사에서는 이를 치하하기를 마지않노라.

　　그러나 무슨 일이든지 잘못 되는 것을 걱정하거든 반드시 그 폐단을 알아야 하겠고, 폐단을 깨닫는 날은 즉 고쳐야 일이 효험이 있는 법이기로, 지금 국중에 크게 관계되는 폐단을 두어마디 설명하노라.

　　근일에 나라 사랑하는 동포들이 국중에 상업(商業)이 점점 쇠잔하여 가는 것을 염려하여, 어찌하면 상업이 흥왕하게 만들어 전국 중앙에 육주비전(＊六注比廛: 조선 시대에 서울의 종로에 있던 여섯 전. 곧 선전, 면포전,

면주전, 지전, 저포전, 내외 어물전. 육의전)이 차차 나아가기를 도모할까 하
는 이가 여럿이라니, 이런 걱정이 참 나라를 위하는 마음이라. 진실로
감사하나, 이분들이 만일 우리에게 와서 그 방책을 물을 지경이면, 우
리는 한 가지 대답할 말이, 우리나라 사람이 상업을 좀 낮게 하자면,
첫째 거짓말하는 풍속을 먼저 고쳐야 되겠다고 하겠노라. 대저 장사가
흥왕하자면 외국 사람과 통하지 아니하고서는 될 수가 없을 뿐더러, 본
토 사람끼리라도 거짓말 때문에 매매할 수가 없거든, 하물며 외국 사람
이야 거짓말 하는 장사의 물건을 돌아다보긴들 누가 좋아하리오.

상민(商民)의 거짓말하는 폐단이, 첫째 에누리하여 서른 냥 달라
던 것을 열댓 냥 혹 열량 받기를 부끄러이 여기지 아니하며, 하품(下品)
물건을 중품이라고도 하며 중품을 상품(上品)이라고도 하여, 시골 사람
이나 혹 물정 모르는 이를 속여 파는 것을 의례건(依例件)으로 아는지라.
당초에 이런 악습이 여리꾼(*상점 앞에 서서 손님을 끌어들이어 물건을 사게
하고, 주인으로부터 얼마의 수수료를 받는 사람)으로 말미암아 생긴 것인데,
여리꾼이라 하는 것은 상민(商民)도 아니고 다만 힘 안 드는 거짓말 품
팔아 살아가는 사람이라. 큰길 가로 늘어서서 오고가는 행인을 바라보
고 무슨 소리를 지르다가, 지나가는 사람을 보면 따라가며 각색 물명
(物名)도 섬기고, 끌고 달래며, 혹 희롱도 하고 애걸도 하여, 걸인의 천
한 행색을 나타내므로, 점잖은 사람은 창피하여 전방 앞으로 지나가기
를 싫어하며, 혹 시골 서투른 사람은 어찌할 수 없이 끌려 들어간즉,
저희끼리 혹 변(*남이 모르게 저희끼리만 쓰는 암호의 말)도 쓰며, 으르고 달
래어 흉악한 물건을 몇 갑절씩 받고 팔아서, 여리꾼의 수단으로 본 값
외에 남기는 것은 나눠 먹게 마련인즉, 물건은 정한 값이 없고, 사람은
믿을 이가 없어, 상민만 천하고 물건 사는 사람만 성가신지라.

그러나 이전에는 물건을 도고(都賈)하였으므로 할 수 없이 그리로 갔거니와, 통상한 후로야 필목 한 자라도 같은 물건에 같은 값이면 성가시지 않은 외국인에게 사려 하지 속여서 억지로 파는 데로 가려 할 사람이 어데 있으리오. 서양 사람이 무슨 조선 물건을 사려 할 때, 종로로 가라 하면 눈살을 찡그리고 머리를 내두르며 돈 얼마를 더 주더라도 일인이나 청인에게 사는 것이 좀 덜 괴롭다고들 하니, 이러고야 상무(商務) 흥왕하기를 어찌 바라리오.

외국 점잖은 상민들은 신문에 광고를 내고, 각색 제조물에 값을 미리 정하여 놓고, 전문(前文)에 각각 이름을 써 현판을 달고, 혹 물명과 값도 기록하여 행인들이 보기 쉽게 하여 문 앞을 화려하고 정결히 하여 들어오고 싶은 마음이 자연 나게 하여, 손님이 들어오면 웃는 얼굴로 공손이 수작(酬酢)하고, 값을 부른 후에 얼마를 깎을 지경이면 이는 곧 그 사람이 나를 거짓말하는 사람으로 대접하는 뜻인 고로 정색하고 꾸짖어 내쫓는 법이라.

우리나라에서는 전국 중앙에 제일 크다는 장사들이 장사하는 법을 고치치 않고야 어찌 흥왕하기를 바라리오. 지금부터 종로 각 전에서 공론하고 여리꾼들을 저저(這這)이 물리쳐서 돌아가 다른 생애들을 하게하고, 각 전방에 이름을 써서 현판을 달고, 물종을 신문에 광고내고 값을 정하여 놓아 에누리를 절금하여 신(信)을 세울 것 같으면, 외국 사람들과 차차 교섭이 될지라. 세계에 큰 장사를 하는 이가 다 제 돈을 가지고 하는 것이 아니라 신(信) 한 가지 믿고 남의 재물과 물건을 이끌어 큰 이익을 보는 것이니, 우리나라 사람도 우선 거짓말을 없이하여 천하에 신(信)을 세우는 것이 상업 흥왕하기에 제일 관계되는 요건으로 우리는 민노라.

제1권 제60호
대한제국 광무 2년 10월 20일 (木)

일전에 황국협회에서 찬정 박정양 씨더러 물러가라 하였다는 말
은 대강만 내었더니, 자세한 소문을 들은즉, 그날 밤에 회원이 일제히
박 씨 집에 제진(齊進: 일제히 나아감)하여 문 앞에 개회하고, 총대위원을
들어 보내어 질문하였는데, 대개 사연인즉, 첫째 묻기를, 일전에 귀 답
장에 경계자(敬啓者: 삼가 말씀드립니다의 뜻으로, 편지 첫머리에 쓰는 한문투의
말)라 아니하고, 계자(啓者)라고만 하였으니, 이는 본회를 하대(下待)함이
라 한즉, 찬정의 대답이, 본래 귀회에서 보낸 글이 청원서인즉, 그 대
답을 지령(指令: 감독관청이 하급 관청에 대하여 내리는 직무상의 명령)으로 하
여도 무방하거늘, 특별히 편지 답장으로 하였으니 하대한 것이 아니노
라 한즉, 또 묻되, 일전에 본회 총대위원이 인화문 밖에 먼저 이르고
독립협회 회원은 나중에 갔거늘, 우리는 받지 않고 독립협회 회원은 예
복을 보내어 청해 들였으니, 같은 백성을 어찌 달리 대접 하나이까 한
즉, 대답이, 독립회원은 기왕 언약이 있었거니와 귀회는 졸지에 왔기로
허락지 아니하였노라 하는지라.

다시 묻되, 본회에서 하의원(下議院)을 허시(許施)하여 달라 하려
하거늘, 어찌하여 허락지 아니하시오, 한즉, 대답이 정부와 중추원이
있으니 국민에게 유조할 일은 의논하여 행할 것이나, 하의원은 경홀히

허락지 못하겠노라 한즉, 총대위원이 그대로 나가 보고하매, 회중에서 평론하기를, 독립협회에서는 일곱 대신을 쫓아내었으므로 두려워서 청해 들이고, 우리는 심상히 여겨 들이지 아니하였으니, 사랑하고 미워하기를 편벽되이 하는 대신 아래서 인민이 살 수 없다 하고, 인하여 물러가라고 하였다니, 이 말을 듣고 분간 없는 사람들이 말하기를, 독립협회에서 대신 구축(驅逐)하는 버릇을 시작하더니 패리(悖理)한 민습(民習)이 생겼다고 할 듯하나, 두 회에서 하는 일을 비교하여 보면 대단히 같지 아니한지라.

독립협회에서는 대신을 탄핵할 적에 법률을 밝히지 못하여 궁중에 천만고에 없는 사변이 생겼고, 역범(逆犯)을 가려 사실(査實)치 아니하며, 대신으로 벼슬을 팔며, 국재(國財)를 한만히 허비한다고 들어 말하였으니, 우리가 이 말에 대하여 시비와 진위는 담당(擔當)치 아니하거니와, 이 몇 조목 중에 한 가지라도 협회를 위한다든지 한두 사람의 사사 관계라고는 못할 터이요.

대황제 폐하를 위하고, 전국 백성에게 관계되는 사건이라 하려니와, 이번 황국 협회에서 대신을 구축할 때에 첫째 조목이 무엇이뇨. 편지하는데 글자 하나 잘못 놓아서 대접 잘못하였단 말이라. 그 대접은 누구를 잘못 대접하였느뇨. 외교에 수치나 혹 내정에 관계되느뇨? 다만 황국 협회를 대접 잘못한 것이라.

둘째는, 독립회원은 궐문(闕門)에 들이고 우리는 아니 들였다고 하였으니, 만일 대신을 책망하려면, 막중 궐문에 평민을 무단히 들이는 것은 무슨 법리이뇨 하고, 또한 독립회를 대하여 책망하기를, 무슨 권리로 궁내에 무단히 출입하느냐 할 지경이면, 그 대답은 어찌 할는지 알 수 없거니와, 세상에서 알기는, 황국협회에서 당당한 경계로 남을 시비하였다고는 할 터이거늘, 남은 들여보내고 나는 어찌 아니 들여보내었느냐고 하였으니 이는 다만 나만 위하는 말이라. 세상에 이만치 이름난 큰 회가 모여 여럿이 취결하여 하는 일이 다만 그 회를 위하여 대신을 물러가라 하였단 말은 세상에서 크게 놀랄지라. 우리는 황국협회를 위하여 부끄러이 여기노라.

셋째 조목에, 하의원(下議院)을 설시하여 달라 하였다니, 이는 매우 학문 있는 의론이라. 우리나라에도 하의원이 있어야 나라가 잘 될 줄을 아는 말이나, 의회원(議會員)이 하는 것은 민국에 크게 공평한 일을 하자는 목적이라. 만일 내 생각만 먼저 하는 사람이 의원 권리를 가지면, 나라 일은 내 일 한 후에야 생각이 날 터이니, 언제 나라 일 할 겨를이 있겠소.

그러므로 아무든지 의회원 설시하기를 바라는 이는 내 몸은 아주 잊어버리는 법을 먼저 공부들 하시오. 만일 황국 협회에서 나라를 먼저 생각할 것 같으면, 이번 독립협회에서 정부에 청원한 일이 옳은 목적이면 마땅히 도와 성사되도록 할 것이오, 국가에 해로울 목적이면 아무쪼록 못되게 하는 것이 마땅하거늘, 그런 말은 없이 다만 남과 나의 분간만 하였으니, 어언간 나라 일은 벌써 어디로 간지라.

대저 회(會)가 생겨 각각 그 나라를 생각할 것 같으면, 비록 이름은 각각이나 목적은 다 한 가진즉 자연 합심이 되는 법이니, 이런 회는 많이 생길수록 나라가 강하고 일이 잘 될 터이나, 만일 각기 내 몸만 먼저 생각할 것 같으면, 여럿이 생길수록 각심(各心)이 되어 나라에 힘이 나뉠지라. 한 집안 식구라도 각기 제 몸만 위하려면 자연히 서로 다투고 서로 시기하다가 필경 분경(奔競)이 일어나는 법이니, 밖에서 넘겨

다보는 사람은 그 집안 식구가 만 명이라도 서로 격(隔)만 붙이고 앉았으면 저희끼리 서로 다투다가 필경 남의 종노릇은 다 함께 하는 법이라.

　　이때에 대한 형세가 어떻게 위태하기에, 국중에 백성 된 자가 서로 너와 나를 분간하여 흔단을 기다리는 외국에 좋은 계제를 주려 하리요. 정신들 좀 차리시오. 대한 동포 형제들은 외국신문이나 좀 얻어들 보시오. 청국은 어찌되며, 대한을 세계에서 어찌들 하려고 하며, 군함들은 어디로 가고 어디로 오는 것을 대강 짐작이나 하고 앉아서, 내니 네니 분간들을 하시오.

제1권 제61호
대한제국 광무 2년 10월 21일 (金)

서양에 이전에 유명한 선교사 링컨이라 하는 이가 전도를 어찌 잘하든지, 그 말을 듣는 사람마다 교(敎)에 화(化)하지 않는 자 드문지라.

그러하나 평생에 한 사람을 위하여 무수히 애쓰고 입교시키려다 마침내 할 수 없어 못하였는데, 그 사람이 링컨 교사의 말을 듣고 하는 말이, 내가 교사의 말을 믿지 않는 것이 아니라, 기독교를 믿으면 나도 정녕 천당에 갈 줄은 아나, 그러하되 우리 부모와 조상은 다 지옥에 있으니 내가 어찌 홀로 천당에 가리요. 나도 부모를 따라 지옥에 가서 무궁한 고초를 겪는 것이 옳다고 작정하므로, 천만 가지로 풀어 이르되 마침내 듣지 아니하니, 그 사람은 할 수 없이 건지지 못하였노라고 하였다더라.

근년에 우리나라 백성들이 탐관오리에게 압제를 무수히 받으며, 그 심한 탐학 중에 무한한 고초를 겪되, 개화(開化)를 하라면 죽기보다 싫어하니, 개화라 하는 것이 무엇인지 대강 뜻이나 짐작하고 싫어들 하는지 과연 알 수 없도다.

대저 개화의 깊은 뜻은 다 말하지 말고, 우리나라 사람이 저마다 아는 것으로만 말할지라도, 첫째 반상귀천(班常貴賤) 물론하고 재주만 있으면 아무 벼슬이든지 못할 것이 없고, 대신이라도 법률만 범하면 다스린다고 하니, 이것 한 가지만 가지고 보아도, 전에 그 천대받던 사람과 탐학 받던 시골 백성은 개화라는 말만 들어도 반갑기 측량없을 것이거늘, 양반과 권력 있는 사람을 따라 도리어 개화를 원수같이 여기니 어찌 어리석지 않으리오.

양반이나 권력 있는 사람이 개화를 싫어하는 것은, 비유하자면, 이전 조상부터 장만하여 전해 내려오는 밥그릇을 나에게 잃어버리라고 하는 것과 같으니, 오히려 그럴듯하거니와, 천대와 압제 받아 약하고 불쌍한 백성이 되어 또한 말하기를, 우리 조상 때부터 아니한 개화를 내가 어찌 하리오 하는 것은 곧 조상을 따라 지옥에 가는 것이 옳다는 사람과 다름이 없는지라. 이런 사람은 참 어찌 할 수 없도다.

천당 지옥은 후 세상 일인즉 오히려 아득하거니와, 개화(開化)와 수구(守舊)의 분간은 당장 몸이 당하고 앉아서도 분간을 못하고, 다 같이 난 사람에게 원통하고 서리운 정형을 당하면서 오히려 좋다고 자식 손자까지 받는 것이 옳다 하니, 이것이야 어찌 사람의 피가 들었다 하리오. 잔약한 백성에게 당하여 개화와 수구를 비교하면 등분이 천당 지옥만 못하지 않은지라.

연전에 개화가 무엇인지 모를 적에 어느 양반 명색이 토호질 아니 한 사람이 몇이나 되며, 방백, 수령이 탐학 아니 한 이가 얼마나 되오? 그런데 잡혀가서 용방망이(*지역의 사령들이 쓰던 형구)와 연추대질이며, 사(私) 주리(*사삿집에서 사사로이 트는 주리) 틀 적에는 돌과 나무가 아니면 필경 원통한 생각은 다 있었을 테지요. 만일 오늘까지 개화가 무엇인지 몰랐다면 재판소 경무청이란 이름인들 있겠소. 관 쓰고 하인 세운 집은 모두 형조와 포청일터이니, 사주리 아니 겪어본 상놈이 몇이나 되겠소.

시골 농민이 세(稅) 무는 것으로만 보아도 개화 덕을 얼마나 보는지 모르시오? 근래에 개화를 이만치라도 보존하여 가기는 신문이 있어 남의 듣기 싫은 소리를 날마다 하는 힘이 적지 아니하니, 권리 가진 사람들이 신문을 원수같이 여기기는 오히려 괴이치 않으려니와, 밤낮 역성과 보호받는 백성들이 공연히 신문을 아니 좋아하여, 저의 조상 적에는 아니 보던 것이라고 미워하는 인생들은 은인을 원수로 대접하는 백성이라.

내일이라도 신문 없어지고, 개화 다 덮어두고 옛 법을 쓸 지경이면, 그때는 신문 공뢰(功賴)도 짐작하겠고, 개화 아니 하고는 못 견딜 줄로 깨달을 터이니, 기왕 돌아간 조상을 따라 천지와 학정 받는 것을 슬기롭게 알아 양반 따라 복구할 생각들 말고, 앞에 오는 후생(後生)이나 개화로 인도하여 천당 같은 태평 안락지역(安樂之域)을 누리기를 힘들 써 주시오.

제1권 제62호
대한제국 광무 2년 10월 22일 (土)

아라사 시베리아 철도는 세계에 큰 역사(役事)라. 산을 뚫고 물을 지나 십여 년을 두고 길을 통하여 동으로 뻗어오는데, 그 경영인즉 동양에 형세를 베풀려 함이라. 지금은 벌써 동양 끝까지 이른지라. 불란서에서 의주로 놓으려 하는 것이 그 철도와 통하는 것이오, 청국으로는 만주와 요동 지경으로 놓게 되므로 아라사에 큰 경영을 뜻대로 다 이룬지라.

근자에 청국 각 신문에 날마다 나는 말이, 해륙군을 속히 확장하자고도 하며, 대소 학교를 설시하자고도 하며, 각처에 항구를 열자고도 하며, 각색 개명에 급히 할 일과 정치에 지체치 못할 사건을 들어 청국을 어찌 붙들어 볼 방책을 주야 궁리하여 들어 베풀며 행하기를 간구하여 그러하되, 실상 일 되어 가는 것은 모두 점점 망하여 들어가는 것뿐이라.

요동 철도로 말하여도, 타국이 내 땅에 철도를 놓거든, 다만 상리(商利)나 위하는 것 같으면 오히려 관계가 급하지는 아니하다 하려니와, 당초에 철도 약조를 정할 적에 말하기를, 철도를 불가불 보호하여야 할 터이라 하고, 줄을 세워가며 병참소를 두어 아라사 군사를 갖다 두게 하였으니, 그 땅에 군사를 둘 지경이면, 그곳은 청국에 속한 땅이라 할 것이 없은즉, 실상은 그 너른 땅을 모두 남을 내주고 앉은 것이라. 나라를 남 주기를 이렇게 좋아 하는 나라에 해륙군은 설시하여 무엇하리요.

그러하나 그 나라 백성이 되어 나라 보호할 도리를 애써 생각하는 것은 마땅한 직분이라. 청국에 유지한 인민들이 주야로 나라를 도와 애쓰고 일들을 하더니, 다행이 청국 황제 폐하께서 밝히 깨달으시어 정신을 가다듬으시고 다스리기를 도모하시니, 세계에서 칭찬하며 동양이 가히 지탱할 서기지망(瑞氣之望)이 있다고들 하더니, 졸지에 완고당(頑固黨)이 일어나 권세를 빼앗고, 황제는 아직 생사존망을 아는 자 없으니, 이것을 보면 동양 형편을 사람의 힘으로 능히 보존하지 못할 듯한지라. 차라리 쓸데없이 애쓰지 말고 아주 셈 잊고 마는 것이 옳을 듯한지라.

어두운 완고당들은 어리석게 생각하기를, 개화당을 몰아내고 권세를 빼앗으면 저희가 편할 줄로 알았으나, 밖에서들은 땅을 분파(分破)하랴, 군함을 풀어 날리랴 의론이 불일(不一)한지라. 그러나 한편으로 그 나라의 불쌍한 민정을 생각하면, 하루라도 완고당 밑에서 도탄을 면치 못하느니 차라리 진작 개명한 나라에서들 나누어 공평한 법들과 밝은 정치로 다스리면 얼마 편할 터이라. 그 나라 망하는 것은 생각하면 눈에서 피가 날 일이어서 그러하되, 나라는 이왕 망할 바에야 남의 종질을 하더라도 하루 바삐 몸이나 편하면 좋을지라.

총명한 인재를 개명한 학문으로 교육이나 하고, 좋은 천조물(天造物)을 썩혀 내버리지 말고 남이나 합당한 법으로 쓰게 하여, 각색 광산을 확장하며, 철도를 놓으며, 좋은 항구들을 열게 하면, 청국 같은 토지가 내버려 두는 물건은 아니 될지라. 그 어두운 백성들을 보아서는 하루 바삐 귀정(歸正: 그릇되었던 사물이 바른 길로 돌아옴)하는 것이 얼마 나을 듯하나, 실로 눈 있는 사람으로 말할 지경이면, 어찌 기막히지 않으리오.

대한은 청국 동편에서부터 청국이 분파되고 보면 능히 지탱하기 어려운 중, 요동 철도가 두 나라 지경을 지났으므로 동양의 힘이 크게 나뉘는지라. 아무쪼록 속히 이 형편을 깨달아 동양제국이 합세하여 가지고 넘어져 가는 집을 버티어 볼까 하는 충심 있는 대한 신민들은 분발한 기운을 내어, 목숨을 돌아보지 말고, 국가를 아무쪼록 붙들어들 보시오.

제1권 제63호
대한제국 광무 2년 10월 24일 (月)

〈재작일 독립협회 사건〉

조칙이 내리시어, 여러 협회로 하여금 각기 정한 처소에서 강론이나 하고, 정부 득실은 의논하지 말라 하신 사건으로, 재작일에 독립회원들이 사무소에 재회(再會)하여 의론할 새, 중서 경무관 위홍석 씨와 총순 몇 분이 순검 수십 명을 거느리고 경무청에서 조칙을 디디어 고시한 것을 가지고 와서 회(會)를 하지 말고 물러가라 하는지라.

회중에서 의론하기를, 우리가 전후에 한 일이 민국에 해로운 일이 없었고, 협회로 말할지라도 당초에 정부 대신 네들이 설시하고, 황태자 전하께오서 돈을 내리시고, 독립문 현판을 예필로 써 내리셨으니, 백성들이 사사로 설시한 것이 아니거늘, 이번에 조칙을 보건데, 간신들이 황상 폐하의 총명을 옹폐하여 내리신 모양이니, 이런 연유로 상소하는 것이 가(可)타 하고 의론하는데, 경무관리가 말하되, 조칙지하(詔勅之下)에 물러가는 것이 옳다 하는지라. 회원들이 말하기를, 칙령 거행으로 말할지라도, 황상께오서 민국을 위하여 여러 번 절엄(絕嚴)하신 조칙이 내리셨거늘, 정부 대신들이 시행하였단 말은 보고 듣지 못하였으니, 누가 먼저 칙령을 거역하였느뇨.

그러하나 우리가 지금 조칙지하에 물러가지 아니하는 죄가 없지 못하니, 한편으로 상소도 하려니와, 경무청으로 자헌취수(自獻就囚) 하여 감죄하기를 바라는 것이 가(可)하다 하니, 회원 중 자원하여 경무청으로 가서 갇히겠다는 사람이 여러 백 명이라. 일제히 경무청으로 가서 총대의원을 시켜 자헌취수 하는 사연을 말한즉, 경무사 대답이, 내가 회원을 가둘 권리도 없고, 갇힌단 말도 부당하니, 물러가라 하셨는지라.

그러나 회원들이 경무청 문 앞에 모여 갇힌 모양으로 밤을 지낼새, 밤중 열시 가량에 경무관 안환 씨가 조칙 일조를 받들어 가지고 나와서 회중에 공포하는지라.

그 조칙에 가라사대,
각 협회가 규칙을 좇지 않는 자를 금단할 일로 이미 조서를 내렸거늘, 이제 들으니, 협회 인민들이 그릇 개회하고 곧 대죄(待罪)한다 하니, 진실로 즉시 거행하여 효유하였으면 어찌 이 같으리오. 사체 소재(事體所在: 사리와 체면이 있는 곳)에 극히 해연(駭然: 몹시 이상스러워 놀라는 모양)하니, 내부대신과 경무사와 한성 판윤은 우선 견책하고, 엄하게 협회장에게 신칙하여 각각 물러가게 하라,
하옵신지라.

회중에서 황송함을 불승(不勝)하나, 안환 씨를 대하여 말하기를, 우리가 우리 사사 일로 하는 것이 아니고, 오백년 종사와 삼천리강토에 위태함을 근심하여 애쓰고 힘들어 효험이 없는바 아니거늘, 정부 일을 의론 말라고 하신 조칙을 물으오니 너무 억울하여, 한편 대죄(待罪)도 하거니와, 자세한 사상을 들어 방장(方將) 상소하려 하오니, 지금은 물러갈 수 없는 줄로 전품(傳稟)하여 달라 하였더니, 안환 씨가 정부에 들어갔다가 다시 조칙 일조를 받들어 가지고 나와서 전하는지라. 그 조칙

에 가라사대:

> 인민 등이 또 모인 것은 조칙이 반포되기 전인즉, 반포를 지체한 실
> 수가 내부와 경무청과 한성부에 있는 것이니 인민의 죄가 아니라.
> 이러므로 내 대신과 경무사와 한성판윤을 조칙으로 견책함이라. 인
> 민 등이 상소를 하겠다 하니, 상소를 기다려 비지(批旨)를 나리려니
> 와, 상소는 명일에 인민 등 몇 사람만 와서 정할 것이오, 오늘 밤이
> 이미 깊었는데 여러 무리의 한둔(*한데서 밤을 지냄. 노숙)함을 염려치
> 아니치 못하겠기로, 이에 경무관을 명하여 선칙(先勅)하노니, 너희
> 인민 등은 죄 있음으로 자처하지 말고 안심하여 물러가라,

하옵시고, 그 끝에,

> 위는 칙유 말씀 일조니, 경무관으로 하여금 인민 등 처에 일거 선포
> 하라.

하셨는지라.

회중에서 안환 씨에 대하여 말하기를,

우리가 이왕에도 정부 간세배(奸細輩)가 옹폐총명(壅蔽聰明)하는 것으
로 국사가 그릇됨을 근심하여 일곱 신하를 탄핵하였거니와, 오늘 우
리가 조칙 내리신 후에 모였거늘, 칙어(勅語) 중에 말씀하시기를, 너
희가 조칙 내리기 전에 모였으니 죄 있음으로 자처하지 말라 하셨으
니, 간세배가 기망한 것이 적확 무의(的確 無疑)한지라. 전품(傳稟)하
는 일을 말씀으로는 곡진(曲盡)한 사의(辭意)를 다하기 어려우니, 우
리가 불가불 물러가지 못할 연유를 두어줄 글로 아뢰겠노라 하고 글
을 지어 올렸는데, 그 글에 말하기를, 신 등이 경무관의 받들어 베
푸는 칙어를 엎드려 받자온즉, 사의가 순지(馴知)하사 죄 있음으로
자처하지 말라 하시고, 깊은 밤에 한 데 거쳐함을 진염(盡廉)하사 안

심하여 물러가라 하시니, 사랑하는 아비가 자식을 애률(愛率)하심인즉, 신 등이 감읍 무지이오나, 신 등이 모인 것이 조칙 반포 하신 후인즉 어찌 신 등의 죄가 아니라 해서 중한 형벌을 요행으로 면하기를 바라겠나이까.

신 등이 전후에 모인 본의가 나라에 간우(艱憂)하고 급업(急業)한 때를 즈음하여 위로 황실을 보호하고자 하며, 아래로 인민의 도탄을 건지고저 하며, 밖으로 강한 나라에 능멸하고 업신여김을 막기 위하여 밤낮으로 근심하는 고로, 자연히 정치상 득실을 논란함인지라. 이것이 만만부득이 한 일인즉, 조칙을 어긴 죄는 진실로 마음에 달게 여기는 바이거니와, 오백년 종사와 삼천리강토에 편안하고 위태함이 급하기가 숨 쉬는 데 있사오니, 부월(斧鉞)에 베임을 피하고자 하여 나라에 위망함을 함묵(含黙: 입을 다물고 조용히 있음)하고 돌아보지 아니 하오리까. 황공무지 하여 감히 물러가지 못하고 엎디어 처분을 기다리옵니다.

하여 경무사에게 보내어, 사의(辭意)대로 품달하여 달라 하였더니, 경무청 전어기(傳語器)로 회장 윤치호 씨를 불러서, 봉시 리유태 씨가 칙어를 전하되 인민이 한둔하는 것으로 황상께오서 취침을 못하신다 하므로, 회장이 회중에 신칙하여 물러가라 하매, 회장이 회중에 전포한즉, 회중에서 황공함을 사죄하며 물러갈 수 없노라고 하는지라. 회장이 그대로 전화기로 말씀한 후에 날이 새자, 제소 위원이 상소를 지어 회중에 공포하는지라. 즉시 제소 위원을 시켜 궐내로 들어가 상소를 바치고, 어제 하오에 총대위원 오십 명을 뽑아두고 다 물러갔다더라.

제1권 제65호
대한제국 광무 2년 10월 26일 (水)

〈성서회 연설〉

지나간 일요일에 정동 예배당에서 성서회를 열었는데, 외국 부인네와 각처 전도하는 교사들이며, 대한 남녀 교인들이며, 관광하는 손님이 가히 천(千)으로 계교(計較)할지라.

내외국 교인들이 차례로 기도하며 찬미가를 부르고, 여러 본국 교인들이 연설한 후, 미국 교사원 두우 씨와 게일 씨와 마포 씨가 조선 말로 연설하고, 독립신문 사장 윤치호 씨는 공교히 유고하여 연설에 참예치 못한 고로, 모인 이들이 섭섭히 여기지 않는 이 없더라.

게일 씨는 본래 대한 사정도 많이 알고, 말도 매우 잘하는 교사라. 그날 연설하되, 대한 사람들은 무슨 일이든지 보고 듣는 것을 가지고 생각하는 법을 모르는 까닭에, 오늘날 국중에 큰 폐단이 생겨 당장 위태한 일이 많은지라. 우리는 외국 사람들이지만 대한에 있은즉, 대한에 위태하고 해로운 일을 일체로 걱정하여 도와주려 하는 터인즉, 이런 말하는 것이 흉보는 것이 아니라, 깨닫고 고치기를 바라노라.

대저 대한 사람은 거반 쓸데없는 물건과 같은지라. 시계라 하는 것이 시(時)를 알게 하는 물건인즉, 은이나 금으로 꾸몄더라도 시를 가르치지 못하면 쓸데없는 물건인데, 시를 가르치는 것은 그 속에 기계가 있음이라. 사람도 그와 같아서, 무슨 일이든지 뜻을 행하여야 가위 사람이라 할 터인데, 뜻인즉 마음에서 생기는 것이라. 만일 마음이 없으면 그 사람은 아무리 지체가 좋고, 벼슬이 높고, 의복을 잘 입어도 사람이 아니니, 곧 금은으로 단장한 시계가 시를 가르치지 못함과 같아, 하나의 쓸데없는 물건이라 할지라.

그런즉 사람이 되고는 불가불 생각을 하여야 할 터인데, 대한 사람들 생각하는 것을 좀 봅시다. 중들이 말하기를, 경문(經文)과 진언(眞言)을 외우며 나무아미타불을 찾으면 오래 살고 복을 받고 재앙을 소멸한다 하는 고로, 그 말을 믿고 그대로 행하는 사람이 많은지라. 내가 한 번 중을 만나, 어찌하여 나무아미타불을 찾으면 복을 받느냐고 물은즉, 대답이, 복을 받는다니 그런 줄만 알지 어찌하여 그러한 까닭은 모르노라 하는지라. 이것을 보면, 중의 말을 듣고 믿는 사람이 많으니, 남의 말을 듣고 까닭은 생각지 않는 사람인즉, 모두 마음은 없는 것이라.

또 한 번은 어떤 여인이 음식을 정히 예비하여 가지고 산에 올라 서낭과 돌에 차려 놓고 비는지라. 어떤 학자라 칭하는 선비를 대하여 그 까닭을 물은즉, 대답이, 이것이 모두 뜻 없는 어리석은 계집의 일이라, 우리 공맹(孔孟)의 도에는 이런 일이 아주 없노라 하는지라. 그러나 시전(詩傳)을 본즉, 산천에 망제(望祭)지내다란 말이 한두 마디뿐이 아닌데, 모두 귀신과 일월성신을 위하는 뜻이라. 유도(儒道)하는 사람들이 항상 임금을 요순(堯舜)을 본받게 하면서 공맹의 도에 없는 법이라 하니, 글 읽는 사람들이 실상 생각은 아니하고 남의 말만 따라 준신(遵信)하는 때문이라.

만일 무슨 일이든지 그 속을 파서 끝까지 안 연후에 몸소 행할 지경이면 어찌 이런 일이 있으리오. 대한에 이런 일을 준신(準信)하여 행하는 사람이 별로 많(지 않)은데, 이런 일로 하여 나라에 해로운 일이 많으니 우리가 매우 가엾이 여기는 바라. 이런 병통을 아는 이들은 무슨 일을 하든지 마음으로 생각하고 물어서 깨달은 후에 행하여야 참 사람으로 믿노라고 하더라.

이 말을 듣고 옳게 여기지 않는 자가 없는지라. 우리나라에 당장 국민 간에 큰 폐 되는 것이 첫째 이것이라. 세계에서 진실로 웃고 어리석게 여기는 바니, 어찌 고치지 아니 하리오.

대강 요긴한 말만 기재하여 어리석은 일들 하는 사람의 밝은 교훈이 될까 바라노라.

〈잡보〉

○ 중추원을 다시 조직할 일로 정부에서 관제를 마련하여 부의장 윤치호 씨를 불러 보이고 그 관제를 백성이 흡족히 여기는지 독립회와 상의하여 들이라 한고로, 재작일에 회원들이 대강 고쳐 써서 들여보냈는데, 의관(議官)은 오십 명으로 정하되, 반수는 독립협회에서 회원으로 투표하여 뽑는다 한지라. 정부에서 그 고친 조목이 다 좋다고 하되, 의관 선정하기에 이르러서는 백성을 같이 대접하는 도리에 황국협회는 참예치 말라 하고, 독립협회만 반수를 주는 것이 공평치 못한즉, 이십오 명을 다 허락지 못하겠다고 하는지라. 회원들이 그 말을 듣고 말하되, 우리가 본래 벼슬을 탐내어 하는 일이 아니오, 민국을 위하여 일하려 하는 뜻인데, 그 동안 황국협회에서 한 일을 보건데 별로 국중에 유조한 일을 한 것이 없는지라. 그 회에서 의관 삼분지일을 차지하겠다고 하니, 이는 우리가 원치 않는 바라. 절반을 허락지 않으면 우리는 그 중추원에 들어가지 않겠다고 하였다더라.

제1권 제68호
대한제국 광무 2년 10월 29일 (土)

유지각(有知覺)하다는 사람들이 나라 일을 의론할 적에 항상 말하기를, 나라가 잘 되고 못 되기가 전혀 백성이 합심하고 아니하기에 있다 하니, 이 말이야 누가 모르리오마는, 어찌하여서 합심이 못된 까닭과 어찌하면 합심이 될까는 말한 자가 드문지라. 오늘날 우리가 두어 마디로 설명하노라.

지금 우리나라 형편을 짐작하는 사람은 대한 관민이 다 합심되었다고는 못할 터인즉, 합심이 못된 까닭은, 첫째 관민이 모조리 해(害)를 분간치 못하는 까닭이라. 이전에 유명한 공신들과 명현(名賢)들이 한 일들을 보면, 각각 편당(偏黨)을 만들어, 사색(四色)을 분간하여, 권인 족척(權人族戚)과 문인 자제(文人子弟)까지라도 편색(偏色)을 분간하므로, 지나간 오백 년 동안에 동서남북으로 권세를 다투어 편당 싸움이 쉬일 날이 없어, 어진 선비가 재주를 품고 이국편민(利國便民)할 방책을 가졌더라도 성한 편색에 들지 못하면 불러서 물어보는 자 없으므로, 세상에 낙척(落拓)한 사람이 되어 울분한 기운을 펴지 못하고, 강호에 흩어져 세월을 허비하게 하며, 숙맥(菽麥) 불변(不變)이라도 편색만 좋으면 권세를 얻지 못하는 것을 큰 변괴로 알아 기어이 나라 일을 맡기므로, 그 사람이 평생 듣고 본 것이 그것이라. 조상의 덕으로 얻은 권세를 아무쪼록

확장하는 것이 마땅한 도리로 알아 주야 힘쓰는 것이 편당을 튼튼히 만
드는 것인즉, 어언간 나라 일 한 것은 무엇이뇨. 밤낮 힘쓰고 한 사업은
불과 저의 조상을 위하여 서로 잡아먹고, 멸망해 가며, 조정에 원수를
얼마 심어 놓고 나라 일은 모두 잡칠 뿐이라. 지금까지 정부에 이 괴악
(怪惡)한 병근(病根)이 없어지지 아니하니, 이것이 우선 자기가 이롭자고
나라에 큰 해는 돌아보지 않는 때문에 조정 안에서 합심되지 못하는 까
닭이오.

　　온 나라로 말할 지경이면, 삼천리강산이야 모두 한 나라 동등 백
성이거늘, 팔도 백성 대접하기를 귀천을 달리하여, 심지어 과거에 팔도
별름을 시키더라도 어느 도는 많이 시키고 어느 도는 적게 시켜 동서분
간하기를 남의 나라 같이 하니, 백성의 마음이 어찌 합할 수 있으리오.
이는 양반이 저의 이(利)만 생각하고 국세는 돌아보지 아니하여 백성끼
리 합심이 못되게 한 근원이오.
　　장사를 하여도 부상(負商)이라, 보상(褓商)이라, 패를 갈라 가지고,
서로 권세를 자랑하며 편당을 다투고, 심지어 남의 집 하인을 다니더라
도 성청(成聽: 세도 있는 집의 하인들이 떼를 이룸)을 모은다, 패를 가른다 하
여 시비(是非)와 승강(昇降)하기로 주장인즉, 상하귀천 간에 모두 각심이
라. 이 각심 된 것은 편당 때문인데, 그 편당의 주의인즉 모두 사사 이
해(私私 利害)를 위함이라.
　　그런즉 이(利)를 취하고 해(害)를 싫어하는 것은 인정의 자연한 이
치라. 각기 편당을 만들어 저의 이(利)를 도모하는 것을 괴이히 여길 것
이 없을 듯하되, 누구든지 항상 이(利) 되는 것을 가지고 해(害) 되는 것
과 비교할 줄을 알아야 참 이(利)를 도모하는 사람이지, 만일이라도 해
(害)는 얼마가 되든지 불계하고 당장 이(利)만 취하면, 그 이(利)가 항상

해(害)를 채우지 못하는 법이라.

우리나라 사람들이 각기 이(利)들을 취하다가 오늘날 당하고 앉은 해(害)들을 생각하여 보시오. 정부 권리가 외국 사람의 장중(掌中)에 출몰하고, 전국 토지를 사면에서 집적거리고, 상하 인민이 모두 죽을 지경이라고들 하니, 밤낮 내 처자, 내 일가, 내 친구, 내 편당 찾던 사람들이 이(利)는 몇 푼어치나 보았으며 해(害)는 몇 만금어치 당한지들 지금도 깨닫지들 못하오? 당장 사사 이(利)를 취하다가 오늘날 어찌할 수 없는 큰 해(害)를 같이 당하고 앉았으니, 이는 참 이해를 분간치 못한 때문이라.

우리말을 곧이듣는 이들은 어서 사사 이(利)는 내버리고, 내가 힘을 들여 남이 이(利) 볼 일을 생각들 하시오. 만일 이 생각들만 날 지경이면, 나라 안에 회(會)가 아무리 여럿이고, 정부 안에 편당이 아무리 많고 명색이 아무리 달라도, 그 하는 일은 다 같이 나라를 이롭게 하는 목적이니, 사사로이는 아무리 원혐이 있고 속한 곳이 다르더라도, 나라 일에 들어서는 모두 목적이 한 가지니, 자연 사사 원혐을 잊어버리고 나라 일에 들어서서 합심하여 가지고 서로 보호하며 서로 도울 터인즉, 그제는 나라가 부강하고 백성이 태평하여 세계에 넘겨다 볼 사람이 없을 것이니, 그 지경에 이르면 이로울 사람은 누구뇨. 그 나라 안에 있는 상하 관민이 모두 이로울지라.

만일 종시 사사 이(利)만 생각하다가는 얼마 아니 되어 남의 나라 사람만 큰 이(利)를 보게 될 터이니, 우리는 바라건대, 대한 신민들은 무슨 일을 하던지 그 이해를 먼저 비교하여, 나라에 이(利) 될 일만 먼저 할 것 같으면 자연 합심이 되어 나라가 잘 될 터이니, 나라가 잘 되고 보면 그 이(利)는 모두 우리나라 관인과 백성에게로 돌아갈 줄로 아노라.

제1권 제69호
대한제국 광무 2년 11월 1일 (火)

〈개천 경절 경축〉

작일은 우리나라 대황제 폐하 개천기념 경절(慶節)인고로

본사에서도 신문을 정지하고 기념을 경축하오.

대황제 폐하 만만세,

황태자 전하 천천세,

이천만 동포 천천세,

태극국기 독립자주 천만세.

〈관민공동회 대개〉

　지나간 금요일에 독립회에서 발기하여 종로로 관민공동회를 청하여 개회한 대개는 이왕 좀 기재하였거니와, 당일 정부 대신들이 청첩을 받고 말하기를, 이왕 조칙이 계셔 처소를 떠나서는 개회를 말라 하셨거늘, 지금 종로에 모인다니 우리는 참예할 수 없노라고 하는지라.

　회중에서 말하기를, 우리가 조칙으로 국가의 폐막(弊瘼)을 말하는 권리를 물었은즉, 지금 관민이 합심하여 이국 편민(利國 便民)할 방책을 강론하려는 터인즉, 만민에 공동한 회(會)요, 다만 독립협회에서만 모여 토론하려는 뜻이 아닌즉, 어찌 처소를 의론하리요 하였더니, 정부

관인들이 종시 미안하다고 참회치 못하는지라. 모인 관민이 작정하고 정부에서 참예하기를 기다려 의론하고 헤어지지 말자고 하여 회석에서 기다리더니, 밤에 의정부 참정 박정양 씨와 찬성 리종건 씨가 나와 말하기를, 본관으로 개회하면 우리가 일제히 나가 참예할 것이거늘, 구태여 처소로 말미암아 상지(相持: 양보하지 아니하고 서로 자기 의견을 고집함)할 것이 아니라고 하는지라.

인민들이 독립관으로 나가지 못할 이유를 말하고, 기어이 관민이 상합(相合)하여 의론한 후에야 물러가겠다고 한즉, 마지못하여 들어가더니, 그 이튿날 오후에 여러 대신이 일제히 나왔는데, 참정 박정양 씨와 찬성 리종건 씨와, 중추원 의장 한규설 씨와, 궁내대신 민병석 씨와, 법부대신 서정순 씨와, 탁지서리 고영희 씨와, 참찬 권재형 씨와, 한성판윤 리채연 씨와, 의정부 찬무 이선득 씨와, 갈린 대신 심상훈 씨와 민영환 씨와 민영기 씨와, 그 외에 대소 관원이 많이 모였는데, 회장이 회중에 공포하기를, 독립협회 회원은 그만두고, 그 외에 관민 간에 누구든지 나와서 민국 사에 대하여 연설하라 한데, 관민 간에 다른 사람은 묵묵무언이더니 한 사람이 나서서 연설하기를, 나는 재설방 백정 박덕춘이로라 하며, 관민이 합심하는 것이 제일이라 하매, 만장 중의 인민들이 경탄 아니 하는 사람 없더라.

그 후 여러 사람들이 연설하여 나라에 폐단(弊端)과 백성의 폐막(弊瘼) 되는 중 크게 관계되는 여섯 가지 조건을 취결할 새, 여러 만 명 모인 사람들이 일제히 손뼉을 치며 가(可)타 하는지라. 또 정부 제 대신과 갈린 대신들을 향하여 가부를 물을 때, 각각 성명 밑에 가(可)자와 부(否)자를 의향대로 쓰게 하매, 일제히 이름 밑에 가(可)자를 쓰는지라. 그 중 민영환 씨는 회중에 공포하기를, 나는 입으로 가(可)타 하고 대답하였으니 가(可)자 쓸 것 없다 하는지라.

그 여섯 가지 조건을 정부 대신께 드려 상주(上奏: 임금에게 말씀을 아룀)하여 재가를 물어 달라 하매, 정부 대신들이 그리 하마 하고, 또 회중에서 말하기를, 이왕 갈린 대신들도 필경 또 대신할 때가 있을 터이니 시임(時任) 대신들과 같이 들어가 상주, 재가하여 달라 하여, 신구제 대신이 일제히 궐내로 들어갈 때, 참정 박정양 씨와 의장 한규설 씨와 특진관 민영환 씨가 회중을 대하여 말들 하기를, 오늘날 관민이 모여 취결하는 일이 다 좋을 뿐더러 화기가 융융(融融)하니 회중을 대하여 치하하노라 하고, 일제히 황상폐하를 위하여 만세를 부르고, 황태자 전하를 위하여 천세를 부르고, 제 대신이 예(禮)들을 할 때, 회중에서 제 대신을 위하여 상주, 재가하여 회중에 통기할 시한을 질문한데, 박 참정의 말이, 명일 하오 한 시로 통기 하겠다 하는지라.

회중에서 총대위원 오십 명을 자원하는 사람으로 선정하여 종로에서 밤을 지내게 하고 정회하였다가, 재작일 하오 한 시에 여전히 모여 기다리다가 날이 저물도록 소식이 없으므로, 공동회 회장을 따로 선정하여 재가하시는 일을 기다리게 하고, 독립협회 회원만 사무소로 가서 통상회에 의례히 하는 사건과 어제 경축할 사건을 마친 후에, 다시 합석하여 총대위원 삼인을 선정하여 정부로 보내었더니, 의정부 총무국장 리상재 씨와 참서관 윤달영 씨가 정부 명령을 받아 가지고 관복을 갖추고 회중에 나와서 말하기를, 여섯 가지 조목 외에 황상 폐하께서 수삼 조건을 더 넣어서 반포하실 터인데, 추운 밤에 백성들이 한둔(*한데서 밤을 지냄. 노숙)하는 것을 염려하사 물러가라 하신 처분이 계시니, 재가와 조칙은 내리시는 대로 반포할 터이니 물러가라 하는지라.

회중에서 황공 감격함을 이기지 못하여 일제히 황상폐하 만세를 부르고, 황태자 전하 천세를 부르고, 또 자원하는 사람으로 총대위원 오십 명을 두고 정회하였다가, 어제 상오 여덟 시에 농상공부 대신 김

명규 씨가 그 여섯 가지 조건과 조칙을 받들어 나와서 회중에 공포하고, 성은(聖恩)을 축수한 후, 몇 가지 세칙을 마련할 것이 있다고 아직 철파(撤罷)는 아니 하고, 독립회원들은 개천기념 경축하기를 위하여 독립관으로 나갔더라.

대저 정부 대신 이하로 진신장보(*搢紳章甫: 벼슬아치와 유생)와, 각 협회들과, 각 학교 학도들과, 궐내 액정(*掖庭: 대궐 안. 궁중) 소속이며, 부인들이며, 중들이며, 심지어 도우탄(屠牛坦: 소를 잡는 백정)까지라도 합동하여 일호라도 차착(差錯: 순서가 틀리고 앞뒤가 서로 맞지 아니함)없이, 제제창창(濟濟蹌蹌: 몸가짐이 위엄이 있고 정숙함)하게 늘어앉아, 화기가 융융(融融)하고 재미있게 민국사(民國事)를 의론하여 보기는 우리나라 개벽 이후에 처음이라고 칭찬 아니 하는 사람 없고, 각국 사람들도 치하가 분분하다더라.

〈별보〉

○ 의정부 찬정 박정양 씨가 아뢰기를, 인민들이 종로 거리에 크게 모여 관민공동회라 칭하고 나라에 폐단과 백성에 고막(痼瘼: 뿌리가 깊어 바로잡기 어려운 폐단)을 덜어 버릴 것이 있다 하고, 정부 제신들을 청하여 일제히 모이기를 요구하는바, 신 등이 엎디어 생각건대, 관원과 백성이 같이 모여 의론하는 것이 비록 처음이오나, 인민 등이 민국의 폐막(弊瘼)을 의론한다고 말한즉 직책이 정부에 있사와 배격하기 어렵기로, 서로 거느리고 모인 데 갔더니, 회중 백성이 여섯 가지 대강령을 들어 의론하고 취결함이, 일 만 입이 소리를 같이 하여 한결같이 가(可)타 하고, 신 등에게 상주하여 달라고 하는바, 신 등이 엎디어 생각하매, 그 여섯 조목이 이에 나라를 높이고, 재정을 바로 잡고, 법률을 편하게

하고, 장정을 행하자는 일이라, 다 합당히 행할 만한 고로, 삼가 그 초
본을 좌기(左記)하여 아뢰옵나이다 하였더니, 정부로 하여금 조처하라
하신 지의(旨義)를 받들었는데, 봉칙한 대신은 박정양, 서정순, 이종건,
민병석, 김명규, 이도재, 고영희, 권재형 여덟 분이라 하는데, 그 여섯
조목은;

　일.　외국 사람에게 의지하지 말고, 관원과 백성이 동심협력하여 전
　　　 제 황권을 견고케 할 일.

　일.　광산 철도와 매탄(煤炭)과 삼림(森林)과, 빚 얻는 것과, 군사 빌
　　　 려오는 것과, 정부가 외국 사람으로 더불어 약조하는 일은, 만
　　　 일 외부대신과 중추원 의장이 착함(着銜)하고 함께 도장 찍지
　　　 아니한즉 시행치 못할 일.

　일.　전국 재정은 물론 무슨 세납이든지 온통 탁지부에서 관할하되,
　　　 다른 마을과 사사(私私) 회사에서는 간섭하지 못하고, 예산하는
　　　 것과 마감하는 결산은 백성에게 알게 할 일.

　일.　자금위시(自今爲始)하여, 무릇 중대한 죄인을 별로 공변되게 판결
　　　 하되, 그 죄인에게 철저히 설명하여 자복한 후에야 시행할 일.

　일.　책임관은 대황제 폐하께서 정부에 하순(下詢)하셔서, 정부의 대
　　　 신들 절반 이상이 가(可)타 한 후에 임명할 일.

　일.　장정(章程)을 실상(實狀)으로 좇아 행할 일.

제1권 제70호
대한제국 광무 2년 11월 2일 (水)

　　이번 종로에 공동회를 배설하고 의론한 소문이 족히 천하에 듣는 사람으로 하여금 놀라고 경동하게 하는지라. 만민이 나라 중앙에 모여 정부를 청하여, 등분과 지위를 물론하고, 대로(大路) 상에 일제히 늘어 앉아 피차 사사(私事)의 혐(嫌)을 잊어버리고, 내 나라 국기 밑에 일심으로 합석하여 융융한 화기가 겉에 나타나는 지라.

　　먼저 개회한 대지(大旨)를 설명할 새, 이 잔약하고 의지 없는 대한 백성이 만민 중에 이러나서 손을 들고 하는 말이, 우리나라가 그동안에 청국도 의지하여 보고, 일본도 의지하여 보고, 아라사도 의지하여 보았으나, 지금까지 이(利) 본 것은 별로 없고, 끌고 다닐수록 국세만 점점 위태하여 가는지라.

　　근자에 각국이 손을 떼고 돌아앉아 대한 일을 상관치 않는 것은, 마치 어린아이를 붙들어 주다가 손 떼고 물러 앉아 능히 그 어린아이가 따로 서는가 보려 함이라. 우리가 이때에 이 회(會)를 연 것은, 다른 뜻이 아니라, 남을 의지 말고 다만 위로 우리 대황제 폐하를 의지하며, 아래로 이천만 백성을 의지하여, 대한제국에 독립 자주(獨立 自主)를 굳게 하자는 뜻이라 하며, 말이 지극히 곡진하고 기운이 격절(擊節: 두드려서 박자를 맞춤)하여, 나라를 사랑하는 백성으로 하여금 마음이 감동함을

386 ▌ 우남이승만 論説文集 I

깨닫지 못하게 하는지라.

관민 간에 대한(大韓) 기호 밑에 매인 사람이야 이 말을 듣고 어찌 통분한 기운이 생기지 않으리오. 인하여 여섯 가지 조목을 들어 회중에 설명하는데, 모두 국가 독립을 유지하는 데 관계되는 방책이라. 가부를 취결할 새, 만민이 한 소리로 일제히 옳다 하고, 인하여 정부 대신들에게 의향을 물은즉, 모두 다 극히 옳다고, 만민의 애국 하는 정성과 밝은 방책을 무수히 치하하는지라. 낱낱이 들어 위에 아뢰니, 성의(聖意)에 또한 옳다고 재가 하시고, 겸하여 몇 가지 조건을 더 내리시어 시행하라 하셨으니, 진실로 천은이 더욱 감축(感祝)한지라.

신민(臣民)이 일심으로 받들어 행하는 것이 마땅하거니와, 대저 정부와 백성이 함께 대로상에 모여 나라를 함께 붙들자고 약조를 정하고 맹서한 일은, 다만 대한에만 처음이 아니라, 세계에서 참 희한(稀罕)히 여길 일이라. 이런 굉장한 사적이 실효가 있어야 백대에 전하여 나려가며 이 날을 기념하여 우리 황상 폐하의 성덕이 후세에 드리고, 관민의 공업이 세상에 나타날지니, 실효가 있고 없기는 다만 백성의 장중(掌中)에 달린지라.

지금부터는 나라에 참 백성 된 직분을 지키어 대한이, 대한 백성에게 의지한 대한이 될 지경이면, 어찌 천만고에 희귀한 대한 인민의 영광이 아니리오.

제1권 제71호
대한제국 광무 2년 11월 3일 (木)

대장부가 세상에 처하여 한평생을 옳은 일만 하자면 항상 반대가 많은 법이라. 마음이 약하고 의리가 굳세지 못한 사람은 처음에 옳은 도리를 시험하다가, 한두 가지 반대를 인연하여 기운을 죽이고 목적을 변하여, 이롭고 편한 길을 찾아, 사정(私情)에 끌리는바 되므로, 필경은 세상에 주심이 없는 천장부가 되고 말아 그른 사람에게 지는 자 되나니, 이에 이르고 보면, 당초에 옳은 의리를 행하려고 아니한 것만도 못하여진다.

그러나 의기가 당당하고 마음이 굳센 사람은 그른 것 반대하기를 자기의 마땅한 도리로 알아, 천창만검지중(千槍萬劍之中)에 들어가더라도 기운을 굽히지 아니하고, 의리를 자기 목숨보다 중히 여기므로, 세상이 모두 반대하여도 보기를 초개 같이 하여 목적은 종시 고치지 아니하고 한결같이 나아가므로, 처음은 아무리 위험하고 어려운 일이 많아 그러하되, 필경은 도와 줄 친구가 많이 생겨, 아무리 강한 대적이 많더라도 할 수 없이 그른 목적을 가지고 세상에 머리를 들지 못하게 되는 법이라.

오늘날 우리 형세를 생각하면, 세상에 외롭고 약한 사람이라 도와 줄 친구는 없고, 해(害)하려는 원수는 많으니, 장차 나아갈 앞길을 헤아리니 진실로 아득한지라. 세상에 서기가 어려울 듯하나, 우리는 홀로 헤아리되, 세상에 우리같이 강하고 친구 많은 사람이 없는 줄로 아노라. 왜 그러한가 하니, 세상에 옳은 것은 힘으로 능히 이길 자 없을 뿐더러, 지금은 우리나라도 문을 열어 놓아 세상에서 듣고 보는 이목이 많은 터인즉, 그른 일하는 사람들이 아무리 많고 강하나 힘으로 능히 세상 이목은 다 가리지 못할지니, 세상에서 옳은 사람으로 안 다음에야 오늘날 힘은 아무리 약하더라도 의리는 능히 이길 사람이 없으니 어찌 강하지 않으리오. 우리 신문 보시는 이들은 부디 옳은 일들 힘쓰시오.

항상 말하기를, 내가 권리가 없고 힘이 약한데 옳은 일을 행하려면 반대가 사면에 일어나니 어찌 일을 할 수 있으리오 할 터이나, 이렇게 말하는 것은 진실로 천장부(賤丈夫)의 마음이라. 생각이 이러하고 보면 반드시 옳은 일을 행하여 볼 날은 없을 터이고, 항상 그른 사람에게 부리는 바 되어 지내다가, 그른 데 몰리는 날은 자기도 함께 쓸려 들어가는 법이니, 이러고 보면 나는 항상 남에게 끌려 종질만 하는 사람이라, 어찌 세상에 서기를 도모하리오.

일찍이 이기고 지는 것은 도무지 하늘로 돌려보내고 내 목적만 옳게 나갈 지경이면 나를 따라올 사람이 많을지니, 나를 따라 서는 사람이 많은 날은 내가 세상에 강한 사람이 될 것이니, 첫째, 목적이 옳아서 이길 사람이 없고, 둘째, 친구가 많아 도와주는 자가 여럿인즉, 경계로 나를 당할 자 없고, 힘으로 대적이 없고 보면 세계에 더 강한 사람이 어디 있으리오. 근자에 옳은 일 의론하는 사람들이 반대가 많은 것을 염려하는 자가 혹 있다 하나, 우리는 그 염려하는 친구들을 위하여 애석히 아노라.

옛말에도 일렀으되, 세상에 옳은 것밖에 무서운 것이 없다 하였으니, 온 나라가 다 나를 반대하더라도 실상은 내가 제일 무서운 사람이라. 나의 한낱 몸이 세상에 무서운 장부가 될 적에 어찌 용이하게 되기를 바라리오. 만일 어려운 것을 돌아보아 의기를 죽이게 되면 그 사람은 세계에 천한 장부라. 부디 당장 도와주는 친구 없는 것을 염려치 말고, 옳은 길로만 한결같이 나갈 것 같으면 끝에는 반드시 나를 위하여 일하는 친구가 많이 생겨, 그른 목적을 가지고 나를 반대하고 나를 해하려는 무리가 머리를 숙이고 내게로 들어올 터이니, 그때 내가 세계에 의리가 당당한 대장부 되어 의리상에 으뜸이 될 터이니, 나는 집안에 옳은 가장이오, 동리에 옳은 어른이오, 나라에 옳은 백성이 되어, 세계에 옳은 이름을 천추만세에 유전하리니, 어찌 영화롭지 않으리오.

제1권 제74호
대한제국 광무 2년 11월 7일 (月)

　　우리나라에서 자래로 남녀 간 등분을 보아 분별하여 상 중 하 삼 등을 분간하는데, 그 한 등속에도 몇 층씩 있어, 다 각기 층등(層等)에 지목하여 분간하되, 이는 다 세상 사람끼리 지목하여 말하는 것인즉, 실상을 궁구하여 보면, 하늘이 사람을 동등으로 내어 다 같이 천품을 타고난 본의를 저버림이라. 이런 악습은 속히 없이 하여, 첫째 사회 형 제를 동등으로 대접하는 정의(情誼)를 손해하지 말며, 둘째는 임금의 같 은 적자(赤子)가 되어 일심으로 나라를 보호하는 권리를 충 있게 말아야 할 터이거니와, 우리나라 사정에 마땅히 없이하지 못할 층등이 한 가지 있으니, 이것은 불가불 명분(名分)을 빨리 세워야 할지라.

　　여인으로 말할지라도, 양반이라 중인이라 상놈이라 하는 것은 사 람이 지목하여 부르는 말이거니와, 같은 사람이 되어 남에게 첩 노릇하 는 여인은 하늘이 같이 품부한 권리를 지키지 못하는 인생이라. 불가불 한등 천한 사람으로 대접하여야 세상에 명분이 발라서, 사람이 비로소 천정(天定)한 명분을 흐리기를 부끄러이 여길지라.

　　대저 사나이가 첩 두는 것은 제일 괴악(怪惡)한 풍속이거늘, 우리 나라에서는 여편네가 남의 첩 노릇하는 것을 부끄러이 여기지 않고 의 례히 마땅한 일로 알아, 무슨 일이며 어느 좌석이던지 거리낄 것이 없으니, 이전에는 반상(班常) 등분이나 있은즉 오히려 관계가 덜하였거니와, 지금은 반상 등분을 없이하고 본즉, 정실(正室)과 천첩(賤妾)의 등분이 없으면 명분이 자연 혼합하므로 괴악한 풍습은 고칠 날이 없는지라.

근자에 우리나라에 부인회도 생기고, 여학교도 설시할 터인즉, 그 중 규칙 마련이 어떠한지는 모르거니와, 만일 남의 첩이나 혹 천기 명색을 가리지 않고 함께 참예할 지경이면, 사부가(士夫家) 부인네가 참천한 사람들과 동등을 아니 하려 할 터이오, 만일 동등하기를 싫어 아니할 지경이면 이는 대단히 불행한 일이라. 행동 처신이 탕잡(蕩雜)한 계집들을 배울 터이면 누가 딸이나 누이나 아내를 내세워 회석(會席)에 참예하며, 학교에 다니게 하기를 좋아 하리오.

그럼으로 우리나라에서는 여인 회(會)를 설시하든지, 여학교를 설립하든지, 마땅히 규칙을 달리 마련하여 남의 첩 노릇하는 계집들은 일절 동등권을 주지 말아 등분을 밝히 하여야, 첫째 사부가(士夫家) 부녀들이 회석에 참예하며 학교에 다닐 터이오. 둘째 천첩 노릇하는 여인들이 저의 몸이 세상에 천한 인생 되는 것을 부끄러이 알아 괴악한 풍속이 차차 덜릴 터이니, 어제는 부끄러운 줄을 모르고 괴악한 행습을 행하였거니와, 오늘은 알고 행실을 고치거든 곧 동등 부인네로 대접을 한다면 몇 백 년 유전하는 악습이 가히 변할지라.

무슨 연회에든지 부디 첩은 데리고 가서 참회하지들 마시오. 만일 남의 정실 네가 동석에 있으면 이는 곧 그 부인네들 욕하는 모양이니, 필경 시비가 있을 터이오. 남의 첩 노릇하는 것이 부끄러운 줄을 알아 천정(天定)한 명분이 자연 밝아질 터이니, 범연히 보아 넘기지 마시오.

제1권 제75호
대한제국 광무 2년 11월 8일 (火)

　　나라가 진보되어 가고 안 되어 가는 것은 그 나라 사람들이 각기 자기들의 백성 된 권리를 찾으려고 하는 것이라. 대저 백성이라고 말하는 것은 다만 벼슬 아니 하는 사람만 가지고 말하는 것이 아니라, 무론 누구든지 그 나라에서 사는 사람은 모두 그 나라 백성이라. 백성마다 얼마큼 하늘이 주신 권리가 있는데, 그 권리는 아무라도 빼앗지 못하는 권리요, 그 권리를 가지고 백성이 백성 노릇을 잘하면 국세가 튼튼하고, 정부가 정부 노릇을 잘하게 되면 임금의 위가 높아지고, 권리가 중하면 전국 지체가 높아지는 법이라.

　　그런고로 옛사람 주보(朱輔)가 가라대, 임금이 능히 법을 천하에 행하지 못하고 능히 신하가 법 지키는 것을 용납한 후에야 임금의 위가 높고, 신하가 법을 천자에게 받들어 능히 임금이 법을 흔드는 것을 용납지 아니한 후에야 임금의 법을 믿는다 하였으니, 어찌 권리 찾는 것이 중하고 긴하지 아니하리오. 그리하고 보면 신하는 신하의 권리를 찾고, 백성은 백성의 권리를 찾아서, 서로 지키고 서로 보호하면 자연 전국이 합심되어 근본이 굳어지나니, 근본이 굳어지면 나라가 어찌 편안치 아니하리오.

우리 대한 사람들은 몇 백 년을 내려오며 나라 전체는 타국에 압제를 받고, 백성은 관인에게 압제를 받고, 하등의 사람은 양반에게 압제를 받아서 당초에 권리라 하는 것이 무엇인지도 모르고, 압제 당하는 것을 의례히 받을 권리로 알기 때문에, 나라 지체가 낮아지고, 외국에 견모(見侮)와 수치(羞恥)를 당하여도 부끄러운 줄을 모르고, 망신을 당하여 가면서도 분히 여길 줄도 모르고, 내 나라 흥망이 남의 나라에 달려서도 그 구습을 버리지 않고, 만만한 내 나라 백성이나 압제하며 반대하여 가며, 나라야 어찌 되었든지 벼슬이나 도모하기로 힘을 쓰다가, 만일 나라가 남에게 매여 보호국이 된다든지, 땅이 찢긴다든지 하게 되면 망한 나라 신하라는 이름을 어찌 면하리오.

다행히 일본과 청국이 싸운 후에 남에게 의지하는 폐단을 끊어버리고 자주독립국(自主獨立國)이 되자 세계 각국의 동등국이 되어, 우리 대황제 폐하의 권리와 전국 지체가 이전에 비하게 되면 몇 만 갑절이 더한지 모를지라. 그런고로 그런 표적을 세계에 반포하기 위하여 위로 정부와 아래로 서민까지 화합하여 독립문을 짓고, 독립협회를 설시하여, 억만 세에 우리 대한 자주독립하여 권리 찾는 이름을 잊지 말고 무너지지 말자고 맹세한지라.

그러고 본즉 남의 나라에서 토지를 달라고 한다든지 무리한 일을 행한다든지 하게 되면, 정부와 협회에서 들고 나서 효험 본 일이 적지 아니하니, 그것을 보아도 외국의 막강한 나라라도 남의 권리를 어찌할 수 없어서 그만두는 것이지, 우리나라 병정이 강하고 많은 것을 겁내어 그만 둔 것은 아닌 줄로 짐작하였더니, 홀연히 하룻밤 벼락이 내려서 몇몇 사람들을 가두고 독립협회를 혁파하였으니, 갇힌 사람들에 죄지유무(罪之有無)는 모르거니와, 세계에 광고하던 독립회를 혁파한 것은 아혹(訝惑)이 자심한 것이, 이후부터는 외국 사람들이 정부가 고단한 줄 알고 시험 삼아 혹 땅을 달라고 한다든지 철도와 석탄광, 금광을 달라고 하게 되면 정부에서 어찌 조처할는지, 독립국 권리가 없을까 염려하였더니, 근일에 각 학교 학도들이며 각 전 시민들이며 남녀노소 없이 모여, 경무청과 고등재판소 앞에 모여서, 죄를 기다려가며 호소하는 것을 보니, 이런 백성 밑에서 만일 외국 사람이 무리한 일을 하게 되면 그 백성들이 어찌 죽기를 두려워하리오.

누차 칙명지하(勅命之下)에 민습(民習)이 그악하지마는, 이런 소문이 세계에 퍼지게 되면 당초에 혁파되지 않은 것보다 백성의 권리 찾는 명예가 대단할 터이오, 남의 나라가 대한을 대하여 무리한 일을 함부로 하지 못할 줄로 아나니, 정부에서도 아무쪼록 나라 보호하고 백성 노릇 하는 권리들을 찾으시오. 만일 찾지 못하면 육백년 종묘사직과 삼천리 강토가 대단히 위태하오니 정신들 차리시오.

제1권 제76호
대한제국 광무 2년 11월 9일 (水)

어떤 사람 수삼(數三) 인이 나를 보고 말하여 왈(曰); 지금 세상이 이렇게 요란하여, 전에 듣도 보도 못하던 서양 각국이 날로 강성하여 우리 동방 사천년 예의지방이 점점 서양 사람의 풍속에 무너져 만이지국(蠻夷之國)이 되어 갈 뿐더러, 동양 각국이 다 그 사람들에게 부대껴 견딜 수 없이 되어 가는데, 어찌 인재가 나지 아니하니 답답한 일이로세.

내가 미연(未然)히 웃고 대답하기를, 어떤 사람을 인재라 하나?

그 사람이 말하기를, 인재란 것은 상통천문(上通天文)하고 하달지리(下達地理)하며, 힘이 장사요, 수만 리 밖의 일이라도 환하게 내다보는 사람이라. 지금도 더러 있기는 있을 터이지만, 그런 사람들은 이런 때에 나서지를 아니하니 할 수 있다.

또 한 친구가 말하기를, 지금 서양 사람들이 저렇게 번성하여, 저의 도(道)를 우리에게 펼쳐 그러하되, 가만히 생각하면 그 나라가 개벽한 지가 얼마 되지 못하여 단지 아는 것이 새발처럼 고불고불한 것을 글이라고 하여, 천주교와 야소교나 알아가지고 떠들어 그러하되, 필경에는 우리 공맹지도(孔孟之道)가 퍼질 곳은 서양이라. 그 사람들이 여기와서 경서(經書)도 많이 사가고, 공부도 많이 하여 유도(儒道) 좋은 줄 알고, 그 나라에서들도 한문 공부를 많이 한다데. 그리 되고 보면 그 사람들이 유도를 숭상하여 예의를 본받아 가지고 무리한 일을 행치 아니할 것이오, 동양에도 성인이 나게 되면 윤선(輪船: 기선)이다, 전신(電信)이다, 허다하게 기교한 것이 아무리 많아도 쓸데가 없이 될 줄로 아노라 하는지라.

내가 책상을 치며 말하기를, 그런 어리석은 말을 다른 사람을 대하여서는 제발 마시오. 만일 타국 사람이나 눈 뜨인 자에게 들리게 되면 침 뱉고 웃음을 면치 못하리라.

세상에 인재라 하는 것은 무엇인가 하니, 시무(時務)를 아는 사람이라. 시무란 것은 옛일과 지금 일을 참작하여 가지고, 옛적 좋은 일이라도 지금 못 쓸 것이 있고, 옛적 그른 일이라도 지금 쓸 것인 줄을 알아가지고 시행하는 것이 가위(可謂) 시무를 안다는 것이라. 그런고로 성인도 때를 인하여 마땅한 대로 한다 하고, 또 풍속도 바꾼다 하였으니, 공맹지도라도 지금 불합한 것이 혹 있겠고, 야소(Jesus)에 돌아봐도 온통 버릴 것은 아니요. 또 힘쓰는 사람을 인재라 하니, 자고로 창해역사(滄海力士)와 형가(荊軻), 섭정(攝政) 같은 장사들이 무슨 성사(成事)하였단 말을 듣지 못하였고, 지각 있게 용병 잘하던 손무자(孫武子)와 사마양저(司馬穰苴)가 힘썼단 말은 듣지 못하였노라.

일을 안다는 사람은 무엇인가 하니, 그 나라 사기(史記)가 어떠하고, 인구가 얼마요, 어디는 인심이 어떠하고, 어디는 무슨 물건이 나고, 정부에는 누가 지식이 있고 없는 것과, 어느 나라는 강하고 어느 나라는 약한 것을 알아 가지고, 그 나라를 침노하면 어디서 작희(作戱)할까, 그 나라 정부에 누구를 꾀이게 되면 그 정부가 요동(搖動)이 될까,

백성이 강하여 여론이 대단하여 인심이 불복할까, 널리 생각하여 혹 정부와 백성 사이에 갈등도 내어보고, 혹 자연히 나는 흔단도 기다려서, 때를 타서 성사하는 것이 인재라고도 하고 영웅이라고도 하겠고, 아무것도 모르고 남의 꼬임에 빠져서 내 나라 백성을 해롭게 한다든지, 내 나라 권리를 해하게 하는 사람은 일개 짐승이요 사람이랄 것이 없는지라.

우리나라 구속(舊俗)으로 보아도, 각 도 각 군에서 간혹 지사(知事) 가감(加減) 인을 뽑아 올리라 하게 되면 그 고을에 한두 명을 초선하는데, 소위 지사 가감이란 사람은 무엇인가 하니, 그 고을 결총(結總)과 인구와 상납(上納) 도수나 아는 사람이라. 호조판서와 선혜당상을 하여도 전국에 결총과 호수가 얼만 줄을 모르고 앉아서 언필칭 각 군 아전들이 일을 안다는 말이나 하였는데, 지금 서양 사람으로 말하게 되면, 어려서부터 산술을 공부하여 경위를 분간하고, 지지(地誌)를 공부하여 각 국과 각 도, 각 군, 각처에 인심 풍속과 토지 후박(厚薄)과 도리 원근을 알고, 제 나라는 고사하고 타국 사기든지 결총과 호구와 국재와 병정수효를 일일이 알아 가지고, 밤낮으로 물건 이치를 궁구하며, 무엇이 변하고 왕성하는 줄을 투철히 깨달아 가지고 세상에 행세하는 것이 가위 인재요.

또 공맹지도와 한문으로 말할지라도, 서양 사람들이 한문을 공부하고 유도를 공부한단 말은 불가불 동양 풍속과 사적을 알아야 할 터이므로 약간 공부하는 것이요, 유도를 전혀 본받는다는 말은 듣지 못하였고, 글로 말할지라도, 글이란 것은 당초에 무슨 일이든지 기록하여 잊어버리지 마자는 것이요, 글을 많이 읽으면 신통한 일이 있는 것이 아니라, 그런고로 한 자를 배우거든 한 가지 일을 행하고, 두 자를 배우거든 두 가지 일을 행하란 것이니, 아무 글이든지 기록하여 그대로 시행만 하면 학문이요.

서양 글이든지 우리나라 국문으로도 성경현전(聖經賢典)을 번역하여 시행하면 그것이 성경현전이 될 것이니, 아무쪼록 널리 듣고 널리 보고 많이 알아 가지고, 외국 사람을 대하여 결총 인구 모른다는 말과, 인재가 있으면 총구멍으로 물 나온다는 소리나 제발 말고, 타국 사람의 전 앞에서 일없이 기웃기웃하다가 매나 맞지 말고, 아무쪼록 자제들이라도 한문 배우고 권리를 찾아 보국안민(輔國安民)하여 보게 하소.

그 친구들이 묵묵히 듣다가 말하기를, 말은 옳은 말이지만은, 우리는 나이 많고, 자식들은 제가 배우는 것 말릴 수는 없지만은, 내 입으로는 개화 학문(開化學問) 배우랄 수는 없네 하더라.

제1권 제78호
대한제국 광무 2년 11월 11일 (金)

성현들이 말씀하되, 백성이 근본이라.
근본이 굳건해야 나라가 편타 하시고,
윗사람이 또 아프면 백성이 헤어진다네.
우리 대한 백성들의 마음 굳기 산악이오,
우리 대한정부 대신도 잃을 리 만무하다.
그 설명을 대강하니, 신문 보는 첨군자는
짐작하여 분석하오.

갑오 이전 관원들이 탐학하기 능사 삼아,
선왕조에 만든 법률 기어이 쓸데없고,
세력이 장정이고 압제가 법률 되어,
나라는 청국 압제, 백성들은 양반 압제.
전국 백성 도탄 중에 동학당이 일어나니,
인민이 이산(離散)하고 천하가 요란할 제,
갑오 육월 경장되어 법률 장정 마련하고,
압제정치 없어지고 무명잡세 혁파하니,
서민은 칭송이오, 양반은 칭원(稱寃)이라.

구습(舊習)이 점점 생겨 복구례(復舊例)가 거의 되고,
아유구용(阿諛苟容) 간세배(奸細輩)가 충생첩출(層生疊出) 폐단 낸다.
충군애국 독립회원 독립협회 설시하니,
독립관 세 글자를 동궁(東宮) 천하 친히 쓰시어
뚜렷이 부쳤으니 독립국이 분명하다.

충애 목적 저 회원들 죽을 사자 맹세하고,
서양 각국 개명함과 나라의 큰 폐단과
백성의 고막(痼瘼) 들어 회중에 연설하고,
정부에 편지하며 황상께 상소하매,
총명한 우리 동포 깨닫기도 속히 하고,
종간여류(從間餘類) 우리 황상 사사(私私)이 윤허하사
문명세계 기약할 제 바른 사람 시기하고,
간세지매 득세함은 예로부터 있지마는,
독립협회 미움 받아 별 위험을 다 지내네.
칼날 밟을 독립회원 겁 안 내고 진보한다.

종로통 구 대로상에 대소 관민
청 따라서 민국사를 공론할 제,
일호 사정 있을 손가.
여섯 조목 취결하니 뉘 아니 옳다 하리.
협회규칙 보게 되면, 호말같이 적은 일도
만민의 가부 취결. 은밀할 수 바이없어
무슨 결정 하게 되면 도성 인민 뉘 모르리.
음흉한 역적들이 독립협회 혁파하고

기탄없이 사행하여 간대하신 선왕 강토,

이 나라와 저 나라에 광도 주고 빚도 얻어,

종사(宗社)는 어떻든지 제 놈이나 영귀코자,

익명서라 칭탁하고, 황송하고 못할 말로

요순 같은 대황제께 옹폐(壅蔽) 총명 무함하여,

협회명색 혁파하고, 독립회원 착수(捉囚)하며,

연설 문부 적몰하니, 각국에 수치 되고 나라에 불행일세.

충분(忠憤) 소격(疏隔) 만성 동포,

무죄한 십칠 인과 생사를 함께 하자.

기약 없이 모여들어 경무청에 자헌취수(自獻就囚),

거문불납(拒門不納) 할 수 없어

바다같이 모여앉아 처분을 기다릴 제,

나이 많은 어른들은 치지물론(治之勿論) 그만두고,

십삼 세 아장용남(亞將傭男)이 원통한 일 연설하고,

충분 소격 통곡하니, 뉘 아니 비창할까.

한성판윤 효유(曉諭)할 제 어찌 아니 감동하리.

간세지배 계교(計巧) 보소, 백성 함몰 경동 말라.

각 공관에 조회할 제 바른 사람만 만류했네.

갇힌 회원 넘길 적에 인민들이 빼앗을까,

병정 시켜 위옹(圍擁)하나 점잖은 인민들이

일호작폐(一毫作弊) 있을 소냐.

각국 공사 시비하니 이리저리 핑계하고,

맨 손 들고 모인 회원 무슨 작폐 겁을 내어,

염치없고 지각없이 각국 보호 간청하기,

병정 풀어 위협하기, 난류(亂類)시켜 뭉치 채와

회중 사람 경등(驚騰) 시켜 아무쪼록 허치(虛治)란다.

처음에 무함할 제 독립회원 두목 중에 수십 명만 없앴으면

아무 일도 없을 줄로 기망하여 무함하고,

만민의 일심(一心) 보고 계궁력진(計窮力盡) 할 수 없어,

협회로 붙는 체로 사람 시켜 꾀부리니,

도리어 가긍하다. (미완)

〈잡보〉

○ 어제 하오 여섯 시에 한성판윤 정익용 씨가 회중에 와서 모인 소원이 무엇이냐고 묻는지라. 회중에서 말하기를, 익명서 바친 놈을 재판하여 주고, 이전 여섯 가지 조목 실시하여 주고, 십칠 인을 방송하여 달라고 하는 일이오 한즉, 정 판윤이 그대로 정부에 말씀하여 줄 터이나, 말로 하면 잊기가 쉬우니 사건을 기록하여 달라 하여 그대로 기록하여 보내었다더라.

○ 독립회원 십칠 인의 판결 선고서

위의 피고 리상재, 방한덕, 류맹, 정항모, 헌제창, 홍정후, 리건호, 변하진, 조한우, 첨중모, 한치유, 남궁억, 정 교, 김두헌, 유학주, 윤하영 등의 사건을 검사 공소로 말미암아 심리하니, 피고 등이 다 독립회원 중에 성명이 가장 드러난 사람으로, 참정 윤용선이 탄핵을 만나 갈린 지 얼마 못 되어 의정을 다시 한즉, 인심이 불복되어 중의가 분등함으로, 금년 십월 이십일 일에 질문한다고 칭하고 그 집 문 앞에 제진하

였다가, 그 이튿날 사무소로 모였더니, 경무관이 자리를 떠나 개회함을 금단 하라신 조칙을 포고하매, 황명을 어김이 황송하여 경무청에 자원 취수(就囚)할 뜻으로 재진(再進)하여 대죄하였더니, 그 밤에 죄 있노라고 자처하지 말고 안심하여 물러 가라신 칙어를 봉승하고, 말길을 열어 하정(下情)이 상달함을 위하여 상소하였더니, 칙명으로 하고 효유로 하는데 종시 물러가지 아니하며 명을 황거(惶遽)하는 것 같으니 어찌 도리리요.

말길을 열어 진보를 책란(責亂)함은 이미 정산(定算)이 있으니 물러 가라신 비지를 내리시고, 재차 상소 비지에, 백성 되어 고막(痼瘼: 부리가 깊어 바로잡기 어려운 폐단. 고폐)을 교구하고자 하면 반드시 베푸는 의(義)가 있다 하시므로, 그 달 이십구일에 만민공동회를 협회에서 발기하여 정부 대신을 편지로 청하였더니, 제 대신들도 다 와서 귀천노소가 기약 않고 모였는데, 편민리국(便民利國)할 여섯 조건 헌의를 여러 대신의 가(可) 자를 받아 아뢰어 재가하심을 앙청하여 처분만 기다렸사오니, 중민(衆民)을 휘동하고 큰 관원을 위협하여 억지로 재가를 청하여, 그달 이십삼일에 말길을 열고 진보함을 책란하는 것은 이미 정산이 있으니, 물러가 기다리라신 성비(聖批)가 내렸거늘, 처분을 기다리지 않고 공동회를 즉시 발기하여 창설한 사실은 피고 등 공사(公私)에 증거하여 명백한지라.

피고 리상재 등을 대명률 잡범편 불릉위조(不能爲條)에, 무릇 능히 하지 못할 때 하는 자 율(律)에 비추어, 각각 태(笞) 사십에 처하노라.

제1권 제79호
대한제국 광무 2년 11월 12일 (土)

(전호 연속)
경무사와 한성판윤 날마다 갈아들어
날마다 효유하며 각 부에 훈령하여,
직임 있는 대소 관인 각 학교 학도들을
회중 참예 금단하나 의리 있는 저 학도들
퇴학청원 참회하고, 찬양회 부인까지 기어이 참예하고,
각 전 시민 전문 닫고 기를 쓰고 모여드네.

수만 인민 밤 새는데 나무장사 나무 보조,
지전(紙廛) 시민 갓모 보조, 일본 사람 술을 보조,
남녀노소 의조(義助)할 제 의조 않는 부인 없네.
충애 있는 박 소사가 일백 원을 의조하고,
비러 먹는 걸인 동포, 푼돈 모아 일원이오,
청국 사람 사원(四圓) 보조, 더구나 감사하다.

독립회원 죽일 사람, 법부서리 내부서리,
사갈 같은 조병식이 각부 통합정부 참정 여러 가지 겸대하고,

형사국장 리기동은 협판으로 승차하여
공개재판 청원하니 칙령 핑계 아니 하네.
충정한 구신(舊臣)들은 대인(大人)으로 극간하고
전국 동포 일심하니 간사한 꾀 쓸 수 없네.

병정 시켜 위험할까 대대장을 이임한들
의리 있는 병정동포 총 놓을 리 만무하고,
소대장 조원식이 병정으로 공동타가
복장 벗고 달아났네.
백 가지로 위협하나 모인 회원 굳은 마음
요동할 길 전혀 없다.
경무사 신태휴 씨 헤어지라고 효유할 새
익명서를 보이면서 도록(圖錄) 있다 공포하니,
독립협회 회원들이 공화정치 한다 한 말
수 만 명 모인 동포 기가 막혀 울음 우니
법관들도 눈물 낸다.

성명하신 우리 황상
간상을 통촉하사 법부서리 가르시고,
황규설 씨 법대 내니 공평 재판 아니 할까.
지원극통(至冤極痛) 설운 사정 변무할 차 상소하니
성은이 하늘같아 종작없는 익명서가
못된 놈들 소위라고 우비를 나리시니 어찌 아니 황름하리.
그놈 잡아 징치 차로 다시 상소 하랴더니,
십칠 명을 선고하여 태 사십에 방송하니

황은을 축수할 제 만세소리 진동이라.

고등 문 앞 모인 처소 종로로 옮긴 후에
비서승과 법부대신 물러가라 효유 칙령
풍찬노숙 민정 생각 사의가 간측하나,
물러갈 수 없는 사정 세세히 설명하되,
익명서를 바친 놈과 정부 상에 간세배를 저저히 징치하여
위로 황상 걱정 아래로 만민 고막 일일이 없이하고
장정을 실시하고 독립협회 복설할 일
일월같이 밝은 성상, 백성의 소원대로 간세지배 벼슬 갈고
비서승과 경무사며 한성판윤 보내셔서 칙어를 효유하되
너희 소원 다 좇아서 간세배는 벼슬 갈고
못된 놈을 잡으라고 조칙이 내렸으되,
물러가지 못한 사연 자객에 암살 염려,
전과 같이 잡힐 근심, 다시 설명 주달이라.
돌질한 놈 한 놈 잡아 경무청에 넘겨서라.

대소 관인 또 청하여 민국사를 다시 의론,
의기가 삼엄하고 사정이 일호 없다.
독립협회 혁파할 제 간세배의 큰 의견이,
독립현판 떼었더니 다시 붙일 소문 있다.
십칠인 중 홍정후 씨 외국 고용 말이 되어
출발 전에 나왔더니, 다시 자원 취수(就囚)하니 의기 더욱 등등하다.

소격(疏隔)력을 생각하니 일장풍파 춘몽이라.

우리 동포 합심함을 각국 사람 칭송하니,
대한 백성 개명한 일 세계에 광포(廣布)로다.
간세배에 심복인가, 벼슬의 탐욕인가,
정부통첩 겁을 냈나.
각 부청에 저 관인들 한 명도 아니오니,
의리 없고 나약한 일 그 뉘 아니 웃으리오.
열심히만 했더라면 그 벼슬 어디 가며
뉘 아니 칭찬하리.

세상사람 말하기를, 중추원 설시되면
대소 관원 천거(薦擧)라니 그 아니 가소로운가.
각국 민회 규칙 중에 의관(議官) 천거(薦擧) 일관이오,
주사 한 명 상관없고, 대 관사는 재정이오, 민국대관뿐이로세.

이천만 동포들은 자제교육 힘을 쓰오.
이번 일을 지나보니 학도들의 일심 의리
이루 측량 할 수 없소.
가정지학(家庭之學) 배운 사람 천하문장 쓸데없데.
어릿어릿 수줍어서 말 한 마디 뉘 하던가.
연설 듣고 배운 학도 세계형편 통달하고, 사람마다 변사로세.
무리무리 합심하여 구석구석 연설하니,
사농공상 일심 되어 해어질 생각 아주 없네.

윗사람도 없으면 어찌 아니 헤어지랴.
백성 마음 굳었으니 나라 태평 염려 없다.

아무쪼록 학문 배우고 법률 장정 지키시오.
법률은 저울이고 장정은 자이로세.
저울 없이 경중 알며 자 없이 옷 짓던가.
법 모르고 칭송하면 재판이 망판이요,
장정(章程) 없이 정사하면 공사가 패사되네.
부디부디 학문 힘써 충군애국 네 글자를
가슴에 새겨두고, 우리 대한 구습으로
문구 숭상 제발 말고 실시 공부 주장하오.

타국 학교 들어보니 밤 학교를 설시하여,
저녁마을 가는 체로 한두 시씩 공부하여
불식지공(不息之工) 졸업하대.
아무쪼록 학문 힘써 황상 성은 갚아 보세.
우리 황상 성단(聖斷)으로 어진 신하 친하시고,
간세지배 쫓으시고, 백성 마음 좇으시니,
부국강병 갈 데 있나, 문명세계 여기로다.
항상 폐하 만만세요, 대한제국 만만세라.

제1권 제82호
대한제국 광무 2년 11월 16일 (水)

나라가 잘 되고 못 되는 것이, 그 나라의 신하가 충직하고 백성이 합심 되고 안 되는데 있는 것은 세상이 다 아는 바요. 또 어느 때든지 충직한 신하가 없는 것은 아니어 그러하되, 나라가 어지러울 때에는 간신이 조정에 가득하여, 여간 충직한 신하가 있고 지각 있는 사람이 있어서, 좋은 방책과 신기한 꾀를 내어 나라를 태산 반석 상에 이르도록 할 마음이 없는 것은 아니로되, 그때 시운(時運)을 따라서 어찌할 수가 없어서, 나라가 점점 위태하여 가는 것을 보고도 마음에만 분하고 원통할 따름이오.

나라가 쇠할 때라고 충직한 인재가 없는 것이 아니요, 흥할 때라고 간신이 없는 것이 아니거늘, 세상에 지각없는 사람들이 말하기를, 나라의 흥망이 운수에 있는 것이니 어찌 사람의 힘으로 할 수 있으리요 하는 자 많으니, 나라 일이나 사삿일이나 운수로만 돌려보내고 가만히 않아서 흥왕하기를 기다리는 사람은 나라에 역신(逆臣)이오, 백성에 도적이라.

대저 나라에 운수란 것이 없는 것은 아니어서 그러하되, 천지간에 일정한 운수가 있는 것이 아니라, 그 나라 정부에서 정신을 차리지 못하여, 되어 가는대로 지내며 백성을 가르치지 못하여 인민이 우매하게 되면 점점 나라가 쇠하는 운수가 되어 가고, 그 나라 정부에서 정신을 차려 정사를 잘 하고 인민을 교육하여 사람마다 개명하게 되면 차차 나라가 흥왕 하는 운수가 되는지라. 그런고로 강태공이 주 무왕을 대하여 말하기를, 운수란 것은 없는 것이오, 사람이 하기에 있다 하였으니, 비유하건데, 낮은 땅에 곡식이 되지 않는다고 거름도 아니하고, 풀도 잘 매지 않고, 하늘만 믿고 있게 되면, 필경 그 땅이 폐장이 되는 것이고, 해마다 거름도 잘 하고 다스리기를 잘 하게 되면 불과 몇 해에 상등전(上等田)이 되는 것이니, 운수란 것은 그와 다름이 없는 것이다.

또 비유하건데, 선조 때부터 내려오는 큰 집이 기울어져서 장차 경퇴(傾頹)할 지경이 되어 가는데, 그 집 주인이 간사한 문객들의 꼬임을 믿고 중수(重修)하기를 즐겨하지 아니하면, 그 자제들이 일심 합력하여 그 부형에게 지성으로 간하여 그 문객을 내쫓고 기어이 그 집을 수보하게 되면 그 조상에게 불효를 면할 것이오, 그 집안이 중흥이 될 터이니, 어찌 부모의 뜻이 아니라고 무너지기를 기다리고 있는 것이 자손의 도리리오. 운수에 관계됨이 이러하거늘, 세상 사람이 무슨 일을 운수로 돌리는 것은 대단히 틀린 줄로 아노라.

그런고로 임금 섬기는 도(道)는 신하된 사람들이 일심으로 충성을 다하여, 설혹 임금이 미처 깨닫지 못하시는 일이 있더라도, 죽기까지는 직언으로 극간하는 것이 충신이라 하는 것이오. 임금에 뜻을 순히 하여 가며, 민국사에 여간 미흡한 일이라도 유공불급(遺功不及)하게 아첨하여 가며 임금에 명령을 어기지 않는 것이 옳을 듯하여 그러하되, 하루 이틀 점점, 그리하여 성습(成習)이 되어, 폐단이 날로 생기고, 나라에 병이 점점 깊어가서 종묘와 사직이 위태할 지경이면, 비단 그 승순(承順)하던 신하들만 나라에 큰 죄인이 될 뿐이 아니라 그 임금까지 선왕조에 죄인이 될지니, 어찌 두렵지 아니하며, 어찌 나라 망하는 간신의 이름을 면하리오.

그런고로 사직지신(社稷之臣)을 중하게 여기고 임금의 뜻만 받드는 사람은 소인이라 하는 것이라. 은(殷) 나라 비간(比干)이란 사람은 간하다가 죽으매 충신 중에 으뜸이요, 한나라 급암(汲黯)이란 사람은 그 임금을 대하여, 속에는 욕심이 많고 거죽으로만 어진 일을 베푼다 하였는데, 그 임금은 그를 사직지신이라 하였으니, 옳은 줄을 분명히 알고야 어찌 임금의 마음만 승순(承順)하여 그만두는 것이 신하된 도리에 옳다 하리오.

하물며 간세지배(奸細之輩)들이 제 몸이 영귀하고, 일가친척을 벼슬시키기만 위하고, 종묘사직은 어찌되어 가든지 일호도 생각이 없고, 밤낮으로 임금 속일 마음이나 꾀하며, 어느 나라에 의지하여 내 나라 선왕조에서 마련하신 땅이나 주어 가며 남의 나라 빚이나 얻어서 월급이나 얻어먹을 계교나 하는 사람들은 무엇이라고 형언하여 말할 수 없는지라. 지금 우리 대한국은 당당한 독립자주(獨立自主)하는 나라이요.

황상 폐하의 함홍(含弘) 광대하신 성덕으로 신하의 간하는 말을 흐르는 것 같이 들으시어 중흥에 기틀이 날로 취서되어 가거늘, 무식한 간세지배들이 아유구용(阿諛苟容)하기로 재주를 삼아가며, 서로 무리를 지어, 대간(對諫)하는 신하는 무함하고, 자기들에게 붙지 않는 사람은 몰아내기로 일을 삼아, 별립시(別立侍)란 사람이 날로 늘어가며, 황상에 총명을 가리고 정신을 현혹케 하여, 오늘의 조칙을 명일에 폐지하고, 어제의 칙명을 오늘 개정하여 백성이 믿을 수가 없이 되니, 공자 말씀에도 군사가 없고, 먹을 것이 없어도, 신(信)이 있어야 나라가 된다 하셨으니, 이제 신(信)이 업고서야 어찌 나라가 부강하기를 바라리오.

지금 종로에 모인 사람들이 충군 애국하는 목적으로 여러 날이
되도록 물러가지 않고, 황상에 걱정을 시키는 듯하여 그러하되, 지금
걱정은 잠시간이오, 나라가 태산 반석에 이르러 몇 만 년 무강지휴(無疆
之休)가 되는 것은 장구한 계책이거늘, 혹은 말하기를, 천하사가 모두
운수에 있나니, 아무리 독립협회에서 떠들기로 나라 흥망이야 어찌 하
리오 하고, 혹은 말하기를, 황상께옵서 그처럼 물러가라고 하시는데 듣
지 않는 것을 역신(逆臣)들이라고 하니, 우리 황상의 요순 같으신 성덕
으로 필경 간세지배를 물리치사 부강하기가 가깝거늘, 지각없는 소인
들이 천백 가지로 회(會)를 파하려 하여, 난류(亂類)를 시켜 돌질도 하여
보고, 병정을 시켜 위협도 하여 보고, 부상(負商)을 불러 부수기도 하여
볼까 하나, 우리나라가 흥왕하려고 협회가 생겨나서 인민이 일심되어
근본이 굳건하니, 그렇게 옳은 목적 가진 사람을 뉘가 해하리오.

그러하나 다시 생각한즉, 정부에 간세지배가 없어지고 나라가 공
고할 기회를 당하여, 순리로 되는 것은 이치가 아니라, 불가불 한번 공
동(空洞)이 되어 가지고 일이 되어야 장구한 법이니, 지금 협회를 반대
하는 사람들도 과히 심책(深責)하지는 아니하고 다만 학문과 지식이 없
는 것을 한탄할 것이니, 아무쪼록 우리 대한 이천만 동포들은 무슨 일
을 운수로 돌리지 말고, 학문을 많이 배워 국사(國事)든지 사사(私事)든
지 합심하여 대황제 폐하께 아첨 말고 직간하여, 대한국이 세계에 일등
부강국이 되어 억만년 무강하기를 힘들 쓰시오.

〈잡보〉

○ 만민공동회가 상소를 올렸다는 말은 작일 기재하였거니와, 비지

(批旨) 내에, 처분을 기다리지 않고 또 이렇게 번괄(煩括)하는 것은 짐의 뜻이 있는 바를 아지 못하고 그리 하느냐, 또한 무함한 것은 이미 다 밝히 분석하였고, 글은 가히 광포할 것이 없으니, 간절히 의심치 말고 속히 물러가라 하셨더라.

○ 재작일 밤에 만민공동회에서 홍종우, 김영적, 원세성 제씨가 부상(負商)과 외국 병정을 풀어 회(會)를 치겠노라 하는 일에 대하여, 홍종우 씨를 청해다가 그 일을 질문한즉, 홍종우 씨가 우체 편에 편지하였다는 일은 당초에 모르는 일이오, 어떤 놈이 남의 이름을 모록(冒錄)하였나 보다고 무수히 발명(發明)하였다더라.

○ 재작일에 시(市) 고을 부상(負商)들이 많이 올라와서 협회를 해치려고 하더니, 황상께서 부상 두목 박유진 씨 등을 입시하라 하시어 처분하시기를, 만민공동회를 헤치고 안 헤치는 것은 짐이 할 것이니, 너희는 부상을 다 물려 보내라 하셨다더라.

○ 근일에 만민공동회에 의리 있는 사람들이 그 모인 사람들의 충애함을 사랑하여 의조금들을 많이 보내는 것이 날마다 수백 원씩이 되는데, 의조금이 들어오는 대로 아무에게 보조금이 얼마라고 다만 일푼 일 전이라도 성명을 들어내거늘, 무식하고 우준한 사람들이 말하기를, 그것이 의조금이 아니라 누가 되는 사람이 있다고도 하고, 회중에 돈을 주어 보조한다고도 하며, 밤새는 사람을 삯을 주어 부린다고도 하는 사람이 많다고들 한다 하니, 세상에 그렇게 어리석고 지각없는 사람이 어디 있으리오. 그런 사람들은 그런 거짓말 말고 아무쪼록 열심히 그 회중에 가서 참례하여 알아보았으면 좋을 듯하더라.

제1권 제85호
대한제국 광무 2년 11월 19일 (土)

　　나라가 있은 후에 법률(法律)과 장정(章程)이 없으면, 공장에 먹줄과 자와 저울 없는 것과 같아서, 아무리 능한 공장이라도 먹줄과 자가 없으면 재목을 곧게 만들 수가 없고, 아무리 공교한 사람이라도 물건을 달아보지 않고는 가볍고 무거운 것을 아지 못하는 것이요. 나라를 돕는 신하들이 아무리 재주가 있더라도 법률과 장정이 없으면 일을 바르게 할 수 없고, 송사를 공평하게 판결할 수 없는 것은, 지각 있는 사람을 기다리지 않고도 가히 알 것이라.

　　그런고로 황제 헌원(軒轅) 씨는 영륜(伶倫)이란 사람으로 법률을 만들고, 순 임금은 고요(皐陶)란 사람으로 법관을 시켜 인민을 다스리게 하되, 죄 있는 이는 다스리고 죄 없는 이는 놓으라 하시며, 공경하고 삼가라 하셨다. 한(漢) 태조께서 처음으로 진(秦)나라를 얻은 후에 신민으로 더불어 세 가지 법을 언약하였고, 당나라와 송나라가 다 그 법을 모방하여 혹 더하며 감하여 내려오다가, 명(明)나라에 와서 법률 사백육십일 조를 교정하였는데, 우리나라에서도 명나라 율문을 가지고 시행하되, 열성조께서 경국대전(經國大典)과 대전회통(大典會通)을 편집하사 각각 그때에 마땅함을 따라서 더하기도 하고 감하기도 하셨는데, 영조(英祖)께서 친히 지으시고 친히 쓰시어 대전회통 첫 편에 부치시기를, 벼슬

시키는 관원은 한결같은 마음으로 공본(公本) 되게 벼슬시키는데 사람을 가리고, 재물 맡은 관원은 절용하고 힘들여 백성을 사랑하고, 예법을 맡은 관원은 삼가 다섯 가지 예법을 닦아 옛 법을 떨어치지 말고, 법률 맡은 관원은 크게 공본 되게 하고 삼가서 법문을 지키라 하고, 공업을 맡은 관원은 일백 가지 공장을 신칙하여 부지런히 직업을 닦게 하라 하시고, 또 수교(受敎)로 말씀하시기를, 법률은 대명률을 시행하여 어기지 말라 하셨으니, 법률이 어찌 중하지 아니하며, 우리나라 신민 된 자 누가 흠준(欽遵)치 아니하리오. 만일이라도 준행치 않는 신민은 요순지도(堯舜之道)를 배반하고, 선왕조에 큰 죄인이라 어찌 두렵지 아니하리오.

대저 다스리는 나라에는 법률이 밝아서 아무리 세력 있는 사람이라도 죄를 범하면 벗어나지 못하고, 법률이 어지러운 나라에는 법률이 어두워서 죄의 경하고 중한 것과, 시비의 옳고 그른 것이 청촉(請囑)하고 아니하는데 달렸으므로. 어리석은 사람들과 간사한 무리들이 죄 범하는 것을 겁내지 아니하고, 세력 있는 사람에게 붙어서 다니기를 힘쓰다가, 횡액으로 죄고(罪辜)에 걸리더라도 법대로 변백(辨白)할 줄은 생각지 않고, 청촉하고 빠져나가는 것을 능한 일로 알고, 집마다 포청이오 양반마다 법관이 되어, 무죄한 사람이라도 돈 백이나 있으면 잡아다가 주리 틀기와, 눈 흘긴 혐의만 있더라도 잡아다가 차꼬 채우고 용방망이질에 사람이 견딜 수가 없어서, 돈냥 있는 만만한 백성들은 제 돈을 가지고도 돈 가진 체를 못하고, 벼슬하는 것으로 말할지라도, 양반만 좋게 되면 병신이든지 무식한 것은 치지물론(置之勿論) 하고, 아무의 자제가 백두(白頭)로 있는 것은 조가(朝家)에 큰 흠전이라 하며 벼슬을 시키고, 공장으로 말할지라도, 세상에 제일 재주가 있어서 무슨 신기한 그릇을 만들게 되면 세력 있는 양반들의 구청(求請) 때문에 생애를 할 수 없어서 짐짓 못되게 만들고, 예법으로 말할지라도, 성인의 말씀에도 나라를 근심하고 백성 생각 하는 것이 례에 큰 것이고 제사나 지내는데 밝은 것은 곧 의(義)이지 예(禮)가 아니라 하셨는데, 예문가라 칭하는데서 숭상한 것은 상례(喪禮)와 제례(祭禮) 뿐이니, 이 여러 가지를 보게 되면 어찌 한 가지인들 요순의 도와 열성조의 수교를 시행하였다 하리오.

대한 관원들의 하는 일을 보게 되면, 성현의 도와, 선왕조부터 만드시고 시행하시던 법률과, 대황제 폐하께서 만들어 내리신 규칙 장정은 터럭같이 알고, 세력 있는 재상이나 친분 있는 친구의 청촉을 더 중히 여겨서, 규칙 장정과 법률 시행할 생각은 꿈에도 없고, 청촉 편지가 오게 되면 죄의 곡직(曲直)과 일의 옳고 그른 것은 어디로 갔든지 편지 시행만 하며, 또 그 관원이 제 부형의 편지 시행은 아니 하여도 세력 있는 사람의 청은 들으니, 임금과 부모가 그렇게 경하고 세력이 그다지 무서운지 알 수 없거니와, 세력 있는 자의 편지가 법률이오, 정작 장정 법률은 치지도외 하여, 각 고을에 법률 책 없는 데가 태반이로되 마련할 생각도 없으니, 어찌 기계 없이 공장노릇 하며, 저울 없이 물건의 경중을 알며, 기계와 저울이 있더라도 쓰지 않고 마음 나는 대로, 청촉 오는 데로 시행하니, 그 백성이 어찌 편안하기를 바라리오. 그런 사람들은 열성조에 역적이오, 자기 조상과 부모에게도 불효자라. 어찌 하늘이 무섭지 아니하리오.

그러므로 근일에 독립협회에서 법률 장정 실시하라고 하는 일은 곧 백성이 편안할 방책이오, 자기들의 일신상 이익이 아니거늘, 우준한 사람들이 이허(裏許: 속내평)를 모르고 독립협회를 시비하는 자들은 입을 여러 ○○○ ○○○ 책망할 것이 없거니와, 그 사람들이라도 자기에게 원억(冤抑)한 일이 있으면 관인을 시비할 터이니, 만일 이번에 실시하자는 규정이 아니라면 그 사람들의 자손이나 일가친척이 다 당할 일이니, 깊이들 생각하여 보시오. (미완)

제1권 제87호
대한제국 광무 2년 11월 22일 (火)

〈만민공동회와 부상(負商)의 사건〉

재작일에 정부에서 관민공동회 회장을 부르기에 수삼 인이 정부로 들어갔더니, 정부 대신들이 말하기를, 지금은 소원대로 다 되었는데 어찌하여 물러가지 아니하느냐 하는지라. 회중 사람들이 말하기를, 무엇을 실시하였소, 그간 정부 대신들을 투표하여서 임명하였단 말을 듣지 못하였소. 그러자 정부에서 말하기를, 그간 대신은 농상대신만 내었는데, 투표하였노라. (회중 사람이 말하기를) 그러 하오면, 김영규 씨가 투표하여 낸 대신으로 첫출사 공사가 전국에 폐되는 부상(負商)을 복설하여 주었나이까?

정부 대신들의 말씀이, 그 일은 몰랐노라고 하는지라. 회원들이 말하기를, 그는 몰랐다 하거니와, 탁지대신은 엊그제 백성이 싫다고 하여 상소까지 만났는데 어찌 대신이 되었소, 하고 나왔더니, (어제 밤에 의정서리 김규홍 씨와, 탁지부대신 민영기 씨와, 참찬 권재형 씨와, 경무사 민병한 씨가 회중으로 나와서 말하기를) 원대로 다 실시하여 줄 터이니 물러가라, 하는지라.

회중에서 대답이, 일일이 실시하여 주고, 이(利)를 꾀하여 어지러운 것을 도모하는 부상 두목을 잡아서 징치하여 주어야 물러가겠노라고 하였더니, 정부 대신들이 다 실시하고 부상을 헤치겠다고 하고 들어간 후에, 회중에서 다시 공의(公議) 되기를, 실시하여 달라는 조건을 분명히 말하지 못하였다 하여 정부로 다시 통기하였더니, 김규홍, 민영기, 권재형, 박기양 씨가 또 나왔는지라. 실시 조건을 일일이 설명하자 정부 제공이 다 그대로 실시하여 주겠다고 하고 들어갔다더라.

재작일 밤에 타국 사람들이 부상(負商)들에 작폐(作弊) 난다는 말을 듣고 무수히 인화문 앞으로 와서 구경하며, 천주교인들이 열십 자 붉은 줄 두른 등들을 들고 들어서서 보호하는 모양 같이 하더니, 어제 낮 열시 이후부터 평복한 부상 수백 명이 인화문 앞으로 와서 동정을 탐지하노라고 도수(度數) 없이 내왕하더니, 정오 가량에 부상들이 새문고개로 초초히 모여 인화문 앞으로 들어오는데, 파수하는 순검과 병정들이 금지(禁止) 부득하여 일제히 들어오는데, 앞에 도반수(都班首) 길영수, 홍종우 제씨가 오고, 그 뒤에 부상 수만 명이 달려들어 온즉, 방청하던 사람들이 경겁(驚怯)하여 달아나는 사람이 많되, 회원들은 꼼짝 아니하고 앉았더니, 부상들이 별안간 뭉우리돌(모난 데가 없이 둥글둥글한 돌. 뭉우리)을 회중으로 비 오듯 던지므로, 할 수 없어 쫓기어 정동 병문으로 나오는데, 부상들이 각각 가졌던 물몽둥이(대장장이나 석수가 쓰는, 긴 자루가 달린 둥글고 큰 쇠메)로 함부로 쳐서 회원이 팔 상한 사람에, 다리 상한 사람에, 두골이 파쇄한 사람이 무수한데, 간신히 달아났는데, 각전 시민들이 전 문을 절로 다 닫고 나와서 구경하던 사람들이 몰려다니며 어찌할 줄 모르는지라.

떼를 지어 부상의 처소로 들어가서 시비하려 한즉, 병정 수백 명이 부상 모인 데를 둘러싸고, 정동 병문과 새문고개와 배재학당 고개에는 순검 병정이 철통같이 파수하고, 나오는 사람은 그만두고 들어가는

사람은 금하는지라. 도성 만민이 방황하여 다니던 차에 일본 수비대 장
관이 말을 타고 왔다 갔다 하다가 정동 병문에서 무슨 구경을 하더니,
어찌되어 부상들이 일제히 일어서서 새문고개로 넘어가는데, 회원이며
만성(滿城) 인민들이 각각 방망이를 가지고 부상을 따라가서 서로 싸우
므로, 부상들이 쫓기어 새문 밖 네거리로 나가서 모였더라.

도성 인민들이 좌우편으로 갈라서 한편은 새문고개로 쫓아가고,
한편은 황토마루로 쫓아가서 부상을 치는데, 부상들이 어떤 집으로 들
어간즉, 그 집 부인이 부상 여기 왔다고 소리치며, 부상들이 무리하게
행위를 한다고 질욕(叱辱: 꾸짖으며 욕함)하고, 부상들은 쫓겨 가며 어린
아이를 쳐서 죽은 아이가 있다 하고, 부인 한 명은 여학교에 다닌다고
부상이 쳐서 죽고, 회원 한 명도 맞아 죽었다 하고, 백성들이 서로 모여
말하기를, 이것이 다 이기동의 소위(所爲)라 하며, 이기동을 찾아서 귀
정(歸正: 그릇되었던 사물이 바른 길로 돌아옴)하자 하고 이기동의 집으로 가
는데, 회원들이 지성으로 금(禁)하되 백성들의 말이, 우리가 난민 되려
는 것이 아니라 정부에서 난민 노릇을 시키는 것이니 염려할 것 없다
하고 기어이 이기동 집으로 가고, 그나마 여러 백성들은 종로 와서 모
여서 방을 붙이기를, 무뢰지배(無賴之輩) 부상들이 황실 보호한다고 칭
하고, 막중금문(莫重禁門) 밖에서 사람을 쳐서 살육을 내며, 불법행위가
무수하며, 지금은 다 헤어졌으니, 다시 민국사(民國事)를 의론할 터이니
진신장보(搢紳章甫: 벼슬아치와 유생), 신민(臣民) 여부를 물론하고 모이라
고 하였는데, 부상패에 따라 다니던 사람들이 평량자(平涼子: 패랭이)를
벗고 많이 모여와서 사죄하기를, 우리가 잘못 하려는 것이 아니라 정부
간세지배에게 속아서 쫓아 다녔다 하는 고로, 회중에서 그대로 용서하
고, 정부에 편지하여, 어제 제 대신이 다 실시하여 주마 하고, 오늘 부

상시켜 회원 때린 일을 질문하사 하고, 또 경무사가 칙령을 받아 부상을 물러 보내었으니 너희도 다 물러가라 하였는데, 무뢰한 백성이 경무사를 무리하게 하매 회중에서 금하다 못하여 경무사가 그저 들어갔다더라.

어제 백성들이 독립협회 반대하는 사람들의 집을 쳐부수려 하는 것을 회중에서 사람을 보내어 못하게 하였더니, 백성들이 자의로 모여가서 조병식, 민종묵, 이기동 씨 집과 부상 도가(都家)를 다 부수고 서찰을 수탐하여 왔는데, 모두 독립협회 없이 하자고 서로 모의한 것이라더라.

○ 본사 고백

어제 본사에 일이 있어서 신문을 절반만 발간하오니 용서들 하시오.

제1권 제88호
대한제국 광무 2년 11월 23일 (水)

무릇 무슨 물건이든지 극한(極限)에 이른즉 반드시 변하는 것은 떳떳한 이치요, 물건이 그 평(平)함을 얻지 못하면 우는 것은 자연한 이치라. 그런고로 비록 사소한 물건이라도 그러하거든 하물며 천하대세와 나라의 성쇠야 일러 무엇 하리오.

어느 나라이든지 한때 다스리지 아니한 때가 없고, 한때 어지럽지 아니한 때가 없음이 이치에 떳떳함이라. 우리 대한으로 보더라도 몇십 년 몇 백 년에 다스리고 어지러운 것이 서로 이어 내려오다가, 갑오 이전에 정부 관인과 관장들의 탐학이 더할 데 없이 극항에 오르고, 백성이 견디지 못하여 동학당(東學黨)이 일어난 것이 다 물건이 그 평함을 얻지 못한 것이라.

그로 인연하여 전국만 소요할 뿐 아니라 천하가 요란하고, 정부가 변혁하여 탐관오리를 징계하며, 무명잡세를 혁파하니 하방 백성들은 안접(安接)이 되어 가더니, 점점 구습이 생겨서 민폐도 생길 뿐만이 아니라 외국 근심이 날로 심하여 가므로, 독립협회라고 생겨나서 전국 토지를 보호하고 생민을 편안히 할 목적으로 정부에 질문도 하고, 대신들을 논핵(論劾)도 하며, 바른 말로 상소도 하기를 한두 번이 아니로되 실시하는 효험이 없는 고로, 기어코 나라가 태평안락하기로 주의하여,

정부에서 금하여도 듣지 않고, 칙령으로 효유하여도 물러가지 아니 하니, 그 사람들의 하는 일을 보게 되면 일호라도 사사 이익을 도모하는 것이 아니라 육백년 종사와 삼천리강토를 보전하자는 큰 목적이어서 그러하되, 너무 지루하고 극항에 올라서 떠들어 놓은즉, 우리나라만 사는 천지가 아니라 지금 강대한 각국이 틈만 엿보고 있는 때에, 무슨 꾀를 내어 나라에 무슨 일이 생길는지 염려가 적지 아니할 뿐더러, 지각 없는 인민들이 서로 의심하고 공동하여 난리가 되었으니, 지금은 당초에 충군애국 목적 가지고 나라일 하자고 하던 사람들도 마음대로 조처할 수도 없고, 한갓 인민에게 부대껴 지나니 어찌 한심치 아니하다 하며, 부상(負商)으로 말하더라도, 갑오 이전에 그렇게 극성하여 극항에 올랐다가 혁파가 되는 것은 이치에 마땅한 것인데, 지금 졸지에 일어나서 떠들어 놓은즉, 그 전에 민간에 폐되던 까닭에 그리로 붙좇는 사람이 적어서, 도성 인민이 부상들을 좋다고 하는 사람이 백분에 일분이 되지 못하는지라.

만일 민폐와 나라에 고막(痼瘼)을 헤아려, 각항 상무(商務)를 흥왕케 하고 일호 작폐가 없으면 저마다 부상을 마다할 리가 없을 것이다. 독립협회에서는 공일마다 연설들을 하여 가며, 사람마다 지식들을 널려가며 외국과 상관되는 큰일들을 떠들어서 귀정되도록 하여 가며, 정부 대신과 전국 인민을 모두 개명시키기로 주의하는 것이 어찌 한 번 변하는 것이 아니리오.

우리는 생각하기를, 지금이라도 정부 대신들이 일심 합력하여 아무쪼록 외국 사람들더러 보호를 하여 달라든지, 의지할 생각 말고 일들을 공평하게 하여 가며, 백성을 속이지 말게 되면 그 백성들은 절로 물러갈 터이니, 별 계책 생각 말고 신(信) 한 가지 보이기를 천만축수(千萬祝手)하오.

제1권 제89호
대한제국 광무 2년 11월 24일 (木)

일전에도 법률 장정이 중하고 긴한 사연을 대강 말하였거니와, 대저 법률이란 것은 별 것이 아니라 곧 경계(境界)와 경위(經緯)라. 죄지은 사람 다스리는 법을 비유하건데, 한 푼짜리 물건이면 한 푼 주고, 열 량 어치 물건이면 열 량 주는 것 같아서, 죄지은 대로 매 열 개로부터 이십 개, 삼십 개로 죽기까지에 이르는 것이니, 가령 열 량 어치 물건을 이십 량이나 삼십 량을 주고 매매하면 경위라 경계라 하며, 매 열 개 칠 죄인을 오십 개나 일백 개를 치게 되면 공평하다 하리오?

그런고로 우리나라에서 쓰는 대명률(大明律)을 보아도, 죽일 죄인 같은 것은 더구나 말할 것 없거니와, 귀양 보내는 죄인이라도 재판한 후 결말 낼 때에는 그 죄인의 일가친척을 삼백 리 밖에까지는 기어이 불러다가 세워놓고 그 죄상을 설명한 후에, 만일 이치에 합당치 아니하다고 그 죄인의 집안사람들이라도 불복하는 경우에는, 몇 날이든지 그 죄인과 집안사람들이 자복한 연후에야 귀양을 보내는 법이거늘, 근일에 법관들이 죄인 재판하는 데 방청하기를 청한즉, 그 전에 없던 법이고 타국 법이라고 방청하기를 허락지 아니하니, 그렇게 무식한 사람들이 법관 노릇을 어찌 바르게 하기를 바라리오.

백성의 민요라든지 나라의 변란이 생기는 것이 도시(都是: 도무지)

법률이 공평치 못한 연고라. 만일 법률을 한결같이 공평하게 쓰게 되면 그 나라에 난리란 이름이 없을 것이고, 타국 사람이 감히 흔단을 내지 못할 것이라. 우리나라 사람이 다른 나라에 가서 죄를 범하게 되면, 그 나라에서 법관이 마음대로 잡아다가 징치하고, 외국 사람이 우리나라에 와서 죄를 범하게 되면, 어찌하는 수가 없기는 고사하고, 도리어 여기 있는 우리나라 사람이 각국 공영사에게 잡혀 다니는 일이 없지 아니하니, 어찌 한심치 아니하리오.

그 까닭은 무엇인가 하니, 법률이 밝지 못한 연고라. 어느 나라든지 법률이 밝게 되면 각국에서 치외권(治外權)을 허락하여 주나니, 치외권이란 것은 무엇인가 하니, 그 허락한 나라 백성은 범죄 하는 대로 잡아서 다스리라는 권리라. 그 치외권을 주고 아니 주는 것을 물을 지경이면, 가령 우리 대한 법률이 밝지 못하여 청촉(請囑)과 사정(私情)뿐인즉, 자기나라 백성도 그러하거든 하물며 외국 사람이야 일러 무엇 하리오 하고, (치외권을 허락하여 주지 않지만.) 만일 법률이 공평하게 되면 타국 사람이라고 억지로 죄를 더하고 감할 리가 없다 하여 치외권을 허락하는 것이라.

그런고로 일본서도 법률이 밝기 전에는 치외권을 각국으로부터 얻지 못하였다가, 법률이 점점 공평하여 가자 연전에야 영국, 미국서부터 치외권을 준 나라 사람은 죄지은 대로 다스릴 뿐 아니라, 우리 대한과 청국 같은 나라 백성은 임의로 다스리는 모양이다. 작년에 일본서 토이기(터키)란 나라와 약조를 정하는데, 토이기 사람이 일본 와서 범죄 하는 자는 일본서 잡아 다스리고, 일본 사람이 토이기 가서 범죄 하는 것은 토이기 정부에서 다스리지 못하기로 하였으니, 토이기국을 우리 대한에 비교하게 되면 지방도 대단히 크고, 구라파 개명한 여러 나라 근처에서 개명되기도 우리나라보다 몇 갑절이로되 일본에게 눌려서 지내거든, 하물며 우리 대한이야 말하여 무엇 하리오.

그런고로 각국에서들은 사람마다 법률을 숭상하여 법률학사는 되기가 어려울지언정 법률의 긴중하기가 어떠하다는 것은 거의 다 짐작한 후에야 가위 사람이라 하는 고로, 법률학에 말하기를, 법률을 모르는 사람은 동물상 사람이라 하고, 법률을 알아야 법률상 사람이라고 가위 사람으로 대접하는 것이다. 동물상 사람이란 것은, 법률을 모른즉 권리 의무를 또한 모르므로 다만 꿈적거리는 물건이 될 따름이니, 그런 사람을 대하여서는 송사(訟事)와 시비하기를 허락하지 아니한다 하였으니, 법률 숭상하는 것이 어찌 중하지 아니하며, 또 세상 사람들이 말하기를, 개화 법률은 쓸데없다 하는 자가 많아서 그러하되, 법률이란 것은 옛적과 지금이나, 우리나라나 각국이 별로 다름이 없어, 사람 죽인 자 죽이고, 사람 상한 자 벌 주고, 도적질한 놈 징역 하는 법은 일호도 틀림이 없는 것이, 대명률을 보아도 죄인을 정배 보내는데, 또 일년이라, 또 삼년이라 하는 것이 다 징역하는 것인데, 쇠사슬 중수(重數)가 지금 보다 더 무겁고, 가령 서울서 죄지은 놈이면 함경도나 전라도 소금구이 하는 데와 무슨 채광하는 데 같은 데로 죄의 경중을 따라 원근을 정해 보내서 징역을 시키는 것이오.

진(秦)나라 시절에도 한(漢)태조가 죄인을 데리고 이산(離山)으로 역사(役事)를 갔으니, 도(徒)라 하는 것은 다 징역이거늘, 우리나라에서는 죄 있는 자를 말로만 장 일백(杖一百) 도 일년(徒一年), 도 이년 하고, 장속(杖贖)이란 것은 불과 사오십 량 바치면 형조 하속에 사삿랑탁(私私囊橐)이오, 귀양이라고 가게 되면 세력 있는 사람은 수령(守令) 간 것만

이나 하여 재물이 생길 뿐 아니라 왕래 출입하기를 마음대로 하니, 그
것을 어찌 죄인이라 하며 징치하였다 하리오.

갑오 이전에 살인 죄인을 대살(代殺: 살인자를 사형에 처함)하였단 말
을 들어보지 못하였고, 막중어보(莫重御寶)를 위조하여 홍패 교지(敎旨)
만들어 팔아먹지 아니한 자가 드물었으되, 잡아서 법대로 징치하였단
말을 듣지 못하였으니, 어찌 법 있는 나라라고 하였으리오. 그렇게 지
나다가 근일에 와서 선왕조에서 쓰시던 법률을 복구례하여 웬만히 쓰
는 흉내를 내는 것인데, 개화법이니 타국법이니 하여 가며 시비도 하고
비웃기도 하여 그러하되, 한편으로 생각하게 되면, 백성이 얼마 개명이
된 것이, 갑오 이전에는 재판이 무엇인지 법관의 선불선(善不善)을 말하
는 사람이 없고, 다만 세력 있는 집에 등 대기만 힘쓰더니, 지금은 재판
을 잘 한다 잘못한다, 법률이 그러하니 저러하니 하고 시비들을 하는
친구가 더러 있으니, 그것으로 보아도 차차 개명이 되어가는 것을 짐
작하겠더라. (미완)

제1권 제90호
대한제국 광무 2년 11월 25일 (金)

(전호연속)

죄인을 형벌하는 본의가 그 사람이 죄를 범하였다고 미워서 징치하는 것이 아니라, 아무쪼록 허물을 고치고 착한 노릇만 하라고 경계하는 것이고, 다른 사람이라도 남이 죄 짓고 형벌 당한 것을 보고 겁내고 부끄러워하여서 옳은 일과 명예 있는 일만 힘쓰게 하자는 것이지, 죄인이 미워서 죄주는 것이 아니다.

그런고로 동양 학문에서도 말하기를, 법관 된 사람이 공경하고 애휼(愛恤)하여 크게 공본(公本)되게 하라 하였고, 서양 학문으로 말하게 되면, 형벌의 일곱 가지 긴요하다는 조건이 있으니,

첫째는 바른 이치를 어기지 않는 것이니, 죄 없는 사람을 벌을 준다든지 가둔다든지 하지 말고,

둘째는 아프게 하는 것이니, 매를 치든지 벌금을 받든지 하여 마음이 아프게 하는 것이고,

셋째는 형벌을 등분이 있지 않게 할 것이니, 귀한 사람이라고 두려워 말고 천한 사람이라고 무겁게 하지 말고, 각각 죄지은 대로 다스리라 하는 것이다.

넷째는 형벌을 나눠서 하는 것이니, 같은 죄라도 경(輕)한 이가 있

고 중(重)한 이가 있거든, 하물며 죄목이 다른 것이 많으니, 벌금이든지 형벌이든지 징역이든지 그 죄에 적당한 것을 쓸 것이고,

다섯째는 죄의 크고 적은 것을 따라 형벌도 경중이 있을 것이고,

여섯째는 형벌은 범죄 한 자의 한 몸에만 미치는 것이니, 자식의 죄에 애비라든지, 사나이 죄에 계집에게 연좌하는 것은 이치가 아니다.

일곱째는 징역을 하다가도 연한 전에 방송(放送)하는 것이니, 가령 십년 징역 하는 사람이 허물을 고쳐서, 무슨 현저한 증거가 있으면, 연한 전에라도 방송하되 6년 전에는 방송하지 아니한다 하였으니, 대저 법률이란 것은 공평하게 하자는 것이고, 형벌이란 것은 개과천선(改過遷善) 하자는 것이라.

그런고로 죄인을 잡아 가두더라도 재판하여 확실한 죄명이 드러나기 전에는 죄인이 아닌즉, 아무쪼록 자세히 심사하며, 증거를 찾아서, 죄인이 자복한 후에야 죄인이라 하는 것이거늘, 우리나라에서나 청국 같은 데서는, 어떤 혐의 있는 놈이 무함(誣陷)을 하든지 익명서라도 만들어 죄 있다고 말하게 되면 덮어놓고 잡아다가 각색 형벌로 문초한즉, 죄 없는 사람도 형벌에 못 견디어 죄가 있노라고 자복(自服)한즉 죽이기도 하고 귀양도 보내니, 그 당한 사람의 마음이 어떻다 하리오.

익명서(匿名書)로 말할지라도, 대명률(大明律)에 말하기를, 익명서를 만들어 사람의 죄를 말하는 놈은 죽이고, 그 익명서가 어디 있는 것을 곧 없애지 아니하고 떼어다가 관가에 바친 자는 장(杖) 팔십을 치는 법이다. 실상 죄상이 있는 일이라도 그 익명서에 든 사람은 다스리지 않는 것은 어쩐 일인가 하니, 만일 익명서를 시행하게 되면 세상에 익명서 만나지 아니할 사람이 없을 터인 고로 시행치 아니하는 법이다. 외국서 재판하는 일로 말할지라도, 증거 얻기로 힘을 써서 죄인이 확실

히 된 후에라도, 죄인더러 아무쪼록 발명하여 벗어날 도리를 생각하여 방송되기를 힘쓰라 하여 그 사람이 벗어나기를 좋아하되, 죄짓는 사람이 적고, 우리나라 법관들은 아무쪼록 죄인을 죄에 몰아넣기로 힘을 쓰되 죄 짓는 사람이 많아 간다.

감옥서에서 징역꾼으로 말하더라도, 외국에서는 징역 죄인을 놀리지 아니하고 각각 그 재주를 따라서 무슨 일을 시켜서, 이(利) 남는 것을 모아 두었다가 방송되는 날 모조리 내주게 되면 나라에서도 유익할 뿐더러, 그 사람이 얼마 만에 나와서 밑천을 삼아서 벌어먹고 살게 하는지라. 만일 그렇지 아니하면, 외국서는 죄 짓고 형벌 당한 자를 지극히 천하게 여기나니, 맨손으로 감옥서에서 나온 놈이 별안간에 무엇으로 살기를 도모하리오. 할 수 없을 지경이면 다시 못된 마음이 생겨서 죄고(罪辜)에 들기가 쉬운 고로, 죄수라도 직업을 맡겨 공전(工錢)을 주는 것이다.

가두는 처소로 말할지라도, 거처를 정하게 하고 날마다 목욕을 시켜가며 아무쪼록 죄수를 보호하되, 이미 처결이 되어 징역을 한다든지 간수로 가두는 사람은 고사하고, 처결 아니 된 죄인은 한 간에 한 명씩만 가두고, 죄수끼리라거나 밖에 사람과 비밀히 상통하여 벗어날 꾀를 만들지 못하게 하되, 집안 사삿일이든지 범죄 한 일에 상관없는 일은 옥관이 편지 같은 것도 째어보고 전하여 주는 법이다.

형벌 종류로 말하더라도, 첫째 죽는 형벌인데, 옛적에 사람의 성품이 한악(悍惡)하여 죽이지 아니하고는 제어할 수 없는 고로 죽였거니와, 근자에 세계가 점점 개명되어 가는데 죽이는 형벌 쓰는 데가 대한, 일본, 청국이 제일 많은 것은, 사람이 개명이 덜 되어서 범죄 하는 자가 많은 고로 불가불 쓰거니와, 지금 서양 학자들은 죽이는 형벌은 없이 하자는 의론이 있고, 죽이너라도 사람이 차마 볼 수가 없다 하여 전기를 가지고 잠자듯이 죽게 한다는 말이 있으니, 사람 아끼는 풍속이 이러하다.

둘째는 베는 것과 자자(刺字)하는 형벌이니, 몹쓸 진(秦)나라에서 그런 법을 쓰다가 한(漢) 태조가 없이 하고, 우리나라에서도 상고 적에 더러 있더니 숙종(肅宗) 조와 영조(英祖) 조께서 다 없이 하셨다.

셋째는 결박하고 착고(捉拷) 채워 운동하기를 마음대로 못하게 하는 것이오.

넷째는 재물 형벌이니, 곧 속(贖) 받고 벌금(罰金) 받는 것이라. 재물 내는 것이 형벌될 것이 없을 듯하여 그러하되, 돈 많은 사람이 벌금 적게 내는 것은 말할 것 없거니와, 구차한 자가 벌금을 내느라고 가산을 탕진하게 되면 속이 아프기가 형벌 당하는 것과 일반이라. 그런고로 요순(堯舜) 때에도 벌금법이 있었다.

다섯째는 명예를 없이 하는 형벌이니, 사람의 명예를 법으로 없이 하여서 세상에 용납하지 못하게 하는 것이니, 가령 명예로 어디 고문관 노릇을 못하게 한다든지, 어느 교사 노릇을 못하게 한다든지, 공훈이 있어서 훈패(勳牌) 찬 것을 못 차게 한다든지, 훈로(勳勞)가 있어서 연봉이 있는 사람을 그 연봉을 못 먹게 하는 것이 다 명예형벌이라. 외국 사람들은 명예를 숭상하는 고로 그런 형벌을 대단히 두려워하는 것이니, 우리나라에도 명예 숭상하기를 힘썼으면 죄를 범하는 사람이 적을 듯하더라. (완결)

제1권 제91호
대한제국 광무 2년 11월 26일 (土)

〈어리석은 사람들의 문답〉

무지옹(無知翁)이란 친구가 말하기를, 지금 세상이 이렇게 요란하니 언제나 간정(簡淨)이 되며, 이 끝에 외국 사람이 틈을 엿보다가 무슨 흔단을 내어 우리나라에 큰 해가 없겠느냐, 하는지라.

관세자(觀世者)라 하는 친구가 대답하되, 혹 그런 말도 있을 듯하여 그러하되, 무슨 일이든지 크게 변하는 때에는 세상이 요란하지 않고는 되는 일이 없는지라. 그런고로 전에도 말하였거니와, 중추원 의관을 민회(民會) 중으로 낸다 하는 것이 우스운 듯하여 그러하되, 우리 동방 몇 천 년에 처음으로 생긴 일인즉, 그렇게 큰 일이 어찌 순리로 되기를 바라리오. 필경 크게 고동(鼓動)이 된 연후가 되어야 장구한 법이다.

또 지금 사세(事勢)를 살피건대, 간세지배(奸細之輩)가 서로 체결하여 나라 정령(政令)을 어지럽게 하므로, 정부 대신들이 그 직분을 닦지 못하여 백성이 정령을 믿지 아니하고, 탁지에 재물이 경갈(罄竭)하여 장차 백관 발록(鉢祿)이며 군병 방료(放料)를 제때에 주지 못하게 되어 간다 하니, 그리하기를 마지아니하면 육백년 종사와 삼천리강토를 보전키 어려울지라. 그런고로 불가불 한 번 변하는 기틀이 생겼는데, 민회에서만 떠들게 되면 일이 순할 따름이오, 크게 고동(鼓動) 되기가 어려운고로, 부상(負商)이 일어나서 민회를 반대하여 서로 싸워 우리나라 기초를 굳건하게 만드는 기계가 되었으니, 가위 하늘이 지시하는 기회로 아노라.

또 물어 왈(日), 지금 민회와 부상이 저렇게 강대하여 서로 이기려 하는데, 민회에서는 의지한 데가 없고, 부상은 착실히 보호하는 데가 있은즉, 필경에 부상이 이기고 민회가 질 듯하니, 그렇게 되어도 나라의 기초가 튼튼하겠느냐 하는지라.

대답하기를, 민회와 부상의 승패가 그럴듯하여 그러하되, 내가 부상이나 민회에 편심이 있어서 그런 것이 아니라, 듣고 보는 대로 말하거니와, 세상만사가 화(化)하는 것밖에 더한 일이 없는지라. 민회로 말할 지경이면, 의지한 데는 없으되 관민 간, 남녀노소 없이 제예(諸藝) 하천(下賤)까지라도 민회로 추향하는 사람은 열에 아홉이오, 부상으로 주의하는 사람은 열에 한 명이라. 그 증거를 말하자면, 민회에는 보조 아니 내는 사람이 드물고, 각국 사람까지 보조를 하였을 뿐더러, 민회란 데는 의견 있는 대로, 말하고 싶은 대로, 저마다 마음대로 권리를 찾는 데니, 경륜 있고 창자 있는 자는 다 가 볼 곳이오.

부상은 그렇지 못하여, 아무리 의견이 넉넉하고 재주가 있더라도 두목의 지휘대로만 하고 본즉, 자기 권리를 찾을 수도 없고, 또한 처소마다 항오(行伍)가 있어서 병정 모양으로 되어 가지고, 점잖은 친구들도 내 처지만 못한 사람이라도 두목에게는 끌려 다니는데, 지각 있고 창자 있는 사람들인들 두목 되기 전에야 누가 가기를 즐겨 하리오.

또한 민회에서는 사삿 이익이 없이 국사만 의론하는데요, 부상들은 당초부터 복설(復設)되는데 이(利)를 취하여 모은다니, 이를 논란하는 자리에는 흔단이 생기기가 쉬운 법이오, 또 경비로 말할지라도, 민회

사람의 보조라든지 자기 집마다 왕래하며 먹고 쓰는 것은 한정이 없는 것이거니와, 부상들은 날마다 식가(食價)를 차하(差下)하지 않고는 할 수가 없은즉, 아무리 보아주는 데가 있더라도 장구히 재물을 대기가 어려울 듯한지라.

만일 재정이 군색하게 되면 집으로 돌아와서 한거한 백성이 되기를 원하는 자 많을 듯하고, 설혹 그렇지 않고 날마다 수효가 많아지더라도 쓸 곳을 내가 생각지 못할 것이, 민회에서 싸우자고 나갈 리가 없을 듯하고, 성내로 말할 지경이면, 병정 순검이 기를 쓰고 막을 터이니 싸울 수도 없을 듯하도다.

지금 형편 된 법은 한 번 크게 싸운 후에 귀정(歸正)이 나야 될 줄로 알지만은, 우리 황상 폐하의 성단으로 간세지배를 차차 몰아 내치시고, 민회의 소원을 좇으시어 차차 실시 하옵시고, 부상을 혁파하라 하시며, 내부 관원과 지방관을 보내어 물러가라고 효유하시며, 부상 두목을 잡아서 의률(依律) 정배(定配) 하라 하옵셨는데, 그 사람들의 주의는 모르거니와, 잡으러 간 사람을 구박하고, 하물며 길영수 씨는 마음대로 궐내에 출입한다 하니, 아무리 믿는 데가 있기로서 곁에 사람으로 하여금 보게 되면, 물러가라는데 물러가지 않은 것은 용혹무괴(容或無怪: 혹시 그럴 수가 있더라도 괴이할 것이 없음)어니와, 아무리 믿는 데가 있기로 잡으라신 칙령이 계시는데 잡히지 않는 것은 차라리 피신을 하든지, 세력이 있거든 잡으라신 칙령을 환수(還收)하게 할지언정, 완연히 있어서 잡히지 않는 것은 우리 황상 폐하의 성덕을 온전케 아니 하는 사람이니, 가석하도다.

그리고 본즉 누가 부상이 옳다 하리오. 전국 인민과 각국 사람이 화합한 것과 부상이 실인심(失人心)한 것을 보게 되면, 누가 이기고 누가 질 것을 지각없는 사람이라도 가히 알 것이다. 외국으로 말하더라

도, 우리 대한이 잘 되기를 바라는 나라는 많고 못 되기를 바라는 사람
은 적으니 무슨 염려를 하리오, 하니, 무지옹(無知翁)이 유유(唯唯: 예예)
하고 가더라.

제1권 제93호
대한제국 광무 2년 11월 29일 (火)

어떤 재상 한 분이 말하여 왈(曰), 우리나라가 동방예의지국으로 명분(名分)이 분명한 까닭에 몇 백 년을 잘 지내 내려오더니, 지금 개화 (開化)니 무엇이니 된 후에는 명분이 끊어지고, 기강이 없어져서, 나라가 이 지경이 되었으니 한탄이로세. 지금이라도 나라가 되려면 명분을 분명히 세워야 되겠다고 하는지라.

어떤 선비 한 분이 그 말을 듣고 물어 왈(曰), 명분이 없어서 걱정 이란 말은 좋거니와, 무엇을 명분이라 합니까.

그 재상이 왈(曰), 첫째 반상지별(班常之別)이 없어져서 상놈이 양 반을 모른즉 여간 반명(班名)은 견딜 수도 없고, 벼슬에 방한(防閑)이 없 은즉 성명 모르는 올객(올객)들이 조정에 가득하였으니, 그 사람들이 무 슨 임금 섬기는 도를 알겠나. 그러므로 나라는 결단이니, 벼슬은 꼭 양 반이 하여야 하고, 반상 명분은 꼭 세워야 하나니.

그 선비 대답하여 왈(曰), 우리나라 양반이란 말이 모호한 것이, 당초에 문관(文官)과 무변(武弁)을 분별하여, 문관은 서반(西班)이오 무변 은 동반(東班)이 되는 까닭에, 그 동서반에 참례하는 사람이라야 양반(兩 班)이니, 그 양반의 자손이 벼슬하면 양반이 될 것이오, 벼슬을 못하면 양반의 자손이라든지 후예라고 하기는 괴이치 않거니와 덮어놓고 그 양반의 자손이라고 양반이란 말은 할 수 없는 말이다.

또한 명분(名分)으로 말할 지경이면, 명분이 없어 나라가 결단 났다는 말은 대단히 옳은지라. 사마온공(司馬溫公)이 말하기를, 천자(天子)의 직분은 예법보다 더 큼이 없고, 예법은 분의(分義: 제 분수에 알맞게 지켜 나가는 도리)보다 더 큼이 없고, 분의는 이름보다 더 큼이 없으니, 무엇을 예라 하느냐, 기강(紀綱)이오. 무엇을 분의라 하느냐, 임금과 신하요. 무엇을 이름이라 하느냐, 공경대부(公卿大夫)라 하였으니, 이것이 명분이고 기강이니, 천자는 삼공을 거느리고, 삼공은 육경을 거느리고, 육경은 일백 관원을 거느려서, 각각 직분만 지키고 남의 직분을 상관하지 아니 하나니, 천자가 만일 육경의 직분을 상관한다든지 삼공의 직분을 상관하게 되면, 이는 그물벼리와 그물눈이 분간이 없는 모양이 되는 것이니 어찌 기강이 있다 하며 명분이 있다 하리오.

대저 조정을 바르게 하여 백관(百官)을 바로 하고, 백관을 바르게 하여 백성이 바르고 사방이 다 바르게 되는지라. 그런고로 우리나라에도 선왕조 태평한 때에는 각각 맡은 직분대로 일을 하여 가되, 가령 감사를 낼 터이면 이조판서가 영의정에게 문정(問情)하게 되면 영의정이 감사를 내는 법이고, 이조판서라든지 세도하는 사람도 마음대로 내지 못하는 법이다.

임금이 무슨 예외의 일을 하게 되면 신하들이 지성으로 대간(對諫)하여 기어이 못하시게 하였거늘, 근일 정부 신하들은 미관말직이라도 다 영의정의 권리를 상관하지 아니한 사람이 없고, 높은 대관들은 저마다 아래 관원에 직책을 상관하며, 이름 없는 구품말직(九品末職)이 막중(莫重) 지존(至尊) 지엄(至嚴)하신 황상폐하 어전을 무단히 출입하며 나라에 큰일이나 적은 일을 모두 다 상관하고, 정작 직분이 있어 황상께 주달(奏達)하고 나라일 의론하는 대신들은 시위소찬(尸位素餐)으로 월급만 먹다가, 무슨 어려운 일이 있게 되면 기어이 상소하여 갈려 가려고만 하나니, 이것이 기강이 끊어지고 명분이 없는 것으로 알았고, 양반 상인의 명분으로 나라의 흥패가 있단 말은 듣지 못하였나이다.

설혹 반상으로 말하더라도, 사람이 여덟 살이 되면 다 소학(小學)을 배우고, 열다섯 살이 되면 공경대부의 자제 밖에 범상한 사람의 자제도 다 대학(大學)에 들어가서 나라를 다스리고 천하를 태평케 하는 도를 배운다 하였으니, 필경 그 사람들도 벼슬하는 모양이니, 어찌 양반만 벼슬하고 상인은 벼슬을 못하는 법이 어디 있으리오.

그러나 우리나라에서는 양반 아닌 사람이 벼슬을 하게 되면 변괴로 알아서 그러하니, 하늘이 사람을 내기는 일반이거늘 어찌하여 등분을 찾아서 시골서 농사나 지어먹고, 몇 대 벼슬 맛을 못 본 사람도 양반이라고 자세(藉勢: 자기나 남의 세력을 믿고 의지함)가 대단하니 그렇게 아혹(訝惑)한 일이 어디 있으며, 또한 개화 시절이 되어 문벌이 없어졌다는 일로 말하더라도, 갑오 이전부터 세도하던 기 막히는 양반들이 인재는 말할 것도 없고 청직이라, 상로(商路: 장사치)라, 첩 처남들을 벼슬을 시켜왔으니, 벽파문벌(劈破門閥: 인재를 등용함에 있어서 문벌을 가리지 아니함) 하는 풍속이 어디서부터 시작하였나이까.

대저 벼슬이라 하는 것은 나라에 공변된 그릇이라. 벼슬시키는 사람이 일호 사정이 없어서 각각 그 재주대로 벼슬을 맡겨야 일을 그릇하지 아니하는지라. 그런고로 우리나라에 한림직각(翰林直覺)이란 벼슬이 청환(淸宦)이란 것은 문필이 제일 초등(超等)한 사람이 하는 까닭이오. 동몽교관(童蒙敎官)이란 벼슬도 글 잘하는 사람을 가리키는, 아이들을 가르치는 벼슬인 고로 동몽교관이라 하는 것인데, 근년에는 이름만 있고 가르치는 일은 잊었는데 벼슬 이름만 남아 가지고 청환이라고 분경(奔競)만 하게 하니, 그런 허무한 일이 어디 있으리오.

지금 소위 개화가 별것이 아니라 곧 복구례(復舊例)하는 것이오, 명분이란 것은 군신지분(君臣之分)과 기강이 분명하여 각각 직분을 지키는 것으로 아노라, 하였다더라.

제1권 제94호
대한제국 광무 2년 11월 30일 (水)

　　물론 무슨 일이든지 먼저 근본을 알아 가지고 근본부터 다스려 가야 나중 일이 잘 되기도 하고, 장구한 법이라. 만일 근본을 모르고 나중부터 하게 되면, 필경에 그 일이 되지도 아니 하고 해만 보는 것이라. 그런고로 성현의 말씀에도, 그 근본이 어지럽고는 나중을 다스리는 자 없다 하셨는지라.

　　대저 우리나라가 몇 백 년을 내려오며 다만 공맹자(孔孟子)의 글을 읽고 보기만 하고 공맹자의 도를 행하는 이는 드물고, 말로만 공맹지도(孔孟之道)를 한다 하니, 그리고 본즉 어찌 공맹자의 죄인이 아니리오. 공부자 말씀에, 먹을 것과 군사가 없어도 신(信)이 있어야 나라가 된다 하셨는데, 위로 조정에서부터 아래로 사서인(士庶人)까지 신 있는 사람이 드물고, 또 물건의 이치를 궁구한 후에 지각에 이르고, 뜻을 굳게 하고, 몸을 닦고, 집안일을 가지런히 하고, 나라를 다스리고, 천하를 평한다 하셨는데, 근래에 글자나 배운 사람들도 물리를 궁구하는 것 같은 근본은 알지도 못하고, 알려고 생각도 아니 하면서, 나라일은 저마다 맡기면 잘 하겠다 하며, 자기 집안들에는 처자와 형제가 유리개걸(流離丐乞) 지경이 되어 가는데 집안일은 일호도 생각지 아니하고, 어찌 거짓말이나 잘하여 벼슬이나 얻어 하려고 무단이 서울 올라와서 돌아다니며, 공명(公明)이나 구하다가 마음대로 되지 아니하게 되면 크게 궁리한 것이 청촉(請囑)이나 하여 별안간에 부자가 되어 보자고, 제 벼슬도 못하는 위인들이 남의 벼슬을 시킨다고, 몇 만량 몇 천량 어음이나 가지고 전지(轉地), 전천(專擅)하기와, 백성이야 죽든지 살든지 무슨 수세(收稅)나 하여 부자가 되어 볼까 하고 밤낮으로 궁리하다가, 아무 일도 안 되겠으면 복수(復讐) 소청이다, 존성(尊姓) 소청이다, 건의(建議) 소청 같은 대로나 다니면서 허송세월 하여 가며, 식주인도 없이 남의 밥상 귀에 붙어서 곁술 질이나 하지 아니하면, 이집 저집 다니며 한 때씩 얻어먹고, 혹 밥값 지고 달아나기와 상소 부비가 많이 났다고 시골서 가만히 앉아서 상소하는 줄도 모르는 사람들더러 수전(收錢)하여 달라고 한다든지, 일가에 목족(睦族)이라고 족보청(族譜廳) 배설하고 수전하여 달라다가, 수전을 잘 아니하여 보내게 되면 시비가 분등하니, 성현의 도가 그리하여야 옳을 줄을 아지 못할지라.

그런 사람들은 빙자(憑藉)나 있거니와, 그런데도 참예 못하고 협잡하기를 위하여 가만히 있는 각부 대신이나 협판, 참서관 같은 사람에게 다니며, 아무 일을 하여 주면 전량(錢糧)이나 얻어 먹겠다고도 하고, 일도 옳은 일이라고 밤낮으로 조르게 되면, 견물생심(見物生心)으로 청백(淸白)하던 재상들도 회가 동하여 시행하여 주고 본즉 나라에 폐단이고 백성의 고막(痼瘼)이라. 나라에 큰 병근을 만들고 정부 관인을 병 들이는 근본을 궁구하면, 정부 관인들이 협잡하는 것도 그런 사람에게서 나고, 무명잡세(無名雜稅) 생기는 것도 그런 사람에게서 나는지라.

그리하고 본즉, 그 사람들이 근본을 힘쓰지도 아니하고 또한 근본을 모르는 사람이니, 어찌 항산(恒産)과 항업(恒業)이 없이 유의유식(有衣有食)하는 부랑패류(浮浪悖類)가 아니며, 정부 관인으로 말하더라도,

먼저 그런 항산 없고 항업 없이 유의유식하는 사람들부터 금단하여, 세상 사람이 무디어져 본받지 아니 하게 하는 것이 어찌 근본을 힘쓰는 것이 아니리오.

대저 학문이란 것을 어려서부터 배우는 것은 장차 쓰자는 것인데, 쓴다는 것은 그 학문대로 일을 행하라는 것이고, 문구(文具: 문식. 실속 없이 거죽만 잘 꾸밈)로만 글 잘한다는 말이나 듣는다든지, 소장(訴狀) 붙이나 하라는 것이 아닌 줄은 알 듯 하건마는, 글로 만들라 하면 잘하는 사람이 있어 그러하되, 일에 당하여서는 딴 판이오.

무슨 일이든지 궁리를 아니 하고는 되는 일이 없거늘, 되어 가는 대로 닥치는 대로 하는 사람들은 말할 것도 없지만은, 저편 일과 내 일을 알아야 싸움을 이긴다 하였으니, 남의 일도 모를 것이 아니거늘, 근일 완고한 친구들은 외국 서책 한 권 보아 그 나라 사적이 어떠한지, 풍속이 어떠한지, 어찌하여 강하고 약한 연유는 모르고도 밤낮으로 흰소리로 유도(儒道)가 좋다고 하다가도, 그 사람들을 대면하여 유도를 묻게 되면, 다섯 가지 형벌이 무엇이며, 다섯 가지 예가 무엇이며, 다섯 가지 풍악이 무엇이며, 다섯 가지 쏘는 것(射)이 무엇이며, 다섯 가지 어(御: 말 타기)가 무엇인지, 육서팔체(六書八體) 글씨가 어떤 것인지, 아홉 가지 수(數)가 무엇인지 대답할 사람이 어디 있으리오. 설혹 조목(條目)은 말할지언정 그 이치와 일은 아는 사람이 우리나라에 한 명도 없을 터이니, 어찌 남부끄럽지 아니하리오. 아무쪼록 실제상 공부들 하기를 힘들 쓰시오.

제1권 제95호
대한제국 광무 2년 12월 1일 (木)

　사람이 한 번 나면 한 번 죽는 것은 세상이 면치 못할 일이거니와, 잘 나서 잘 죽기는 진실로 어려운 바라. 그러하나 이번에 부상(負商)의 손에 죽은 대한의사(義士) 김덕구 씨는 가위 잘 나서 잘 죽었도다. 김 씨가 당초에 한미하게 나서 몸이 신 깁는 장색(匠色)이 되어 구구한 생애로 세월을 보내므로 세상에서 누가 김덕구의 일생일사(一生一事)를 알 리가 있으리오.

　당초 정형을 돌아보면, 가위 인간에 한낱 가련한 인생이더니, 이때 국가 형세가 점점 위급하여 존망이 시각에 달렸거늘, 그 중 간세비(奸細輩)가 나라 존망은 돌아보지 않고 큰 화를 지어내어, 요순 같으신 우리 황상을 돕고 불쌍한 동포를 보호하고 독립기초를 지탱하려는 충량 지민을 함지에 넣어 살해하고, 나라를 좇아 망하려는 몇몇 역신배(逆臣輩)의 꼬임에 빠져, 그 지휘를 듣는 어리석은 부상(負商)들이 충군애국 하는 백성을 살해하려 함을 보고, 장부의 당당한 의기에 분기를 참지 못하여 적수공권(赤手空拳)으로 앞장을 서서 난민 중에 들어가, 마침내 난민의 손에 죽어 귀한 피를 흘려 충애(忠愛)를 드러내었으니, 김 씨의 이름이 세계에 빛나고 장차 만고에 끼칠지라.

그 이름을 듣는 자 누가 우러러 흠선(欽羨)히 여기지 않으리오. 만일 김 씨의 몸이 근본 귀인으로 세상에서 이름을 알든 터 같으면 오히려 마땅한 죽음이라고 하려니와, 한미한 몸으로 이같이 빛난 주검이 되기는 진실로 잘 나서 잘 죽었다 할지라.

재작일에 독립협회 중으로 몇몇 분이 이태원 근처에 나가 친히 장지(葬地)를 잡고 들어와서, 오늘 종로로 만민이 일제히 모여 회장(會葬)할 터인데, 각처에서 돈으로 다소간 부조(扶助)하는 동포도 많거니와, 각 학교에서들 치제(致祭)하고, 각 동리에서 각각 패를 지어 연반(延燔: 장사 지내러 갈 때에 등을 들고 감)에 참예하고, 슬픈 눈물을 뿌려 구천에 충혼을 위로하며, 그 부인에게 돈을 주어 평생을 살게 하니, 당일 영화도 빛나거니와, 좋은 산지를 정하여 치산을 잘하고 의사매장지(義士埋葬地)라 하여 놓고 그곳에 안장한 후 비를 세워 크게 글자를 새기기를, 의사 김덕구지묘(義士金德九之墓)라 할 터이니, 이러한 영광스러운 죽음이야 누가 원통타 하리오. 김 씨의 영혼이 기쁨을 이기지 못할지라.

만일 김 씨가 자기 몸을 위하든지 사사 일에 죽었으면 그 성명을 누가 알리오. 김 씨가 나라를 위하고 전국 이천만 동포를 대표하여 국가 독립기초에 처음으로 피를 흘렸으므로, 세계 각국 사람들이 그 성명을 기록하여 칭찬하기를 마지아니하며, 전국 동포가 슬픔을 이기지 못하니, 사사 영화와 공명에 어두워 구구히 목숨을 도모하는 장부(丈夫)로 하여금 부끄러움이 스스로 발함을 깨닫지 못하게 하는지라.

대저 세상에 좋은 일이 다 잠시 있는 법인데, 나라가 독립되는 것보다 더 좋은 일이 없은즉, 이러한 좋은 일을 우리가 어찌 값없이 얻으려 할 수 있으리오. 불가불 중한 값을 갚아야 독립기초가 견고할 터인데, 중한 값이 있게 하자면 사람이 독립을 인연하여 죽은 후에야 될 터인데, 우리나라에 아직까지도 독립을 위하여 죽은 사람이 없더니, 김 씨가 먼저 피를 흘려 독립의 중한 값을 처음으로 표하였으므로, 김 씨의 의리를 따라 장차 의리 있는 죽음이 많이 생길 터인즉, 의리 있는 죽음이 많이 생기고 보면 대한독립이 진실로 세계에 중한 값 드린 독립이 될 터인즉, 김덕구 씨의 죽음이 가위 국가에 크게 다행한 복이라. 대한의 앞일을 생각하니 간절히 치하함을 마지 못하노라.

　　의사 김덕구 씨여!

제1권 제96호
대한제국 광무 2년 12월 2일 (金)

근일에 여항(閭巷) 풍설을 들은즉, 부상(負商)들이 그저 흩어지지도 아니하며, 칙령으로 잡으라 하신 죄인 이기동 씨가 부상 중에 출입하며 주체비(駐滯費)를 삼천 량씩 주더라 하며, 혹은 말하되, 나라일은 아무것도 실시되는 것이 없다 하여 서로 의심하며 서로 탄식하거늘, 우리는 그런 사람을 대하여 대단히 책망하며, 나라일이 정녕 문명에 진보됨을 설명하노라.

향일에 공동회 백성들이 부상으로 더불어 서로 구타하여 죽고 상한 자가 있을 뿐 아니라, 인심이 흉흉하며 민정이 오오(嗷嗷)하여 평지풍파가 어느 지경에 이를는지 알 수 없으며, 국가의 위태함과 사직의 존망이 호흡지간에 달렸더니, 황상의 일월 같이 밝으신 성덕과 하해 같이 깊으신 도량으로 궐문에 친림(親臨)하사 만민에게 효유하시매, 성은이 황감하고, 풍랑이 고요하며, 민심이 안돈한지라.

이 같은 일은 아(我) 동방 개국 후 사천여 년에 처음 있는 바이요. 구미 각국에 개명한 임금과 지혜 있는 통령(統領)이라도 우리 황상께서 하신 바 일은 필야(必也) 탄복할지라. 어리석은 백성들이 생각하기를, 이왕에도 황상의 조칙이 여러 번 내렸으되, 정부의 관인들이 황상의 지극하신 뜻을 본받지 못하여 정치상에 실시함이 적은 고로, 이번 일을 또한 의심하여 의론이 분분하나, 우리 생각에는 그렇지 않은 것이, 이번에 효유하신 일은 이전과 대단히 같지 않은지라. 만민을 친히 보실 뿐 아니라, 외국의 공령사와 신하들이 일제히 모였으니, 이 공령사들은 각각 자기 나라 임금의 명령을 몸소 받은 관원이고, 신사들은 또한 공법상에 신의를 지키는 사람이라. 그런즉 이번 일이 대한 관민만 모인 것이 아니라 천하만국이 모여 듣고 본 바이거늘, 황상의 체중(體重)하심으로 백성에 임하시어 정녕히 말씀하시고, 재삼 반복하여 신칙하셨거늘, 칙령을 거짓으로 하실 리도 만무하고, 정부 관인들이 실시치 않을 리도 없는지라.

정부 신하들이 만일 황상의 칙어를 한 마디라도 유루(遺漏)하여 시행하지 않을진대, 이것은 우리 황상 폐하로 하여금 만국으로부터 시비를 받게 함이라. 대한은 옛적부터 정치를 전제(專制)하는 나라인즉, 이번 칙어를 만일 한 가지라도 실시가 아니 된다든지, 백성이 불복하여 다시 모인다면, 만국 사람이 공론하기를, 반드시 대한 임금이 거짓말을 하셨다 하리니, 어찌 두렵지 아니하며 어찌 조심치 아니리오.

옛말에, 사나이가 한 번 허락함이 천금보다 중하다 하고, 장수는 령(令)을 걷어 들이지 않는다 하였거늘, 하물며 대한 삼천리강산에 이천만 생령을 다스리시는 대황제 폐하의 칙령이리오. 우리는 바라건대, 정부 제신들은 아무쪼록 황상의 칙어를 실시하여 만국에 시비가 없게 하신다면 전국 생령에 다행(多幸)이 될 뿐 아니라, 독립 기초가 단단하여지고 문명한 나라가 될 줄로 믿노라.

제1권 제97호
대한제국 광무 2년 12월 3일 (土)

　　외국에는 국회와 민회(民會)와 상의원과 하의원이 있어, 임금이
무슨 령을 발하든지, 정부에서 무슨 일을 행하든지, 반드시 그 일을 상
하 의원에게 먼저 반포하여, 의관들이 각각 자기의 소견대로, 자기의
지혜대로 난만(爛漫)히 의론하여, 그 일이 일호라도 국체를 손상하든지
백성에게 해를 미칠 진데, 그 일을 정지하고 시행치 아니하며, 만일 백
성에게 유조(有助)하며 나라에 이익이 될 진데, 그 일을 시행하되 개진
당(開進黨)이나 혁신당이나 불계하고 가부의 다소를 좇아 결정하나니,
그런고로 일마다 나라에 유조한 일이오.

　　또한 금년에 행하던 바 일이 조금치도 전국 백성에게 해가 될진
대 명년에는 그 일을 단정코 고쳐서, 나라가 이(利)하고 백성이 편하도
록 법을 행하는 고로, 나라가 점점 문명한 지경에 나아가며, 해마다 인
구를 조사하고 재정을 예산하여 전국에 반포하는 고로, 비록 어리석은
부녀라도 서책만 볼진대 자기 나라에 당년 인구가 얼마인지, 학도가 얼
마인지, 국고에 수입하는 재정이 얼마인지, 수출하는 재물이 얼마인지,
일 년 동안에 죽은 사람이 몇이며, 백여 세 된 노인이 몇이며, 군사의
다소와 병함(兵艦)의 수효까지 다 알거니와, 대한에는 아직까지 그런 일
을 할 겨를이 못되어 정치가 밝지 못하며, 전국 백성이 어두운지라.

　　들은즉, 정부에서 중추원에 장정(章程)을 실시하여 의관(議官) 오

십 명을 선정한다 하니, 이 일도 또한 오백여 년에 처음 있는 바라. 우리는 전국 동포를 위하여 대단히 기쁜지라. 그러나 정부에서 의관을 내실 때에 국사(國事)를 함께 의론하고자 하심이오, 공연히 월급만 주며 명예로 취함이 아닌즉, 이번에 의관으로 택차(擇差)되신 이가 일제히 행공(行公)을 하실지 우리는 알 수 없거니와, 이때를 당하여 도탄에 든 백성들이 어린 자는 업고 가며, 늙은 자는 지팡이를 짚고 가서, 덕화(德化)의 정사가 나기를 날로 기다리며 귀를 기울이고 듣는지라.

슬프다, 의관이여! 어떻게 부강한 나라를 만들며 어떻게 백성을 구제하리오. 상(商)나라에 신하가 억만(億萬)이 있으되 마음이 억 만인 고로 나라가 망하고, 주(周)나라에 다스리는 신하가 십인 뿐이로되 일심이 되는 고로 나라가 흥한지라. 이제 오십 명 의관이 일심이 될 진데 어찌 나라 다스리기를 걱정하리오.

우리는 바라노니, 중추원 의관들은 위로 대황제 폐하의 성의에 보답하며, 아래로 이천만 동포의 뜻을 대신하여, 각각 사정(私情)을 돌보지 말고 오직 일심이 되어 국사를 의론할 때에, 우리가 어찌하여 우리 황상 폐하로 요순의 임금이 되시게 하며, 이천만 생령으로 요순의 백성이 되게 할까, 항상 생각하며 서로 의론하여, 정치가 날로 새롭게 하며 백성을 항상 편리하게 하면, 사농공상(士農工商)이 자연이 업(業)을 즐길 것이고, 백성이 업에 편한즉 나라가 자연 부강할 것이요, 나라가 부강한즉 군사가 정(精)하며 양식이 족하여 오주(五洲) 세계에 상등국이 될지라. 동으로 대마도를 찾아오며, 서로 요동(遼東)을 회복하고, 북으로 해삼위(海蔘威: 블라디보스토크)를 점령하리니, 어찌 동양에 맹주(盟主)가 되지 못하리오.

슬프다, 의관이여! 힘쓸지어다.

제1권 제98호
대한제국 광무 2년 12월 5일 (月)

나라 형세가 잔약함을 근심하고, 정부 사무가 도착(倒錯)함을 의론하는 자가 항상 말하기를, 우리나라에 장정 법률을 실시할진대 정치가 자연 밝으리라 하나니, 이것은 근본을 생각하지 않고 다만 끝을 의론함이라.

학부대신이 그 사람이 아니거든 어찌 교육을 흥왕하게 하며, 군부대신이 그 사람이 아니거든 어찌 군무를 발달케 하며, 법부대신이 그 사람이 아니거든 어찌 법률을 밝게 하며, 의정대신이 그 사람이 아니거든 어찌 현재(賢才)를 택용(擇用)하리오.

그런즉 먼저 의정대신(議政大臣)부터 그 사람을 얻은 후에 고기, 직설의 도움과 이윤(伊尹), 부열(傅說)의 보필이 있어야 어진 이를 맡기며, 능한 이를 부릴지니, 그렇고 보면 장정(章程)의 실시됨은 자연이 행할지라.

나라에 현재(賢才)를 능용(能用)함은 근본이오, 장정(章程)의 실시됨은 각각 그 직무를 행함이니, 이른바 끝이라. 그런고로 옛적에 성제(聖帝) 명왕(明王)들이 어진이 구하기를 목마른 것 같이 하여, 안거(安居)와 사마(司馬)로 현사를 맞으며, 작록과 토지로 공신을 봉하는지라.

진목공(秦穆公)은 백리해(百里奚)와 건숙(蹇叔)의 무리를 얻은 후에 패업을 이뤘으며, 연(燕)나라 송왕은 악의(樂毅)와 극신(劇辛)을 얻은 후에 제(齊)나라 원수를 갚았으며, 한(漢) 광무는 등우(鄧禹), 풍이(馮異)가 마원(馬援)을 얻은 후에 한실을 중흥하였으며, 영국 임금은 혜영탄과 넬슨(Nelson)을 얻은 후에 법왕(法王) 나폴레옹의 군사를 대파하였으며, 프러시아 임금은 비스마르크를 얻은 후에 법국을 이기고 열방을 합하여 대국을 이뤘으니, 이로부터 보건데, 나라가 흥하고 쇠함이 현신(賢臣)과 양장(良將)을 구하고 얻으며, 밝히고 쓰는 데 달린지라.

백옥(白屋) 한등(寒燈)에 본년 유월에 반하(半夏)하신 조칙을 봉독하더니, 암혈(巖穴: 석굴)의 선비 된 재주와 한 가지 재능이 있는 이라도 구하여 쓰게 하라 하신 말씀에 이르러, 개연히 탄식함을 깨닫지 못한지라. 황상폐하께서 그러하신 조칙을 내리신 후에 아직까지 실효가 없으며, 암혈의 선비가 나아옴을 듣지 못하였으니, 이는 어찌된 연고이뇨?

공자 가라사대, 열 집 되는 시골에도 반드시 충신이 있다 하셨으니, 삼천리 대한국에 어찌 충신이 없으며, 어찌 현자가 없으리오. 대한 정부에서 이때까지 사람 쓰는 규모를 보건데, 공평하고 넓지 못하여, 정부의 대관들은 십 수인이 서로 돌리는데 지나지 못하니, 재덕과 인망은 치지도외(置之度外)하고, 다만 반벌(班閥)만 보는지, 미천한 중에 여간 상총(上寵)을 얻은 이가 있으나 곧은 말로 극간하는 이는 없고, 다만 아첨하기만 일삼으니, 나라 일은 어찌되었든지 실로 한심한지라.

닭을 치며 문을 지키는 사람에도 후영(侯嬴)이가 있고, 소를 먹이는 사람에도 영척(甯戚)이가 있거늘, 이제 미천한 것을 이유로 버릴 진데 정부에서는 사람을 잃는 것이고, 중(僧)에도 영규(靈圭)와 숭운 같은 이가 있었거늘, 불도(佛道) 하는 중이라고 취하지 않을진대 또한 사람을 잃는 것이라.

정부에서 현재(賢才)를 택용(擇用)하고자 할진대 마땅히 공평한 규모로 재목을 널리 구하여, 그 사람이야 무슨 생업을 하든지, 무슨 도학(道學)을 숭상하든지, 마음이 정직하며 재덕이 구비한 사람만 구하여 쓸진대 어찌 치국안민하기를 걱정하리오. 그러나 성인이라야 능히 성인을 안다 하였으니, 우리는 먼저 의정대신부터 득인(得人) 하시기를 바라오.

제1권 제99호
대한제국 광무 2년 12월 6일 (火)

정부에서 학교를 설립하고 학도를 모집하며, 국고의 재물을 허비하여 인재를 배양함은, 나라 집(〈國家〉)을 위하여 동량의 재목이 그 가운데서 날까 바람이오. 학원들이 촌음(寸陰)을 아끼며 근고(勤苦)를 달게 여겨 학문을 공부하며 지혜를 널리는 것은, 어려서 배운 바를 자라서 행하고자 함이라.

인재를 교육하여 학업을 마친 후에 두어 자 썩음이 있음으로 그 재목을 쓰지 아니하면, 이것은 봄과 여름에 풍우를 무릅쓰고 자본을 들여가며 농사를 힘쓰다가 곡식이 익은 후에 추수를 버림이오. 경제(經濟)의 술업(術業)과 도학(道學)의 근본을 공부한 자가 사욕에 부린 바 되어 불의의 일을 행하면, 이것은 아는 길의 평탄함을 버리고 굽은 길로 행(行)함이라.

근일에 각처 신문을 보든지 소문을 들은즉, 조가(朝家)에 명류(名流)가 되어 백리의 근심을 논하는 수령들이, 가련한 백성들에게 불의로 재물을 토색하며, 청촉(請囑)으로 공사를 행하여 민정이 오오(嗷嗷)하다 하니, 우리는 듣기에 실로 한심한지라. 그 수령들의 전일 공부를 궁구하여 보건데, 십년 등잔 아래 입으로 능히 공맹(孔孟)의 글을 읽었으며,

말로 반드시 요순(堯舜)을 칭도(稱道)하고, 백일청천지하(百日靑天之下)에 능히 의리를 말하며, 삼강오륜의 도와 효제충신(孝悌忠信)의 이치를 항상 의론하더니, 몸을 나라에 허하며 임금을 섬기는 데 미쳐 난 사람마다 제가(齊家) 치국(治國)의 정도는 버리고, 간사한 꾀와 아첨하는 말로 황상폐하의 성총(聖聰)을 가리며, 총애하심을 얻어 좋은 벼슬만 도득(盜得)하고, 정치의 괴란(壞亂)함은 생각도 아니 하며, 위태한 때를 당하면 시골집으로 도망하여 황상폐하를 외롭게 하며, 백성을 기르는 수령이 될진대 황상의 거룩하신 뜻은 본받지 아니하고 가련한 창생(蒼生)의 기름을 빨아다가 별업(別業)이나 장만하고, 도탄에 빠진 자들을 구원할 생각도 없으니, 이것이 어찌 유도(儒道)의 종지며 공맹(孔孟)의 본뜻이리오.

외양으로는 공맹을 존숭한다 하여 춘추로 향교에 제사하니, 만일 공자 맹자로 하여금 천추에 영혼이 그 향교에 있을진대 반드시 그 제사를 흠향치 않으실 것이고 도리어 그런 관장을 죄 줄지라. 유도를 존숭하는 산림과(山林科) 학자로 말할진대, 종묘와 사직이 위태하고 나라 형세가 미약할 때를 당하여 마땅히 세상에 나아와 위로 임금을 도우며 아래로 창생을 건지는 것이 학자의 도리이거늘, 황상의 은혜를 입으며 대한국 신민이 되어 한 마디 말씀으로 임금께 간함이 없으니, 실로 외국 사람만도 못하도다.

공부자는 아무쪼록 그 도를 행하고자 하사 진채(陳蔡)의 액(厄)을 당하면서 천하에 돌아다니셨고, 맹자도 그 도를 행하고자 하시어 제선왕(齊宣王)과 양혜왕(梁惠王)을 보셨으니, 이것은 그 도를 행하고 보면 전국적 백성을 환란에서 구원할까 하심이라.

어찌한 일로 대한의 학자들은 산림에 높이 누어 임금이 부르실지라도 오지 않고, 다만 은일(隱逸)의 벼슬만 얻어 하고 국가의 위급함은 초월(楚越) 같이 보고자 하니, 그 사람의 행위를 보건데, 실상 어리석고 불쌍한 인생이라. 우리는 산림에 높이 누운 학자나 백성의 재물을 토색하는 관장(官長)들은 참으로 공맹자(孔孟子)의 죄인이오, 백성의 원수로 아노라.

제1권 제101호
대한제국 광무 2년 12월 8일 (木)

　　신(信)이라 하는 것이 내게 있고 남에게 있는 것이 아니라. 대학 (大學)에 가라대, 네게서 나온 것이 도로 네게로 돌아간다 하였고, 유태 국 율법에 가라대, 남의 눈을 빼는 자는 눈 빼는 걸로 갚고, 남의 이를 빼는 자는 이 빼는 걸로 갚는다 하였으니, 내가 만약 남에게 신(信)을 행치 아니하면 저 사람이 무슨 두려운 마음으로 내게 신의(信義)를 행할 리가 있으리오. 그런즉 내게서 나아가는 신의가 도로 내게로 오는 법이 라.

　　나라 임금이 신의를 행치 아니하면 그 나라를 잃을 것이오, 대부 (大夫)가 신의를 행치 아니하면 그 집을 보전치 못하며, 사서인(士庶人)이 신의를 행치 아니하면 그 친구를 잃나니, 옛적에 방연(龐涓)과 손빈(孫 臏)이란 사람은 함께 귀곡(鬼哭) 선생에게서 병서를 공부하여 동고(同苦) 한 친구이지만, 신의를 버리고 서로 시기하다가, 손빈은 도끼로 발을 베며, 방연은 마릉(馬陵)에서 죽었고, 지백(智伯)은 신의를 버리고 한강 자(韓康子)와 조양자(趙襄子)와 위환자(魏桓子)에게 토지를 취하다가 필경 은 한(韓), 위(魏), 조(趙) 삼씨에게 망하여 그 집을 보존치 못하였으며, 주(周) 나라 유왕(幽王)은 애첩 포사가 한 번 웃어주기를 바라면서 공연 히 봉화(烽火)를 든즉, 모든 제후들이 왕도(王都)에 병란이 있다 하여 군사를 거느리고 서울에 모인즉, 병화(兵禍)는 없고 유왕이 다만 애첩의 웃는 것을 보이려 함이라. 제후들이 각각 노하여 돌아갔더니, 그 후에 참으로 견융(犬戎)의 난리가 나서, 유왕이 봉화를 들었으되 제후들이 왕의 실신(失信)함을 의심하여 구원병을 보내지도 아니하매, 견융이 유왕을 여산(驪山) 아래서 죽였으며, 초(楚) 패왕은 범증(范增)이란 신하를 의심하고 실신하여 필경은 천하를 잃었으니, 이로조차 보건대, 신의(信義)라 하는 것이 사람에게 대단히 긴중하여 잠시라도 버릴 수 없는 것이라, 어찌 조심치 아니 하리오.

우리가 향일에 일이 있어 동작강을 건넜는데, 사공 배가 나무장사와 행인에게 선가(船價)를 많이 달라 하거늘, 우리가 말하기를, 정부에서 이왕 신식(新式)으로 선가 받는 규칙을 마련하여 경무청으로 실시케 하되, 보행(步行)에는 오푼(五分)이고 나무바리에는 한 돈씩 받으라 하는 법이 있거늘, 사공은 어찌 그리 많이 달라 하느뇨. 사공이 대로하여 욕설로 말하되, 나라의 법이 무슨 빌어먹을 법이오. 어저께 만든 법을 오늘 폐지하고, 오늘 새로 한 벼슬이 내일 떨어지니, 조정 공사가 사흘이 먼지라. 이제 대강(大江)을 건너는데 돈이 있는 대로 주는 것이 법이지 아니꼽게 무슨 법을 찾소, 하는지라.

우리는 기가 막혀 아무 말도 못하고 돌아오며 생각하니, 실로 한심한 것이, 나라에 좋은 법이 없는 게 아니로되 다만 행치 못하는 것은 관원의 책망(責望)이라. 왕년에 의병을 일으키고 도리어 의병을 잡으며, 금년에 부상(負商)을 부르고 또 혁파하며, 협회를 설립하고 또 파하며, 회원을 잡았다가 또 놓으며, 혁파한 협회를 도로 설시하여, 정부 명령이 아침에 변하며 저녁에 고치는 고로 백성에게 실신(失信)이 되고, 실신이 된즉 정부와 백성이 서로 의심하여, 정부 관인들은 자기 벼슬을

당초에 오일경조(五日京兆: 오래 계속되지 못하는 일의 비유. 삼일천하)로 안
즉, 자기 사무를 실심(實心)으로 볼 마음이 없고, 장사하는 백성은 믿을
데가 없어 장구한 생업을 경영치 못하는지라.

그리고 본즉 관인이나 상민이나 다 실업(失業)한 사람이라. 나라
일이 어찌 취서(就緒)하기를 바라리오. 우리 생각에는 비록 그른 이와
무지한 사람이라도 그 일을 좀 오래 맡겨 신의를 잃지 아니하면 좋을
듯하오.

제1권 제102호
대한제국 광무 2년 12월 9일 (金)

태초에 조화(造化)의 주재(主宰)가 천지와 만물을 창조하시니 태극이 비로소 판단(判斷)하고, 음양이 나누어 사시(四時) 주야와 연월 일시(日時)가 있는지라. 그 중에 초목과 금수는 다만 생혼(生魂)과 각혼(覺魂)이 있으므로 지혜가 없으며, 사람은 특별히 허령지각(虛靈知覺)의 성품이 있기 때문에 만물 중에 제일 귀중한지라.

그런고로 오작(烏鵲)의 집과 비둘기 거(居)함을 보건데, 옛적이나 지금이나 모양이 여일하여 조금도 진보함이 없거니와, 사람의 재주는 공부할수록 지혜가 더한 고로, 상고적 사람은 나무 열매를 먹으며 바위 궁(宮)에 살더니, 유소(有巢)와 수인(燧人)과 신농씨(神農氏) 후로 나무를 얽어 집을 만들며, 곡식을 심으며, 화식(火食)을 먹더니, 지금은 십여 층 누각에 고량과 진미가 있으며, 상고 때 백성은 비록 성인이라도 바다 밖에 무슨 나라가 있는지 알지 못하더니, 지금은 만리창해(萬里蒼海)에 윤선(輪船)과 전보(電報)가 번개같이 날아가며 성화 같이 달리니, 고금의 인재(人材)가 대단히 같지 않은지라.

옛적에 인도국 학문을 보건데, 천지와 만물이 뱀의 조화로 되었다 하여, 지구 그림을 그릴 때에 땅 밑에 코끼리가 있고, 코끼리 밑에 자라가 있고, 자라 밑에 뱀이 있게 하며, 지구가 또한 뱀의 힘으로 부지한다 하여, 어리석은 백성들이 뱀을 보면 문득 절하고 섬기며 정성으로 제사하나, 무지한 뱀이 어찌 그 사람의 정성을 알리오. 사람을 만날 때에 흔히 물어 죽이니, 일 년 동안에 인도 백성이 뱀에게 죽는 자 항상 수만 명씩 되는지라. 무죄한 백성이 뱀에게 죽을수록 말하기를, 정성이 부족하여 뱀을 잘 섬기지 못함으로 벌을 입어 죽는다 하며 뱀을 항상 무서워하더니, 영국에서 인도를 관할한 후로 병정을 발하여 뱀을 보는 대로 포살(捕殺)하니, 일 년 동안에 뱀의 죽음이 수만 개씩 되고, 사람은 수만 명씩 구원함을 얻는지라. 지금은 인도 백성이 점점 개명이 되며 학문이 넉넉해지자 뱀에게 절하는 풍속이 아주 없다.

마다가스카라라 하는 섬에 사는 야만인들은 화상에게 절하며 하늘 이치를 모르고 사람을 서로 잡아먹는 고로, 몇 백 년 전에 영국 선교사가 그곳에 전도하러 갔더니 야만들이 잡아먹으며 말하되, 얼굴 흰 놈이 더 맛나다, 하는지라. 선교사들이 그 죽는 것을 보고도 여전히 그 섬에 가서 전도하자 그곳 야만인들이 차차 깨달아 하나님도 숭배하며, 사람도 사랑하고, 학문과 재주를 배워 문명에 진보하니, 근년에는 그 나라 가운데 교회당이 일천삼백여 곳이오, 하나님을 공경하는 무리가 이십일만여 인이오, 성경을 공부하는 남녀가 구만여 명이라. 그 섬 중에서 야만인이 지금은 참 개화한 백성이 되었으니, 이로 좇아 보건데, 사람의 지혜는 금수와 같지 않아 가르칠수록 더 많은 것이라.

사납기가 호랑이와 사자 같으며 크기가 코끼리와 낙타 같은 짐승이라도 반드시 힘없는 사람에게 잡히며, 부리며, 죽는 것은, 다름이 아니라, 그 영혼이 없음으로 능히 사람의 지혜를 당치 못함이라. 대한 사람들의 학문을 보건대, 하늘은 돌아가고 땅은 고요하다 하며, 항상 선기옥형(璇璣玉衡)을 빙자하고, 음양의 이치로 천지가 되었다 하며, 음양은 태극에서 나오고, 태극은 무극에서 생겼다 하나니, 인도국 학문에 비교하건데 얼마큼 나으며, 또 지금은 지구의 돌아가는 이치와 천지 만물의 창조된 근본을 아는 이가 더러 있으니, 우리 생각에는, 대한 백성도 차차 개명이 될 줄을 믿노라.

제1권 제107호
대한제국 광무 2년 12월 15일 (木)

태극이 조판(肇判) 후에 음양이 시분(始分)하니, 경청(輕淸)한 기운은 위로 하늘이 되었으며, 중탁(重濁)한 물건은 아래로 토지가 되었으니, 초목금수(草木禽獸)와 만물이 승생(乘生)하였는데, 우주의 물건 됨이 사분의 삼은 바다가 되고, 사분의 일은 육지가 된지라. 그 중에 육지를 오대주(五大洲)로 나누니 이른바 아시아와, 유럽과, 아프리카와, 남북 아메리카와, 오스트레일리아라.

아시아 사람은 황인종이니 씨족은 몽골리아요, 유럽인은 백인종이니 씨족은 코카시아요, 남북 아메리카는 적인종(赤人種)이니 씨족은 인디언이요, 아프리카는 흑인종이요, 오스트레일리아는 적흑(赤黑) 인종이니 씨족은 말레인이라. 각각 지방에 웅거하여 씨족이 번성하며, 나라마다 임금과 신하와 백성이 있어 각기 제 나라를 보호하는지라.

유럽 남방에 어떠한 부자 하나가 있으니, 성은 목(木)이오 이름은 승운(勝運)이니, 가세(家勢)가 부여하여 대대로 상전(上典)할 새, 선조로부터 수십여 대에 이르도록 형세가 여일하여, 전답의 많은 것은 수백 리에 연하였으며, 재물의 넉넉함은 매년에 수십 백만여 원어치를 출납하고, 집안에 하인들은 수 천 인에 이르며, 우마(牛馬)의 번성함도 또한 수천 필에 이르고, 전답의 작인(作人)들은 수천 명에 이르니, 진실로 고금에 드문 부자요, 일세에 유명한 귀인이라. 옛적 석숭(石崇)의 부요함과 요백(曜魄)의 요족(饒足)함인들 어찌 이 사람의 가세를 당하리요.

또 그 사람의 재산이 부요할 뿐 아니라, 선조 때부터 전래하는 가법이 있어 규모가 주밀하며, 제도가 공정하여, 인애한 덕행과 관후한 풍도가 하인과 작인들에게 흡족하니, 하인배는 주인을 공경하여 명령을 순종할 뿐 아니라, 충곡(衷曲: 간절하고 애틋한 마음)의 말씀과 정성의 마음으로 주인에게 간하며, 주인의 급한 일을 보면 자기 몸이 죽더라도 주인을 위하여 목숨을 아끼지 아니하고, 천백 가지 사무에 일호도 기망(欺罔)함이 없으며, 주인은 하인배를 사랑하여 상벌을 분명히 하며, 처사를 공평하게 하여 어질고 충직한 하인을 신임하며, 그 중에 간사한 하인들은 일일이 출송(出送)하니 문호(門戶)가 영화하며 자손이 번성하여 이웃집 사람들이 형세를 흠모하며, 수만 명 작인들은 봄바람과 여름비에 밭 갈기를 일삼으며, 격양가를 부르다가, 팔구월을 당한 후에 신농씨(神農氏) 옛 들에 백곡을 추수하여, 토지의 소출대로 주인집에 분작(分作)하여 보내니, 사람마다 안업(安業)하고 집집마다 요족(饒足)하여, 주인집의 무궁한 복조(福祚)가 천만 년에 미치기를 바라더라.

그러다가 승운에게 이르러 가운이 불행하며 인심이 파측(破側)하여, 우연히 간악(奸惡)한 하인을 신임하고 근실한 하인들은 공연히 멀리할 새, 간사한 놈이라도 주인에게 뇌물을 바친다면 수천 석 받는 마름을 시켜주니, 그놈이 마름으로 가서 작인에게 행악하여 몇 백량씩 뇌물을 받은 후에 좋은 전답을 이작(移作)하고, 또 다른 사람이 돈을 주고 청촉하면 그 전답을 농사 때라도 빼앗아 주니 작인의 원망이 분분하며, 간사한 마름들이 사음(*마름)이 떨어질까 염려하여 작인에게 토색한 돈을 혹 주인에게도 바치며, 혹 주인의 근시(近侍)하는 청직 배에게 납뇌(納賂)하여 청촉하되, 아무 곳 사음은 사무를 정성으로 보는 고로 작인들이 다 칭송하며 사람마다 산업(産業)에 낙(樂)이 있다 하니, 멀리 있는 주인이 어찌 작인의 원통함을 알리오.

흥(興)이 직(直)한즉 슬픔이 오고, 물건이 성한즉 쇠패하는 것은 천지의 떳떳한 이치라. 불행히 주인의 애첩들이 또한 간사하고 요악(*妖惡: 요사스럽고 간악함)하여 유한한 재물을 무한히 허비하며, 명산대찰에 사람을 보내어 쓸데없는 산신에게와 부처에게 불공하며 기도하여, 해마다 허비하는 돈이 수십만에 지나는지라. 자연히 곳간에 돈이 말라 용도가 구간(*苟艱: 몹시 가난함)하며, 좌우에 있는 청직 배와 근시하는 하인들은 날마다 주인을 속이며 청촉하기만 일을 삼아 재물을 얻은 후에 제 집에 전장이나 장만하니, 목(木) 씨의 가세가 위태하며, 작인들이 부지할 수 없어 노기(怒氣)가 분울(憤鬱)하며, 마음이 산란하여 서로 의론하되, 우리 주인의 인애하신 가법(家法)으로 어찌 이 지경에 이르는가. 이것은 다름이 아니라 분명히 좌우에 근신(近身)한 하인배가 주인을 속이며 바른 말로 간하지 않음이로다.

이에 서로 모여 수만 명이 작당하여 주인집 문 앞에 이르러 주인께 말씀하되, 우리가 산업도 잃고 살 수도 없는 것은 주인님 좌우에 있는 하인배의 작간(作奸)하는 까닭이라. 간사한 하인들을 빨리 출송(出送)하사 우리로 하여금 분한 마음을 신설(伸雪: 伸冤雪恥: 원통함을 풀고 부끄러운 일을 씻어버림)케 하소서.

주인이 작인들의 호원(呼冤)하는 말은 들었으나 수십 년 근시(近侍)하든 청직 배를 어찌 사랑치 아니하며, 어찌 보내기를 좋아하리오. 인정에 차마 버리지도 못하고 사세가 심히 난처하여 근심하나, 작인들이 필경은 간악한 하인들을 내어 쫓고 주인집 일을 잘 되게 하였다더라.

제1권 제108호
대한제국 광무 2년 12월 16일 (金)

동방에 한 오괴(*迂怪: 물정에 어둡고 괴벽함)한 선비가 있으니, 성품이 이상하여 무슨 물건을 보게 되면 그 물건의 이치를 궁구할 때, 밤이 깊도록 잠자기를 잊으며, 때가 늦도록 밥 먹기를 생각지 않더니, 하루는 우연히 밝은 달빛과 성신(星辰)의 명멸함을 바라보고 속으로 생각하되, 태양은 낮이 되고 명월은 밤이 되어 천만년이 지나도록 변혁함이 없으며, 춘하추동과 한서주야(寒暑晝夜)가 떳떳한 차서(次序)가 있어 한 번도 바뀜이 없으니, 진실로 이상하도다.

또 생각하되, 바다와 육지와 산천초목과 비금주수(飛禽走獸)와 곤충은 당초에 어찌하여 생겼으며, 사람이 만물 중에 가장 귀한지라, 억조 만민의 내력을 요량하건대, 필야(必也)에, 한 사람의 자손으로 후예가 번성하여 오주(五洲) 세계에 퍼진 것이라. 그런즉 만민의 조상은 누구신고. 생각이 점점 깊어 가므로 적적한 협실 중에 묵묵히 종일 앉아 음식을 전폐하고, 집안 식구의 출입함과 일가친척의 부르는 소리가 귀에 들리지 아니하고, 공연히 탄식하며 공연히 병이 되어 백약이 무효하고 병근(病根)이 깊은지라.

하루는 고명한 의원이 찾아와서 병근의 시초를 자세히 묻거늘, 생(生)이 개연히 탄식 왈(曰); 나의 병근은 다름이 아니라 천지와 만물이 당초에 어찌하여 이렇게 생긴 것인지를 궁구하다가 자연히 병이 된지라. 이제 의원은 쓸데없는 약을 허비치 말고, 무궁한 이치를 밝게 가르치라. 의원이 가로되; 대학에 말씀하기를, 물건을 격치(格致)한 후에 안다 하였으니, 그대는 어찌하여 성현의 말씀과 도학의 서책을 열람치 아니하고 생각만 깊이 하여 평생에 고칠 수 없는 병을 이루었느뇨.

생(生)이 그 의원의 말을 듣고, 그때부터 성현의 이치학(理致學)을 공부할 새, 노자(老子)의 도덕경(道德經)을 본즉, 말씀하기를, 처음에 도(道)가 하나를 생하고, 하나가 둘을 생하며, 둘이 셋을 생하고, 셋이 만물을 생한다 하였으되, 당초에 도(道)가 무엇이라 말한 데 없고, 또한 무슨 이치로 만물을 생한다 함이 없거늘, 그 후에 원저자(原著者)의 주석을 본즉, 말씀하기를, 태극은 먼저 하늘의 한 기운이요, 음양은 후에 하늘의 한 기운이라. 두 기운이 합한 후에 사람이 그 가운데서 생긴다 한지라. 생(生)이 또 생각하되, 기운이 사람을 생한다 하였으나, 그 기운은 어디로부터 낫다 함이 없으니 알 수 없는지라.

주역(周易)을 공부할 새 가로되, 하늘의 도(道)는 사나이를 이르므로 만물이 비롯하고, 땅의 도(道)는 계집을 이르므로 만물이 생한다 하며, 하늘이 자시(子時)에 열리고 땅이 축시(丑時)에 열리며 사람이 인시(寅時)에 생하여, 삼재(三才)와 오행(五行)의 기운으로 만물이 생긴다 하였으나, 천지와 음양의 기운은 누가 내었으며 어디로부터 왔는지 알 수 없거늘, 또 여러 가지 이치학을 공부하니, 무극(無極)이 태극(太極)을 생한다 하며, 태극이 양의(兩儀)를 생하고, 양의가 사상(四象)을 생하며, 사상이 팔괘(八卦)를 생하여, 음양(陰陽) 이기(二氣)로 만물이 생한다 하였는지라.

주회암(朱晦庵)의 격치서(格致書)를 본즉, 말씀하되, 태극의 이치가 조화에 지도리(*돌쩌귀)가 되어 남녀와 만물을 생하는 근본이 되나니, 나의 몸은 곧 천지의 기운이오, 나의 성품은 곧 천지의 이치라 하고, 이치는 곧 하늘이라 하며, 태극이 만물을 생하는 근본이로되 형상도 없고 지각도 없고, 종(種)과 의(義)도 없고, 계교(計較)함도 없고 헤아림도 없다 한지라.

생(生)이 또 생각하되, 태극의 이치로 만물이 생긴 것은 알겠거니와, 태극은 당초에 무엇인지 해득할 수 없거늘, 그 후에 불씨(佛氏)의 내전(內傳)을 또 공부하니, 가로되, 이 세상을 사대주(四大州)로 분하여, 북구로주(北拘盧洲)와, 동승신주(東勝身洲)와, 서우화주(西牛嬅洲)와, 남섬부주(南贍部洲)라 하고, 당초에 흙과 물과 바람과 불이 세상을 만들었다 하였으며, 종종 광명(光明)에 향당(享堂)이라 하는 꽃 속에 무수한 세계가 생겼는데, 세계의 많은 것이 항하사(恒河沙) 모래 같이 많다 하고, 천지만물이 모두 부처의 도술(道術)로 되었다 하며, 부처는 근본 도술청궁 회명보살(道率淸宮 晦明菩薩)이라 하였으니, 도솔천궁은 뉘가 내었으며, 회명보살은 누구신지 말씀이 호호(浩浩)하여 측량할 수 없으며, 정신이 요요(遙遙)하여 주착이 없는지라.

생(生)이 할 일 없어 도로 병이 들어 인사를 모르더니, 남방에 어떠한 선생이 있음을 듣고 이치를 묻고자 하여 찾아갈 새, 필경은 이 서생 이 선생을 찾아가 이치를 어떻게 물었는지, 하회(下回)에 기재하겠슴.

제1권 제109호
대한제국 광무 2년 12월 17일 (土)

(전호 연속)

이때에 서생이 남방에 높은 스승이 있단 말을 듣고 찾아가니, 그 선생의 성명은 말할 것 없거니와, 도호(道號)는 백운거사(白雲居士)라. 산림에 깊이 누워 식견이 고명하며, 용모가 준수하여 헌앙(軒昻: 풍채가 좋고 의기가 당당하며 너그러워 인색하지 아니함.)한 기상과 온건한 모양이 진실로 산 중에 귀인이오, 세상에 은군자(隱君子)라.

생(生)이 두 번 절하고 성명을 통한 후에 천리를 불원하고 스승을 찾아옴을 자세히 말씀하니, 선생이 흔연(欣然) 왈(曰); 그대가 도로에 발섭(跋涉)함을 혐의치 아니하고 강호에 멀리 놀아 스승을 광구(廣求)하니 당세에 유지한 선비로다. 그러나 노부 같은 산야의 필부를 찾아옴은 무슨 유익함이 있으리오. 노부는 평생에 하는 바가 뒷동산에 나물을 캐며, 앞 시내에 고기를 잡아, 미록(麋鹿)으로 벗을 삼고, 산천으로 낙(樂)을 삼아, 세상 영화를 부운(浮雲)같이 보내거늘, 무슨 도학에 공부가 있으리오.

서생 왈(曰); 아는 것도 겸양함은 선생의 본색이나, 모르는 이를 가르침은 성현의 유훈(遺訓)이라. 공자 가라사대, 나는 배우기를 싫어하지 않고 가르치기를 게을리 않는다 하셨으니, 선생의 고명하심을 당연히 법 받을지라. 이제 한 마디 말씀으로 천지의 내력과 만물의 이치를 가르치심이 없고 다만 겸양하기로 일삼으니, 시속 살림배의 괴이한 구습이라. 빨리 가르치시기를 원하나이다.

거사 왈(曰); 그대의 이왕 공부한 말을 자세히 들어본즉, 노부의 생각에는 다시 가르칠 말이 없을까 하노라.

묵묵히 생각하더니 동자를 불러 큰독을 수운(水運)하여 연못가에 놓고, 물을 가득히 부은 후에, 또 진흙을 가져다가 그 독에 풀어 흙물이 되게 하고, 서생에게 보여 가로되, 이것은 곧 천지가 판단(判斷)하기 전 혼돈세계라 하고, 함께 초당에 돌아와 혼돈세계에는 아무 물건도 없고 아무 빛도 없는 것을 말씀하더니, 그 이튿날 다시 서생을 데리고 나가 독에 물을 보일 새, 맑은 물은 위로 뜨고 묵은 흙은 아래로 가라앉아 상하가 분명한지라. 서생에게 가르쳐 말하되, 이것은 천지가 판단한 세계이니, 경청(輕淸)한 기운은 위로 하늘이 되고 중탁(重濁)한 물건은 아래로 육지가 된다 함이니라.

서생이 유유응락(唯唯應諾)하니, 함께 초당에 돌아와 사오일을 지낸 후에, 또 서생을 데리고 그곳에 가서 독에 있는 물을 자세히 보라 하거늘, 서생이 본즉, 무수한 벌레가 물 가운데 왕래하는지라. 또 가르쳐 말씀하되, 이것은 천지만물이 번성한 세계이거니와, 이같이 초목금수와 곤충이 천지음양의 기운으로 자연히 생생하였느니라.

서생이 가로되, 존사의 가르치심이 가장 유리하여 깨닫기 쉽거니와, 다시 붙잡나니, 이 세상 만물을 보건데 세 가지 종류가 있으니, 산육(産慉: 낳아서 기른 짓)한 물건과, 제조(製造)한 물건이라. 그렇지 않으면 이 흙과 물과 기운도 없을지라. 당초에 음양 이기(二氣)는 어디로 좇아 오니이까.

거사(居士)가 능히 대답하지 못하는지라.

　　서생이 할 일 없어 거사를 작별하고 고향으로 돌아올 때 한탄함
을 마지않더니, 한 곳에 이르매, 어떠한 사람이 손에 책을 들고 뭇 사람
을 대하여 토론하되, 태초에 상제께서 천지와 만물을 창조하셨다 하거
늘, 서생이 그 말을 듣고 황연히 깨달아, 그 전도하는 사람을 따라가
만물이 어떻게 생긴 이치를 물으니, 전도인이 책 한 권을 주는데, 그
책 이름은 창세기(創世記)라.

　　서생이 그 책을 공부한 후에 비로소 만물의 근본을 알 뿐 아니라,
오륜(五倫)과 삼강(三綱)의 참 이치와 개화 문명(開化文明)의 진보함이 천
명을 순종하고, 사욕을 제어하며, 독립자주(獨立自主)의 권리와 수제치
평(修齊治平: 修身齊家 治國平天下)의 도(道)가 신(信) 의(義) 두 글자에 있는
줄 알고 전일에 병이 쾌복(快服)하였다더라.

〈잡보〉

　○ 작일 경무사 김영준 씨가 각 방곡에 방을 부치기를, 부보상(負褓
商) 혁파하라신 칙교(勅敎)가 절엄(絕嚴)하사 각부 훈령과 경무청 령칙이
한두 번이 아니거늘, 지금 무뢰배들이 부상(負商)이라 칭탁하고 소위 각
처 임방(任房)에서 모였다 헤어짐이 무상하다 하니 진실로 통해(痛駭)한
지라. 삭이나 받고 부상에게 쫓아다니든 자는 그만 두고, 각 임방 접주
와 부상 중에 성명이 드러난 자는 본청에서 저저히 잡으려니와, 비록
평민이라도 임방 접주와 유명한 부상을 잡아서 본청으로 바치게 되면
후하게 상을 주리라 하였는데, 물론 누구든지 유명한 부상을 찾으려면
홍종우, 길영수 씨 등을 잡았으면 큰 수가 나리라고들 한다더라.

제1권 제112호
대한제국 광무 2년 12월 21일 (水)

　순검(巡檢)과 병정(兵丁)이라 하는 직무는 나라 집(國家)의 성곽이오, 사람의 수족이며, 새 짐승의 우익(羽翼)이라. 집에 장원(莊園)이 없을진대 도적이 침노하며 시랑(豺狼)이 내왕하여 방한(防閑)이 없을지니, 집 주인이 어찌 산업을 편히 하리요. 그런고로 시전(詩傳)에 가로되, 규규(赳赳)한 무부(武夫)여, 공후(公侯)의 방패와 성(城)이로다 하고, 사람이 만약 수족이 없을진대 운동 행위를 임의로 못할 뿐 아니라, 당초에 병신이니 어찌 인사를 행하리요.

　그런고로 맹자(孟子) 가로되, 백성이 윗사람을 호위함이여, 수족이 두목을 막는 것 같이 한다 하였고, 새 짐승은 우익이 있은 후에 능히 공중을 날며 물건을 취하나니, 그런고로 무경(武經)에 가로되, 지조(鷙鳥)같이 치며 매같이 날린다 한지라.

　그런즉 새는 날개가 있어야 능히 전신을 보호하고, 사람은 수족이 있어야 능히 인사를 행하며, 집은 성곽이 있어야 능히 재산을 보전하며, 나라에는 순검과 병정이 있은 후에 능히 백성을 보호하며 도적을 방비할지라.

　대한정부에서 백년 이래로 포교(捕校) 명색이 있어 약간의 도적을 잡으나 능히 인민을 보호하지 못하고, 병졸이 있으나 규모와 기예가 없어 이름만 있고 실상이 없더니, 개국 오백삼 년에 옛 법을 버리고 신식을 행하여, 순검을 설시하여 경무(警務) 장정(章程)을 가르치며, 직무를 실시하고, 병정을 모집하여 기예를 가르치며, 군무를 확장한 후로 능히 동학의 창궐함과 비도(匪徒)의 분운함을 일일이 평정하고 개가를 불렀으니, 병정의 위엄이 팔역(八域)에 진동하며, 순검들은 열심히 순행하여 백성을 보호하며, 도적을 근포(跟捕)하고, 잡기(雜技)를 금한 후로, 지금은 여염 간에 주색잡기의 방탕한 무리가 적으며, 무당(귀신을 섬기어 길흉을 점치고 굿을 하는 여자), 판수(점치는 일을 직업으로 삼는 소경)의 요사한 악습이 사람을 속이지 못하고, 죽은 자를 적간(摘奸: 부정이 있는지를 캐어 살핌)하며, 잃은 자를 찾아주니, 순검의 공효가 인민에게 미쳤도다.

만민이 모인 후에 수삭(數朔)이 지나도록 순검과 병정들이 인민을 위하여 주야와 풍우를 불계(不計)하고 가로 상에 수직(守職)하며, 겨울 밤 찬바람에 괴로움을 달게 여겨 조금도 해타(懈惰)함이 없으니, 군부의 엄숙함과 경찰의 신실(信實)함이 어찌 타국만 못하리오. 여항(閭巷)에 소문을 들은즉, 우리가 순검과 병정을 대하여 더욱 감사하고 치하할 일은, 정부에 간악한 소인배가 만민회(萬民會)를 도륙코자 하여 순검을 합번(合番: 큰 일이 있을 때에 관원들이 모여서 숙직하는 일)하고 계책을 행할 때, 병정과 순검들이 구석구석 말하기를, 우리가 이 소임을 버리고 갈지언정 충군 애국하는 무죄한 백성을 하나라도 우리 손으로는 해할 수 없다 하며, 우리가 인민을 보호하는 직임이거늘 어찌 우리에게 무죄한 사람을 죽이라 하리요.

시비(是非)가 분분한 고로 간악한 소인들이 민회를 해치지 못하였다 하고, 어떠한 병정은 혹 복장을 벗고 민회를 도와줄 마음이 있으며, 어떠한 병정은 만민이 부상(負商)에게 상함을 보고 혹 탄식도 하며 혹 노여워도 하여 의기가 분울(憤鬱)하더라 하니, 우리 생각에는 이 병정과 순검들이 비단 기예가 숙련되고 경찰에 도저할(*(행동, 생각이)빗나가지 아니하고 곧다) 뿐 아니라 참 의기 있는 사나이요, 충군 애국하는 사람들이라. 우리나라에 이러한 병정과 순검이 있고서야 어찌 독립자주의 기초가 견고치 못 하리오 마는, 근일 교번소(交番所) 순검들이 좀 해태하여 장정을 어기는 일이 혹 있다고 말들이 있어 가석(可惜)하여 그러하되, 우리가 비록 무식하나 공변된 언론이오, 일호라도 누구를 두둔하며 누구를 훼방하는 사람이 아니라.

바라건대, 순검과 병정들은 이러한 충의의 마음을 가지고 아무쪼록 대한인민을 사랑하며, 보호하고, 나라 집(國家)을 일심으로 보좌하여 독립기초가 태산반석 같이 굳게 하고, 당당한 대한국으로 오주(五洲) 세계에 상등국이 되게 하기를 천만번 바라노라.

제1권 제113호
대한제국 광무 2년 12월 22일 (木)

향일(向日)에 어떠한 선비 육칠 인이 한 곳에 모여 약간의 배반(杯盤)을 베풀고 정회(情懷)를 담론할 새, 한 선비가 가로되, 달도 밝고 눈도 희고, 손도 있고 술도 있고 안주도 있으니, 진실로 좋은 밤이라, 어찌 그저 지나리오. 우리 각각 마음대로 운자를 내어 구곡심장(九曲心腸)의 만단회포(萬端懷抱)를 시율로 음영(吟詠)함이 어떠하뇨.

한 선비 가로되, 시(詩)는 뜻을 말하며, 노래는 회포를 부치는 것이로되, 사방이 바람같이 움직이고, 만민이 물결같이 요동하거늘, 이때를 당하여 구구녹녹(區區碌碌)한 글귀는 지어 무엇에 쓰리오. 대장부 세상에 나매 마땅히 위로 황상을 도와 병침옥체(丙枕玉體)의 근심을 없게 하며, 아래로 억조창생이 도탄에 빠진 것을 구원하여 공업(功業)을 죽백(竹帛)에 드리우며, 이름이 만고에 썩어지지 않게 하는 것이 사나이의 일이오. 그렇지 못할진대 마땅히 섭정(攝政) 형가(荊軻)의 삼척 장금이나, 주해(周解) 역사(力士)의 사십 근 철퇴를 예비하여, 성상(聖上)의 총명을 가리며 나라를 병들게 하고 백성을 해롭게 하는 소인배를 일조에 소멸하고, 청천 백일지하에 쾌하게 죽는 것이 장부의 기습(氣習)이라. 썩은 선비의 음풍영월(吟諷咏月)과 단장적구(斷章摘句)를 원하지 않노라. 술잔을 마신 후에 무고히 통곡하니, 방타(滂沱)한 눈물이 비같이 내리는지라.

또 한 선비 가로되, 옛적에 죽림에는 완적(阮籍)의 무리 일곱 사람이 모인고로 죽림칠현(竹林七賢)이라고도 하고, 향산(香山)에는 낙천의 무리 아홉 사람이 모인 고로 향산 구로회(九老會)라 하였더니, 이제 우리는 분운(紛紜)한 세상에 한가히 모였으니 죽계(竹契)의 육일(六一)이 아니면 반드시 음중(飮中)에 팔선(八仙)이라, 술이나 마시고 회포나 소창(消暢)할지니, 세상일을 의론하여 무엇 하리오.

또 한 선비 가로되, 위태하고 급하도다. 옛글에 일렀으되, 모두석미(矛頭淅米), 검두취(劍頭炊)라 하니, 창머리에 쌀을 일고, 칼머리에 밥을 짓도다.

또 한 선비 가로되, 걱정하고 조심할지어다. 옛글에 일렀으되, 백세 노옹이 반고지(攀枯枝)라 하니, 백세나 된 늙은이가 마른 가지를 받들었도다.

또한 선비 가로되, 위태하고 불쌍하도다. 옛글에 일렀으되, 정상 녹로(井上轆轤)에 와영아(臥嬰兒)라 하니, 우물 위 녹로에다 어린 아이를 뉘였도다.

또 한 선비 가로되, 답답하고 어둡도다. 옛글에 일렀으되, 맹인이 기할마(盲人騎瞎馬) 하고 야반에 림심지(夜半臨深池)라 하니, 소경이 눈먼 말을 타고 밤중에 깊은 못에 임하였도다.

좌중이 일창일화(一唱一和)하여 담소가 자약(自若)하더니, 어언간 종로에 쇠북이 울고 원촌에 닭이 악악하거늘, 한 선비 궐연히 일어나 춤을 추며 기꺼워하는지라. 좌중이 그 연고를 묻자, 그 선비가 술을 청하여 통음하고, 또 일어서 춤을 추며 하는 말이, 기쁘도다, 보라, 삼태성(三台星)은 넘어가고 계명성(啓明星)이 올라오니 밝을 때가 되었도다. 캄캄한 어둔 밤에 비단옷을 뉘가 알며, 도도한 흐린 물에 큰 고기를 뉘

가 볼꼬. 장야건곤(長夜乾坤) 어서 가고, 여일중천(麗日中天) 되게 되면,
승평세계(昇平世界) 보리로다.

춤추기를 마친 후에 의관을 정제하고 단정히 꿇어앉아 조용히 말
을 하되, 여보시오 친구들아, 구름은 용을 좇고, 바람은 범을 좇으며,
실솔(蟋蟀: 귀뚜라미)은 가을을 기다려 읊조리고, 기러기 털은 순풍을 만
난 후에 의연히 날아가고, 기북(冀北)에 주린 말은 백락(伯樂)을 만난 후
에 시가(時價)가 고등(高騰)하고, 현사(賢士)는 밝은 때를 만난 후에 평생
에 온포(蘊抱)한 재주를 한 번 시험하나니, 이제 대한의 정부 일이 오늘
밤과 같이 어둔 빛이 없어지고 동방에 밝은 빛이 돌아오면, 잠자던 자
일어나고 도적놈이 도망하여, 현사를 택용(擇用)하며 정치가 문명하고,
백성이 안락하여 국가의 부강함이 오주(五洲)에 유명하리니, 우리들도
때를 기다려 성천자(聖天子)를 보좌하고 태평락(太平樂)을 노래하자 하더
라.

제1권 제114호
대한제국 광무 2년 12월 23일 (金)

　사람은 곧 그릇이라. 그런고로 공부자(孔夫子)가 자하(子夏)라 하는 제자에게 말씀하시기를, 너는 호련(湖璉) 같은 그릇이라 하시고, 항우(項羽)는 신장이 팔 척에 재주 그릇이 사람에게 지난다 한지라.

　그러나 그릇을 정결하게 씻으며 정한 물건을 담은즉 좋은 그릇이 될 뿐 아니라 사람이 사랑하며 귀하게 쓰일 것이오, 그릇을 닦지도 아니하며 더러운 물건을 담은즉 추한 그릇이 될 뿐 아니라 천하게 쓰일 것이고 사람이 또한 박대할지라.

　하나님이 사람에게 다 같은 그릇 하나씩을 주셨건마는, 악하고 더러운 물건으로 먼저 그릇에 채워 놓고 그 후에 맑은 물을 부을지라도 더 들어가지 아니하여 예전에 추한 것이 항상 그저 있나니, 어떻게 정결한 그릇이 될 수 있으리오. 반드시 그릇의 악한 물건을 먼저 버린 후에 그릇이 비거든 좋은 물건을 담으면 그릇이 자연 정결할지라.

　완고한 선비들이 다만 예전 학문에 배가 불러, 개화(開化)의 경장(更張)한 법이 예전보다 백 배가 좋을지라도 당초에 개화법(開化法)은 보기도 싫고, 듣기도 싫고, 알기도 싫고, 행하기도 싫어하여, 그릇 안에 가득히 있는 것은 욕심과, 교만과, 양반이란 구습을 버리지 못하거늘, 어찌 새 그릇이 되리오. 진실로 애석한 일이로다.

이제 천만 간 되는 큰 집이 있어 천하의 선비를 그 가운데서 양육할 때, 금기와 은기, 목기와 토기가 구비하여 귀하고 좋은 물건은 금기 은기에 담아 쓰고, 천하고 추한 물건은 목기 토기에 담아놓아, 천백 가지 일용하는 물건을 각각 그 그릇에 합당한 대로 쓰더니, 세구연심(歲久年深: 세월이 썩 오램)하고 풍마우세(風磨雨洗: 바람에 갈리고 비에 씻김)하여, 기둥과 연목(椽木)이 퇴락하고, 주춧돌이 요동하여 큰 집이 장차 엎더지게 되는지라.

집주인이 걱정하여 침식이 불안하고, 좌우를 살펴보니 집을 고칠 재목도 없고 그릇도 없거늘, 하인과 장색(匠色)을 불러다가 집 고칠 방약(方藥)을 의론하고 재목과 그릇을 들이라 하니, 간악한 장색들이 제 마음대로 주인에게 천거하되, 재목과 그릇 값은 속여먹고, 썩은 나무를 들보와 기둥의 재목이라 하며, 도금한 목기로 금기를 대용하고, 사기와 질그릇으로 은기를 대신하여, 귀중한 물건을 혹 천루한 그릇에 담으며, 더러운 물건을 혹 정결한 그릇에 담아, 집안 산업에 법강이 문란하며 규모가 해이하여 시비만 분분하니, 이것은 사슴을 가리켜 말이라 하는 〈指鹿爲馬〉 악습과 같은지라. 이렇고 본즉, 금옥 같은 참 그릇은 진토에 묻혔으며, 기재(器材) 같은 좋은 나무는 공산(空山)에 늙는도다. 어느 날 어느 때에 큰집을 중수하고, 금은동철(金銀銅鐵) 토목의 그릇들을 차례로 벌려놓아 그 그릇에 합당한 물건을 합당하게 써 보리오.

우리는 바라기를, 구습에 물든 이는 마음을 비게 하여 새로 듣는 학문으로 빈 그릇을 채울진대, 사람마다 금옥이 될 것이오, 집을 고치는 장색들은 주인의 전재(錢財)만 속여먹지 말고, 참으로 좋은 재목을 광구(廣求)하여 큰집을 속속히 중수(重修)하시기를 원하노라.

〈별보〉

○ 조서하시되, 포범(捕犯)한 죄인을 놓아줄 수는 없는데, 간연한 것은 나라에 떳떳한 법이거늘, 곧 들으니, 박영효를 쓰자고 상소를 던지는 것이 하나 둘이 아니라 하니, 이 어찌 신민이 가히 입에 발하고자 하리오. 놀랍고 탄식함즉 하기가 차라리 말이 없고자 한지라. 소본은 비록 비서원에서 퇴각하였으나, 이것을 만일 엄히 징판치 아니하면 법을 베풀 수 없고, 나라가 나라로 될 수 없으니, 법부로 하여금 경무청에 신칙하여 이석렬 등 제 범을 잡은 후에 반획득 정하여 조율하여 들리라 하옵시고,

또 조서하여 갈아사되, 법이란 자는 나라 가운데 밝히 미쁘게 하여 죄 있는 자는 형벌하고, 무죄한 자는 면하는 것이 이에 고금에 통한 의라. 짐이 하늘에 살리기 좋아하는 덕을 몸 받고 선왕의 차라리 잃는 가르침을 좇아 죄가 의심스러운 것은 오직 경하게 하고, 형벌은 없는 데 기약하더니, 근래에 기강이 해이하여 나라 일로 범함이 있는 자가 문득 망명하기로 능사를 삼아 임금의 덕에 점루(玷累)함과 국체의 손해함을 돌아보지 아니하니, 생각이 이에 미치매 어찌 통한치 아니하리오. 무릇 외국으로 도망한 자는 근본 죄가 크고 작고 경하고 중한 것을 물론하고 또한 그 범한 자가 괴수냐 협종인가를 묻지 말고 난신적자(亂臣賊子)는 한 가지니, 영영히 놓지 아니하리니 너희 신민은 다 알아라 하옵시다.

제1권 제115호
대한제국 광무 2년 12월 24일 (土)

(일전에 어떠한 친구가 서로 수작하는 말을 들은즉 가장 이상하기로 이에 기재하노라.)

한 사람이 가로되, 우리나라 사람은 평생에 문견(聞見)이 고루하여 아무 일이든지 할 수 없나니, 옛글에 이른바, 우물 밑에 개구리라. 항상 말하기를, 하늘이 작다 하여 저 본 것만 옳다하데.

한 사람이 가로되, 우리나라 백성은 새 같데. 눈은 반들반들하고, 말은 재잘재잘하여 짓거리기는 잘도 하고, 떼를 지어 모이기도 잘하나, 실상은 꾀도 없고 겁도 많아 아무 일도 못하나니, 옛글에 일렀으되, 연작(燕雀)이 당(堂)에 처하여 구구히 서로 즐거워할 새, 부엌 고래에 불꽃이 올라 집이 장차 타건마는, 연작은 화가 몸에 미칠 줄 모르고 낯빛을 변하지 아니한다 하였으니, 실상 그와 같데.

한 사람이 가로되, 아무개는 참 까마귀 같데. 옛 말에 일렀으되, 까마귀가 어디서 큰 고기 한 덩이를 얻어 입에 물고 높은 나무 위에 앉았거늘, 여우가 지나가다가 그 고기를 보고 먹고자 하여 까마귀더러 하는 말이, 우매한 이 세상이 다 말하기를 까마귀는 검다 하더니, 나 보기에는 희기가 눈빛 같아 가히 일백 새 짐승의 왕이 되리로다. 그러나 자른 목을 길게 하여 큰 소리로 한번 울진대, 내가 참 새 중에 왕인 줄 믿겠노라. 까마귀가 그 말을 듣고 기꺼워하여 큰 소리로 한 번 울 때 고기가 땅에 떨어지거늘, 여우가 집어먹고 도리어 까마귀의 어리석음을 비웃더라 하였으니, 자기 몸을 칭찬해주는 것은 대단히 좋아하데.

한 사람이 가로되, 그대가 여우의 말을 하니, 참말이지 아무는 여우같데. 옛 말에 일렀으되, 여우가 범을 보고 죽을까 무서워서 간사한 말로 범을 속이되, 나는 짐승 중에 왕이라. 일백 짐승이 나를 보면 두려워 피하나니, 그대가 나를 해하지 못하리라. 만약 내 말을 믿지 못하겠거든 나와 함께 가자 하니, 범이 그 말을 의심하여 여우와 함께 갈 때, 산중에 모든 짐승들이 과연 겁을 내어 도망하거늘, 범이 제 몸을 겁내는 줄 모르고 여우 꾀에 속더라 하니, 지금은 참 여우가 호랑이의 위엄을 빙자하는 이가 많데.

한 사람이 가로되, 지금 세상에는 딱따구리가 많데. 옛 말에 일렀으되, 탁목조(啄木鳥: 딱따구리)가 고목에 집을 짓고 날로 고목을 쪼더라 하니, 그 고목이 넘어지지 아니하여야 제 집도 온전하련마는, 탁목조는 그런 이치를 모르고 썩어가는 고목나무를 날마다 쪼기만 하니 실로 애석한 일이데.

한 사람이 가로되, 지금 사람들은 파리의 행사가 많데. 파리라 하는 것은 무슨 음식이든지, 물건이든지, 냄새만 나면 곧 먹고자 하여 모이나니, 무슨 일이든지 제 몸에 이가 될듯하면 포서(鋪敍)를 대랴 하고 날마다 다니데.

한 사람이 가로되, 달관(達觀)한 사람들은 물새와 같데. 육지에서 성장한 짐승들은 다만 산과 들에 있는 것만 보고, 물에 있는 고기들은 다만 물속에 있는 것만 알거니와, 물새라 하는 짐승은 물에도 들어가고 들에도 다니면서 본 것도 많거니와 재주도 신통하데.

두 사람이 말을 마치지 못하여 앞길에 석양이 비낀지라. 한탄하여 가로되, 꾀꼬리도 많이 있고 탁목조도 많건마는, 물새는 어디 있노? 분운(紛紜)한 이 세상에 승평일월(昇平日月) 언제 볼까? 일장을 통곡하고 각각 돌아갔다더라.

제1권 제116호
대한제국 광무 2년 12월 26일 (月)

(본사고백)

○ 지금 연종(年終)을 당하여 문부(文簿)도 마감하고 셈도 밝혀야 할 터이니, 우리 신문 보는 첨군자들은 신문 값을 저저(這這)이 셈하여 보내시기를 바라오.

(구세주 탄일)

사람이 명절과 경일(慶日)을 당하면 항상 기쁜 마음으로 경축하나니, 그런고로 개국 기원절이나 황상 폐하의 만수성절(萬壽聖節)을 당하여 전국 신민이 잔치를 설시하며, 등불을 달고 만세를 불러 기뻐하는 것은, 우리나라의 무강(無疆)한 복조가 억만년을 누리며 황제 폐하의 옥체가 강건하시기를 경축하고 원함이라.

대한 풍속이 괴이하고 한심한 것이, 기자 문선왕(文宣王) 이후로 몇 천 년을 요순(堯舜)의 도를 전하였으며, 개국 오백여 년에 공맹(孔孟)의 학(學)을 숭상하거늘, 어찌한 일로 사월 팔일에 석가여래불(釋迦如來佛)의 생일을 당하면 백성들이 등을 달며 불을 켜서 명일로 알건마는, 정작 공부자의 탄신 날은 어느 때인지 알지도 못하며, 두 푼짜리 초 하나도 불을 켬이 없으니, 실로 어리석은 일이로다.

태서 각국에는 구세주 예수 씨의 탄강일(誕降日)을 당하면 사람마다 사무를 정지하며, 등촉을 밝히고 찬양가를 노래하며, 하나님의 은혜를 감사하여 세계 만국에 제일 큰 명절로 아는지라. 그것은 무슨 까닭이뇨. 예수 씨의 강생하심으로 어두운 지방이 밝아지며, 죽게 된 사람들이 살기를 얻음이라. 태서 제국 사기를 볼지라도, 영(英) 덕(德) 법(法) 삼국은 구세주의 도를 먼저 숭봉하여 세계에 일등국이 되었으며, 아라사는 오륙백 년 전에 흉악한 야만의 풍속이 있더니, 예수교를 숭봉한 후로 백성의 완악한 마음을 고치며 나라 풍속이 돌변하였고, 미국도 백 년 전에 야만의 악습이 대단하더니, 예수교가 흥왕함으로부터 차차 문명에 진보하여 세계에 일등국이 되었으며, 평양 바담 섬에 흉악한 야만들이 사람을 서로 먹으며 의리가 무엇인지 알지 못하더니, 영국 선교사들이 죽기를 무릅쓰고 교화를 전한 후로 야만의 여러 섬이 지금은 모두 개명이 되었으니, 만약 여호와의 권능과 구세주의 교회가 아니면 야만들이 어찌 이 지경에 이르리오.

태서 제국의 역년(歷年)은 예수 강생하심으로 기원하나니, 그 내력을 상고하건데, 강생하기 전 몇 천 년부터 유태국 선지자들이 성신(聖神)의 묵시(默示)를 얻어 예수 강생하시기를 예언(預言)하였더니, 일천팔백구십팔 년 전 십이월이십오 일에 유태국 백리향(百理鄉: Bethlehem)이라 하는 땅에서 탄강하신지라. 그 모친의 이름은 마리아(Maria)니, 처녀로 있을 때에 감렬이란 천사(天使)가 상제(上帝)의 명령을 받아 마리아에게 전하여 가로되; 네가 성신으로 잉태하여 아들을 낳으리니 이름을 예수라 하라. 그 뜻을 번역하면, 억만 백성을 죄악 가운데서 구원함이라 하더니, 마리아 그때부터 잉태하여 구세주를 나을 새, 그날 밤에 무수한 천군(天軍)과 천사들이 하늘로부터 내려와 하나님의 영화를 노래하며, 밝은 빛이 들에 가득하거늘, 들에서 양(羊)치는 무리들이 천사의 말을 듣고 그 길로 백리향에 가서 구세주 나심을 보았으며, 동방 파사국(Persia: 이란) 지경에 있는 박사(博士)들은 별을 보고 구세주의 강생하심을 아는지라.

불원천리(不遠千里)하고 유태국 백리향을 찾아와서 예수에게 예배하고 세 가지 예물을 드렸으니, 구세주는 탄생하실 때부터 이상한 징조가 많은지라. 그때는 로마국 황제 해살아고사독이 위에 있을 때고, 유태국왕 회률(Herod)이 분봉(分封)한 임금이 되었을 때요, 동양에는 신라 시조 혁거세 오십팔 년이고, 한나라 평제(平帝) 원시원년(元始元年)이며, 공부자(孔夫子) 탄생하신 후 오백오십일 년이라. 대한에도 구세주를 믿는 교도들은 성탄일에 각 회당에서 등을 달고 기쁜 마음으로 명절을 경축한다니, 우리 소견에는 대한에도 차차 서국(西國) 풍속이 일어나리로다.

자고(自古)로 성인이 하나님을 공경치 아니하는 이가 없고, 아무 나라든지 경천(敬天)하는 도(道)가 반드시 종교가 될지라. 대한 선비들이 비록 예수의 도는 좇지 아니할지라도, 남의 집 내력을 알아두면 문견의 고루함을 면할 것이고, 또한 태서 제국에는 이 날을 당하면 각처 신문에 모두 구세주의 말씀을 하는 고로, 우리도 성탄일 내력을 대강 기록하여 우리 동포 형제들도 알게 하노라.

제1권 제117호
대한제국 광무 2년 12월 27일 (火)

　　나라 형세가 빈약하고 백성의 산업이 조잔(凋殘)함을 근심하는 자가 항상 말하되, 우리나라에는 놀고먹는 백성이 많은 고로 사람마다 곤궁하고 집집마다 빈한하다 하나니, 그 근본을 궁구하여 보건대, 놀고먹는 사람이 많을 수밖에 없는지라.

　　첫째는 백성에게 술업(術業)을 가르치지 못하였은즉 무슨 일을 하여 생재(生財)할 방략을 모르고, 둘째는 정부의 법률이 밝지 못한즉 백성이 믿을 곳이 없어 장구(長久)한 생업을 경영치 못하여 서로 의심하는지라.

　　옛글에 일렀으되, 중심(中心)에 있는 것이 밖에 형상(形象)한다 하였으니(誠則形), 참 성인의 말씀이로다. 이제 뭇 사람의 행위를 보건대, 어려서부터 시부(詩賦)를 공부하여 음영(吟詠)하기에 종사하던 자는, 명산대천의 경처(景處)를 만나든지 청풍명월의 친구를 대할진대 반드시 글짓기를 좋아하여 시흥이 도도하고, 젊어서부터 음률을 공부한 자는 거문고 양금이나 생황과 단소를 불 때에 반드시 영산회상(靈山會相: 영산회상곡. 석가여래가 설법하던 영산회의 불보살을 노래한 악곡)의 곡조를 자랑하며 한 번 타기를 좋아하나니, 이것은 다름이 아니라 그 사람의 중심에 있는 기습(氣習)이 자연 밖으로 발함이라.

설사 대한정부로 하여금 공장(工匠) 학교를 설시하여 학도를 모집하고, 인민에게 각색 공장의 술업(術業)을 가르쳐 각각 졸업을 시킨다면, 이후에 그 학도로 하여금 놀고먹으라고 열 번 절할지라도 그 사람이 놀고먹지 아니할 것은 이왕에 배운 재주가 그 사람으로 하여금 자연일을 하게 시킬지라. 그런즉 기량(技倆)의 부릴 바 되어 사람마다 유식(遊食)할 리가 없을 것이오.

둘째는, 정부에서 장정(章程)을 실시하여 상벌이 분명하다면 백성들이 정부를 믿고 산업을 경영하련마는, 지금은 그렇지 못하여 조가(朝家)의 명령이 사흘이 멀다 하여 변경이 무상한즉 백성이 무슨 사업을 영구히 하리오. 설사 자본이 있는 부민(富民)으로 하여금 무슨 장사를 하여 이익을 취할 마음이 있으나, 자기 혼자는 장사의 사무를 볼 수 없고 반드시 다른 사람을 고용할 터인데, 그 사람이 만약 자기를 속이고 재물을 도적하면 이익은 고사하고 본전까지 잃을지라.

그 일의 원굴(寃屈)함을 법사(法司)에 호소할지라도, 그놈이 재물을 드리고 청촉(請囑)한다든지 무슨 결연(結緣)이 있고 보면 법률 재판이 공변되지 못하리니, 도리어 신고(辛苦)만 하고 자본도 잃을지라. 차라리 있는 대로 본전이나 쓰다 보리라, 하여 장사의 생각이 없고, 산업이 점점 쇠잔하니, 어찌 놀고먹는 백성이 없기를 바라리오. 지금이라도 향일에 반포하신 조칙대로 공장 학교를 설립하여 인민을 교육하며, 법률을 실시하여 정부 대신으로부터 미천한 백성까지 귀천을 불계하고 한결같이 법률을 쓰고 보면, 백성의 원굴함도 없고 생업도 차차 취서(就緒)가 될 것이다.

그러나 소문을 들은즉, 외읍(外邑)의 아전(衙前)들은 백성에게 부세(賦稅)를 받아 정부에 상납은 하지 않고 그 돈으로 전답을 장만하여,

추수는 제가 먹고, 몇 해 묵은 상납들은 마감할 방책이 없어, 금년도 부세를 백성에게 성화같이 독촉하며, 백성을 잡아다가 옥에 가두는데, 그 중에 충청도 청안골이 우심(尤甚)하다 하니, 그 고을 관장은 아전이 무서워 포흠(逋欠: 관청의 물건을 사사로이 소비함)을 받지 못하는지, 아전은 의례히 백성의 부세를 건몰(乾沒: 관가에서 법에 어긋난 물건을 빼앗음)하는 장정이 있는지, 우리는 듣기에 실로 개연(慨然: 억울하거나 의분으로 몹시 분하게 여기는 모양)한지라.

정부에서 아무쪼록 법률을 실시하여 백성으로 하여금 믿게 하고, 공장 학교를 설립하여 백성으로 하여금 놀고먹는 이가 없게 하기를 바라노라.

제1권 제118호
대한제국 광무 2년 12월 28일 (水)

정부와 민회(民會)가 여러 달 상지(相持: 양보하지 아니하고 서로 자기 의견을 고집함)한 후로 국세와 민생에 대단히 방해가 된지라. 민회에서 전재(錢財)를 허비함이 보조금을 합하여 보건데 수십만 금이나 지나고, 정부에서도 민회를 인연하여 낭비한 돈이 수천 금을 지나며, 인심이 소동하고, 도로에 서설(絮說: 쓸데없이 지루하게 오래 이야기함)함으로 상민들이 업을 전폐하여 해(害) 받은 것이 또한 여러 수십만이오, 외읍(外邑)에 부세(賦稅)로 인하여 상납을 건체(愆滯: 연체)함에 국고에 경비가 아주 경갈(罄竭)한지라.

근본을 궁구하여 보건대, 정부에서 장정(章程)을 실행치 아니함으로 인민들이 모여서 원굴(冤屈)함을 호소하여, 아무쪼록 백성이 편리하고 나라가 문명하기를 바라더니, 일은 아무것도 된 것이 없고, 도리어 정부와 백성 사이에 손해만 많이 나고 의심이 더 깊어진지라.

우리 생각에는, 민회에서 잘못한 일이 없다 하는 것이 아니로되, 이번에 중추원에서 의관(議官)들이 투표할 때에 박영효, 서재필 양씨를 함께 투표한 일로 공동회 백성들이 모두 역적의 당이라 함은 대단히 그른지라. 서, 박 양인을 투표코자 한 것이 불과 한두 사람의 동의함이지 의관들이 일제히 다 옳다고 한 것도 아니요, 민회에서도 그 일에 대하여 불가하다고 반대한 백성이 더 많았거늘, 어찌 민회 사람들은 모두 역당(逆黨)이라 지목하리요.

이것은 백성이 모여서 정부를 시비하는 것을 미워하여, 서, 박 양인에게 투표한 것을 이유로 무죄한 백성에게 누명을 씌우고자 함이니 백성이 어찌 항복하리오. 지금은 민회에서 모이지 아니 하더라도 정부를 믿지 않는 마음은 사람마다 있는 바라.

옛말에 일렀으되, 휼(鷸)이라 하는 새(鳥)가 조개를 먹으려고 찍으므로, 조개가 입을 합하여 휼 조의 부리를 꼭 문지라, 모래사장에 나와서 조개가 하는 말이, 오늘이나 내일이나 여러 날을 물고 있으면 네가 반드시 굶주려 죽으리라. 휼 조가 대답하되, 오늘이나 내일이나 여러 날을 백사장에 있다면 네가 반드시 말라 죽으리라. 이같이 여러 날을 상지(相持)하매, 휼 조도 기진하고 조개도 말라 둘이 다 죽게 된지라. 그때에 고기 잡는 어부가 곁에 있다가 그 모양을 보고 서서히 와서 전혀 수고함도 없이 조개와 휼 조를 한 손으로 잡아가니, 방휼(蚌鷸)의 서로 상지하던 형세가 쓸데없이 되고 어부의 이익만 되게 하였다 하니, 진실로 경계할 말씀이라.

지금 대한 정부의 형세가 백성과 상지하기를 오래 하여 방휼의 형세와 같고, 밖에는 어부들이 많이 있어 형세가 어떻게 됨을 날로 엿보거늘, 한 나라의 동포형제로 한 임금의 신민이 되어 시세의 위급한 형편은 생각지 아니하고, 한갓 상지하기로 일을 삼아, 정부의 관인들은 말하기를, 백성이라 하는 것이 각각 생업이나 힘쓰고 정부 명령을 순종하는 것이거늘 어찌 정부 관인을 논박하는가, 하여 아무쪼록 민회를 없애고자 계교(計巧)하고, 백성들은 정부를 시비하여 아무쪼록 장정법률(章程法律)을 실시코자 하여 여러 달 상지하니, 피차에 형세가 궁하며 손해가 불소한지라. 이때를 당하여 방휼의 형세가 어부에게 좋은 일 하기 쉬운즉, 시세를 생각하여 관민 간에 화합되기를 원하노라.

대저 중추원 의관 중에서 포범(抱犯)이란 이름을 면치 못하고 면징계도 아니 한 사람을 투표한 의관이며, 정부에 통첩하는 의관의 소견은, 우리가 아혹(訝惑)이 자심한 것이 동의만 하게 되면 위에서 쓰실 형편이 있어서 그러한지, 정부에 서(徐)나 박(朴) 씨가 중추원이나 민회에서 투표하고 동의하기를 기다려 부르거나 나오는 무슨 도리가 있는 줄을 알고 투표를 하였는지, 그 사람들은 아무의 당이라, 심복이란 말을 어디 가서 면하리오.

그 몇몇 사람으로 인연하여 만민회를 하자(瑕疵)하니, 세상에서도 공론이 있을 터이지만은 참 절통하고 가석하도다. 그런 사람들은 정부에 죄인이오, 인민에 죄인이니, 정부에서나 인민들은 분석하여 옥석에 구분지탄(俱焚之歎)이 없기를 바라오.

제1권 제119호
대한제국 광무 2년 12월 29일 (木)

(무슨 일이든지 결과가 없지 못하겠기로, 금년 우리나라에서 관민 간에
지난 사적을 대강 들어 기재하노라.)

광무 2년 1월에는 탁지부 고문관 백택안을 해고하고, 아라사 사
람 알륵섭을 고빙하여 탁지부 감독을 삼고, 8일에 운현궁 부대부인 민
씨가 훙서(薨逝)하시고, 음력 납월(臘月: 음력 섣달) 회일(晦日: 그믐날)에 명
성황후 세모제(歲暮祭: 섣달 그믐날 나라에서 지내던 제사)를 행하시고, 이세
직을 제주도로 유배하고, 지방대(地方隊: 지방의 각 진에 주둔하던 군대) 의
려사단 편제하기를 의론하고, 경무사 이충구가 각부 대신과 찬정(贊政)
의 보호 순검을 거두어들였다.

2월에는 한성재판소와 경기 재판소를 폐지하고 한성부와 경기 관
찰부에서 관할하게 하고, 아라사에서 절영도 매탄고 기지를 빌리라 하
고, 또 아한(俄韓) 도승은행을 새문안에 설시하려 하는 까닭에, 처음으
로 독립협회에서 회장 이완용 등 이하 일백삼십오 인이 시폐를 들어 상
소하고, 김교혁으로 충청, 전라 남북도 어사를 보내고, 이최영으로 경
기어사를 보내다.

22일에 국태공(國太公) 전하 홍서하시고, 유진구 등이 김홍륙을 죽이려다가 성사치 못하고 잡혀서 종신징역에 처해지고, 28일에 독립협회에서 외부 서리대신 민종묵에게 편지하여 절영도 사건을 질문하고, 각국 공사들이 일본 공관에서 회동하여 절영도 정계(定界)할 일을 논란하는데, 아라사 공사 사패는 불참하고, 절영도 사건으로 민종묵은 서리를 갈렸더니 2일 만에 다시 외부대신을 피명(被命)하므로 정부 대신들이 연명상소 하기를, 절영도 일로 민정이 불울하고, 정부 체모가 손상하기로 일전에도 물러가기를 아뢰었는데, 민종묵을 다시 대신을 시키오니, 신 등은 낭절인(郎絶人)이 되지 않겠노라 하였고, 제주도 방성칠 등이 민요를 일으켜서 제주목사와 군수가 도주하였다가 즉시 진정되었다.

3월 6일에 독립협회에서 아한(俄韓) 은행의 일과 절영도 일과 아라사 사관의 일로 외부(外部)에 편지하고, 10일에 양홍묵, 리승만 등이 백성들과 만민공동회를 종로에 모으고, 아라사 사관과 절영도 일로 외부에 편지하고, 독립협회에서 정부로 편지하여 민종묵을 탄핵하며 외국 고문관을 해고하여 달라 하여, 아라사 사관을 해고하여 보내는 경비 삼만오천 여 원으로 치송(治送: 행장을 꾸리어 길을 떠나보냄)하고, 알륵섭도 오천여 원으로 치송하다.

이원긍, 지석영, 여규형 등이 마음이 음비(陰祕)하고 행기(行氣) 비패(鄙悖)하다고 정배하였다가 풀려오고, 아라사 사관, 고문관을 해고하여 가는 일을 계기로 김규홍을 아국에 보내기로 결정되었다가, 아라사 공사가 그만두라 하여 정지하다. 경무사 이충구는 김홍륙의 일로 궁내 대신 이재순구라 하였다고 면관 징판하고, 경무사 김재풍은 궐내에서 도적 잡은 일로 면관 감처(勘處)하다.

아라사 공사 마충령이 들어오다 흉년 민정을 생각하여 일만삼천

원으로 경기도와 충청남북도와 강원도와 함경남도에 진휼하고, 따로 도성 인민을 진휼하는데, 일본 사람 삽퇴영일이 일천 원을 보조하고, 일본 야진 대위가 별 탄환 수천 개를 군부에 궤송(櫃送)하다.

5월 6일에, 중추원 고문관 서재필을 해고하는 까닭에 독립협회와 만민공동회에서 정부와 외부에 편지하다가 여의치 못하여 서재필이 미국으로 들어가다. 황상께서 태묘에 행행(行幸: 임금이 궁궐 밖으로 거둥함) 하시고, 유릉과 홍릉에 두 번 행행하시는데, 각국 공영사가 다 배종(陪從: 임금이나 높은 사람을 모시고 따라감)하고, 운현궁에 곡립(曲立)하시고, 황단(荒壇)에 친림(親臨: 몸소 어떤 곳에 임어함)하시고, 국태공 양위 상사에 예장청(禮葬廳: 예절을 갖추어 장사를 치르는 곳)을 마련하고, 공덕리에 안장하다. 군부 무관학도 이백 명을 모집하여 황상께서 친히 간품(看品: 물건의 품질이 어떠한지 자세히 살펴봄)하시다.

7월에 김성 금광사로 외부 서리대신 협판 유기환이 덕사(德士: 독일 공사)에게 견모(見侮: 업신여김을 당함)하다. 황국협회를 허가하고, 포병과 호위대를 편집하고, 함경도 성진군을 설시하다. 안경수 등이 황태자 대리지설(代理之說)이 발각되어 김재풍 이충구 등이 종신 유배하고, 철도 관제를 반포하고, 일본서 폐지한 은화를 인하여 행용(行用: 두루 씀)하게 하고, 양지아문(量地衙門: 구 한국 때 토지 측량의 일을 맡아 보던 관아)을 설시하고, 일본공사 가등증웅(加藤增雄)이 병신년 비도(匪徒)에게 죽은 일인들에 배상을 외부로 청구하고, 중추원 실시 의관 사십 명을 임명하고, 독립협회에서 조병식, 민종묵을 탄핵하고, 홍종우 등과 황국회에서 토역소(討逆訴)를 올리니, 동학 거괴(巨魁) 최시형 등을 잡아다가 처교하고, 김성 광을 덕인(德人)에게 허급하고, 독립협회에서 원위화는 아니

짓고 보조화만 짓는 일을 탁지에 질문하여, 원위화 짓기 전에는 지어둔 보조화 수십만 원을 행용치 않기로 결정하고, 일 공사 가등이 갈린다 하여 황상폐하께오서 일황에게 전보하여 청류(請留)하다.

8월에 영국 공사가 광산을 청구하매 허락하고, 사사로 진민소(振民所)를 선혜청에 설시하고, 걸인을 모아 의식을 주급(週給)하고, 일본 후작 이등박문(伊藤博文)이 입성하여 교린의 의를 펴고, 수일 후에 청국으로 가고, 덕국이 경성에서 원산 가는 데 철도를 청구하되 허락지 아니하고, 전 법부대신 이유인이 전과 같이 칙명한 일로 유배하고, 김홍륙은 통변(通辯)할 때에 지동지서(之東之西: 줏대가 없이 이리저리 갈팡질팡함)한 일로 흑산도로 종신 유배하다.

9월에 독립협회에서 개천기원절 잔치를 독립관에 배설하고, 각부 대소 관원과 각 학도들과 각국 사신을 청하여 경축하고, 부인회가 일어나다. 십일일에 의정 김병시가 졸서(卒逝)하고, 육국 전권공사로 가서 미국에 있던 민영환이 환국하고, 공홍식이 독약을 진어(進御)한 일로 김홍륙을 잡아다가 다 처교하고, 고문관 구례와 장봉환이 상해 가서 외국인 삼십 명을 고빙하여 온 것을 독립협회에서 떠들어서 삼만여 원을 주어 도로 해송(解送)하고, 이윤용이 일본 대연습을 구경하려 일본으로 갔다 오다. 중추원에서 김홍륙이 연좌 쓰자고 상소하였더니, 독립협회에서 중추원을 반대하여 상소 탄핵하다. 중앙 총상회가 설시되었는데 조병식으로 회장을 정하다.

명성황후 삼주제(三周祭) 후에 철궤연(撤几筵: 3년 상을 마친 뒤, 신주를 사당으로 모시고 빈소를 거두어치움) 아니 하기로 작정하다. 경부간 철도를 일본에 허락하고, 백택안으로 삼정(三政) 감독을 삼다. 독립협회에서

만민공동회를 창설하여 신구임 대소 진신(縉紳: 벼슬아치의 총칭)을 청하
여 국폐민막(國弊民瘼)으로 여섯 가지를 헌의하였더니, 위에서 다섯 가
지를 더하여 재가하시고, 조약소와 사례소(四禮所)와 진민소(振民所)와
무명잡세를 혁파하고, 농상공업 학교를 설시하라 하고, 중추원 의관 절
반을 민회에서 투표하여 내기로 작정하고, 아국 공사를 인임(仍任: 갈릴
기한이 된 관리를 그대로 두는 일)하여 달라고 위에서 전보하다.

　　10월에 조칙(詔勅)이 내리시기를, 실천 장정(章程)하고, 관찰사나
군수나 어사가 백성의 재물을 토색하였거나 공전(公錢)을 포흠(逋欠: 관
청의 물건을 사사로이 소비함)하였거든 발각되는 대로, 백성이 소지(所知)하
는 대로 저저이 추급하고 법대로 징판(徵辦)하라 하시고, 미국 사람으로
전기 철도를 홍릉까지 놓기로 시작하다. 여러 가지 시행이 되지 아니하
므로, 만민들이 인화문 앞으로 진복(進伏)하여 상소하는데, 부인회에서
여학교 설시하는 일로 상소하고, 배소(配所) 갔던 조병식이 참정 내부대
신 법부대신 서리를 겸임하여 이상재 등 십칠 인을 경무청에 착수(捉囚)
하고, 여러 협회를 혁파하고, 민회에 참예하였던 대신들을 면관(免官)하
므로 민정이 울분하여 법사(法司) 문전에 모인 자가 부지기수라.
　　오륙일 후에 십칠 인이 방면되어 인화문으로 재진(再進)하였더니,
홍종우, 길영수 등이 부상(負商)을 모집하고, 황국협회와 합세하여 인화
문 앞의 민회를 쳐부수고 새문으로 나가고 삼개로 나가 둔취(屯聚)하였
더니, 그 이튿날 민회에서 삼개로 좇아 나가 싸우다가, 민회 사람 김덕
구가 맞아 죽으매, 민회에서 수천 금을 들여 후장하고 조병식, 민종묵
등 십여 인의 집을 부수다.
　　칙령(勅令)으로 협회를 복설하고, 부상을 혁파하고, 정부 대신들
이 민회에 나와 효유하고, 민회 사람을 정부로 불러 효유함이 한두 번

이 아니요. 황상폐하께서 돈례문(敦禮門)에 친림하사 민회와 부상 이백 명씩을 불러 종(從)민원 하여 주시마 하고 효유하시고, 전 의관을 해임하고, 정부와 민회 중으로 오십 명을 새로 내고, 변석붕, 안규대 등을 유배하고, 양남(兩南) 어사가 복명하다.

민회가 다시 모여 장정(章程)을 실천하여 달라 하고, 각 부에 폐무(廢務)를 시키고, 중추원 의관들도 개회하는데, 대신제목 열 한 사람을 천거할 때 박영효, 서재필을 천거하고, 이석렬 등이 박영효 소환하기로 상소하자 그 일로 언단이 되어 각처에서 협회를 걸어 탄핵하고, 정부에서 민회를 압제하므로 민회가 헤어졌더라.

그 외에도 준천(濬川: 개천을 파서 처냄)하고, 황궁을 건축하고, 민회에서 의조금(儀助金) 천여 원을 걷어 일본 유학생 부비(浮費)로 보낸 것 같은 허다한 일을 이루 다 기억치 못하여 대강 기재하노니, 짐작들 하여 보시오.